OS

100 maiores mistérios

DO MUNDO

COLEÇÃO 100:

AS 100 MAIORES PERSONALIDADES DA HISTÓRIA:
Uma Classificação das Pessoas que
Mais Influenciaram a História

OS 100 MAIORES CIENTISTAS DA HISTÓRIA:
Uma Classificação dos Cientistas Mais Influentes do Passado
e do Presente

OS 100 LIVROS QUE MAIS INFLUENCIARAM
A HUMANIDADE:
A História do Pensamento dos Tempos Antigos
à Atualidade

AS 100 MAIORES CATÁSTROFES DA HISTÓRIA

OS 100 MAIORES MISTÉRIOS DO MUNDO:
A Mais Completa Lista sobre Coisas Estranhas
e Inexplicáveis

Stephen J. Spignesi

OS 100 maiores mistérios DO MUNDO

A Mais Completa Lista sobre Coisas Estranhas e Inexplicáveis

Tradução
Bruna Hartstein

DIFEL

Publicado mediante contrato com Kensington Publishing Corp. NY, USA
Título original: *The Weird 100*

Capa: Luciana Mello e Monika Mayer

Editoração: DFL

2009
Impresso no Brasil
Printed in Brazil

CIP-Brasil. Catalogação na fonte
Sindicato Nacional dos Editores de Livros, RJ

S736c Spignesi, Stephen J.
Os 100 maiores mistérios do mundo: a mais completa lista sobre coisas estranhas e inexplicáveis/Stephen J. Spignesi; tradução Bruna Hartstein. Rio de Janeiro: DIFEL, 2009.
528p. - (Coleção 100)

Tradução de: The weird 100
ISBN 978-85-7432-090-8

1. Curiosidades e maravilhas. I. Título. II. Série.

CDD - 001.9
08-5169 CDU - 001.9

Todos os direitos reservados pela:
DIFEL – selo editorial da
EDITORA BERTRAND BRASIL LTDA.
Rua Argentina, 171 – 1º andar – São Cristóvão
20921-380 – Rio de Janeiro – RJ
Tel.: (0xx21) 2585-2070 – Fax: (0xx21) 2585-2087

Atendemos pelo Reembolso Postal.

Para um dos maiorais de todos os tempos,
Steve Rapuano,
com gratidão e amor.
É uma honra portar o seu nome.

*Pense que a maioria das glórias dos homens começa
e termina, e diga: a minha glória foi ter amigos.*
— William Butler Yeats, "The Municipal Gallery
Revisited", estrofe sete

SUMÁRIO

INTRODUÇÃO

Arrogância... numa proporção cósmica

A coisa mais bela que podemos experimentar é o mistério.
Essa é a fonte de toda a arte e ciências verdadeiras.
— Albert Einstein

Paranormal: fora dos limites da experiência normal ou
da explicação científica.
— *American Heritage Dictionary*

Isto é uma introdução, portanto permita-me apresentar-lhe algumas de minhas idéias:

Estou aberto à noção de uma realidade não-física e acredito que a realidade na qual vivemos aqui na Terra não é — *nem pode ser* — a *única* realidade.

Acredito que muitas das pessoas que afirmam ter visto OVNIs, ou encontrado água através da hidroscopia, ou conseguido entrar em contato com os mortos estão falando a verdade, e não delirando; elas tampouco (o que seria pior) são mentirosas caras-duras.

Acredito que, por algo soar absurdo e impossível, isso não quer dizer que o fato em si seja absurdo e impossível.

Acredito que a espécie humana não compreende nem um décimo das incríveis complexidades e mistérios da vida em nosso universo.

Acredito que é mais fácil ser cínico do que ter uma mente aberta.

Acredito que não sou onisciente.

O maior problema com os céticos implacáveis, aqueles que descartam até a *possibilidade* de que a atividade paranormal seja real, é que o desprezo e o ceticismo deles não deixam espaço para nada além de sua própria visão de mundo. Isso é arrogância numa proporção cósmica. Sem dúvida, a maioria dos relatos paranormais é falsa. No entanto, a literatura sobre eventos extraordinários oferece incontáveis casos inexplicáveis, mas, ainda assim, convincentes.

A atividade dos *poltergeists* é um ramo dos fenômenos paranormais extraordinariamente convincente. Várias testemunhas relatam ter visto *a mesma coisa*: quadros girando nas paredes, cadeiras movendo-se pelo chão da sala por vontade própria, textos surgindo do nada. Será que todas essas testemunhas devem ser consideradas mentirosas ou loucas?

E quanto às imagens que começam a "sangrar" e depois conclui-se que o fluido liberado é realmente sangue?

Ou as pessoas que afirmam ter sido abduzidas e recebido um implante que, quando removido, percebe-se ser feito de um material desconhecido por cientistas e médicos?

Na primavera de 2003, estreou um programa no canal Showtime da TV a cabo chamado *Bullshit!* (Isso mesmo, você leu certo... esse pessoal da TV a cabo é louco!)

O programa era apresentado pelos famosos mágicos Penn & Teller, que adquiriram fama por meio da realização de truques fantásticos e ilusões, para depois mostrarem ao público como esses truques eram realizados.

O programa era uma antologia semanal que analisava uma gama de temas paranormais e extraordinários, desde abduções alienígenas a terapias quiropráticas.

O enfoque era absurdamente simplista e o problema era exatamente a hostilidade e a mente fechada a novas idéias (para não mencionar a atitude desdenhosa dos apresentadores, com seus apelidos pejorativos). Não parecia nada além de uma reação exagerada ao tema em questão.

Nos primeiros programas, eles tentaram ridicularizar médiuns que falavam com os mortos, pessoas que haviam sido abduzidas por alienígenas, terapia magnética, reflexologia e quiroprática.

(Posteriormente, eles passaram aos conselheiros matrimoniais, terapeutas sexuais e outras ocupações mais convencionais. Acho que ficaram sem temas *verdadeiramente* esquisitos para ridicularizar.)

O programa partia de uma premissa grosseira: *não existe paranormalidade; não importa o que as pessoas alegam, é tudo besteira.* Isso impossibilitava *qualquer* espécie de argumentação equilibrada e, além disso, Penn & Teller agiam como zelotes histéricos, o que apenas deixava o espectador pensando: "Por que tanta raiva, meninos?"

As seguradoras nos EUA cobrem o tratamento quiroprático. Se ele é tão inútil (como alguns dos "especialistas" que se apresentaram no programa alegam), então por que elas cobrem esse gasto?

Os benefícios da terapia magnética ainda são inconclusivos. Muitas pessoas alegam ter obtido enorme alívio com essa terapia. Será que todas essas pessoas estão delirando? Penn & Teller o fariam acreditar que sim.

A reflexologia baseia-se na ciência dos pontos de acupressão e de acupuntura, especialmente nos pés. Funciona? Para cada cético que tenta ridicularizar o tratamento há pessoas que alegam êxito nos resultados.

Um médico afirmou que os testemunhos são informais e, por isso mesmo, não-confiáveis. Como digo em algum lugar deste livro, os relatos acerca de infecções curadas por meio da aplicação de cataplasmas de pão também eram considerados simples depoimentos — até que a ciência descobriu algo no fungo chamado penicilina. Além disso, os relatos de dores aliviadas com a mastigação de cascas de salgueiro também eram meros depoimentos — até a ciência descobrir algo na casca que hoje em dia chamamos de aspirina.

É uma atitude arrogante e idiota descartar completamente todas as evidências informais como algo desprovido de valor.

Será que *todas* as afirmações sobre OVNIs são falsas? Todas? Mesmo as relatadas por pilotos da força aérea?

Penn & Teller o fariam acreditar que sim.

Os 100 maiores mistérios do mundo é um apelo à abertura a novas idéias. Também espero que este livro lhe dê algo em que pensar.

Não acho que seja idiota ou ingênuo estarmos abertos à possibilidade de que a ciência não pode explicar tudo. Pelo menos, a história nos prova isso repetidas vezes.

AGRADECIMENTOS

Meus mais sinceros agradecimentos e reconhecimento a todos que me ajudaram com este livro. Alguns me proporcionaram materiais de pesquisa, outros me forneceram entrevistas, outros ainda, sábios conselhos e recomendações; alguns me apoiaram de inúmeras formas, já outros eram apenas almas caridosas que nunca se esqueciam de perguntar: "Como está indo o livro?" Minha gratidão a todos vocês não tem preço.

Carter Spignesi, John White, Lee Mandato, Dolores Fantarella, Mike Lewis, Jim Cole, Bill Savo, Steve e Marge Rapuano, Janet Spignesi Daniw, Ann LaFarge, Bruce Bender, a família Zacharius, ClipArt.com, todos os meus amigos e colegas da Kensington Books, Colin Andrews, Synthia Andrews, Quinn Ramsby, dr. Michael Luchini, Larry E. Arnold, Jack Kewaunee Lapseritis, Erich von Däniken, dr. Oleg Atkov, Charlie Fried, Laura Lattrell, Mary Toler, George Beahm, Whitley Streiber, meus amigos da Agência dos Correios de East Haven, Michael Cader, Michael Macrone e todos os camaradas bacanas da Publishers Marketplace, meus amigos do CVS na Main Street em East Haven, meus amigos do The Office Alternative, Associated Press, Stanley Wiater, Jay Halpern, Ruth Royster, Dave Hinchberger, Minuteman Press, os SKEMERs, Raeleen D'Agostino Mautner, Joe Amarante e Jim Shelton, o *New Haven Register*, o *New York Times*, o *Hartford Courant*, o *USA Today*, o *Wall Street Journal*. E o Folger's Coffee. E todos os demais que passaram por alguma experiência estranha e se dispuseram a contá-la para mim.

UMA NOTA SOBRE AS AFIRMAÇÕES OUSADAS

No começo de cada capítulo, oferecemos as seguintes informações:

- Definição
- O que os crentes dizem
- O que os céticos dizem
- Qualidade das provas existentes
- Probabilidade de o fenômeno ser paranormal

Essas marcações irão lhe proporcionar um "resumo simplificado" rápido e acessível a respeito do assunto, complementado com uma avaliação dos argumentos favoráveis e contrários e dos contra-argumentos relativos à verdadeira natureza do tema.

Essa seção também irá ajudá-lo a tirar as próprias conclusões. Você descobrirá que concorda imediatamente com o que os crentes ou com o que os céticos dizem. Poderá, então, compreender e apreciar completamente o restante do capítulo.

- DEFINIÇÃO: É o que você esperaria: uma definição simples do fenômeno ou do evento. Algumas vezes usamos o sentido descrito nos dicionários; noutras, proporcionamos uma versão mais coloquial.
- O QUE OS CRENTES DIZEM: Resume de forma sucinta o que os fiéis fervorosos acreditam acerca do fenômeno.
- O QUE OS CÉTICOS DIZEM: Explica brevemente o contra-argumento principal.
- QUALIDADE DAS PROVAS EXISTENTES: Avalia a quantidade e a qualidade das provas segundo seis classificações: *Desprezível*, *Fraca*, *Moderada*, *Boa*, *Muito Boa* e *Excelente*. "Existe *algo* que possamos estudar e investigar e, caso exista, o quão

confiável é a prova?" é a pergunta que esta classificação busca responder. Em alguns casos, poderá haver também uma avaliação "Inconclusiva"; nos casos em que encontramos evidências, mas sua veracidade resume-se puramente ao olhar de quem analisa (como no caso do criacionismo [Capítulo 24], da colônia perdida de Roanoke [Capítulo 49] e da explosão de Tunguska [Capítulo 92]).

- PROBABILIDADE DE O FENÔMENO SER PARANORMAL: Proporciona ao fenômeno uma das seguintes sete classificações: *Nenhuma* (que é menos do que desprezível), *Desprezível*, *Fraca*, *Moderada*, *Boa*, *Muito Boa* e *Excelente*.

Essa categorização é um tanto subjetiva e levamos em conta os depoimentos ao decidirmos a classificação. Em alguns casos, também interpretamos essa classificação em termos de "eficiência", na falta de uma melhor.

Por exemplo, as leituras de tarô muitas vezes proporcionam ao "consulente" informações pessoais esclarecedoras, que então são usadas para uma mudança efetiva de vida. Paranormal ou não, não há dúvidas de que a simbologia da carta de tarô muitas vezes resulta numa mudança ou decisão que, com efeito, valida a leitura, criando uma profecia auto-realizável. Além disso, como uma ferramenta psicanalítica poderosa que pode ou não mexer com os parâmetros de consciência e inconsciência, as leituras de tarô podem ser consideradas uma prática paranormal válida.

Além do mais, essa classificação não leva em conta a fé. As evidências que comprovam a ressurreição são fracas, e a probabilidade de o fenômeno ser paranormal, "Inconclusiva". Essa é uma avaliação puramente científica. A ressurreição dos mortos (e não estou falando de reanimação cardíaca durante um infarto) é uma impossibilidade física; por isso mesmo, a classificação fica em aberto.

Os fiéis cristãos, no entanto, acreditam que Cristo ressuscitou dos mortos. Nenhuma outra afirmação mudará isso. Neste volume, analisamos em grande parte fenômenos baseados em evidências plausíveis, o que corrobora o ceticismo de nossa classificação.

100 HAICAIS ESTRANHOS

Cada capítulo de *Os 100 maiores mistérios do mundo* começa com um haicai sobre o tema descrito.

O haicai é uma forma poética japonesa que consiste em três versos, o primeiro com cinco sílabas, o segundo, sete, e o terceiro, cinco. Seu objetivo é transmitir uma imagem, um significado ou uma questão em versos e palavras curtos e evocativos.

Todos os haicais presentes em *Os 100 maiores mistérios do mundo* foram escritos por mim exclusivamente para este livro e 99 deles foram publicados aqui pela primeira vez. (O haicai *Titanic* foi publicado pela primeira vez em meu livro *The Complete Titanic*.)

Espero que, ao ler o haicai antes de mergulhar no capítulo, você aborde o material oferecido com o humor adequado. Espero que goste deles.

Optamos por manter os haicais em inglês nas aberturas. As traduções podem ser lidas na página 513.

OS

100

maiores mistérios

DO MUNDO

1

ABDUÇÕES ALIENÍGENAS

HAICAI:

ABDUÇÕES ALIENÍGENAS

Grey ones come at night
Beings of fear and foul light
Prey you will return

A primeira coisa que a pessoa precisa fazer é superar o medo, porque as abduções alienígenas começam com uma espécie de paralisia induzida. E se o medo se fizer presente, isso pode muito bem aumentar a sensação de paralisia e incapacidade de agir. Há quem diga: "Fiquei paralisado de medo." É preciso reivindicar o direito divino para se ver livre desse tipo de tratamento. Não me interessa se os alienígenas pertencem a esta ou a outra galáxia, eles não têm o direito de tratar os seres humanos dessa forma; portanto dizer a eles, com o tom certo de raiva e acusação, para saírem do seu espaço e da sua vida, e nunca mais voltarem, é uma forma bastante adequada de lidar com eles.

— John White[1]

DEFINIÇÃO: Os alienígenas são seres extraterrestres ou criaturas desta ou de outras galáxias; uma abdução é o seqüestro de um ser humano por um alienígena.

O QUE OS CRENTES DIZEM: Os extraterrestres são reais, seres que visitam nossa realidade e consciência com freqüência e que, por vezes, abduzem os habitantes da Terra e os sujeitam a exames físicos invasivos e pesquisas sobre reprodução. Há quem diga que os governantes do mundo estão mancomunados com os alienígenas e, em troca de suas tecnologias avançadas, dão a eles permissão de abduzirem seres humanos para fins de pesquisa. O aumento da atividade de OVNIs nas últimas décadas está diretamente relacionado à permissão tácita do governo para que os alienígenas continuem a visitar a Terra e abduzir os humanos conforme suas necessidades.

O QUE OS CÉTICOS DIZEM: Não existem alienígenas; ninguém nunca foi abduzido por alienígenas, e as pessoas que afirmam isso são loucas. Todos os relatos aparentemente plausíveis de abduções alienígenas são sonhos ou alucinações, porque, vamos repetir, *não existem alienígenas*. Segundo Robert Carroll, autor do *Dicionário do cético*: "O respaldo para essas crenças a respeito dos alienígenas e dos OVNIs consiste em grande parte de especulação, fantasia, fraude ou suposições sem base alguma, apresentadas por provas e testemunhos questionáveis."[2]

QUALIDADE DAS PROVAS EXISTENTES: Inconclusiva.[3]

PROBABILIDADE DE O FENÔMENO SER PARANORMAL: Inconclusiva.

Os elementos de uma experiência de abdução alienígena são diversificados, porém a maioria das vítimas cita os seguintes aspectos, ou pelo menos parte deles:

- A presença de um OVNI
- Ter sido retirado da cama ou de um carro
- Uma sensação de paralisia
- Sentir-se ou até mesmo ver-se flutuando para fora do quarto

- Ver seres alienígenas
- Estar deitado numa mesa dentro de uma nave espacial
- Ser examinado por meio de toques e aparelhos
- Ter amostras de fluidos corporais retiradas
- Ter recebido alguma espécie de implante
- Encontrar cicatrizes ou marcas de garrotes no corpo após retornar
- A interrupção inexplicável de uma gravidez, sem evidência de aborto natural
- Um período de branco total
- Ter recebido uma advertência, em geral sobre os perigos da proliferação nuclear, ou da terrível situação do meio ambiente na Terra
- O desenvolvimento de novas habilidades psíquicas, tais como PES e precognição
- Transtorno de estresse pós-traumático

Será que as pessoas que afirmam ter sido abduzidas por alienígenas estão apenas em busca de publicidade? Será que elas contam suas histórias loucas só para chamar a atenção? Será tudo o que alegam ter acontecido com elas uma mera invenção?

Alguns céticos declaram que dois dos relatos mais convincentes de abdução — os de Betty e Barney Hill, e de Travis Walton — são brincadeira. Eles também dizem que os Hill imaginaram a experiência após terem visto um programa na televisão, e que Walton inventou sua história por estar atrasado com o pagamento do contrato com uma madeireira.

No entanto, os fatos contrariam essa percepção.

A maioria das pessoas que oferecem relatos de experiências de abdução é discreta, gente reservada que foge da atenção da mídia e que não quer ficar em evidência. Elas muitas vezes sentem-se constrangidas em contar suas histórias, e muitas tentam distanciar-se de toda essa subcultura de OVNIs/abduzidos. Se tivessem inventado as histórias a fim de chamar a atenção e lucrar com o fato, você não acha que elas seriam receptivas a todo e qualquer tipo de atenção e que *encorajariam* o interesse em suas histórias?

O dr. John Mack, professor de psiquiatria da Escola de Medicina de Harvard e ganhador do prêmio Pulitzer, acredita que muitos dos relatos de abduções alienígenas são verdadeiros.

Em seu best-seller de 1994, *Abduction*, ele detalha minuciosamente 13 casos em que estava convencido de as pessoas terem sido abduzidas por alienígenas. Esses pacientes não demonstravam sinal algum de doença mental e faziam parte de categorias econômicas, educacionais e geográficas distintas.

Um professor de Harvard, ganhador do prêmio Pulitzer, deixou registrado que acredita em aliens e abduções alienígenas?

Isso mesmo, e as histórias contadas em seu livro são emocionantes, específicas e, acima de tudo, convincentes.

O dr. Mack vê o fenômeno da abdução alienígena como algo relacionado com a "evolução da consciência"[4] e admite não entender completamente os objetivos e métodos dos alienígenas. Ele acredita que os extraterrestres são a manifestação de uma inteligência além da nossa realidade e visão de mundo. E acredita também que as comunicações com esses seres e as experiências dos abduzidos são, na verdade, "reais", deixando um tanto em aberto o significado definitivo e estanque da palavra.

Como seria de esperar, Mack foi atacado pelos céticos logo após a publicação de seu livro.

A visão dos céticos sobre abduções alienígenas é, para muitos, estreita e limitada. Eles interpretam todo e qualquer componente da experiência de abdução como uma manifestação do subconsciente, isto é, "uma invenção da mente". Os antigos anjos, fadas, unicórnios, dragões, elfos, duendes e outras criaturas fantásticas que apareciam do nada e interagiam com seres humanos são agora os greys, os nórdicos e outros tipos de seres alienígenas. Os elfos não eram reais, dizem-nos, assim como não são os seres de outros planetas.

Assim, o que podemos concluir a respeito do fenômeno da abdução alienígena?

Será que isso acontece mesmo?

Embora o quesito de "probabilidade paranormal" seja "Inconclusivo", ao que parece, existe, realmente, algo fora do âmbito de nossa realidade terrena. Há semelhanças demais entre as histórias dos abduzidos, além de uma ausência de interesse em tirar proveito *a posteriori*.

Será que todas essas pessoas estão delirando?

Teoricamente, a resposta é sim.

Mas será que uma pessoa razoável descartaria todos os relatos de abduções como falsos?

Não parece muito provável.

[1] *Conscious Living*, julho/agosto de 1997, p. 9.

[2] www.skepdic.com, "Alien Abductions".

[3] As provas físicas comprováveis (fotos, vídeos, implantes, testemunhos múltiplos etc.) são fracas; as provas informais, consistentes e fornecidas por várias fontes confiáveis, são extensas e plausíveis.

[4] *Abduction*, p. 422.

*2

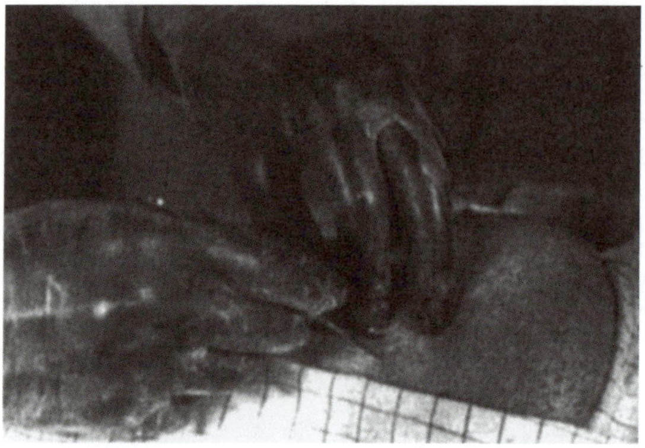

O FILME DA "AUTÓPSIA ALIENÍGENA"

HAICAI:

AUTÓPSIA ALIENÍGENA

Splayed and silent thing
Staring out of open eyes
Bloody blades proceed

Se o que você está prestes a ver é real, essa é a filmagem mais impressionante da história. Embora permaneçamos céticos, alguns especialistas acreditam que esta é uma filmagem autêntica de uma forma de vida alienígena. Real ou não, preciso avisar-lhe: parece uma autópsia verdadeira. Parte do filme que irá ver na próxima hora é bem pavorosa. Fique conosco enquanto levantamos a questão: autópsia alienígena: fato ou ficção?

— Jonathan Frakes[1]

DEFINIÇÃO: O filme da "autópsia alienígena" é um filme preto-e-branco, com imagem granulada, supostamente produzido pelos militares dos Estados Unidos, em 1947, que mostra uma autópsia sendo realizada em um dos três alienígenas resgatados da queda de um OVNI em Roswell, em julho desse mesmo ano (veja Capítulo 75).

O QUE OS CRENTES DIZEM: O filme mostra a autópsia de um ser extraterrestre.

O QUE OS CÉTICOS DIZEM: O filme da "autópsia alienígena" é uma farsa grosseira; ainda que uma farsa muito bem produzida.

QUALIDADE DAS PROVAS EXISTENTES: Muito Boa.[2]

PROBABILIDADE DE O FENÔMENO SER PARANORMAL: Nenhuma (que é menos do que Desprezível).

Ao realizarem uma autópsia, os patologistas de verdade seguram suas tesouras com o polegar e o dedo médio. Eles usam o dedo indicador para apoiar as lâminas quando necessário. Patologistas de verdade saberiam disso, atores não.

No filme da "autópsia alienígena", os "patologistas", de jaleco e máscara, seguram suas tesouras com o polegar e o dedo indicador, exatamente do jeito que uma "pessoa comum" o faria.

A filmagem da autópsia alienígena foi supostamente feita em 1947 por um cinegrafista com uma câmera portátil sem foco automático, que era o padrão das câmeras da época. Isso sem dúvida explica a imagem ficar meio desfocada de vez em quando, mas também garante certa fluidez às cenas. Se a câmera pára de filmar durante uma determinada seqüência, ao recomeçar, a cena vista deveria mostrar um *intervalo* na ação. Há uma cena no filme em que a câmera focaliza em um dos médicos levantando a ponta de um tecido escuro que recobre o olho esquerdo do alien. A ponta da pinça é vista segurando o tecido, até que de repente a cena muda para um close do olho (o corte é notório) e mostra o médico levantando e soltando a membrana. O problema é que o close começa no *momento exato* em que termina a cena panorâmica. Como o cinegrafista poderia ter conseguido o zoom sem mostrar o progresso da ação? Não poderia, *a menos que os atores tenham parado de se mover durante a aproximação da lente e o reajuste do foco* — e em seguida recomeçado do mesmo ponto.

Esses são apenas dois dos problemas com o filme da autópsia alienígena (a propósito, onde o corpo estava apoiado?)[3] que deixaram os espectadores em dúvida e que, por fim, confirmaram a farsa elaborada.

O filme da autópsia alienígena foi divulgado pela primeira vez em meados da década de 1990, quando o produtor musical Ray Santilli anunciou tê-lo comprado do cinegrafista que o fizera. Era supostamente um dos rolos remanescentes da extensa filmagem militar sobre a autópsia que o governo dos EUA jamais tomara do cinegrafista.

Santilli participou de diversos vídeos, livros e documentários a respeito do filme. A controvérsia no tocante à sua autenticidade apenas aumentou o interesse nele (assim como a venda dos livros e vídeos, além de garantir uma boa audiência aos programas televisivos).

O filme da autópsia alienígena de Santilli é uma autópsia encenada de um alienígena falso. Especialistas em efeitos especiais fizeram duplicatas quase idênticas do filme e, embora tenham pesquisado profundamente (usando, por exemplo, equipamentos e um telefone antigo), ele é uma farsa.

De forma interessante, a divulgação da natureza fantasiosa do filme não diminuiu o interesse no incidente de Roswell. Na verdade, alguns sérios entusiastas do ocorrido em Roswell acreditam que o filme foi parte de uma campanha maciça do governo dos EUA para desacreditar o fato. Isso é mais do que irônico: muitos dos que insistem em dizer que uma nave alienígena caiu de verdade em Roswell em 1947 e que os corpos dos aliens foram resgatados, acreditam que o governo provavelmente *realizou* uma autópsia bem semelhante à mostrada na farsa. A natureza complicada dessa teoria de conspiração, porém, acabou por concluir que o governo encenou e divulgou uma autópsia falsa obviamente fajuta, a fim de fazer com que a idéia de uma autópsia verdadeira (a qual, é claro, realmente aconteceu, certo?) fosse tão forçada a ponto de afastar os pesquisadores do caminho da verdade.

O filme, aliado à declaração oficial dos militares sobre o "incidente de Roswell", divulgada em 1997 — dizendo que nada havia acontecido —, resumiu a tentativa do governo de colocar uma pá de cal sobre o problema de Roswell de uma vez por todas.

Recado para o governo dos EUA: se isso é tudo verdade, não funcionou.

Será que o filme da autópsia alienígena mostra como deveria ser uma verdadeira autópsia de um ser extraterrestre? Sim, se você aceitar que o boneco alienígena do filme representa, pelo menos, uma das espécies de extraterrestres; e sim, se você aceitar que a autópsia ocorreu em 1947 e foi realizada por patologistas que não sabiam o que estavam fazendo.

Isso é pedir muito, mas ainda assim existem, hoje em dia, pessoas dispostas a aceitar o filme como verdadeiro.

Ele foi, e ainda é, uma verdadeira máquina de fazer dinheiro, mas isso é só.

[1] Documentário da Fox, *Alien Autopsy: Fact or Fiction?*.

[2] A qualidade das provas existentes ganhou a classificação de Muito Boa porque o filme da autópsia alienígena existe e está disponível em várias formas, tanto em vídeo quanto em imagens estáticas, e é facilmente encontrado na internet ou em outros lugares. Dessa forma, as partes interessadas têm ampla oportunidade de examiná-lo.

[3] Muitos dos patologistas forenses que viram o filme da autópsia alienígena comentaram sobre a ausência de um bloco de apoio. A cabeça do alien *nunca* se encontra apoiada diretamente sobre a mesa.

3

A TEORIA DO "ASTRONAUTA ANTIGO"

HAICAI:

ASTRONAUTAS ANTIGOS

Ancient visitors
Seeding the human gene pool
Teachers from beyond?

Acho que, há milhares de anos, alguns extraterrestres criaram, através de mutações deliberadas, nossa inteligência. Isso não contradiz a teoria evolucionista de Darwin. É apenas um passo adiante. Se aceitar isso como teoria, o fato de termos alguns genes extraterrestres em nós, então esses genes irão, algum dia, evoluir e se apresentar.

— Erich von Däniken[1]

DEFINIÇÃO: A teoria do astronauta antigo afirma que seres extraterrestres visitaram a Terra em algum momento entre 10 mil e 40 mil anos atrás. Eles procriaram com seres humanos, ensinaram aos homens pré-históricos formas de arte e ciência, construíram monumentos e inventaram aparelhos que existem até os dias de hoje. O maior defensor da teoria dos astronautas antigos é Erich von Däniken, cujo livro *Carruagens dos deuses?*, de 1969, tornou-se um best-seller internacional.

O QUE OS CRENTES DIZEM: Os extraterrestres visitaram a Terra num passado distante e a evidência de sua presença pode ser encontrada em artefatos aparentemente inexplicáveis, como uma bateria de dois mil anos de idade, e também em monumentos antigos e sítios arqueológicos como a ilha de Páscoa (Capítulo 31), Stonehenge (Capítulo 83) e as linhas de Nazca (Capítulo 56). Todos os mitos da Criação falam de deuses descendo à Terra em carruagens de fogo. Esses escritores antigos estavam descrevendo o pouso dos extraterrestres.

O QUE OS CÉTICOS DIZEM: Não há evidências de que alienígenas visitaram a Terra e cruzaram com humanos. Nosso DNA mostra que toda a raça humana descende dos hominídeos (*Homo sapiens*) que viviam na África há aproximadamente 120 mil anos. Se os seres humanos são um híbrido de homem com ET, então onde está o DNA alienígena de 10 mil anos atrás?

QUALIDADE DAS PROVAS EXISTENTES: Fraca a Boa.[2]

PROBABILIDADE DE O FENÔMENO SER PARANORMAL: Inconclusiva.[3]

A raça humana tem um complexo de inferioridade?

Será que nós, como espécie, nos consideramos tão inferiores e incompetentes que, em vez de nos darmos crédito pelos avanços científicos e artísticos, escolhemos nos voltar para a noção de que os aliens são os responsáveis por tudo, desde nossos monumentos sagrados até nossas baterias?

Essa não é uma pergunta boba. Erich von Däniken, que lançou exatamente essa teoria em seu livro *Carruagens dos deuses?*, de 1969 (entre outros), obteve um sucesso astronômico com o livro, um best-seller internacional, fazendo com que pessoas do mundo inteiro abraçassem a teoria com entusiasmo e algumas até com alívio.

Será que o livro tornou-se um sucesso absoluto apenas por curiosidade? Possivelmente. Mas por que a teoria de Von Däniken chamou a atenção de tanta gente? E uma pergunta ainda mais importante: o quão válida é a hipótese?

Toda a teoria do astronauta antigo baseia-se numa simples premissa: fomos visitados.

Se rejeitarmos essa hipótese, então é impossível aceitarmos as conclusões que decorrem dessa tese.

Qual é a prova apresentada para apoiar a idéia de que os aliens visitaram a Terra, cruzaram com seres humanos e ensinaram ao homem primitivo tecnologias que ele, na época, seria incapaz de desenvolver sozinho?

A Bateria de Bagdá é um vaso de barro. Dentro dele, encontra-se um cilindro de cobre preso no lugar com asfalto. E dentro do cilindro há uma haste de ferro com uma ponta de ferro oxidada. Wilhelm König, o cientista alemão que encontrou o vaso em 1936 enquanto trabalhava num museu iraquiano, descreve o objeto: "Após reunirmos todas as partes e as examinarmos separadamente, torna-se evidente que isso só pode ter sido um elemento elétrico. Só era preciso acrescentar um componente ácido ou alcalino para completar o elemento."[1]

A inserção de qualquer componente alcalino no vaso, como vinagre ou suco de uva, provoca uma descarga elétrica. A Bateria de Bagdá está datada de aproximadamente 250 a.C. Duzentos e cinqüenta anos antes do nascimento de Cristo alguém construiu uma bateria que funcionava. E, ainda assim, nossos livros didáticos nos dizem que a eletricidade foi descoberta pelo italiano Luigi Galvani por volta do ano de 1790. Acredita-se agora que a Bateria de Bagdá, a exemplo de outros artefatos de funcionamento semelhante, foi usada para galvanizar estátuas e jóias. Ainda não sabemos como os antigos adquiriram o conhecimento necessário para fabricar tais aparelhos.

Igualmente desconcertante é um aparelho conhecido como Máquina de Anticítera, construído por volta de 80 a.C.

A Máquina de Anticítera era um computador primitivo que se acreditava ter sido usado para calcular as posições do Sol, da Lua e dos planetas. É uma caixa de madeira com várias engrenagens redondas e diferenciais e mostradores no topo.

O sistema de engrenagens interligadas nesse aparelho de mais de dois mil anos de idade só foi inventado depois de 1500, ao ser usado nos relógios.

Mais uma vez, não sabemos como os antigos adquiriram o conhecimento necessário para construir esse aparelho.

Artefatos como esses dois (e há muitas outras descobertas igualmente surpreendentes) parecem corroborar determinados elementos da teoria do astronauta antigo, isto é, de que seres avançados ensinaram nossos ancestrais sobre astronomia e eletricidade.

Há ainda exemplos de visitas extraterrestres que não se sustentam, sendo os mais notáveis as linhas de Nazca e os monumentos da ilha de Páscoa, ambos já explicados por sólidas pesquisas científicas e arqueológicas.

Hoje em dia, a teoria do "astronauta antigo" é ridicularizada pelos cientistas sérios.

Existem explicações para artefatos aparentemente inexplicáveis; só não as encontramos ainda, mas as respostas definitivamente não incluem a noção de uma visita alienígena.

Apesar de tudo, Von Däniken ainda defende suas descobertas, teorias e seu trabalho, e continua a explorar o passado distante e desconcertante da humanidade.

Se algum dia os arqueólogos vierem a se deparar com um artefato verdadeiramente alienígena, todos os livros sobre história e ciência terão de ser reescritos. E Von Däniken já terá tomado a dianteira nesse tipo de trabalho.

[1] *Florida Today*, 6 de agosto de 1997.

[2] Algumas das evidências fornecidas pelos defensores da teoria do astronauta antigo são altamente questionáveis ou notoriamente erradas; outras (como a Bateria de Bagdá, descrita neste capítulo) são bem convincentes.

[3] Até descobrirmos precisamente como pessoas e culturas que não tinham conhecimento para criar aparelhos tecnológicos avançados para sua época o fizeram, não podemos determinar de forma segura a veracidade ou não da teoria do astronauta antigo.

[4] Simon Welfare e John Fairly, *O mundo misterioso de Arthur C. Clarke*, p. 62.

4

CABELO DE ANJO

HAICAI:
CABELO DE ANJO
Falling from the sky
Filaments of filagree
Gossamer callers

A substância é descrita como "teias de aranha" — só que cai em flocos, ou em "flocos ou fragmentos com cerca de dois centímetros e meio de largura e 13 a 15 de comprimento". Além disso, esses flocos são feitos de uma substância razoavelmente pesada — "eles caem com certa velocidade". A quantidade é grande — o menor lado do espaço triangular tem quase 13 quilômetros de comprimento.

— Charles Fort[1]

DEFINIÇÃO: O cabelo de anjo é uma substância sedosa e grudenta que cai do céu em fios finos que, por vezes, parecem teias de aranha. É muito instável e degrada em contato com o oxigênio.

O QUE OS CRENTES DIZEM: O cabelo de anjo é uma espécie de manifestação de outra dimensão, ou de um universo sobrenatural, ou é uma substância que se desprende dos OVNIs. Alguns médiuns dizem sentir a presença de espíritos durante e após a manifestação do cabelo de anjo.

O QUE OS CÉTICOS DIZEM: O cabelo de anjo é feito de silicone, magnésio, cálcio e boro, e é uma espécie de anomalia atmosférica, cuja origem ainda nos é desconhecida.

QUALIDADE DAS PROVAS EXISTENTES: Boa.

PROBABILIDADE DE O FENÔMENO SER PARANORMAL: Moderada a Boa.

Você pode tocá-lo, mas não pode segurá-lo sem que passe pelo processo de sublimação.[2] Pode vê-lo, embora muitas vezes ele não seja visível nas fotos. Parece uma teia de aranha, ainda que nunca vejamos aranha alguma quando ele aparece. Em geral surge após alguém ver um OVNI, embora muitas pessoas que jamais viram OVNIs digam tê-lo encontrado em seus jardins. Algumas manifestações ocorrem na presença de várias testemunhas; outras são relatadas por uma única pessoa. Charles Darwin disse tê-lo visto cair sobre seu navio, o *Beagle*, em 1832.

O fenômeno é chamado de "cabelo de anjo" e se manifesta na Terra há centenas de anos, talvez milhões. Um dos relatos mais antigos data do início do século XVIII (21 de setembro de 1741); aparições recentes são lugar-comum, ainda que nem sempre relatadas. Algumas pessoas o vêem o tempo todo; outras sequer ouviram falar dele. Algumas vezes, cai sobre uma cidade inteira; noutras, aparece nas casas das pessoas. Pode cair em quantidade suficiente para cobrir um carro ou um campo inteiro, ou pode surgir como um único fio delgado.

Em outubro de 1955, um marinheiro da reserva disse ter visto dez bolas prateadas cruzarem o céu da Carolina do Norte, seguidas de uma chuva de cabelos de anjo que cobriu um campo e as linhas telefônicas.

Em 21 de setembro de 1997 (*outra* aparição em 21 de setembro), algumas pessoas em Santa Cruz, na Califórnia, disseram ter visto filamentos de cabelo de anjo caindo do céu. Uma testemunha os descreveu como "filamentos de cerca de 90 centímetros... de uma substância fibrosa e translúcida".[3]

Num domingo, 9 de agosto de 2001, em Quirindi, South Wales, na Austrália, várias testemunhas viram aproximadamente 20 bolas prateadas atravessando o céu, seguidas de uma chuva de cabelos de anjo.

Há vários outros relatos dessa substância esquisita caindo do céu, e o que quase todos têm em comum é o fato de serem feitos por pessoas confiáveis, e em geral corroborados por outras testemunhas.

Então, que negócio é esse? E de onde ele vem?

Algumas pessoas conseguiram preservar uma amostra de cabelo de anjo antes que ele se dissolvesse. Destas, algumas fizeram testes em laboratórios, que muitas vezes mostraram uma composição de silicone, magnésio, cálcio e boro — embora a origem da substância tenha sido sempre definida como "Inconclusiva". Os elementos presentes no cabelo de anjo são comuns na Terra, mas a substância em si é uma anomalia que ainda precisa ser conclusivamente identificada e sua origem, determinada.

Será que poderiam ser teias de aranhas migratórias? Aranhas não voam, mas, ainda assim, os céticos afirmam que elas são carregadas pelo vento a uma boa altura e que soltam suas teias no ar. Há relatos de cabelos de anjo cobrindo quintais inteiros e decorando como enfeites grandes trechos de cabos elétricos. Seriam necessárias muitas aranhas (talvez milhões) flutuando juntas pelo ar para criar tamanha chuva de teias. De minha parte, jamais vi nuvens gigantescas de aranhas voadoras. Talvez alguém já tenha, mas ainda não há registros de relatos desse tipo.

Será que o cabelo de anjo poderia ser um tipo de substância criada dentro dos tornados ou dos vórtices de plasma, carregada por uma boa distância e depois liberada?

Talvez, mas existem muitos, muitos relatos de cabelos de anjo caindo em dias de tempo calmo, sem nenhuma notícia de tempestades por quilômetros de distância.

Será que o cabelo de anjo é descarregado por OVNIs? A conexão entre aparições de OVNIs e uma subseqüente chuva de cabelos de anjo é forte. Ainda assim, ninguém jamais afirmou ter visto um OVNI soltando essa coisa, nem ninguém jamais fotografou tal evento.

Diz-se que o véu que separa outras dimensões e universos é fino e que por vezes surgem buracos, permitindo a algumas pessoas verem e experimentarem coisas consideradas desconhecidas ao nosso mundo. Fantasmas, OVNIs, manifestações da Virgem Maria, aparições de criaturas de outras dimensões como o Pé-grande e o monstro do lago Ness; diz-se também que todas as informações canalizadas vêm de uma dimensão paralela, ou talvez de uma acima ou abaixo de nossa própria.

Será que o cabelo de anjo vem de um desses universos?

Será que estamos vendo coisas que sem dúvida nos são desconhecidas, mas que podem ser um lugar-comum em "algum outro lugar", tal como é a chuva para nós aqui?

Ou será que isso nada mais é do que teias de aranhas voadoras?

[1] *The Book of the Damned*, p. 60.

[2] Na química, dizemos que uma substância sublima quando ela passa diretamente do estado sólido para o gasoso (ou vice-versa) sem primeiro transformar-se em líquido.

[3] *San Francisco Chronicle*, 22 de setembro de 1997.

5

ANJOS

HAICAI:

ANJOS

Celestial friends
Visitors from godly realms
Beings of the light

Digo-vos que haverá júbilo entre os anjos de Deus por um só pecador que se arrependa.[1]

DEFINIÇÃO: Os anjos são imortais, seres espirituais que auxiliam a Deus; são guardiões divinos.

O QUE OS CRENTES DIZEM: Os anjos são mensageiros e servos de Deus criados de modo divino que podem exercer uma influência direta e específica nas relações humanas. Visitam o nosso universo terreno com regularidade. Muitos já os viram e experimentaram suas bênçãos.

O QUE OS CÉTICOS DIZEM: Os anjos são criaturas imaginárias com os quais as pessoas sonham no intuito de explicar reviravoltas aparentemente inexplicáveis, tais como momentos de intervenção divina. A crença nos "anjos da guarda" nada mais é do que uma projeção da necessidade inata do homem de se sentir protegido.

QUALIDADE DAS PROVAS EXISTENTES: Boa.

PROBABILIDADE DE O FENÔMENO SER PARANORMAL: Alta.

Aqueles que acreditam em anjos dizem que eles estão à nossa volta e que em geral aparecem em momentos de crise e perigo para ajudar seus protegidos terrenos. Há pouco tempo escutei uma história a respeito de uma mulher cujo carro enguiçou numa rodovia deserta no meio de uma tempestade de neve. O carro morreu e, ao girar a chave, o motor não pegou. Não havia outros carros na estrada, a neve caía forte e ela não tinha um celular. Quando estava a ponto de entrar em pânico, um homem surgiu subitamente em sua janela, bateu no vidro e gritou: "Se você acelerar por cinco segundos, o carro vai pegar." Ela fez como sugerido e o carro realmente pegou. Procurou pelo homem que a tinha ajudado e não viu nenhum carro parado em lugar algum. Até hoje, a mulher acredita que o homem foi um anjo enviado para ajudá-la.

Todas as culturas do mundo contam histórias sobre anjos, até mesmo quando tratam de algo tão cientificamente racional quanto as viagens espaciais. O exemplar da revista *Parade* de 5 de janeiro de 1986 conta que o cosmonauta russo Oleg Atkov viu anjos do lado de fora da janela do *Salyut 7* em 1985, em seu 155° dia em órbita. Há uma citação amplamente reproduzida sobre o incidente que diz: "Vimos sete figuras gigantes na forma de homens, mas com asas e auréolas difusas, tal qual a descrição clássica dos anjos. Seus rostos estavam marcados com grandes sorrisos querúbicos."

A história do anjo espalhou-se (infelizmente) pelo mundo e ninguém se deu ao trabalho de questionar criticamente sua veracidade. Quando comecei minha pesquisa com relação a este capítulo, deparei-me com esta história em várias obras de referência respeitáveis, e ela foi sempre apresentada como uma história verdadeira.

Em dezembro de 2002, contatei o dr. Atkov, já então um cardiologista clínico de Moscou, e perguntei a ele se a história era verdadeira.

Sua resposta? "Caro sr. Spignesi, essa 'história celestial' é totalmente falsa. Dr. O. Atkov."

Será que alguém mais se deu ao trabalho de perguntar ao dr. Atkov se a história era verdadeira? Parece que não, e acredito que isso ocorreu em parte devido ao fascínio global pelos anjos. Verdadeira ou não, não faz diferença: a história de cosmonautas vendo anjos no espaço era fantástica demais para não ser publicada. Da mesma forma, circula hoje em dia uma história sobre o fato de o telescópio Hubble tirar fotos de seres angelicais iluminados, de a Nasa possuir as fotos e de existir uma aura de segredo que impede a publicação delas. O Vaticano tem conhecimento da existência dessas fotos, mas a posição oficial é: "Sem comentários."

Será que a história do Hubble é verdadeira? Quem sabe? Muitos acreditam nela. Na verdade, estudos recentes revelam que a grande maioria dos americanos acredita na existência de anjos.

Muitas pessoas sentem-se confortadas pela possibilidade da existência de anjos. A *Enciclopédia católica* nos diz que os anjos são seres espirituais que atuam como intermediários entre os homens e Deus. Eles são imortais e muitas vezes são citados como mensageiros. Seu trabalho consiste em comunicar a vontade de Deus aos homens e oferecer auxílio a nós, mortais (como mostrado anteriormente, na história da estrada). O catolicismo também nos diz que cada pessoa tem um anjo da guarda pessoal.

Outros fatos interessantes a respeito de anjos incluem...

- O Corão supostamente teria sido revelado a Maomé por ninguém mais que o anjo Gabriel.
- Satanás é um anjo caído que desafiou a autoridade de Deus.
- Um anjo apareceu a Maria para lhe contar que ela seria a mãe de Cristo.

• Há vários livros no mercado contendo relatos em primeira mão de pessoas que dizem ter visto anjos. Em uma resenha sobre livros recentemente publicada na revista *Fate*, um crítico escreveu: "Se você, tal como este crítico, já viu algum anjo, todas as pesquisas do mundo são desnecessárias para convencê-lo de sua existência."[2]

Segundo a tradição, há nove tipos de anjos, organizados em três "coros", a saber:[3]

A Hierarquia dos Anjos

Primeiro Coro

1. **Serafins**: Eles possuem seis asas e aparentemente são os únicos seres sagrados com permissão para permanecer na presença de Deus. Serafim é a "posição mais alta" entre os anjos.
2. **Querubins**: Eles possuem asas grandes, uma cabeça humana e corpo de um animal.
3. **Tronos**: A Bíblia é vaga no tocante à descrição dos Tronos, mas eles são mencionados na Epístola aos Colossenses 1:16 ("Nele foram criadas todas as coisas nos céus e na Terra, as criaturas visíveis e invisíveis. Tronos, Dominações, Principados, Potestades: tudo foi criado por ele e para ele"), e presume-se que ajudem os serafins e querubins em determinados casos.

Segundo Coro

4. **Dominações**: Os anjos mais altos da segunda hierarquia. Também são mencionados na Epístola aos Colossenses.
5. **Virtudes**: Anjos abaixo das Dominações.
6. **Potestades**: Anjos abaixo das Virtudes e que também são mencionados na Epístola aos Colossenses.

Terceiro Coro

7. **Principados**: Um anjo com poder sobre os arcanjos e anjos.
8. **Arcanjos**: Um anjo chefe, responsável pelos anjos. São arcanjos: Gabriel, Rafael e Miguel.

9. **Anjos**: Seres sobrenaturais envoltos em túnicas brancas. Possuem um par de asas e são mais poderosos e inteligentes do que os homens. Em geral, recebem a incumbência de vigiar e ajudar os humanos no dia-a-dia.

E então, anjos são reais? Classificamos a qualidade das provas existentes como Boa devido ao fato de as inúmeras histórias sobre encontros entre homens e seres angelicais serem bastante convincentes. Há relatos inacreditáveis feitos por pessoas confiáveis, e muitos deles são bem verossímeis. Será que *todas* essas pessoas estão loucas ou enganadas? *Todas?*

A fé tem seu papel, mas uma avaliação razoável dos muitos relatos sobre anjos nos leva a classificar a probabilidade de sua existência e de sua natureza paranormal como Alta.

[1] Lucas 15:10.

[2] *Fate*, março de 2003, p. 43.

[3] Essa classificação apareceu originalmente em meu livro *The Odd Index* (Plume, 1994) como uma lista intitulada "9 Tipos de Anjos". Utilizada com permissão.

6

PSI ANIMAL

HAICAI:

PSI ANIMAL

Speaking without words,
A mind to mind connection:
Let us know the beasts.

Os animais são amigos bastante agradáveis — não fazem perguntas, não nos criticam.

— George Eliot[1]

DEFINIÇÃO: Diz-se que psi animal é a comunicação extra-sensorial entre espécies, ou seja, entre os homens e os animais; ela também se refere à capacidade dos animais de pressentirem eventos futuros, e à conexão mental e comunicação entre eles.

O QUE OS CRENTES DIZEM: Os animais podem ler nossa mente; podem pressentir o perigo e prever a morte; podem viajar milhares de quilômetros guiados apenas por poderes psíquicos.

O QUE OS CÉTICOS DIZEM: Os animais não podem ler a mente humana; todas as suas ações de aparente "compreensão" são meros resultados de comportamentos arraigados, registrados em sua psique por simples relações de recompensa e punição entre eles e seus donos; todos os outros momentos de uma aparente percepção precisa por parte dos animais ou de uma comunicação entre espécies são obra do acaso e nada mais.

QUALIDADE DAS PROVAS EXISTENTES: Excelente.

PROBABILIDADE DE O FENÔMENO SER PARANORMAL: Bem Alta.

Os animais podem ler nossa mente? Podemos conversar com nossos bichinhos de estimação através do pensamento? Será que um animal sabe quando alguém vai morrer? Será que eles conseguem viajar por milhares de quilômetros através de territórios desconhecidos a fim de localizar seus donos?

A resposta a todas essas perguntas parece ser um improvável "sim".

Há inúmeras histórias de animais que demonstram comportamentos que não seriam possíveis sem algum tipo de habilidade extra-sensorial. E muitas dessas histórias resultam de experiências científicas, com técnicas controladas e válidas.

Notícia: Uma cadela e seu filhote foram condicionados a se encolher de medo sempre que um jornal era levantado. Eles nunca apanhavam com o jornal, mas haviam sido treinados a sentir medo do gesto ameaçador. Como parte da experiência, a cadela foi trancada em um cômodo revestido de cobre.[2] Seu filhote foi posto em outro aposento semelhante, a uma distância suficiente para que não conseguisse escutar a mãe. O pesquisador levantou um jornal enrolado diante da cadela... e o filhote encolheu-se de medo.

Notícia: Uma mulher e seu boxer de estimação foram colocados em diferentes aposentos revestidos de cobre, impossibilitados de ver ou escutar um ao outro. O coração do cachorro estava sendo monitorado por um eletrocardiograma. Um homem desconhecido entrou de repente no aposento onde a mulher se encontrava, gritou com ela e a ameaçou com violência. O coração do cachorro começou a bater acelerado assim que sua dona se viu em perigo. Ele estava sozinho em seu aposento no momento, sem poder escutar ou ver nada do que estava acontecendo no outro.

Notícia: Um homem andava a cavalo por uma floresta quando o animal parou e empacou, sem dar importância às chicotadas do cavaleiro. Passou-se um minuto e, de repente, um relâmpago espocou no céu e atingiu o chão em frente ao cavalo — exatamente onde eles estariam caso o cavalo tivesse continuado em vez de parar.

Notícia: Em agosto de 1923, o collie Bobbie perdeu-se de seus donos enquanto viajavam por Indiana. Bobbie e sua família viviam no Oregon. Em fevereiro de 1924, Bobbie pulou na cama onde seu dono dormia, na casa deles no Oregon, e lambeu-lhe alegremente o rosto. Ele estava esquelético, com as patas tão machucadas que era possível ver os ossos através das almofadas, mas sobrevivera. A Sociedade Humanitária do Oregon acabou rastreando a rota percorrida pelo bicho, e descobriu que ele havia viajado quase cinco mil quilômetros para chegar em casa. O cachorro havia cruzado as Montanhas Rochosas, atravessado o rio Missouri e até mesmo dividido um cozido de carne com legumes com um bando de mendigos. Bobbie caçava e comia coelhos, e conseguiu evitar a morte ou ser pego pela carrocinha. Além disso, no decorrer de sua jornada, *não* seguiu exatamente a rota dos donos, mas, em vez disso, atravessou territórios que nunca vira antes, e dos quais não possuía conhecimento algum. Bobbie acabou recebendo uma coleira de ouro e as chaves de diversas cidades quando a notícia de sua incrível jornada veio a público.

Como podemos explicar de forma lógica, e com a dose certa de ceticismo, essas histórias sem reconhecermos a existência de uma percepção extra-sensorial nesses animais?

A resposta? Elas *não* podem ser explicadas sem reconhecermos a existência de uma percepção extra-sensorial nesses animais.

Os donos de animais de estimação conhecem há muito tempo a capacidade dos bichos de ler sua mente. Eu próprio já experimentei esse tipo de ligação com meus bichos no decorrer dos anos.

O processo *não* é semelhante a uma conversa telefônica entre espécies; resume-se simplesmente em saber como seu animal irá reagir, ou, de forma inversa, em ele saber o que você irá planejar a seguir. Será que isso pode ser explicado pelo hábito e pelo treinamento? Até pode. Mas nem sempre.

Tive um gato que nunca lambia minha testa quando queria demonstrar carinho. Ele me lambia o pescoço. No entanto, havia exceções a essa regra, o que acontecia quando eu estava com enxaqueca. Sempre que eu sofria com uma dor de cabeça terrível, ele pulava no braço da poltrona e lambia minha testa, da mesma forma como as fêmeas lambem os machucados de suas crias. Será que ele sabia que eu estava com dor de cabeça? Acredito piamente que sim.

Acredito que a psi animal seja real e que deva ser estudada. Contudo, teremos um problema real se os homens se tornarem adeptos a conversar com os bichos. Podemos acabar entendendo-os melhor e — sejamos honestos — será que desejamos realmente saber o que os animais (e não estou falando dos bichinhos de estimação) pensam e sentem, levando em conta o modo como os tratamos?

[1] *Mr. Gilfil's Love Story*, Capítulo 7.

[2] O cobre impedia que o som e outras vibrações penetrassem o cômodo.

7

ÁREA 51

HAICAI:

ÁREA 51

A place with no name
As big as Connecticut
Desert mysteries

A invisibilidade mudou irrevogavelmente o modo como as batalhas aéreas têm sido e serão travadas. O lago Groom, em Nevada, é o epicentro das pesquisas confidenciais da Força Aérea com relação à invisibilidade e a outras tecnologias exóticas referentes ao espaço aéreo. Daqui a 30 anos, talvez ainda não saibamos nem metade do que vem sendo testado hoje em dia nos arredores do lago Groom.

— Nick Cook[1]

DEFINIÇÃO: A Área 51, apelidada de acordo com sua posição num antigo mapa de Nevada, é supostamente uma base militar secreta ao norte de Las Vegas, localizada no coração da Área de Teste de Nevada, que incorpora parte da gigantesca Nellis Air Force Range.

Dizemos "supostamente" porque o governo dos EUA não reconhece sua existência.

O que os crentes dizem: A Área 51 é o lugar onde os militares mantêm a espaçonave alienígena. É também onde militares e alienígenas desenvolvem em parceria projetos altamente confidenciais de engenharia reversa. O que acontece na Área 51 não só prova que aliens e OVNIs são reais, como também que o governo do EUA sabe disso há anos e agora trabalha regularmente com eles.

O que os céticos dizem: A Área 51 é uma base militar de testes "mais do que ultra-secreta", onde o governo dos EUA projeta, constrói e testa aeronaves, armas e sistemas de comunicação avançados. Ponto.

Qualidade das provas existentes: Fraca.[2]

Probabilidade de o fenômeno ser paranormal: Baixa.[3]

Notícia: Em 29 de setembro de 1995, o presidente Clinton assinou o Ato Executivo nº 95-15, que isentou a Área 51 (a qual, lembre-se, não existe) de todas as leis locais, interestaduais, estaduais e federais.

Notícia: Em 12 de outubro de 1996, o presidente Clinton isentou a Área 51 de todos os regulamentos ambientais locais, interestaduais, estaduais e federais.

Notícia: Em 31 de janeiro de 2001, o presidente Bush renovou as isenções da Área 51 com relação às leis locais, interestaduais, estaduais e federais.

O que está acontecendo na Área 51 que justifique o presidente dos Estados Unidos eximir a área de suas obrigações de obediência a *todas* as leis e regulamentos ambientais?

O que está acontecendo na Área 51 para garantir a supressão de provas — por meio de um ato executivo — dos crimes passados e futuros do governo?

O que está acontecendo na Área 51 para que a base de teste não apareça em nenhum orçamento federal de distribuição de verbas, nem nos mapas da administração da Aviação Federal e do Instituto de Pesquisa Geológica dos Estados Unidos?

O que está acontecendo na Área 51 para que a base sequer tenha um nome oficial?[4]

Será que existe alguma nave alienígena resgatada escondida em um dos muitos hangares e abrigos subterrâneos da Área 51?

Será que o governo dos EUA tem trabalhado com os alienígenas em operações conjuntas envolvendo viagens espaciais e armamentos avançados do outro mundo?

Será que o pessoal que trabalha na Área 51 passa os dias brincando de engenharia reversa com tecnologia alienígena, a qual supostamente já proporcionou à humanidade o transistor, os supercondutores, a tecnologia de microondas, comunicações via satélite, até mesmo o velcro e o Superball?

Serão todas essas perguntas profundamente ridículas, uma vez que não existe evidência empírica alguma que faça até mesmo valer a pena perguntar?

A história da Área 51 começa em meados da década de 1950, quando a CIA precisou de um lugar para testar o projeto ultra-secreto do bombardeiro U2. Nos anos que se seguiram, o local continuou a ser utilizado para pesquisas militares, projetos e produções; porém, no decorrer destes anos, a área passou a ser associada a OVNIs, espaçonaves extraterrestres resgatadas, além de programas e projetos de pesquisas alienígenas ultra-secretos.

Como isso aconteceu? Por que se acredita que a Área 51 seja o lar dos OVNIs e de outras coisas?

No final da década de 1980, um homem chamado Robert Lazar começou a aparecer na televisão e em documentários dizendo ter participado dos projetos de engenharia reversa de tecnologia alienígena na base militar do lago Groom (Área 51). Ele possuía, na verdade, provas de ter trabalhado certa vez para a Força Aérea, mas todas as afirmações feitas com relação aos OVNIs e ao trabalho desenvolvido na base permanecem, até os dias de hoje, sem fundamento.

Os pronunciamentos públicos de Lazar desencadearam a onda de turismo à Área 51. As pessoas começaram a visitar o local (ou tão perto quanto conseguiam chegar sem serem presas), e os rumores e histórias acerca da área aumentaram exponencialmente.

Alguns entusiastas das teorias de conspiração afirmam que as histórias acerca da Área 51 foram divulgadas pelo governo de forma deliberada, como parte de uma grande campanha para desacreditar a situação.

Sabe-se que lá ocorrem pesquisas altamente avançadas sobre aviação e armamento, numa área quase do tamanho de Connecticut, patrulhada por seguranças que, ao verem visitantes suspeitos, têm permissão para usar todo e qualquer recurso a fim de impedir a invasão da base.

Podemos chegar a alguma conclusão acerca do que acontece nesse lugar conhecido pelos pilotos como "Terra dos Sonhos"? Sim, podemos: baseados em provas empíricas, depoimentos e no senso comum, parece extremamente improvável que quaisquer dos rumores sobre ETs na Área 51 sejam verdadeiros.

O mais provável é que lá ocorram pesquisas muito avançadas que o governo não deseja que venham a público e que explicam muito bem a segurança mais rígida do que o normal nessa grande porção do sul de Nevada.

Aprendemos recentemente, porém, através de uma série de ações judiciais contra o governo dos EUA e de um programa veiculado pelo *60 Minutes*, que materiais tóxicos são rotineiramente destruídos na Área 51 em gigantes "poços crematórios". Alguns dos trabalhadores que participaram da queima dos materiais químicos desenvolveram câncer e doenças de pele devido às toxinas liberadas na fumaça à qual encontravam-se expostos.

Será interessante observar o desfecho dessas ações, uma vez que, como já foi dito, tudo o que ocorre na Área 51 está acima de qualquer lei.

No fim, tal imunidade talvez venha a ser o maior escândalo de todos.

1 *Jane's Defence Weekly*.

2 Que tipo de prova concreta podemos coletar sobre um lugar cuja existência o governo sequer reconhece?

[3] Essa classificação baseia-se na condição de que não podemos chegar a uma conclusão definitiva calcados apenas em teorias sem fundamento e declarações ensandecidas. Se as portas de um dos hangares da Área 51 forem abertas um dia para as câmeras do *60 Minutes* e Mike Wallace entrar e nos mostrar os alienígenas e as aeronaves extraterrestres, então nos reservaremos o direito de elevar essa classificação para "Bem Alta".
[4] *The New York Times Sunday Magazine*, 24 de junho de 1994.

8

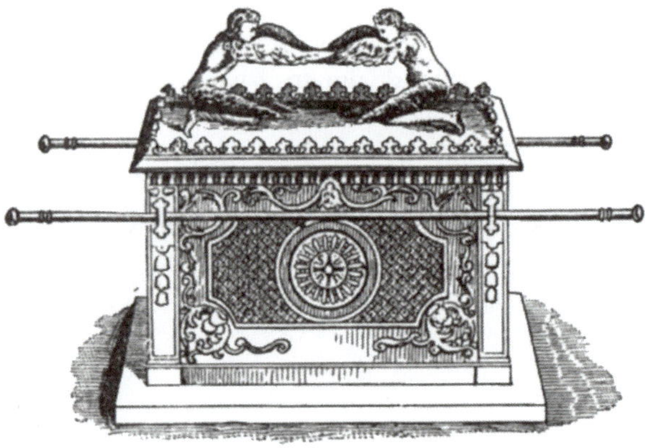

A ARCA DA ALIANÇA

HAICAI:

ARCA DA ALIANÇA

Sacred chest of truth
Stone tablets reside within?
Washed by Jesus' blood

Abriu-se o templo de Deus no céu e apareceu, no seu templo, a arca do seu testamento. Houve relâmpagos, vozes, trovões, terremotos e forte tempestade.[1]

DEFINIÇÃO: Segundo o Velho Testamento, a Arca da Aliança era um baú que continha os Dez Mandamentos escritos em tábuas de pedra e oferecidos a Moisés por Deus. A Arca era carregada pelos hebreus durante suas andanças pelo deserto.

O QUE OS CRENTES DIZEM: A Arca da Aliança era real, os Dez Mandamentos encontravam-se dentro dela e ela podia ou não conter o sangue de Cristo em sua tampa.

O QUE OS CÉTICOS DIZEM: A Arca da Aliança é uma lenda bíblica, a probabilidade de sua existência é bem pequena.

QUALIDADE DAS PROVAS EXISTENTES: Inconclusiva.[2]

PROBABILIDADE DE O FENÔMENO SER PARANORMAL: Inconclusiva.[3]

A primeira menção à Arca da Aliança na Bíblia ocorre no Livro do Êxodo, quando Deus deu a Moisés as instruções e dimensões específicas para a construção da Arca:

> Farão uma arca de madeira de acácia. Seu comprimento será de dois côvados e meio, sua largura, de um côvado e meio, e sua altura, de um côvado e meio.
>
> Tu a recobrirás de ouro puro por dentro, e farás por fora, em volta dela, uma bordadura de ouro.
>
> Fundirás para a arca quatro argolas de ouro, que porás nos seus quatro pés, duas de um lado e duas de outro.
>
> Farás dois varais de madeira de acácia, revestidos de ouro.
>
> Passarás os varais nas argolas fixadas aos lados da arca, para se poder transportá-la.
>
> Uma vez passados os varais nas argolas, delas não serão mais removidos.
>
> Porás na arca o testemunho que eu te der.[4]

Uma caixa de madeira, revestida de ouro e carregada por varais inseridos através de argolas.

Deus então continuou suas instruções, detalhando a tampa e os dois anjos que guardariam a Arca:

> Farás também uma tampa de ouro puro, cujo comprimento será de um côvado e meio, e a largura, de um côvado e meio.
>
> Farás dois querubins de ouro; e os farás de ouro batido, nas duas extremidades da tampa, um de um lado e outro de outro, fixando-os de modo a formar uma só peça com as extremidades da tampa.
>
> Terão estes querubins suas asas estendidas para o alto, e protegerão com elas a tampa, sobre a qual terão a face inclinada.
>
> Colocarás a tampa sobre a arca e porás dentro da arca o testemunho que eu te der.

> Ali virei ter contigo, e é de cima da tampa, do meio dos querubins que estão sobre a arca da aliança, que te darei todas as minhas ordens para os israelitas.[5]

As pessoas que acreditam na Bíblia dizem que estas passagens confirmam a construção e, portanto, a existência da Arca da Aliança. Muitos historiadores garantem que a Arca provavelmente existiu, mas que deve ter sido destruída quando os babilônios atacaram Jerusalém em 587 a.C. e destruíram o Templo.

E quanto às afirmações de que a Arca era um "capacitor espiritual" que canalizava os poderes de Deus e podia ser usada pelos fiéis para derrotarem seus inimigos? Essa foi a premissa usada por Steven Spielberg em seu filme de 1981 *Os Caçadores da Arca Perdida*. Não há como confirmar tal teoria, uma vez que a localização atual da Arca, se é que ela na verdade existiu, é desconhecida.

No entanto, segundo a Bíblia, a Arca já não se encontra mais na Terra. Ela está no paraíso (veja a epígrafe), e se isso for verdade, as tentativas arqueológicas de encontrá-la são um exercício inútil.

Todavia, a importância teológica da Arca que contém as tábuas de pedra dadas a Moisés por Deus é incalculável e, por conseguinte, a busca continua.

De várias formas.

[1] Apocalipse 11:19.

[2] A única "prova" verdadeira (no sentido mais amplo do termo) para a existência da Arca da Aliança é retirada do Velho Testamento (com uma validação especial ao final do Novo Testamento, no Livro do Apocalipse). Não há prova física de que ela tenha existido, embora o falecido arqueólogo Ron Wyatt tenha afirmado que localizou a Arca em uma caverna em Jerusalém, ainda que nunca tenha oferecido nenhuma prova de suas afirmações. (Muitos arqueólogos acreditam que a descoberta de Wyatt foi uma farsa; os seus defensores acreditam piamente em suas afirmações e têm confiança de que está chegando o dia em que alguém mais irá localizar a Arca na área onde Wyatt disse que ela estava enterrada.) Uma pessoa acreditar ou não na existência da Arca depende da profundidade de sua fé na veracidade histórica e arqueológica da Bíblia.

[3] Não sabemos se a Arca da Aliança existiu e/ou se *ainda* existe; além disso, não há como saber se ela era/é ou não um artefato paranormal (não obstante o que se fala em *Os Caçadores da Arca Perdida*).

[4] Êxodo 25:10-16.

[5] Êxodo 25:17-22.

9

OS OVNIs SÃO MENCIONADOS NA BÍBLIA? JESUS ERA UM EXTRATERRESTRE?

HAICAI:
OS OVNIs SÃO MENCIONADOS NA BÍBLIA?

High pillars of smoke
Heralding their arrival
Ancient men bow down

Não vos esqueçais da hospitalidade, pela qual alguns, sem o saberem, hospedaram anjos.

— Hebreus 13:2

Definição: Existem passagens bíblicas que alguns acreditam descrever seres não-humanos e espaçonaves extraterrestres despontando no céu; existem também relatos de atos de Jesus que alguns acreditam ser condizentes com os de um visitante alienígena.

O QUE OS CRENTES DIZEM: As passagens bíblicas, tanto do Velho quanto do Novo Testamento, contam histórias (ainda que numa linguagem metafórica) de alienígenas e espaçonaves alienígenas visitando a Terra. Além do mais, muitos dos relatos das façanhas de Jesus poderiam ser facilmente interpretados como uma descrição das ações de um extraterrestre.

O QUE OS CÉTICOS DIZEM: Os céticos com inclinação religiosa dizem que tal especulação é uma blasfêmia e que os relatos da Bíblia sobre manifestações celestes são relatos verdadeiros de aparições divinas. Os agnósticos e ateus dizem que tudo na Bíblia é pura fantasia, tudo gerado pela mente dos escritores. As histórias não provam nem uma interação extraterrestre, nem divina, com a humanidade.

QUALIDADE DAS PROVAS EXISTENTES: Boa.[1]

PROBABILIDADE DE O FENÔMENO SER PARANORMAL: Inconclusiva.[2]

OVNIs NA BÍBLIA?

Alguns ufólogos acreditam do fundo do coração que a raça humana possui progenitores extraterrestres e que toda a simbologia religiosa é uma prova das tentativas do homem antigo de entender e documentar as visitas alienígenas e a aparição de aeronaves extraterrestres na Terra.

Se partirmos do pressuposto de que a linguagem bíblica é figurativa e imagística, e não literal e realista, então a interpretação "OVNI/alien" é, de certa forma, válida.

ÊXODO 13:21-22:

> O Senhor ia adiante deles, de dia numa coluna de nuvens para os guiar pelo caminho, e de noite numa coluna de fogo para os alumiar; de sorte que podiam marchar de dia e de noite. Nunca a coluna de nuvens deixou de preceder o povo durante o dia, nem a coluna de fogo durante a noite.

Interpretação? Um OVNI guiou Moisés e os judeus para fora do Egito. A espaçonave era cinza-escuro durante o dia e iluminada à noite.

JUÍZES 20:40:

> Mas, quando a nuvem de fumo começou a subir da cidade, os benjamitas olharam para trás e viram o incêndio de Gibeá subir até o céu.

Interpretação? Uma espaçonave levantou vôo de Gibeá, e sua fumaça e chamas puderam ser vistas a distância.

NEEMIAS 9:11-12:

> Fendestes o mar diante deles e passaram a pé enxuto; mas precipitastes nos abismos todos os que os perseguiam, como uma pedra é atirada às profundezas das águas.
>
> Vós os guiastes durante o dia por uma coluna de nuvem, e à noite por uma coluna de fogo, para iluminar o caminho que deviam seguir.

Interpretação? O OVNI que guiou os judeus para fora do Egito abriu o mar Vermelho do alto, provavelmente usando algum tipo de feixe de energia que dividiu as águas e abriu caminho para os israelitas.

JESUS ERA UM EXTRATERRESTRE?[3]

Jesus foi um extraterrestre enviado à Terra como um escoteiro disfarçado?

Seria possível que este alien *não* tivesse a intenção de que toda uma religião fosse criada à sua volta?

Eis aqui um olhar sobre algumas das interpretações mais convincentes de que Jesus era um extraterrestre:

Jesus era o Filho de Deus: Jesus nasceu de uma virgem.
Jesus era um ET: Jesus era um ser geneticamente modificado que foi implantado numa mulher humana a fim de nascer na Terra.

Filho de Deus: o anjo Gabriel visitou Maria para lhe contar que ela ficaria grávida do Espírito Santo.
ET: um emissário alienígena visitou Maria para informá-la do implante.

Filho de Deus: a estrela de Belém guiou os três Reis Magos até o local do nascimento de Jesus.
ET: uma nave alienígena atravessou o céu bem à vista de três sentinelas alienígenas cuja missão era monitorar o nascimento do alien/humano.

Filho de Deus: no *Evangelho segundo São Mateus* 3:16-17, Jesus sobe aos céus nos braços de Deus Pai após ser batizado.
ET: Jesus, o ET, foi teleportado da água por um raio antigravidade, que incidiu sobre ele de uma aeronave alienígena.

Filho de Deus: Jesus caminhou sobre a água.
ET: Jesus, o ET, possuía algum tipo de aparelho antigravitacional que permitiu a ele passar a idéia de estar caminhando sobre a água.

Filho de Deus: Jesus ressuscitou Lázaro dos mortos.
ET: Jesus, o ET, possuía habilidades médicas avançadas que lhe permitiram reviver Lázaro, o qual provavelmente não estava morto, apenas num coma profundo.

Filho de Deus: no *Evangelho segundo São João* 8:23, Jesus disse a seus seguidores: "Vós sois cá de baixo, eu sou lá de cima. Vós sois deste mundo, eu não sou deste mundo."
ET: "Vocês são terráqueos, eu sou um extraterrestre."

Filho de Deus: Jesus transformou a água em vinho.
ET: Jesus, o ET, possuía algum tipo de aparelho que podia transmutar em nível subatômico as moléculas da água em moléculas de vinho.

Filho de Deus: Jesus multiplicou miraculosamente os pães e peixes.
ET: Jesus, o ET, tinha alguma espécie de aparelho sintetizador de comida de tecnologia avançada que "lia" o original e então era

capaz de duplicá-lo completamente tantas vezes quanto alguém desejasse.

Filho de Deus: Jesus passou 40 dias e 40 noites no deserto.
ET: Jesus, o ET, passou 40 dias e 40 noites na nave-mãe relatando suas descobertas terrenas e obtendo um merecido descanso.

Filho de Deus: Jesus ressuscitou dos mortos.
ET: na hora em que os observadores viram Jesus "entregando seu espírito" a seu Pai celeste, seus parceiros alienígenas, que o sobrevoavam da nave-mãe, puseram-no num estado de animação suspensa e depois o "reativaram" quando ele se encontrava deitado na tumba.

Filho de Deus: Jesus ascendeu fisicamente ao céu.
ET: Jesus, o ET, foi "teleportado" para a nave-mãe enquanto seus seguidores observavam. (Esta também foi a forma como sua mãe, Maria, "subiu aos céus".)

Filho de Deus: Jesus falou com Paulo enquanto ele viajava pela estrada para Damasco, e Paulo converteu-se imediatamente ao cristianismo.
ET: Jesus, o ET, falou com Paulo de uma nave espacial, aterrorizando-o e intimidando-o de tal forma que ele concordou de boa vontade em fazer o que quer que a voz mandasse.

1 A prova recebe uma classificação alta porque as passagens bíblicas são específicas e acessíveis.

2 A probabilidade dessas passagens que descrevem OVNIs e Jesus como um extraterrestre foi classificada como inconclusiva porque, mesmo hoje, não temos a menor idéia do que realmente aconteceu durante os eventos e épocas mencionados na Bíblia.

3 Parte desse material "Jesus era um extraterrestre?" aparece originalmente de forma diferente em meu livro de 2000, *The UFO Book of Lists* (Kensington Publishing).

10

O CORPO ASTRAL, PLANOS ASTRAIS E PROJEÇÃO ASTRAL

HAICAI:

O EU ASTRAL

Silver cord glimmers
Body and soul of white light
Unseen and silent

Eu e este mistério aqui estamos, de pé.
Clara e doce é minha alma, e claro e doce é tudo aquilo que não é minha alma.
Faltando um falta o outro, e o invisível é provado pelo visível.
Até que este se torne invisível e receba a prova por sua vez.[1]

DEFINIÇÃO: O **corpo astral** é um dos vários corpos etéreos que os humanos possuem[2] afora o corpo físico. O corpo astral é o corpo que manifesta uma aura (veja Capítulo 13) e, pelo que dizem, pode transcender os grilhões de nosso eu físico.

Os **planos astrais** são universos ou níveis de existência acima, abaixo e/ou paralelos à realidade corporal terrena.

A **projeção astral**, também conhecida como **experiência extracorporal (OBE**, na sigla em inglês), é o ato ou processo de separação do corpo astral do corpo físico e a viagem para outros lugares da Terra e/ou para outros planos de existência.

O QUE OS CRENTES DIZEM: Dentro de nosso corpo físico existe uma energia corporal invisível conhecida como corpo astral. Dentro do corpo astral reside nossa energia vital, e este corpo é uma parte ou parcela da totalidade de nosso eu individual. Se o corpo físico se machuca ou enfraquece (devido a drogas, dietas, toxinas do meio ambiente etc.), o corpo astral também enfraquece. De modo similar, se o corpo astral é bombardeado por energias negativas (fadiga, estresse, raiva, crítica negativa, reclamações e acusações de familiares e amigos etc.), o corpo físico refletirá essa carga negativa e a pessoa poderá adoecer. O corpo astral é tão parte do ser humano quanto a mente, a qual, embora saibamos que "reside" no cérebro, não pode ser vista fisicamente. Da mesma forma, o corpo astral reside no corpo, embora seja invisível.

O QUE OS CÉTICOS DIZEM: Não há evidências que provem a existência de sequer um corpo astral, quanto mais de vários. Toda essa baboseira de cordões umbilicais prateados, de atravessar paredes e de flutuar até o teto não é nada além de delírio, sonho, alucinação ou mentira. Os homens podem ter uma dimensão espiritual, mas com certeza essa dimensão não se manifesta como um corpo etéreo que pode sair de nosso corpo físico e vaguear por aí. Qualquer um que acredite ter feito uma "viagem astral" ou estava sonhando ou experimentando um estado de instabilidade mental.

QUALIDADE DAS PROVAS EXISTENTES: Moderada.[3]

PROBABILIDADE DE O FENÔMENO SER PARANORMAL: Moderada a Boa.[4]

Segundo os clarividentes que afirmam ter visto o corpo astral humano, ele é luminoso, de um colorido resplandecente e vibrante.

Eles dizem que o corpo astral é real, invisível, e que está dentro de nosso corpo físico, uma parte integrante do nosso ser. Uma comparação pertinente (como mencionado) seria o paradigma de nossa mente dentro de nosso cérebro físico, real, invisível, uma parte integrante de nosso ser que conhecemos como eu.

Nosso corpo astral opera por vontade própria e, segundo os ocultistas, apenas uma pequena parcela da população tem consciência de sua existência. As pessoas que já passaram por experiências de quase-morte (veja Capítulo 57) ou que deliberada e diligentemente trabalham para desenvolver suas habilidades psíquicas, acabam por interagir com seus eus etéreos, mas a maioria dos homens vive presa apenas aos aspectos rudimentares do corpo físico.

De modo interessante, a definição amplamente aceita de um "eu astral" não parece nem um pouco melhor do que a definição padrão de "alma": "Princípio vital de animação dos seres humanos, que os dota com a capacidade de pensar, agir e sentir, e muitas vezes é considerado uma entidade imaterial; natureza espiritual dos seres humanos, considerada imortal, que se separa do corpo à época da morte e é suscetível a alegrias ou infelicidades em momentos futuros."[5]

Assim sendo, será que a noção de "corpo astral" é simplesmente camuflada por dogmas religiosos? Existe alguma diferença real entre o conceito de alma imortal defendido pela religião e a definição de corpo astral adotada pelas filosofias ocultas?

Ambos parecem tratar do mesmo mistério.

Certa vez, tive uma conversa com uma clarividente que me contou que ela entendia a realidade universal e eterna (o que alguns chamam de natureza divina) como um arranha-céu incrivelmente alto com um número ilimitado (ou pelo menos desconhecido) de andares. Nossa realidade física é apenas um andar desse arranha-céu e é o andar onde nosso corpo físico precisa residir. Os outros andares estão fora dos limites de nossos eus corpóreos, mas podem ser acessados por nossos eus etéreos/astrais/espirituais. Ela acreditava que nosso corpo astral podia visitar esses andares, mas que nem todos tinham capacidade para "subir as escadas", por assim dizer.

De forma curiosa, esse sistema de crenças insere-se muito bem em várias das construções religiosas/espirituais do homem.

Tudo se resume à idéia de que o homem possui uma alma, que ela é eterna e que perdura após a morte.

Será todo o resto apenas uma simples camuflagem?

[1] Walt Whitman, *Folhas de relva*, "Canto de Mim Mesmo, 3".
[2] Madame Blavatsky, fundadora da teosofia, dizia que os homens possuem sete corpos de composição variada.
[3] Sem dúvida, a maioria das provas para a existência do corpo astral vem de pessoas que dizem ter tido uma experiência extracorporal, a qual não pode ser provada. Existem, porém, muitos depoimentos de viagens desse tipo, de auras e de outros elementos do corpo astral para podermos descartar o fenômeno como *totalmente* impossível. Quinze por cento das pessoas que dizem ter tido uma OBE falaram de coisas que, segundo elas, não poderiam saber caso sua consciência tivesse permanecido em seu corpo físico (George, *Alternate Realities*, p. 206).
[4] Apesar de as provas empíricas serem questionáveis, não parece de todo improvável que os seres humanos possuam uma dimensão espiritual. Muitas (a maioria?) pessoas diriam "sim" caso você lhes perguntasse se elas acreditam haver um elemento espiritual associado a suas identidades. Como foi dito neste capítulo, as semelhanças entre as percepções mais comuns do eu astral e da alma não podem ser descartadas.
[5] *American Heritage Dictionary*.

11

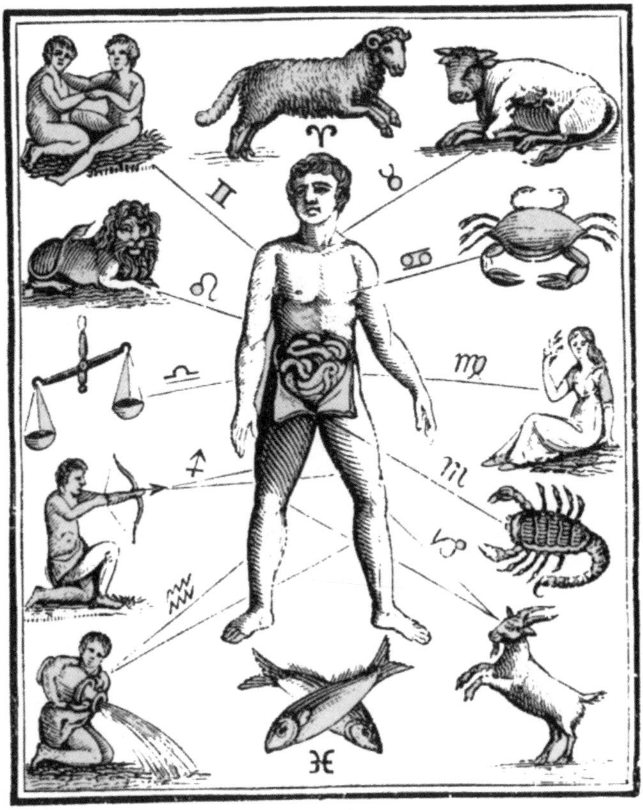

ASTROLOGIA

HAICAI:

ASTROLOGIA

As above, below.
Stars impel — or they compel?
Ghosts in the machine

São os astros,
Os astros lá de cima, que determinam nossas condições.[1]

DEFINIÇÃO: A astrologia é o estudo e a interpretação da posição dos corpos celestes — o Sol, os planetas e a lua da Terra —, com base na crença de que eles exercem uma influência real, direta e quantificável sobre os eventos e as relações humanas.

O QUE OS CRENTES DIZEM: Os movimentos dos corpos celestes criam misteriosos — ainda que bem reais — "campos de energia" e forças que podem afetar o modo de agir e pensar dos seres humanos, da mesma forma que a lua cheia pode exercer um efeito moderado sobre as marés e outras atividades na Terra. Essa correlação entre realidade e previsões astrológicas e interpretações vai muito além da coincidência, ou mesmo da simultaneidade.

O QUE OS CÉTICOS DIZEM: A astrologia é um dos piores exemplos de pseudociência, uma vez que não existe *nenhuma* prova científica para a crença de que a órbita de Júpiter (ou de qualquer outro planeta) possa afetar os homens de alguma forma, qualquer que seja. As pessoas que encontram significado em leituras astrológicas estão apenas projetando seus próprios desejos e preocupações em um sistema de crenças fabricado que se baseia nos movimentos dos planetas.

QUALIDADE DAS PROVAS EXISTENTES: Boa.

PROBABILIDADE DE O FENÔMENO SER PARANORMAL: Moderada.[2]

Ao final da década de 1980, eu estava escrevendo minha enciclopédia sobre Stephen King, *The Shape Under the Sheet*, e calculei o horóscopo dele por computador, através de uma firma de Nova York que prometia precisão e detalhes reveladores. Na época, eu não sabia ao certo se acreditava ou não em astrologia, mas achei que para os propósitos do livro, e levando em conta o fato de que King sempre escreve sobre coisas fora do alcance da compreensão humana, um horóscopo do escritor seria um elemento divertido de incluir. Acabei realmente inserindo o mapa astral de King no livro, mas no fim deixei de colocar uma análise detalhada das informações sobre seu nascimento por questões de espaço.

Ainda lembro dos pontos principais. Ele dizia que King era criativo, ambicioso e reservado, e que provavelmente se sentia mais confortável trabalhando no campo das artes. Chegava a especificar "escritor" como uma possível opção de carreira e também falava de uma necessidade inata de privacidade e de uma personalidade bastante discreta. Qualquer pessoa familiarizada com a carreira e a pessoa pública de King reconheceria a especificidade dessas conclusões.

Eu mesmo fiquei impressionado com a precisão da leitura — e aí está o problema em tentar descartar a astrologia ou desacreditar suas descobertas.

Algumas vezes, a semelhança nos traços de personalidade de pessoas com certos signos astrológicos e a precisão de detalhes dos mapas astrais são tão cativantes que não podemos deixar de pensar que *deve* haver algo de verdade nesse negócio de astrologia, pois de que outra forma as informações seriam tão específicas?

Os céticos dizem que as interpretações astrológicas são generalizadas demais para deixar de mexer com quase todos aqueles que as lêem. A questão então é: "Serão elas precisas a ponto de *descartarmos o acaso*?"

Essa questão parece ter sido respondida de modo afirmativo por um casal de franceses, em uma pesquisa realizada na década de 1950.

Michel e Françoise Gauquelin estudaram os alinhamentos planetários e os dados referentes a nascimentos e descobriram alguns fatos surpreendentes:[3]

1. Um número estatisticamente significativo de médicos nasceu em determinadas horas do dia ou da noite, quando Marte ou Saturno estava em seu ponto mais alto ou tinha acabado de surgir.
2. Muitos soldados, políticos e atores — pessoas públicas, expansivas — eram fortemente influenciados pelo planeta Júpiter.
3. Um grande número de escritores era influenciado pela Lua. (Para mim, em particular, isso é verdade: sou de Câncer, que é regido pela Lua, e tenho o mesmo signo que Pearl Buck, Ernest Hemingway e muitos outros escritores.)
4. Vários atletas eram influenciados pelo planeta Marte. (Isso passou a ser conhecido como o "Efeito Marte".)

Essas descobertas não foram bem recebidas pelos céticos e pela vertente predominante da comunidade científica.

Em 1978, o CSICOP (Comitê para a Investigação Científica de Alegações do Paranormal) realizou um estudo na intenção de desacreditar as descobertas dos Gauquelin. Para seu horror, os resultados cuidadosamente alcançados confirmaram as conclusões do casal. Por cinco anos, o grupo escondeu esses resultados manipulando algumas das descobertas estatísticas, a fim de adequá-los melhor aos desejos de seus membros declaradamente céticos. O estratagema veio à tona, alguns membros demitiram-se e, em 1983, o CSICOP admitiu timidamente que as descobertas dos Gauquelin eram precisas e que sua própria pesquisa havia provado isso.[4]

A astrologia existe há mais de dois mil anos. Uns 500 anos antes de Cristo, astrólogos já calculavam horóscopos e vasculhavam o céu, literalmente, em busca de respostas. Catarina de Médicis tinha seu próprio astrólogo pessoal — ninguém menos que Nostradamus (veja Capítulo 59).

O princípio básico e fundamental para a compreensão (e aceitação) da astrologia é a crença resumida em seu axioma mais repetido: "Como em cima, embaixo." A astrologia provém da convicção de que tudo no universo é planejado, tudo está interligado e nada ocorre por acaso. Ela é, portanto, basicamente teísta, e sua função central deriva da tentativa de compreensão dos desígnios do universo, e uma vez que não podemos ter um plano sem alguém que o planeje, a astrologia é (apesar da repulsa da Igreja Católica a seu "apático fatalismo")[5] uma ortodoxia religiosa em construção.

- Nancy Reagan consultava um astrólogo com relação às decisões que seu marido, o presidente, deveria tomar.
- Milhões de pessoas lêem seu horóscopo diariamente no jornal.
- Quem não sabe seu signo astrológico?

Talvez a astrologia nunca seja aceita pela corrente principal da ciência. Aqueles que buscam sem preconceito, porém, teriam relutância em descartá-la por completo. Algumas das respostas que a humanidade busca podem, na verdade, estar nas estrelas. E nos planetas, por assim dizer.

[1] William Shakespeare, *Rei Lear*, ato IV, cena 3.
[2] A astrologia pode ou não ser um fenômeno paranormal; existem defensores passionais em ambos os lados da discussão.
[3] Bernard Gittelson, *Intangible Evidence*, pp. 344-45.
[4] Ibid., p. 346.
[5] *A enciclopédia católica*, "Astrologia", on-line em www.newadvent.org.

12

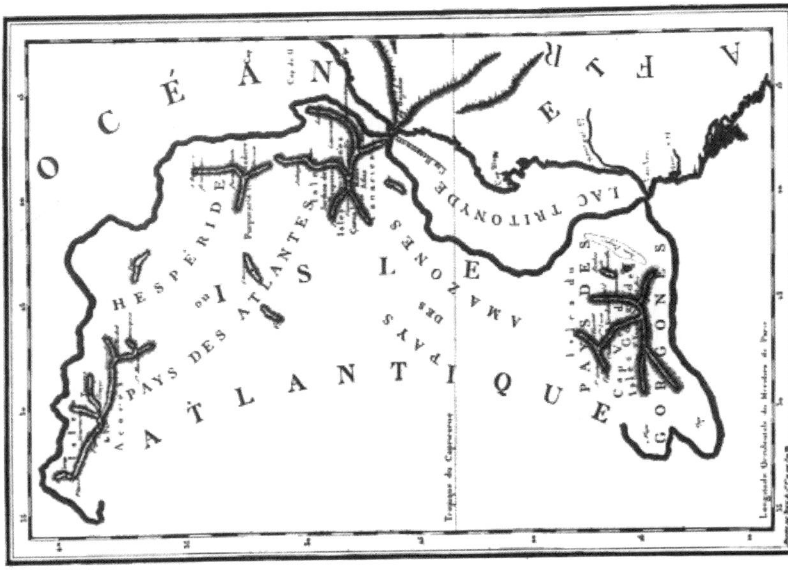

ATLÂNTIDA

HAICAI:

ATLÂNTIDA

Legendary land
West of Gibraltar it reigned
Vanished for all time?

Way down... below the ocean... where I wanna be... she may be.

— Donovan[1]

DEFINIÇÃO: Atlântida foi uma ilha lendária no oceano Atlântico, a oeste de Gibraltar, a qual, segundo Platão, existiu em cerca de 9000 a.C. e sucumbiu ao fundo do oceano durante um terremoto.[2]

O QUE OS CRENTES DIZEM: Atlântida foi real e seus habitantes eram seres superiores, dos quais a humanidade herdou todo o seu conhecimento técnico avançado, assim como suas línguas e religiões.

O QUE OS CÉTICOS DIZEM: Atlântida é um mito criado por Platão como parte de um diálogo de Sócrates para ilustrar o que acontecia quando uma sociedade entrava em decadência (Atlântida), em comparação com uma sociedade que exercitava a justiça, o respeito e a dignidade (Atenas).

QUALIDADE DAS PROVAS EXISTENTES: Fraca.

PROBABILIDADE DE O FENÔMENO SER PARANORMAL: Nenhuma.[3]

O quão popular é a lenda de Atlântida? Uma pesquisa recente no banco de dados cinematográfico da internet (www.imdb.com) levantou 40 filmes, quatro seriados televisivos e seis jogos com o tema "Atlântida". Uma pesquisa nos livros mostrará centenas de títulos; milhares, se contarmos com títulos que já não são mais editados.

O que há de tão interessante na história dessa antiga cidade para atrair o homem moderno?

Precisamos agradecer ao filósofo grego Platão pela lenda de Atlântida. Em seus diálogos socráticos do século IV a.C., *Timeu* e *Crítias*, Platão cria um cenário no qual uma sociedade perfeita é subitamente exposta a grandes dificuldades, inclusive um ataque por um inimigo bárbaro, acompanhado de todo conflito e confusão associados a tal agressão. Em seus diálogos, Atenas era uma sociedade idealizada; Atlântida, seu hostil agressor. Antes dos escritos de Platão, *não existe menção em lugar algum* na literatura a respeito de tal ilha e civilização antiga.

Além de ser um dos grandes pensadores de todos os tempos, Platão era também um excelente contador de histórias:

> Agora, nesta ilha de Atlântida havia um grande e maravilhoso império que governou toda a ilha e várias outras, e partes do continente, e depois os homens de Atlântida dominaram as partes da Líbia, das Colunas de Hércules até o Egito e da Europa até a Tyrrhenia. Este vasto poder, reunido num só, empenhou-se em subjugar de um só golpe nosso país e os seus, e toda a terra nos limites do estreito; e então, Sólon, seu país brilhou à frente de todos, na excelência de sua virtude e força, entre toda a humanidade.[4]

Mas a história contada por Platão não se baseava na realidade. *Era uma alegoria.*

Platão estava tentando transmitir uma lição moral a seus discípulos ao contar a história de Atenas e Atlântida.

Ele a inventou — provavelmente utilizando um antigo mito egípcio como fonte.

Ninguém menos que Aristóteles, discípulo de Platão, confirmou que a história era uma fábula escrita para ressaltar um ponto de vista.

Ainda assim, a lenda de Atlântida sobrevive até hoje.

Mitologias bem desenvolvidas e inacreditavelmente detalhadas foram criadas para incluir o mito da Atlântida na trama histórica da humanidade. Revisar as muitas interpretações sobre a lenda literalmente reescreverá a história que conhecemos.

Atlântida está supostamente ligada a, ou é a origem de: as pirâmides do Egito, o dilúvio de Noé, a invenção do papel, todas as leis humanas, as artes e religiões, as ciências da matemática, astronomia, agricultura, metalurgia, balística, arquitetura e engenharia, e também as artes ocultistas, tais como adivinhação e magia.

Segundo aqueles que acreditam que Atlântida realmente existiu como uma ilha de verdade destruída por terremotos cataclísmicos, toda a nossa civilização deve seus... bem, deve *tudo* aos antigos atlantianos. O fato de a cronologia do desenvolvimento de nossa civilização não coincidir com a cronologia atlantiana não parece incomodar os entusiastas.

Será que existe um quê qualquer de verdade nessa história ou em Atlântida?

Os defensores de Atlântida há muito procuram *comprovar* a história, a fim de validar sua versão. "Ela pode estar lá; ela pode estar lá" é repetido como um mantra todas as vezes que uma nova teoria sobre sua provável localização "naufraga". Todavia, a geofísica talvez seja o "desqualificador" mor dessa história.

O estudo das placas tectônicas, o movimento da crosta terrestre em grandes espaços de tempo, já confirmou que os continentes de hoje eram provavelmente um único e gigantesco pedaço de terra que se dividiu no decorrer de éons devido a atividades vulcânicas, terremotos e outras forças. Na verdade, não é preciso ser um especialista para, ao olhar o mapa do mundo atual, perceber o quão perfeitamente a costa nordeste da América do Sul se encaixaria na costa centro-oeste da África, como uma peça de quebra-cabeça. Ou como a Indonésia e a Austrália poderiam facilmente ser a parte mais baixa do Sul da China.

Em teoria, quando a deriva continental é revertida, e todos os atuais continentes postos de volta em seu lugar de origem, recriando o continente solitário original de nosso planeta, não sobra espaço para um pedaço de terra do tamanho de Atlântida.

Mesmo assim, essa prova irrefutável não altera em nada a idéia dos crentes.

Para eles, Atlântida foi, e continua a ser, real, e a convicção de sua crença baseia-se no fato de que todos saberão que eles estão certos quando suas ruínas forem finalmente descobertas, da mesma forma que os arqueólogos acabaram localizando as ruínas de Tróia.

Assim, continuam a surgir livros e filmes sobre Atlântida, e a história segue sendo contada.

[1] "Atlantis".

[2] Em oposição ao relato de Platão, o médium Edgar Cayce [veja Capítulo 32] afirmou que Atlântida ficava próximo à ilha de Bimini, nas Bermudas, e que seus habitantes possuíam "cristais de fogo" superpoderosos. Ele atribui o desaparecimento de Atlântida a um acidente no qual os cristais de fogo fugiram ao controle. Cayce disse que os cristais continuam a enviar poderosas ondas de energia até os dias de hoje e que todos os desaparecimentos de aviões e naufrágios de navios no Triângulo das Bermudas são resultado disso. Outra teoria com relação à destruição de Atlântida diz que a causa foi um asteróide de quase 10 quilômetros de diâmetro que devastou a ilha e criou a dorsal mesoatlântica.

[3] Essa avaliação deve ser entendida como uma estimativa da probabilidade da existência real de Atlântida (nenhuma), assim como da probabilidade de que, se ela realmente tivesse existido, seus habitantes teriam poderes sobrenaturais (nenhuma).

[4] *Timeu.*

13

AURAS E AURÉOLAS

HAICAI:

AURAS E AURÉOLAS

Around us glowing
Invisible but to some
Colorful halos

A aura mostra tudo. E quando alguém se torna um iluminado, o mestre descobre de imediato, porque a aura mostra tudo.

— Osho Rajneesh

Uau, sua aura é fantástica! É de um roxo lindo! Sua aura é roxa!

— Beth, de Denver[1]

DEFINIÇÃO: A aura é uma emanação invisível que cerca todos os seres vivos e muda de cor com base na saúde da pessoa, do animal ou da planta; a auréola é um aro luminoso que paira acima da cabeça de pessoas santas.

O QUE OS CRENTES DIZEM: A aura é um campo energético que manifesta visualmente o estado das energias e a saúde de uma pessoa; embora apenas os médiuns ou os altamente intuitivos consigam vê-la, as auras são reais e são excelentes indicadores das condições do indivíduo. A auréola é uma aura que paira em volta da cabeça de uma pessoa altamente espiritualizada. O fato de muitas pinturas retratarem os santos dessa forma prova sua existência. Não podemos ver a fragrância das flores, embora reconheçamos que ela existe através de outros sentidos. Ser capaz de ver auras é simplesmente uma questão de desenvolver habilidades sensoriais inatas que a maioria de nós nunca usa.

O QUE OS CÉTICOS DIZEM: Se a aura de uma pessoa é invisível, como pode ser vista? E se não pode, então como podemos acreditar em alguém que afirma ser capaz de "percebê-la"? Qualquer um que diga ser capaz de ver auréolas ou auras está alucinando, projetando uma fantasia ou simplesmente inventando. Aqueles que *vêem de verdade* aros coloridos em volta de pessoas e objetos provavelmente têm algum problema de vista.

QUALIDADE DAS PROVAS EXISTENTES: Moderada a Boa.[2]

PROBABILIDADE DE O FENÔMENO SER PARANORMAL: Fraca a Moderada.

Certa vez, um amigo meu foi a um terapeuta que utilizava modos alternativos de avaliação e tratamento, os quais incluíam a leitura da aura do paciente. O tal praticante examinou meu amigo e lhe disse que sua aura estava terrivelmente danificada, e sua saúde como um todo, ruim.

A reação de meu amigo foi clara: se aquilo era um palpite, era muito bom. Jeremy (esse não é seu verdadeiro nome) havia nascido com um defeito congênito em seus sistemas urológico e gastrintestinal. Desde criança, já passara por mais de 30 cirurgias, sentia dores constantes, não podia comer normalmente e vivia tendo quedas nos níveis de energia. Devido a uma combinação de vários fatores, Jeremy jamais se sentira bem, e aquele terapeuta fora capaz de identificar tudo isso estudando sua aura invisível. O terapeuta não conseguiu especificar quais sistemas orgânicos eram responsáveis pelos problemas de Jeremy, mas alegou ser capaz de "ver" o resultado deles.

Será que o terapeuta realmente viu algo em volta do meu amigo? Ou será que usou seus poderes de observação e sua apurada sensibilidade para simplesmente dar um bom palpite? Quantas vezes você mesmo não "sentiu" que havia algo de errado com a pessoa amada ou um amigo? Quantas vezes já pressentiu que alguém não estava se sentindo bem? Talvez o terapeuta fosse capaz de fazer uma rápida avaliação de Jeremy com base em sutis indícios físicos?

Em tese, qualquer um pode aprender a ver auras. O processo em geral envolve a pessoa sentar-se em frente a uma parede branca enquanto o "observador" fita seu terceiro olho. Você não sabia que tinha três olhos? Aparentemente, existe um terceiro olho invisível na fronte de todo mundo, entre as sobrancelhas. Paranormais experientes conseguem vê-lo imediatamente; outros precisam se esforçar um pouco mais. Após algum tempo fitando o terceiro olho, uma aura branca irá surgir em volta do corpo da pessoa e, em seguida, começará a mudar de cor.

Cada cor possui um significado e, segundo as "autoridades em auras", elas se apresentam em sete camadas, cada uma representando um campo energético particular do corpo humano. As sete camadas da aura emanam dos chacras da pessoa, os quais, segundo a filosofia iogue, são os sete pontos de energia espiritual do corpo humano.

Existe alguma legitimidade na crença de que o corpo humano emana um campo visível de energia? Os antigos acreditavam em auras, e textos sobreviventes de épocas remotas do Egito, Grécia, Roma e Índia falam de emanações do corpo que podiam ser vistas por sacerdotes e paranormais.

No século XVI, Paracelso falou de uma "esfera brilhante" envolvendo certas pessoas.

Se as auras não existem, o que essas pessoas viram?

A existência ou não de auras é mais um dos desconcertantes mistérios do mundo transcendental e paranormal. Será possível que *todos* aqueles que dizem já tê-las visto estejam enganados? A ciência nos diz que não há nada no corpo humano que possa criar um campo colorido à nossa volta visível ao olho. Ainda assim, por mais de mil anos, pessoas relatam a visão do que a ciência nos diz ser impossível.

Tal qual os OVNIs, os depoimentos em prol da existência de auras são tantos que seria leviandade não levar em conta a possibilidade de que talvez exista, na verdade, algo acontecendo.

[1] No filme de Cameron Crowe de 2001, *Quase Famosos*, Beth diz isso para William (o *doppelganger* de Crowe). Supostamente, uma aura roxa significa intuição, espiritualidade e capacidade de liderança.

[2] Existe uma quantidade extraordinária de depoimentos defendendo a existência de auras, muito embora as provas científicas sejam praticamente nulas.

14

MENSAGENS DE TRÁS PARA A FRENTE E DISCURSO REVERSO

HAICAI: MENSAGENS DE TRÁS PARA A FRENTE E DISCURSO REVERSO

Secret messages
Speaking in the words reversed?
True be this can how?

Number nine, number nine, number nine...
— *Revolution 9*, *White Album*

DEFINIÇÃO: Há dois elementos no discurso de trás para a frente: o *backmasking* e o discurso reverso. **Discurso reverso** é uma forma genuína de comunicação recentemente descoberta e que, quando totalmente compreendida, será uma valiosa ferramenta em todos os esforços humanos. **Backmasking** é a inserção deliberada de mensagens em gravações que só podem ser escutadas se tocadas de trás para a frente. **Discurso reverso** consiste em palavras ouvidas quando uma conversa humana normal é invertida; a teoria do discurso reverso diz que o discurso humano tem dois níveis e que nosso subconsciente insere mensagens no discurso que só podem ser escutadas de trás para a frente.

O QUE OS CRENTES DIZEM: Durante anos, mensagens de trás para a frente foram plantadas em gravações numa tentativa de controlar a mente dos jovens.

O QUE OS CÉTICOS DIZEM: Com raras exceções, quase todas as supostas **mensagens de trás para a frente** nas gravações simplesmente não estão lá. É normal que se reconheça palavras quando frases são ditas ao contrário. Todas as interpretações dessas mensagens de trás para a frente estão no olho (desculpe, no ouvido) do observador/ouvinte. O **discurso reverso** não tem base científica, tampouco há qualquer evidência neurológica de que o cérebro humano insira mensagens de trás para a frente num discurso normal.

QUALIDADE DAS PROVAS EXISTENTES: *Backmasking*: Fraca; Discurso reverso: Moderada.

PROBABILIDADE DE O FENÔMENO SER PARANORMAL: *Backmasking*: Nenhuma; Discurso reverso: Moderada.

Backmasking

Backmasking é a inserção deliberada de palavras e frases em gravações de áudio que só podem ser escutadas se reproduzidas de trás para a frente.

Os fundamentalistas que criticam com freqüência o "maligno rock-and-roll" falam de músicas de rock com mensagens satânicas de trás para a frente como prova de que ela é oriunda do demo em pessoa. Enquanto há indícios de que alguns cantores de rock inserem de verdade mensagens desse tipo em seus álbuns, as alegações de que essa prática é constante são exageradas e, na maioria das vezes, infundadas.

Ao final de *Goodbye Blue Sky*, do álbum *The Wall*, de Pink Floyd, por exemplo, podemos escutar Roger Waters dizendo ao contrário: "You have just discovered the secret message".* Esse é um dos raros casos em que artistas perdem tempo (e dinheiro) para inserir uma mensagem de trás para a frente, e eles obviamente fazem isso por diversão. A maioria dos boatos sobre mensagens reversas em gravações de rock, porém, é simplesmente isso: boatos.

Mas e quanto a escutarmos "Turn me on, dead man"** quando o verso "Number nine", da música *Revolution 9*, do *White Album* dos Beatles é tocado ao contrário? Isso só pode ter sido deliberado, certo?

Não. Ao que parece, é apenas uma coincidência fonética e não foi inserido propositalmente por John Lennon e Yoko Ono.

Não escutamos "It's fun to smoke marijuana"*** quando invertemos "Another One Bites the Dust", do Queen?

Segundo William Poundstone, em seu livro *Big Secrets*,[1] o que realmente escutamos é "sfun to scout mare wanna".

Então, é divertido "procurar" maconha?

O exemplo do Queen, assim como o do "Number nine", é uma inversão fonética; palavras que reconhecemos por coincidência quando palavras comuns são reproduzidas de trás para a frente.

O discurso reverso, no entanto, é um caso totalmente diferente.

Discurso reverso

O que você acha disso?

- Se você tocar "That's one small step for [a] man, one giant leap for mankind", "Um pequeno passo para o homem, um grande salto para a humanidade", de Neil Armstrong, ao

* "Você acaba de descobrir a mensagem secreta". (N. T.)
** "Venha me excitar, morto". (N. T.)
*** "É divertido fumar maconha". (N. T.)

contrário, escutará: "Man will space walk", "O homem irá caminhar no espaço".

- Se reproduzir de trás para a frente o comentário ao vivo feito por um repórter durante a cobertura do assassinato de John F. Kennedy, irá escutar: "He's shot bad! Hold it! Try and look up!". "Ele foi baleado! Esperem! Olhem para cima!"
- Durante uma entrevista, Patsy Ramsey fala de como existem apenas duas pessoas no mundo que sabem quem matou sua filha: o assassino e a pessoa a quem ele confiou o segredo. Tocada de trás para a frente, escutamos Patsy dizer: "Eu sou esta pessoa."
- Tocado ao contrário, um trecho do sermão de um evangelizador que prega na televisão (o qual deve permanecer incógnito) diz: "Meu conselho não vale nada."

Será que isso tudo pode ser verdade?[2]

Segundo David Oates, o responsável pela descoberta do fenômeno conhecido como "discurso reverso", pode.

Discurso reverso é aquilo que escutamos quando a fala normal de alguém é reproduzida ao contrário. Para Oates, o subconsciente "fala" de modo consistente através de palavras inseridas de trás para a frente em nosso discurso normal. Ao que parece, isso foge a um controle consciente e a pessoa sequer tem ciência do processo.

Aparentemente, é por isso que O. J. não sabia que, durante uma entrevista na televisão, algo que ele disse reproduzido ao contrário falava: "Eu os matei."

O discurso reverso é real? Ou se resume apenas a um poder de sugestão?

Toquei o clip de Neil Armstrong várias vezes e não escutei nada reconhecível. Após visitar o site de Oates e ler que eu devia ter escutado "Man will space walk", macacos me mordam se não foi exatamente isso o que escutei na vez seguinte em que toquei o clip! (Embora, para ser honesto, o que realmente ouvi foi "Man were spacwaw...".)

Oates afirma que o discurso reverso se processa no hemisfério direito do cérebro, enquanto a fala, no esquerdo, e que sem dúvida existe uma espécie de lógica *yin/yang* nessa teoria. Mas a ciência não dá respaldo às conclusões dele e não há prova empírica alguma que confirme um processamento inconsciente de informação, relevante ao que quer que a pessoa esteja dizendo, ocorrendo no lado direito do cérebro no momento exato em que o lado esquerdo está trabalhando para processar a fala.

Oates também nos diz que as crianças aprendem *primeiro* o discurso reverso, e só depois seu cérebro desenvolve a fala direta. Isso também vai de encontro a tudo o que sabemos sobre a forma de as crianças aprenderem a falar.

Segundo Robert Carroll, em seu *Dicionário do cético*, as teorias de Oates "escondem uma profunda ignorância dos conceitos fundamentais de neurociência e fisiologia. Além do mais, boa parte de sua teoria baseia-se em conceitos metafísicos que não podem ser testados, baboseiras psíquicas e jargões ininteligíveis".[3]

Conclusão? Alguns roqueiros inserem mensagens de trás para a frente em suas gravações. Fazem isso por diversão, e não por serem servos de Satanás.

O discurso reverso é uma idéia fascinante, e algumas das coisas que escutamos quando certos depoimentos são reproduzidos ao contrário são surpreendentes, embora existam poucas — se é que há alguma — provas científicas que sustentem essas alegações.

1 William Morrow e Cia., 1983.

2 Tudo isso pode ser escutado como arquivo MP3 ou RealPlayer no site www.reversespeech.com.

3 www.skepdic.com, "Reverse Speech" está disponível on-line.

15

O TRIÂNGULO DAS BERMUDAS

HAICAI:

TRIÂNGULO DAS BERMUDAS

Three lines in the sea
Bordering a realm of doom?
The sea is silent.

A guarda costeira não se impressiona com explicações sobrenaturais para desastres no mar. Segundo sua experiência, todos os anos as forças da natureza aliadas à imprevisibilidade humana excedem em muito os mais absurdos relatos de ficção científica.[1]

DEFINIÇÃO: O "Triângulo das Bermudas" (ou "Triângulo do Diabo") é uma área imaginária localizada ao sudeste da costa atlântica dos Estados Unidos. A área triangular é conhecida por uma alta incidência de desaparecimentos inexplicáveis de navios, barcos e aeronaves. Em geral, dizem que as pontas do triângulo são: as Bermudas, Miami e San Juan.[2]

O QUE OS CRENTES DIZEM: O Triângulo das Bermudas é uma área do oceano Atlântico com uma carga de energia sobrenatural, na qual um número extraordinário de navios e aviões tem desaparecido nas últimas décadas. Não sabemos se a sorte terrível desses aviões, navios e seus tripulantes é resultado de forças naturais inexplicáveis ou de poderes e representantes sobrenaturais ou extraterrestres, mas com certeza algo acontece no Triângulo, pois apenas aqueles que têm sorte conseguem sair de lá em segurança.

O QUE OS CÉTICOS DIZEM: As histórias sobre o Triângulo das Bermudas são mitos exagerados contados em vários livros e artigos como se fossem verdade, aliados a fatos obviamente fabricados que dizem ter ocorrido lá. Não existe prova concreta de que alguma anomalia ocorra nessa área do Atlântico, e o único motivo para isso ainda ser um tópico de discussões é a venda de livros e o índice de audiência na TV. As razões para os desaparecimentos na área são: interferências ambientais, defeitos nos equipamentos e erros humanos.

QUALIDADE DAS PROVAS EXISTENTES: Moderada a Boa.

PROBABILIDADE DE O FENÔMENO SER PARANORMAL: Fraca a Moderada.

O termo "Triângulo das Bermudas" apareceu pela primeira vez na edição de fevereiro de 1964 da revista *Argosy*, em um artigo intitulado "O Letal Triângulo das Bermudas", de Vincent Gaddis. Dez anos depois, Charles Berlitz escreveu um livro sobre o Triângulo que se tornou um best-seller internacional.

A lenda parece ter começado com o desaparecimento, durante uma terrível tempestade, de cinco aviões da Marinha nessa área do Atlântico. Naquela época, os equipamentos de navegação aérea eram bastante primitivos (comparados aos de hoje) e era muito fácil para um piloto "se perder", especialmente durante uma tempestade. Acredita-se hoje que a bússola do tenente Charles Taylor estivesse quebrada ou funcionando mal; os aviões saíram do curso, ficaram sem combustível e caíram no Atlântico.

A Marinha publicou um relatório de 400 páginas explicando o desastre, mas isso não foi suficiente para convencer os entusiastas do Triângulo de que nada estava acontecendo no Atlântico. Na verdade, os defensores da conspiração do Triângulo previram o tipo de resposta que viria logo depois de o governo dos EUA publicar, em 1994, sua declaração final a respeito do incidente de Roswell, a qual, de modo similar, afirmava não ter acontecido nada extraordinário ou de origem extraterrestre no deserto do Novo México em 1945.

Será verdade que o Triângulo das Bermudas é um redemoinho de acontecimentos bizarros?

Ninguém menos que Cristóvão Colombo relatou ter visto uma bola de fogo no mar, na área do Triângulo das Bermudas, no momento exato em que sua bússola parou de funcionar.

Navios desaparecem no Triângulo das Bermudas. Assim como aviões.

Mas navios e aviões desaparecem nas águas do mundo inteiro, muitas vezes sem deixar vestígios, nem sequer uma chamada de rádio implorando ajuda.

A lógica exige que procuremos as explicações mais simples. A área é enorme. Fortemente trafegada. Com grandes variações climáticas. Falhas e mau funcionamento dos equipamentos acontecem.

Todos esses são motivos lógicos para o problema no Triângulo.

Mas será que existem relatos válidos e precisos de acontecimentos que não podem ser explicados por variações climáticas e falhas no equipamento?

Há um histórico de episódios de "tempo perdido" no Triângulo das Bermudas.

Uma das histórias conta que um avião de passageiros da National Airlines desapareceu do radar do controle de tráfego aéreo de Miami por dez minutos.

O avião reapareceu em seguida, pousou em segurança e todos dentro pareciam bem — exceto pelo fato de todos os relógios estarem dez minutos atrasados. Ao perguntarem ao piloto sobre os dez minutos perdidos, ele disse que nada de extraordinário havia acontecido durante o período, exceto o fato de terem voado por uma suave névoa.

Será que o avião atravessou um portal de tempo e "perdeu" esses dez minutos?

E quanto aos extraterrestres? Será que os alienígenas costumam abduzir aviões e navios no Triângulo das Bermudas? Se isso for verdade, é de imaginar por que eles simplesmente não escolhem e pegam suas vítimas nos portos ou aeroportos.

A Marinha dos Estados Unidos prestou uma contundente declaração sobre a região. Em primeiro lugar, afirma não reconhecer o termo "Triângulo das Bermudas" como um nome geográfico.

Segundo eles, as seguintes afirmações são as explicações mais plausíveis para os desaparecimentos de navios e aviões no Triângulo:[3]

- O "Triângulo do Diabo" é um dos dois lugares na Terra onde uma bússola magnética não aponta para o norte real. Normalmente ela aponta para o norte magnético. A diferença entre os dois é conhecida como declinação magnética. As variações podem chegar a 20 graus ao circunavegarmos a Terra. Se essa declinação magnética não for compensada, o navegador pode vir a se desviar demais do curso e acabar em sérios perigos.[4]
- Outro fator ambiental é a natureza da corrente do golfo. Ela é bastante veloz e turbulenta, e pode rapidamente apagar qualquer vestígio de desastre.
- As imprevisíveis variações climáticas na região caribenha do Atlântico também têm seu papel. Repentinas tempestades com trovoadas e chuva forte em geral terminam em desastre para pilotos e marinheiros.
- A topografia do solo oceânico varia desde extensos bancos de areia que circundam as ilhas até algumas das fossas marítimas mais profundas do mundo. Com a influência de fortes correntes sobre os recifes, a topografia encontra-se em constante movimento e rapidamente surgem novos perigos à navegação.
- Não se deve subestimar o fator de erro humano. Um grande número de barcos de passeio navega pelas águas entre a Costa Dourada da Flórida e as Bahamas. Com bastante freqüência, são feitas tentativas de travessia com barcos pequenos demais, conhecimento insuficiente dos riscos da área e falta de habilidade naval.

Falta de informação?

Conspiração?

Uma tentativa de esconder os sombrios segredos a respeito do Triângulo compartilhados pelas pessoas das camadas mais altas do governo?

Talvez, mas, para mim, as explicações oficiais fazem muito sentido. E o número de desaparecimentos não parece tão desproporcional para uma área tão gigantesca.

[1] Departamento da Marinha/Centro Histórico Naval, "Bermuda Triangle Fact Sheet".

[2] Ibid.

[3] Todos os fragmentos foram retirados do supracitado "Bermuda Triangle Fact Sheet", do Departamento da Marinha.

[4] Uma área chamada "mar do Diabo" por marinheiros japoneses e filipinos, localizada próximo à costa leste do Japão, apresenta as mesmas características magnéticas. Ela também é conhecida por seus desaparecimentos misteriosos.

16

O CÓDIGO DA BÍBLIA

HAICAI:

CÓDIGO DA BÍBLIA

Hidden predictions
A tapestry of letters
Coded works from God?

"Nunca esqueçam, cavalheiros", disse ele para seus estupefatos ouvintes, segurando no alto uma cópia da "versão autorizada" da Bíblia, "nunca esqueçam que isso não é a Bíblia", e então, após uma pequena pausa, continuou: "Isso, cavalheiros, é apenas uma tradução *da Bíblia."*

— Richard Whately, arcebispo de Dublin[1]

DEFINIÇÃO: O Código da Bíblia é um complexo código arcano escondido na tradução hebraica original dos cinco primeiros livros do Velho Testamento (a Torá), recentemente decifrados por matemáticos com o auxílio de computadores e que prevê eventos futuros com estranha precisão.

O QUE OS CRENTES DIZEM: Deus inseriu predições criptografadas no Velho Testamento hebraico, esperando que os homens desenvolvessem a tecnologia para entendê-las.

O QUE OS CÉTICOS DIZEM: Não existe esse negócio de Velho Testamento hebraico "original" e quaisquer mensagens escondidas em meio às palavras são meras casualidades a que chegamos por meio de análises estatísticas de todas as letras da Bíblia em diferentes configurações.

QUALIDADE DAS PROVAS EXISTENTES: Muito Boa.

PROBABILIDADE DE O FENÔMENO SER PARANORMAL: Boa.

Existe um código escondido na Bíblia que prevê com sucesso importantes eventos históricos — com detalhes específicos, inclusive nomes, lugares e anos?

Michael Drosnin, autor de dois best-sellers sobre o Código da Bíblia, é ateu. Ele declara claramente nos livros não acreditar em Deus. E, ainda assim, é o repórter investigativo que revelou ao mundo a existência de um código secreto escondido na Torá, e uma de suas previsões mais espantosas diz respeito ao assassinato de Yitzhak Rabin, um ano antes de acontecer. (Drosnin contou a Rabin sobre a predição, mas sua carta foi ignorada.)

Segundo Drosnin, o Código da Bíblia também previu a Queda da Bolsa, a Grande Depressão, a colisão do cometa Shoemaker-Levy com Júpiter em 1994, os assassinatos de John F. e Robert Kennedy, o Holocausto (incluindo os nomes de Eichmann e Hitler, e o do gás letal que eles usaram nos campos de extermínio, Zyklon B), o pouso na Lua, a vitória de Bill Clinton nas eleições presidenciais de 1992 (assim como o caso Monica Lewinsky e o *impeachment* de Clinton).

O código previu também o escândalo Watergate, as invenções de Edison, o primeiro vôo dos irmãos Wright, o trabalho de Newton com relação à gravidade, as peças de William Shakespeare e a data exata — 18 de janeiro de 1991 — do início da Guerra do Golfo.

Logo após os eventos de 11 de setembro de 2001, Drosnin descobriu previsões dos ataques às torres do World Trade Center e ao Pentágono codificadas na Bíblia, com as palavras “torres gêmeas” e “avião” cruzando com “causou a queda, a total destruição”. Além disso, o código mencionava o responsável pelos ataques. A mesma seção do Gênesis que continha as palavras “a cidade e a torre”, continha “o pecado, o crime de Bin Laden”.

Outra previsão do Código da Bíblia diz respeito à Terceira Guerra Mundial, que deveria ser uma guerra nuclear, com início em 2006, em Jerusalém.

Será que alguma dessas coisas é verdade? Se é, então a descrição do Código da Bíblia pelo *Baltimore Sun*, como “a maior novidade do milênio — talvez de toda a história da humanidade” —, é, no mínimo, pobre.

Não foi Drosnin quem descobriu o código escondido na Bíblia. O matemático israelense Eliyahu Rips, dando prosseguimento ao trabalho iniciado por um rabino tchecoslovaco há mais de 50 anos, foi o primeiro a descobrir o código usando uma fórmula matemática chamada Seqüência de Letras Eqüidistantes, em que todos os espaços e símbolos de pontuação dos primeiros cinco livros da Bíblia são removidos, criando uma linha contínua de letras — 304.805, para ser preciso. Retirado de *O código da Bíblia*:

> O computador faz uma varredura nessa fileira de letras à procura de nomes, palavras e frases escondidas pelo código. Ele começa pela primeira letra da Bíblia e procura por todas as possíveis seqüências saltadas — palavras que sobressaem com saltos de uma, duas, três etc., até intervalos de milhares de letras. A máquina então repete a busca começando pela segunda letra, e assim sucessivamente, até chegar à última letra da Bíblia.[2]

Os pesquisadores fazem uma busca por palavras específicas ou nomes, e então, uma vez encontrada a palavra-chave, continuam a procurar por palavras relacionadas naquele mesmo trecho da Bíblia.

Rips publicou um artigo intitulado “Seqüência de Letras Eqüidistantes no Livro do Gênesis”, na edição de agosto de 1994 do periódico *Statistical Science*. O artigo discutia uma experiência na qual Rips e seus colegas procuravam na Torá pelos nomes de 32 rabinos e sábios. Suas vidas estavam distribuídas em um espaço de tempo de cinco mil anos. Todos os 32 nomes foram encontrados codificados na Bíblia, *assim como todas as datas de nascimento e morte*.

Os editores do *Statistical Science* submeteram o artigo de Rips a uma revisão paritária sem precedentes — três vezes — e, a cada vez, o resultado se confirmou. As descobertas eram irrefutáveis e o artigo foi publicado.

Rips não apenas descobriu um código verificável escondido na Bíblia; ao que parece, ele conseguiu provar matematicamente a existência de Deus — ou, pelo menos, a existência de uma inteligência superior à do homem.

Drosnin ficou fascinado com o trabalho de Rips e, pouco depois de encontrá-lo pessoalmente, desvendou a previsão sobre o assassinato de Rabin com o auxílio de seu próprio computador.

O que os céticos têm a dizer sobre os livros de Drosnin?

De modo irônico, o próprio Rips afastou-se de Drosnin, declarando publicamente que não apoiava seus livros ou conclusões.

Outras pessoas vieram a público com toda espécie de descobertas SLE, no intuito específico de desmascarar e ridicularizar o trabalho de Drosnin. Certo escritor afirma ter encontrado predições acerca da queda do OVNI de Roswell (veja Capítulo 75) no Livro do Gênesis; outro, valendo-se das mesmas fórmulas matemáticas de Drosnin, predições sobre os assassinatos de Indira Gandhi, Martin Luther King e Abraham Lincoln — no livro *Guerra e paz*, de Tolstoi.

Será que a randomização estatística aplicada a qualquer conjunto maciço de letras produz palavras que podem ser interpretadas como detentoras de significados — após a ocorrência do fato?

Talvez, mas uma leitura cuidadosa de *O código da Bíblia*, e de sua seqüência, *O código da Bíblia II: contagem regressiva*, parece sugerir que há muito mais em jogo do que uma simples obra do acaso.

Será uma coincidência as palavras "Bin Laden", "torres" e "avião" aparecerem na mesma seção da Bíblia, todas codificadas com o mesmo padrão SLE?

Quais são as chances? Quaisquer que sejam, eu certamente não gostaria de apostar contra elas.

[1] Dito em uma reunião com os clérigos da diocese e citado por H. Solly em *These Eighty Years* (1893), volume II, capítulo ii, p. 81.
[2] Michael Drosnin, *O código da Bíblia*, p. 25.

17

PÉ-GRANDE

HAICAI:
PÉ-GRANDE
Footprints in the woods
Creatures from another place?
Or men in fake feet?

Os cientistas sentem muito medo porque sabem que, se acharem qualquer falha em algo no qual acreditam, então terão de reescrever a antropologia ou alguma outra fase da ciência.

— Jack Kewaunee Lapseritis[1]

DEFINIÇÃO: O Pé-grande é supostamente uma criatura muito grande e peluda, semelhante a um humano, que dizem habitar o noroeste do Pacífico e o Canadá. Ele também é chamado de

Sasquatch. Diz-se ainda que uma criatura similar conhecida como Yeti, ou o Abominável Homem das Neves, habita os picos nevados das montanhas do Himalaia.

O QUE OS CRENTES DIZEM: A raça das criaturas que chamamos de Pé-grande ou Yeti existe e talvez seja de outra dimensão. Eles vivem num universo paralelo e são capazes de viajar através das dimensões.

O QUE OS CÉTICOS DIZEM: Não existe criatura alguma como o Pé-grande. Todos os relatos são alucinações ou embustes.

QUALIDADE DAS PROVAS EXISTENTES: Boa.

PROBABILIDADE DE O FENÔMENO SER PARANORMAL: Boa.

Há muitas teorias relativas à existência ou inexistência do Pé-grande.

Se ele é real, seria apenas um ser num estágio evolucionário anterior, sobrevivente de épocas remotas, tal qual os celacantos e os jacarés, os quais acredita-se serem bastante similares a seus ancestrais pré-históricos?

Ou será o Pé-grande uma espécie de criatura de outra dimensão, capaz de transitar por nosso universo a seu bel-prazer?

Jack Kewaunee Lapseritis, autor de *The Psychic Sasquatch and the UFO Connection*, acredita nessa última possibilidade e explica na entrevista a seguir suas teorias.

Quando entrevistei Kewaunee (a forma como ele prefere ser chamado), três Sasquatchs invisíveis presenciaram a conversa.

Como não os vi, tive de confiar na palavra de Kewaunee, uma vez que ele tem estado em contato telepático com os Pés-grandes há mais de 40 anos. Kewaunee nos diz que os Pés-grandes foram trazidos para cá por naves alienígenas e que ensinaram aos *Homo erectus* como fazer fogo. Eles usam dobras espaciais para viajar entre as dimensões e podem ser fotografados caso estejam desatentos. Também têm um ótimo senso de humor e adoram o filme *Um Hóspede do Barulho*.

Nos últimos anos, algumas pessoas vieram a público afirmando serem responsáveis pelas farsas relativas aos Pés-grandes. Um grupo declarou ter copiado o famoso filme de Roger Patterson; um homem em seu leito de morte admitiu ter plantado pegadas do Pé-grande por toda a região noroeste. Essas declarações não desanimaram os pesquisadores sérios e têm sido recebidas da mesma forma que as farsas acerca dos círculos nas plantações: os crentes reconhecem a existência de farsas, mas declaram, confiantes, que isso não significa que o fenômeno seja falso.

Stephen J. Spignesi: O que é o Pé-grande?
Jack Kewaunee Lapseritis: O Pé-grande — também conhecido como Sasquatch — é um ser natural, interdimensional e parafísico.

Os Sasquatchs são membros do "povo natural". Eles conversam com as pessoas através da telepatia — isso está bem documentado — e lhes dizem que foram trazidos para cá há milhões de anos por seus amigos, o Povo das Estrelas.

Bastante interessantes são as pegadas na pedra calcária em Paulaxee, no Texas, e o fato de elas retratarem um modo de andar condizente com o de um Sasquatch. Ao lado dessas pegadas, existe um rastro de dinossauro que data de 65 milhões de anos.

SJS: **Qual é a conexão entre o Pé-grande e os OVNIs?**
JKL: A conexão entre o Pé-grande e os OVNIs é que o Pé-grande *é um ser natural, não desenvolvido tecnologicamente*; segundo eles, seu planeta estava se desintegrando e havia um grupo de extraterrestres maus vindo para explorá-los, inclusive alguns que desejavam comê-los. Eles então dizem que outras naves apareceram, amigáveis, os levaram embora e os distribuíram por lugares diferentes do universo, sendo um desses lugares a Terra.

Os Pés-grandes afirmam ter sido as primeiras pessoas aqui, e que, ao chegarem, encontraram uma espécie de animal de duas pernas, ou bípede, aos quais ensinaram sobre o fogo. Se for este o caso, só podem estar falando do *Homo erectus*.

Afirmam também que o planeta é deles, que são os guardiões, os guardiões *espirituais* da Mãe Terra, e que dispõem de um meio de se comunicar física e espiritualmente com toda a natureza, inclusive os animais e as plantas, além de poderem controlar o meio ambiente.

Eles podem controlar o tempo. Já vi isso acontecer. Tenho provas. E ficam indignados conosco por destruirmos o planeta e o meio ambiente, que é exatamente o que temos feito pouco a pouco.

Ficam mais indignados ainda com os caçadores de Pés-grandes — não os pesquisadores, mas os caçadores —, que tentam matá-los sem sequer procurarem descobrir o que é um Sasquatch, como eu fiz. Se os caçadores *fizessem* como eu, acabariam por perceber que estavam, sistematicamente, caçando um *povo*.

SJS: Quantos Pés-grandes existem no planeta Terra?
JKL: Não tenho certeza. Quando perguntei sobre isso a um Sasquatch, ele me disse que na América do Norte existem mais ou menos uns 660; às vezes mais, às vezes menos.

Quanto ao resto do mundo, não sei dizer o número, mas sei que existem sete "raças" diferentes de Pés-grandes — da mesma forma que um japonês é diferente de um africano, que é diferente de um esquimó ou de um caucasiano, e assim por diante. Eles também me disseram que o Yeti (o "Abominável Homem das Neves" tibetano) era um exemplo de uma raça menos evoluída de pessoas — e não de animais —, mais terrena, uma raça capaz de matar um iaque e comê-lo, além de agir de maneira agressiva.

Também fiquei sabendo que existem alguns Sasquatchs, como os da raça que vive na África, que são bem pequenos, com cerca de um metro e vinte. Existe também uma raça com cerca de um metro e meio que pode ser encontrada principalmente na Sumatra e no Bornéu.

O dr. Ivan T. Sanderson, da Universidade de Princeton, escreveu um livro sobre esse tema em 1961, alegando existirem oito espécies ou subespécies diferentes de Sasquatchs, mas, ainda assim, tratando-os como animais.

SJS: Como os Sasquatchs se comunicam com os humanos?
JKL: Eles se comunicam por telepatia.

Isso aconteceu comigo há 19 anos, em setembro de 1979. Eu estava na Índia e senti o maior choque da minha vida quando um

Pé-grande e um Homem das Estrelas falaram comigo ao mesmo tempo, por telepatia. Na época, eu era diretor-assistente de uma Agência Urbana da Índia; trabalhava meio período como hipnoterapeuta e havia participado de uma palestra na Faculdade de Medicina do Wisconsin. Confesso que trabalhar nessas áreas como cientista social me deixou totalmente despreparado para aceitar esse tipo de comunicação.

Em meu livro *The Psychic Sasquatch and their UFO Connection*, relatei o caso de 76 pessoas que tiveram experiências com Pés-grandes e OVNIs, ou com Pés-grandes e ETs ao mesmo tempo, assim como experiências telepáticas com Pés-grandes e outros fenômenos psíquicos.

Contudo, não acredito numa conexão entre Pé-grande e OVNI. Deixe-me repetir: *Não acredito numa conexão entre Pé-grande e OVNI.*

E isso não tem nada a ver com *crença*. Tem a ver com pesquisas documentadas — documentação empírica como a que usei para meu livro, confirmando haver 76 outras pessoas que objetivaram minha realidade como cientista social.

Para mim, já faz 19 anos, e eles ainda vêm e vão, e minha pesquisa continua a ser desenvolvida.

Para alguns de nós, os Pés-grandes entram e saem de nossa vida, ocasionalmente deixando-nos saber de sua presença ali. É uma maneira de eles demonstrarem apoio.

Acredito que existam muitas pessoas cuja vida foi transformada por essas criaturas, pessoas que se tornaram belos artistas ou músicos talentosos, ou que desenvolveram algum tipo de habilidade qualquer. Muitas delas, como eu, desenvolveram habilidades psíquicas. Muitos em geral me dizem: "Se você é um cientista, como pode ser um paranormal?" Posso provar isso porque está tudo documentado. Em 1984, com o auxílio de minhas habilidades, encontrei o criminoso mais procurado do Estado do Oregon. Tenho uma carta do promotor público, que hoje em dia é um juiz, me agradecendo e listando todas as coisas que eu havia feito para ajudá-los. Essa foi apenas uma entre uma dúzia de coisas que fiz para ajudar a humanidade usando minhas habilidades.

Sinto que, sempre que os Pés-grandes e os seres extraterrestres transformam a vida das pessoas, é para melhor. Eles as ajudam a seguir em frente e a influenciar outras com seus novos dons, com seu novo "sistema de crenças".

SJS: Existe alguma conexão entre o Pé-grande e outras criaturas lendárias como o monstro do lago Ness etc.?

JKL: Sim, existe — e o que todas elas têm em comum é o modo como viajam por diferentes dimensões da realidade, inclusive a nossa.

Vamos falar sobre o monstro do lago Ness — e eu uso a palavra "monstro" com muito cuidado aqui. [Veja Capítulo 48.] Prefiro chamá-los de animais anômalos. Eles merecem essa consideração. Esse negócio de "monstro" sugere que devemos atirar neles ou destruí-los. Monstros machucam pessoas. Assim, classificá-los dessa forma é um insulto. Prefiro chamá-los de animais anômalos.

Ao final da década de 1960, na Irlanda, as pessoas viam uma espécie de monstro do lago Ness o tempo todo. Por fim, algumas delas resolveram drenar um lago onde a criatura tinha sido vista, e todos permaneceram em volta com as armas prontas para atirar.

Mas imagina o que elas encontraram quando acabaram de drenar o lago? Nada. E por que não acharam nada? Porque, sem saber, haviam transmitido telepaticamente à criatura sua hostilidade em relação a ela. E, embora esta criatura não saiba ler, escrever ou usar um computador, ela *consegue* sentir. Sua percepção é aguçada. Ela podia sentir o que os caçadores pretendiam fazer.

E então? Como a criatura conseguiu sair de lá se o lugar estava cercado? Ela atravessou um portal — um vórtice para outra dimensão, e acabou do outro lado, em algum lugar. Esses portais estão espalhados por toda parte. Existem portais aquáticos e portais extraterrestres que se ligam ao espaço e são usados pelas espaçonaves. Isso explica o porquê de gigantescas distâncias interestelares serem irrelevantes. Se o sistema mais próximo fica a 15 ou 20 anos-luz, os extraterrestres podem "pular as dimensões" usando diferentes portais ou dobras espaciais.

Não retirei nada disso de *Jornada nas Estrelas*. Só nos últimos anos é que *Jornada nas Estrelas* e outros seriados e filmes começaram a falar sobre dobras espaciais. Eu, porém, já sabia disso desde meados da década de 1980. Mas, até pouco tempo atrás, nunca tinha escutado o termo dobra espacial sendo usado pela cultura popular.

E existem também vórtices *terrestres*, ou portais, que são usados pelos Sasquatchs e por outros seres extraordinários — inclusive répteis como o monstro do lago Ness.

Na Carolina do Sul, um réptil de 2,10 metros foi visto perambulando pelo Estado, deixando pegadas e assustando pessoas por cerca de uma semana. Até que, de repente, desapareceu. Sim, ele poderia ter vindo numa nave espacial, embora nenhuma nave tenha sido vista na área, o que não quer dizer que não estivesse lá, é claro. Em geral, se você vê uma nave espacial e seres estranhos, pode deduzir com segurança, tal como dois mais dois são quatro, que a criatura veio da nave. Já vi isso inúmeras vezes em minha pesquisa. Mas quando você só vê a criatura, e ninguém menciona um OVNI nas redondezas, as chances são de que ela esteja usando um desses portais invisíveis que conectam a outras dimensões.

SJS: Você vê Pés-grandes o tempo todo?
JKL: Quando eles estão por perto, sim. Na verdade, você pode não saber, mas eles estão aqui com a gente agora. Dois estão sentados do seu lado na cama, e tem mais um ali no canto.

[1] Entrevista com o autor.

18

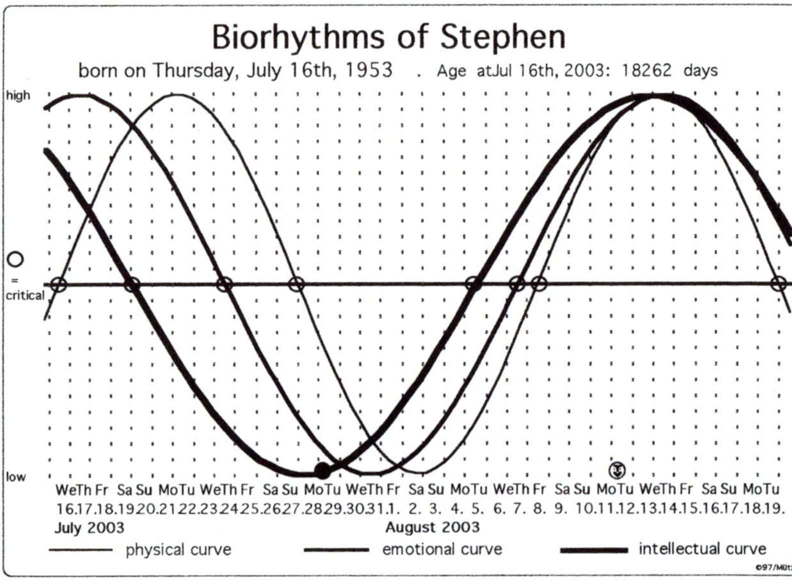

BIORRITMOS

HAICAI:

BIORRITMOS

Cycles of the cells?
Rhythmic patterns tell the tale?
Ups and downs and ups.

Todas as coisas possuem ciclos e fins. E, quando atingem o ápice, vivem a pior das ruínas, pois não podem perdurar em tal estado. Esse é o fim daqueles que não sabem moderar sua fortuna e prosperidade com razão e temperança.

— François Rabelais[1]

DEFINIÇÃO: Biorritmos são processos biológicos cíclicos supostamente presentes em todos os seres humanos. O estudo dos biorritmos analisa os ciclos de uma pessoa: o físico, de 23 dias; o emocional, de 28; e o intelectual, de 33. Os altos e baixos de cada um, aliados ao cruzamento de dois ou mais ciclos, supostamente garantem um retrato preciso do estado de uma pessoa num determinado dia. Os ciclos biorrítmicos de cada indivíduo começam no dia de seu nascimento e continuam em ciclos de 23, 28 e 33 dias, até sua morte.

O QUE OS CRENTES DIZEM: A existência de ritmos biológicos é incontestável. Os homens são seres diurnos. Tudo na natureza funciona em ciclos rítmicos. A ciência dos biorritmos analisa especificamente três ciclos biológicos dos seres humanos. Ao entendermos os altos e baixos desses ciclos, podemos aprender mais sobre nós mesmos, e talvez prever e evitar períodos problemáticos. As técnicas para reduzir o *jet lag* foram formuladas por meio do estudo dos biorritmos.

O QUE OS CÉTICOS DIZEM: Biorritmos são uma bobagem. Esses ciclos cronobiológicos foram testados cientificamente e não existe prova empírica alguma de que manifestem qualquer precisão no tocante ao estado de um indivíduo num determinado dia. Além disso, o número de dias de um dado ciclo (23, 28, 33 etc.) é uma conclusão arbitrária sem nenhuma base científica de fato.[2]

QUALIDADE DAS PROVAS EXISTENTES: Moderada.[3]

PROBABILIDADE DE O FENÔMENO SER PARANORMAL: Nenhuma.[4]

A idéia dos biorritmos faz muito sentido. Todos já experimentaram dias "bons" e "ruins". Todos já tiveram dias em que deixam cair tudo o que pegam, ou que não conseguem sequer se lembrar de uma simples senha usada diariamente há um ano, ou que se debulham em lágrimas por alguma ofensa imaginária que, em qualquer outro dia, seria facilmente ignorada.

A pseudociência dos biorritmos procura validar e explicar esses altos e baixos como elementos separados de ciclos esquematizados, e utiliza os paramentos das ciências naturais, particularmente a biologia, a geometria, a estatística e a psicologia, para tanto.

No dia em que nascemos, têm início nossos ciclos biorrítmicos, os quais continuam até nossa morte.[5]

Nosso ciclo físico, por exemplo, é de 28 dias. Metade desse ciclo, 14 dias, localiza-se na zona positiva de nosso gráfico biorrítmico; a outra metade, na zona negativa. O dia no qual a curva passa da zona positiva para a negativa é considerado um dia "crítico". O meio da metade positiva do ciclo é o zênite; o meio da metade negativa, o nadir. Graficamente, essa onda parece uma curva senoidal cortada ao meio por uma linha onde se cruzam as metades superiores e inferiores do arco.

A figura no começo do capítulo é o gráfico biorrítmico referente ao dia de meu qüinquagésimo aniversário. Segundo meus biorritmos, meu aniversário é um dia físico crítico (em direção ascendente), muito intelectual (em direção descendente) e extremamente emocional (também em direção descendente). (Nota: O gráfico original é em cores. Como referência, a linha mais alta em 16 de julho de 2003 é a emocional, a imediatamente abaixo é a intelectual e a linha próxima ao eixo é a física.)[6]

Os biorritmos foram descobertos simultaneamente por volta de 1900, por um médico alemão e um austríaco que trabalhavam de forma independente em Berlim e Viena. O dr. Hermann Swoboda, professor de psicologia da Universidade de Viena, e o dr. Wilhelm Fleiss, um otorrinolaringologista[7] de um hospital de Berlim, estavam ambos analisando a existência de ciclos visíveis (em seres humanos) que afetavam os estados físico e emocional. Os dois homens chegaram praticamente às mesmas conclusões sem consultar um ao outro.

No entanto (e apesar das afirmações referentes ao *jet lag*), a ciência dos biorritmos não é amplamente aplicada. Ela ainda é considerada pseudociência e, muitas vezes, é relegada à mesma categoria que a astrologia, a reflexologia e a numerologia, muito embora eu acredite que, entre elas, os biorritmos tenham a melhor chance de acabar sendo reconhecidos cientificamente.

Sem dúvida, algo acontece de modo cíclico com os seres humanos. Talvez os biorritmos não sejam a resposta final para esses declínios periódicos, mas eles parecem colocar a ciência na direção certa.

1 *Gargantua* (1995, Pleiade Edition), p. 87.

2 Um dos médicos (Swoboda) que descobriu os biorritmos declarou ter determinado os períodos com base numa observação cuidadosa de seus pacientes,

mas suas conclusões não podem ser consideradas cientificamente válidas. O outro descobridor (Fleiss) era simplesmente obcecado com os números 23 e 28. Além disso, ciclos adicionais foram acrescentados à ciência dos biorritmos nos últimos anos: o ciclo da compaixão, de 38 dias, o da estética (seja lá o que isso for), de 43 dias, e um espiritual, de 53 dias. Ademais, alguns defensores ferrenhos dos biorritmos afirmam que novos ciclos são criados a partir da combinação de outros ciclos.

[3] As provas existentes de apoio à precisão dos biorritmos baseiam-se quase exclusivamente em depoimentos; todavia, alguns desses "depoimentos" são bastante persuasivos e muitas pessoas afirmam ter se beneficiado com o cálculo e o estudo de seus biorritmos pessoais, daí nossa classificação "Moderada".

[4] Lembre-se: essa classificação avalia a probabilidade de o fenômeno ser *paranormal*; isto é, "fora dos limites da experiência normal ou da explicação científica" (*American Heritage Dictionary*). Ainda que os biorritmos acabem sendo aceitos por todos os campos da medicina como processos físicos quantificáveis, eles se encaixariam na mesma categoria que a temperatura, a pressão arterial, os níveis hormonais, o ciclo menstrual, a pulsação e outros processos físicos ritmados. Nenhum deles seria nem remotamente considerado "paranormal".

[5] Ultimamente, os biorritmistas têm conversado acerca de um ciclo espiritual. Se isso diz respeito à alma, será possível que esse ciclo biorrítmico em particular perdure após a morte? É só uma pergunta.

[6] O gráfico biorrítmico foi gerado por um programa *shareware* chamado "Bio-Rhythms", projetado por Martin Muetzenberg e disponível no site www.bio-chart.com.

[7] Um especialista em ouvido e garganta.

19

IMAGENS RELIGIOSAS QUE SANGRAM E CHORAM

HAICAI:

IMAGENS QUE SANGRAM

Blood rolls down a cheek
Cold hard marble acts like flesh
Statues weep — for whom?

Uma imagem que chora da mãe do Senhor, nossa abençoada Virgem Maria..., não é uma ocorrência rara. Racionalmente, este fenômeno é inexplicável. Mas não é preciso explicação, científica ou natural. Os crentes não perguntam como isso acontece, nem por quê.[1]

DEFINIÇÃO: Há relatos freqüentes sobre o surgimento de sangue, lágrimas ou óleo aparentemente reais em objetos religiosos inanimados, inclusive estátuas, pinturas, crucifixos, cruzes, medalhas e sacrários.

O QUE OS CRENTES DIZEM: Essas manifestações são reais, miraculosas, um sinal de Deus. Muitos acreditam que esses ditos milagres vaticinam o surgimento iminente do Anticristo na Terra e a segunda vinda de Jesus Cristo.

O QUE OS CÉTICOS DIZEM: Tais manifestações ou são um embuste ou facilmente explicáveis, como, por exemplo, através do derretimento de resinas ou de outros processos naturais.

QUALIDADE DAS PROVAS EXISTENTES: Boa.

PROBABILIDADE DE O FENÔMENO SER PARANORMAL: Boa.

A velha viúva italiana estava sozinha na igreja.

Ela estava vestida de preto e se ajoelhou no banco, com um rosário de contas negras enrolado nos dedos. Enquanto rezava pelo falecido marido, manteve o olhar fixo numa estátua de Jesus de três metros de altura que ficava à direita do altar principal. A viúva adorava essa estátua porque ela mostrava o sagrado coração de Jesus, e pelo fato de o Salvador estar com os braços abertos, simbolizando a acolhida divina.

Enquanto a mulher orava, olhando para o rosto de Jesus, suas Ave-Marias foram perdendo a força à medida que seus olhos se esbugalhavam em choque. De repente, vira lágrimas escorrendo pelas faces de Jesus. Lágrimas *vermelhas*. A estátua de Jesus chorava lágrimas de sangue.

A mulher engasgou, "Mi Dio!", fez o sinal-da-cruz e saiu em disparada da igreja. Correu até a porta da reitoria, ao lado, e, tropeçando nas palavras, contou ao padre o que tinha visto.

E foi assim que tudo começou naquela paróquia escolhida por Deus.

Essa cena já ocorreu inúmeras vezes em vários lugares, e o que todos esses eventos têm em comum é a aparição misteriosa de lágrimas, sangue e óleo em imagens religiosas inanimadas. Estátuas choram lágrimas de sangue, crucifixos sangram, pinturas choram lágrimas de sangue e óleo, sangue surge de repente em sacrários.

Muitos fiéis interpretam essas materializações como um sinal da tristeza divina; mensagens de Deus indicando que nos desvirtuamos do caminho. Algumas vezes esses eventos inexplicáveis acontecem em igrejas, mas, com a mesma freqüência, ocorrem na casa das pessoas. Os céticos rapidamente ressaltam que, quando uma estátua ou pintura chora ou sangra numa residência privada, a chance de tal evento ser uma farsa deve ser levada em conta ao considerarmos sua possível autenticidade.

Será que alguma dessas manifestações é real? Ainda que apenas um pequeno percentual delas seja, elas parecem proporcionar uma prova irrefutável da existência do paranormal e do divino.

A maioria dos relatos de imagens que choram e sangram parece ter origem na Itália e nos Estados Unidos, embora o fenômeno já tenha sido relatado no Japão, na Coréia, na Rússia, na Venezuela, na Romênia, na Síria, no Canadá, em Israel, nas Filipinas e em muitos outros países ao redor do mundo.

O fenômeno parece ocorrer quase unicamente com imagens católicas,[2] muito embora algumas vezes imagens notoriamente não-religiosas manifestem um *comportamento* similar. Um jovem ligou certa vez para um programa de rádio dizendo que na noite da morte do lendário guitarrista Jimi Hendrix, por overdose de drogas, um pôster de Hendrix em seu quarto começou a verter "lágrimas" pelos olhos.[3] Para aumentar o mistério, há relatos de estátuas abrindo e fechando os olhos, movendo as mãos, movendo-se pelo chão e fazendo barulhos estranhos, do outro mundo.[4]

Muitos testes foram realizados em substâncias que, segundo relatos, tinham sido liberadas por estátuas, pinturas e pelas próprias imagens. Várias vezes, os testes dos líquidos revelam que eles são realmente sangue ou lágrimas humanas. Noutras, porém, os resultados apontam para um embuste, como quando a substância que se acredita serem lágrimas prova ser uma mistura de gordura e água. E mesmo a confirmação de que os materiais são sangue ou lágrimas não descarta a possibilidade de que sejam o sangue e as lágrimas do dono da estátua ou da pintura.

Os testes em pinturas e estátuas têm sido os mais problemáticos para os verdadeiros crentes. Poucos resultados garantem uma prova concreta de que a imagem está realmente vertendo algo. Algumas vezes, a imagem manifesta sangue ou lágrimas sob circunstâncias controladas, embora sempre pareça haver um quê de suspeita ou dúvida quando os resultados são divulgados. Pelo visto, nenhum cientista respeitável deseja que fique registrado ter sido ele quem confirmou a existência de um milagre divino, sobrenatural.

Um teste notável foi realizado pelo investigador paranormal Joe Nickell para um documentário televisivo. Ele testou uma pequena pintura da Virgem Maria que diziam chorar. Após limpar e secar a pintura com um pedaço de algodão, ele a colocou sobre um balcão com uma câmera voltada para ela por mais de 24 horas. Nada aconteceu durante o teste.

Alguns devotos já foram pegos derramando um líquido vermelho ou até mesmo sangue em estátuas, para depois dizerem que aquilo havia surgido do nada. De vez em quando, a explicação para imagens que choram é simples: condensação.

A Igreja Católica há muito reluta em atribuir o status de "milagre" a imagens que choram e sangram. No decorrer dos séculos, ela validou um punhado de aparições de Maria, porém mostra-se muito mais cética no tocante a estátuas de Jesus que derramam lágrimas, as quais as pessoas coletam e dão para outras em bolinhas de algodão.

Dito isso, há, porém, alguns depoimentos bastante convincentes de estátuas chorando e sangrando que poderiam muito bem ter uma origem paranormal. Histórias de oito ou dez estátuas começando a sangrar ao mesmo tempo em frente a dúzias de testemunhas são difíceis de descartar como uma simples alucinação em massa.

Assim como ocorre com todos os "milagres" religiosos, porém, a fé de uma pessoa (ou a falta da mesma) irá, em geral, governar seu dia-a-dia.

1 "Declaração oficial sobre a imagem que chora da Virgem Maria da St. Nicholas Albanian Orthodox Church, em Chicago, IL", feita em 12 de dezembro de 1986 e publicada no *M.C.R.I.*, o boletim informativo do Midwest Committee for Rational Inquiry, em fevereiro de 1987, p. 3.

2 Há, também, vários relatos ao redor do mundo de imagens hinduístas de vacas bebendo leite de uma colher. As testemunhas consideram essas ocorrências similarmente divinas e, em 21 de setembro de 1995, os gabinetes

governamentais da Índia e o mercado de ações do país fecharam as portas a fim de que a população pudesse dar leite às estátuas.

[3] Bob Rickard e John Michell, *Unexplained Phenomena*, pp. 251-52.

[4] A literatura está repleta de histórias de estátuas piscando e se movendo, e, embora a maioria possa ser descartada como ilusão de ótica, alucinação ou farsa, alguns relatos são por demais estranhos e deixam desconcertados até mesmo os céticos mais ferrenhos.

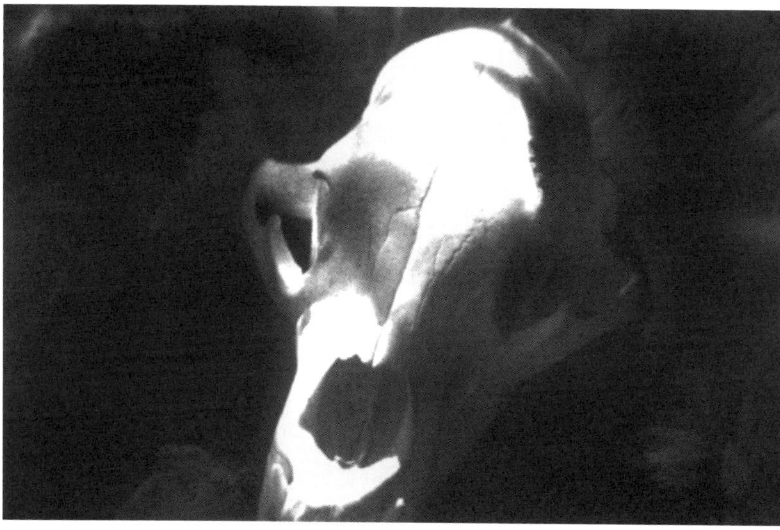

20

MUTILAÇÕES DE GADO

HAICAI:

MUTILAÇÃO DE GADO

Eviscerated
Eye sockets staring blindly
Bloody empty shell

Que ressonância acompanha os que morrem como gado?

— Wilfrid Owen[1]

DEFINIÇÃO: "Mutilações de gado" é o termo genérico para descrever a morte obscura e a subseqüente mutilação do gado e de outros animais.

O QUE OS CRENTES DIZEM: A maioria das mutilações de gado é realizada por alienígenas, diretamente dos OVNIs. As precisas incisões a laser, a ausência de sangue e o indício de que a "cirurgia" foi realizada de modo extraordinariamente rápido provam que as mutilações são de origem extraterrestre. Alguns pesquisadores do ramo acreditam que a remoção de partes do animal faz parte de um longo programa de análise biológica e genética de formas de vida terrestres realizado por visitantes alienígenas. (O sangue da vaca é muito parecido com o sangue humano.) As poucas mutilações de gado que *não* são feitas por aliens são conduzidas pelo governo dos EUA, o qual, há anos, tem testado novas armas (inclusive biológicas) no gado e em outros animais. Helicópteros negros[2] têm sido vistos em locais onde, mais tarde, foram encontrados cadáveres de gado mutilados.

O QUE OS CÉTICOS DIZEM: Todas as mutilações podem ser explicadas como ataques de outros animais, embustes, matanças deliberadas feitas por fazendeiros em busca do dinheiro do seguro (as mutilações são realizadas de modo a parecerem ataques de animais ou vandalismo, casos cobertos pelas seguradoras) ou pesquisas governamentais secretas sobre Encefalopatias Espongiformes Transmissíveis em animais infectados.

QUALIDADE DAS PROVAS EXISTENTES: Boa.

PROBABILIDADE DE O FENÔMENO SER PARANORMAL: Fraca.

No relatório final de sua pesquisa de dois anos sobre o mistério das mutilações de gado, "Operation Animal Mutilation", o investigador do Departamento de Justiça e ex-agente do FBI, Kenneth Rommel, define uma "mutilação clássica":[3]

- **A remoção cirurgicamente precisa de certas partes do animal:** as partes removidas com mais freqüência são os órgãos sexuais, um olho, uma orelha, a língua e, nas fêmeas, as tetas.
- **Uma remoção perfeita do ânus:** em geral parece como se um grande cortador de biscoitos redondos tivesse sido usado para realizar a cirurgia.
- **Ausência de sangue:** isso indica que os fluidos foram retirados de forma deliberada do animal.
- **A decomposição incomum da carcaça:** a carcaça se decompõe ou rápido demais ou devagar demais. Na maioria das vezes, há a ausência dos típicos "odores da morte".

- **A seleção deliberada de certos tipos de rebanho:** as vítimas do Novo México foram descritas como saudáveis rebanhos nativos.
- **A ausência de pegadas humanas ou marcas de pneus em volta da cena.**
- **Outros animais evitam deliberadamente a carcaça:** os animais que se aproximam da carcaça em geral a circundam de uma distância segura. Embora as moscas pareçam evitar o cadáver, de vez em quando algumas são encontradas nele, mortas.
- **Relatos de luzes estranhas ou aeronaves nas redondezas da mutilação:** no Novo México, essas aeronaves são alternadamente descritas como OVNIs ou helicópteros.
- **Reações incomuns dos bichos de estimação:** na noite em que ocorre a mutilação, o cachorro da família, que em geral late para tudo, fica quieto demais.

Rommel investigou pessoalmente muitos casos de mutilação de gado ocorridos no decorrer de sua pesquisa; mergulhou a fundo nos arquivos históricos em busca de relatos feitos anteriormente e, por fim, conseguiu desmascarar todas as alegações que insistiam numa explicação paranormal. Segundo ele, todas as mutilações foram feitas por animais carniceiros, inclusive mamíferos, pássaros e insetos.

Como seria de esperar, os verdadeiros crentes não aceitaram muito bem o relatório de Rommel. Alguns alegaram que ele estava recebendo dinheiro do governo americano para encobrir a verdade.

E qual é a verdade? Isso foi resumido em "O que os crentes dizem" — os aliens e as operações secretas do governo são os responsáveis.

O mito da mutilação de gado é persistente e duradouro. Existem explicações plausíveis e lógicas para todas as ocorrências aparentemente paranormais envolvendo misteriosas mutilações de gado.

Eis aqui algumas das explicações para as alegações de "mutilação clássica":

- **A remoção "cirurgicamente precisa" dos órgãos:** ao examinarmos de perto, o que a princípio parece "cirurgicamente preciso" em geral é irregular, malfeito. Além disso, alguns animais carniceiros conseguem comer um órgão ou uma parte do corpo sem lambança, deixando para trás o que parece ser uma incisão perfeita.
- **Ausência de pegadas humanas ou marcas de pneus:** isso não prova nada, uma vez que Rommel provou serem os animais os culpados, e não homens em caminhonetes.
- **Uma remoção perfeita do ânus:** moscas varejeiras e vermes podem, com o tempo, comer o reto de um animal morto, de modo que ao final pareça ter sido removido.
- **Ausência de sangue:** já se provou que isso é falso. O sangue de uma vaca morta empoça embaixo do corpo, fazendo com que as cavidades e os órgãos pareçam estar completamente secos. Um exame minucioso revela que o sangue primeiro empoça sob o corpo e depois coagula.
- **Outros animais evitam deliberadamente a carcaça:** Rommel levou seu cachorro consigo a várias cenas de mutilação e o bicho não teve o menor receio de se aproximar da carcaça e até mesmo cheirá-la.
- **A ausência de odores de morte:** Rommel disse que todas as carcaças supostamente mutiladas investigadas por ele exalavam o fedor característico de carne bovina em decomposição.

Não há provas periciais para explicar o surgimento de luzes estranhas nas redondezas do gado morto, mas aqueles que afirmam serem os aliens os responsáveis pelas mortes apontam para essas luzes como prova de que, não importa o que seja visto no chão, a verdade está no céu.

O mais provável, porém, é que a verdade esteja no chão.

1 *Antífona para a juventude condenada.*

2 Alguns defensores da teoria dos aliens mutiladores acreditam que os helicópteros negros são, na verdade, espaçonaves aliens disfarçadas.

3 *The Rommel Report*, acessível no site www.parascope.com/articles/0597/romindex.htm.

21

ESCRITA CANALIZADA E AUTOMÁTICA

HAICAI:
ESCRITA CANALIZADA E AUTOMÁTICA

Voices from beyond
Voices in a channel's mind
Imaginary?

A ampulheta fora virada três vezes, e os grãos estavam pela metade, e o pássaro ainda pulava dentro da gaiola. Acho que a ampulheta já vinha sendo virada há anos, corretamente zerada a cada vez, e o pássaro vivera alguns deles cantando e outros lamentando. A boca da lareira bocejou sonolenta...

— Patience Worth[1]

Definição: A **canalização** (algumas vezes chamada de *transe canalizado*) é o processo pelo qual um espírito supostamente fala por intermédio de uma pessoa viva, conhecida como canalizador. A **escrita automática** é o processo pelo qual um espírito, durante a canalização, escreve uma prosa ou uma música que o canalizador então transcreve. Algumas vezes a canalização e a escrita automática são consideradas produtos do subconsciente de alguém, mais uma ferramenta psicológica do que uma técnica paranormal. No entanto, a definição mais popular e amplamente aceita do termo em geral refere-se à canalização do espírito.

O que os crentes dizem: Os canalizadores são médiuns talentosos que usam sua consciência como um "receptor" para entidades espirituais transmitirem informações e sabedoria. Os canalizadores que trabalham com a escrita automática ou a composição recebem verdadeiras manifestações de arte de espíritos no além. Aqueles que canalizam grandes almas, como a de Mozart ou Shakespeare, deveriam ser valorizados, uma vez que o mundo está lucrando com manifestações artísticas até então desconhecidas desses grandes mestres.

O que os céticos dizem: Espíritos do além não se comunicam com ninguém. Toda e qualquer "sabedoria" supostamente canalizada nada mais é do que os pensamentos (ou, no caso da escrita automática, a prosa e a música) dos próprios canalizadores.

Qualidade das provas existentes: Inconclusiva.[2]

Probabilidade de o fenômeno ser paranormal: Inconclusiva.

Notícia: Kevin Ryerson é um canalizador. Um dos espíritos que ele canaliza é de um amigo de Jesus chamado João. Um dos clientes de Ryerson é a atriz e escritora Shirley MacLaine. Segundo Ryerson, João lhe disse que Shirley criou o universo em parceria com Deus. Aparentemente, ela acredita que isso seja verdade.[3]

Notícia: Em 1913, em St. Louis, no Missouri, uma entediada dona de casa de 30 anos chamada Pearl Curran começou a receber comunicações por meio de um tabuleiro Ouija de uma mulher chamada Patience Worth. Patience contou a Pearl que vivera no século XVII em uma fazenda em Dorsetshire, na Inglaterra, até imigrar para os Estados Unidos, onde posteriormente fora assassinada por índios. Não demorou muito para que a mulher britânica falecida há séculos começasse a ditar para Pearl Curran. Por 25 anos, Patience supostamente ditou para Pearl mais de 400 mil palavras de ficção e poesia, inclusive cinco mil poemas, vários romances e uma peça. Grande parte deste trabalho foi publicada, e Patience Worth, escrevendo através de Pearl, tornou-se uma autora muito bem-sucedida. Seus romances históricos, principalmente *Telka* e *The Sorry Tale*, foram aclamados pela crítica na época, e, na verdade, amplamente aceitos como trabalhos canalizados, até porque ninguém acreditava que a sra. Curran tivesse a inteligência, a educação ou o talento para produzir por conta própria tamanha quantidade de obras em estilos variados. Hoje em dia, o trabalho de Worth não pode ser encontrado no mercado, embora ainda existam exemplares de edições esgotadas, mas estes são caros. Ela, porém, não possui mérito literário algum e, se ainda desperta interesse, é pela curiosidade em se ler algo que supostamente foi escrito por um espírito se comunicando com os vivos.

Notícia: Ludwig van Beethoven compôs nove sinfonias, hoje em dia universalmente consideradas o epítome do modelo sinfônico. No entanto, segundo a canalizadora britânica Rosemary Brown, Ludwig na verdade compôs um total de *11* sinfonias. O grande compositor ditou as sinfonias 10 e 11 para a sra. Brown depois de morto. Além de Beethoven, Rosemary diz ter recebido também composições originais de Brahms, Bach, Rachmaninov, Schubert, Grieg, Debussy, Chopin e Liszt, assim como de vários outros compositores. Durante décadas de comunicações com esses grandes músicos, a sra. Brown recebeu mais de 400 obras, e, em sua maioria, elas acabaram sendo consideradas bastante similares ao estilo dos compositores a quem eram atribuídas, além de denotarem, segundo os especialistas, um nível de habilidade e inspiração muito superior às limitadas capacidades da sra. Brown.

Importante... ou imaginado?

Será que Rosemary Brown recebeu mesmo novas peças de compositores mortos?

Será que Pearl Curran recebeu de verdade romances e poesias de Patience Worth?

Ou será que Brown e Curran eram simplesmente mulheres cultas cujos subconscientes foram capazes de evocar habilidades normalmente inacessíveis a elas? (Veja Capítulo 78, "Síndrome de Savant".)

Acreditar ou não em canalização ou em escrita automática depende de uma pergunta-chave que devemos fazer a nós mesmos: você acredita que a consciência sobrevive à morte?

Se a resposta for "não", então toda essa conversa de canalização e de receber mensagens e manifestações artísticas de pessoas mortas nada mais é do que pura fantasia ou delírio. O processo em si é chamado de automatismo, que significa a "suspensão da consciência em prol da expressão de idéias e sentimentos subconscientes".[4]

Se, no entanto, a resposta for "sim", então a porta encontra-se escancarada, e filmes como *Ghost — Do outro lado da vida* e *O Sexto Sentido* são considerados representações ficcionais de fatos inacreditáveis, muito mais do que fantasias divertidas totalmente inverossímeis. Grandes poderes do além e possivelmente seres de outros planetas ou dimensões tornam-se os "autores" de sábias inspirações e de obras artísticas originais.

A idéia de a humanidade ser capaz de receber obras artísticas de grandes escritores e compositores mortos é excitante. E, aparentemente, algumas das músicas enviadas para Rosemary Brown por compositores mortos seguem o estilo original. Mas, a menos que algum manuscrito há muito perdido de alguém como Beethoven ou Bach seja desenterrado de algum arquivo poeirento, os cânones de um compositor falecido há tempos permanecem inalterados, não obstante todos os trabalhos canalizados.

Se refletirmos, o mais sábio é acreditar no último caso.

[1] Patience Worth, *Hope Trueblood.*
[2] Não há como provar que uma composição musical canalizada foi realmente escrita por Brahms; da mesma forma, não há como provar que os conselhos e diretrizes supostamente canalizados de uma alma sábia são algo além dos pensamentos do canalizador.
[3] www.skepdic.com.
[4] *American Heritage Dictionary.*

22

CHARLES FORT E O FENÔMENO FORTEANO

HAICAI:

CHARLES FORT

"I do not believe
in everything science says."
— Fortean father

Sou um colecionador de notas sobre assuntos diversos... tal como desvios na concentricidade da cratera lunar de Copérnico e a aparição súbita de homens ingleses roxos... o radiante fixo das chuvas de meteoros, e os relatos sobre crescimento de cabelo na cabeça de múmias carecas... e, "Será que a menina engoliu o polvo?".

— Charles Fort[1]

DEFINIÇÃO: Charles Fort (1874-1932) foi um cético ferrenho no tocante a dogmas científicos, um pesquisador diligente (alguns diriam obsessivo), um escritor prolífico (alguns diriam cansativo) e um colecionador voraz de relatos a respeito de fenômenos estranhos, os quais retirava de jornais e outras publicações.

O QUE OS CRENTES DIZEM: Fort foi a voz da razão a gritar em meio à selvageria da ciência de "influência religiosa" (palavras de Fort). Ele lançou uma luz sobre essas anomalias da natureza e da vida que a ciência descarta ou ignora como fantasia irrelevante. E foi o pai dos estudos sobre fenômenos paranormais.

O QUE OS CÉTICOS DIZEM: Fort foi um excêntrico doido cujos livros não eram lidos nem pela própria mulher, um brilhante rabugento com uma profunda falta de compreensão sobre o processo científico e ingênuo o suficiente para aceitar relatos de fenômenos esquisitos como verdade, sem sentir a necessidade de testar cientificamente essas esquisitices.

QUALIDADE DAS PROVAS EXISTENTES: Muito Boa.

PROBABILIDADE DE O FENÔMENO SER PARANORMAL: Alta.[2]

Fantasmas. Estigmas. Chuva de carne e outros eflúvios. Levitação. Teletransporte. Combustão humana espontânea. Desaparecimentos misteriosos. Imagens que choram.

Charles Fort passou quase toda a vida adulta em bibliotecas, registrando relatos de esquisitices como essas, escrevendo a lápis com a própria caligrafia abreviada, preenchendo pequenos pedaços de papel com datas, lugares e detalhes.

Chuvas de lesmas.

Verdadeiros incendiários.

Monstros.

Luzes inexplicáveis no céu.

Um supermar de Sargaço no alto de nossa atmosfera, de onde se manifestam — e se desprendem — todas as anomalias.

Aos 42 anos, Charles Hoy Fort recebeu uma herança que lhe permitiu devotar-se em tempo integral a colecionar histórias de ocorrências estranhas em nosso planeta e nos céus e a escrever sobre elas. Ele passou dias incontáveis lendo na Biblioteca Pública de Nova York e, ao se mudar para Londres nos anos 20, passou a pesquisar na biblioteca do Museu Britânico.

A "missão declarada" de Fort, se é que podemos defini-la de modo adequado, era a de desacreditar a ciência, porque, dizia ele, os cientistas em geral se baseiam nas próprias crenças para debater, em vez de em indícios comprováveis. Ele considerava os cientistas escravos de dogmas não-comprovados e acreditava que, uma vez que as teorias científicas geralmente se mostram incorretas, nada determinado pelas ciências naturais deveria ser aceito como fato.

Fort estava falando sério?

Parece que sim — pelo menos na maior parte do tempo —, embora muitas vezes ridicularizasse as próprias conclusões, assim como aqueles que as levavam a sério *demais*.

Na introdução da edição de Henry Holt de 1941 do *Books of Charles Fort*, seu amigo de longa data Tiffany Thayer tentou explicar o por vezes inexplicável sr. Fort:

> Ele ria à medida que escrevia, lia e pensava: ria do assunto, caía na gargalhada com a presunção de seus praticantes, rolava de rir com os erros deles, chorava às gargalhadas com suas inconsistências, zombava dos leitores, ria baixinho dos correspondentes, sorria por sua própria tolice de se envolver em tal negócio, dava risadas com as críticas de seus livros e teve acessos de riso à minha custa ao ver que eu estava realmente organizando a Sociedade Forteana.[3]

Todo o trabalho de Fort foi compilado em quatro volumes de esquisitices meticulosamente relatadas:

- *O livro dos danados* (1919)
- *New Lands* (1923)
- *Lo!* (1931)
- *Wild Talents* (1932, publicado após sua morte)

Os livros de Fort não são fáceis de ler. Seu "estilo" em geral é confuso, hermético, vago, quase um fluxo de consciência. Observe essas frases de abertura do *New Lands*:

Terras no céu...

Que estão nas proximidades...

Que não se movem.

Tenho por princípio que tudo o que é faz parte de uma seqüência infinita, e o que já foi irá, com pequenas diferenças, ser novamente...

O último quarto do século XV — terra a oeste!

O primeiro quarto do século XX — teremos revelações.

Haverá dados. Vários. Por trás desse livro, não publicado em conjunto com os outros, ou retido por constituir sua força reserva, existem outras centenas de dados; porém, independentemente, tenho por princípio que toda a existência é um fluxo e refluxo, e a períodos de expansão seguem-se períodos de contração; que poucos homens conseguem manter a mente aberta em épocas de visão limitada, mas que as pressões humanas não podem reprimir a gama de pensamentos e vidas e iniciativa e governo em épocas mais liberais — e, portanto, que o esplendor das costas estrangeiras, reveladas por trás de horizontes vazios após o ano de 1492, não pode ser, no curso do desenvolvimento, a única renúncia impressionante aparentemente disponível — que o espírito, ou a alma, e os estímulos e necessidades do século XV estão todos reaparecendo, e que a retaliação pode surgir mais uma vez —

Sim, o sr. Fort finaliza o parágrafo com um travessão, e depois continua de modo igualmente obscuro, o qual mantém até o final do texto. Concluímos, portanto, que Charles Hoy Fort não era um grande escritor, mas esse fato inegável é irrelevante quando colocamos suas contribuições em perspectiva. Hoje, o nome de Fort virou um adjetivo; quando "forteano" é usado para descrever um momento ou situação de profunda estranheza, compreendemos imediatamente o que está sendo discutido.

Dito isso, Fort foi longe demais em sua rejeição (ou, pelo menos, em seu desdém) à ciência tradicional e às diretrizes do método científico. Ainda assim, seu duradouro legado é algo que chama a atenção para... bem, para os muitos tópicos discutidos neste livro, por exemplo.

E ainda que 80 ou 90 por cento dos eventos estranhos discutidos por ele possuam explicações simples, não paranormais, os mistérios restantes nos atraem até hoje. E temos com Charles Fort uma dívida de agradecimento por chamar nossa atenção para eles.

[1] *Wild Talents, The Books of Charles Fort*, p. 846.
[2] Uma vez que Fort cobriu um amplo espectro de fenômenos supostamente paranormais, é quase certo que alguns dos relatos reunidos em seus livros estejam além da explicação científica. Sua "facilidade" em aceitar tudo com o que se deparava como paranormal e inexplicável, porém, faz com que precisemos descartar algumas de suas descobertas. Ainda assim, há uma boa probabilidade de que, entre as dezenas de milhares de relatos reunidos por ele, muitos sejam de origem paranormal, como os que foram escolhidos para os propósitos deste livro.
[3] *New Lands, The Books of Charles Fort*, p. 313.

23

COMUNICAÇÃO COM OS MORTOS

HAICAI:
COMUNICAÇÃO COM OS MORTOS
Message from beyond
Loved ones can send us their thoughts
Is it something else?

Os que estão mortos nunca se foram:
Eles estão na sombra que se espessa.
Os mortos não estão sob a terra:
Eles estão na árvore que se agita,
Eles estão no tronco que geme,
Eles estão na água que corre,
Eles estão na água que dorme,
Eles estão na cabana, estão na multidão:
Os mortos não estão mortos.[1]

DEFINIÇÃO: A comunicação psíquica com seres humanos que já morreram.

O QUE OS CRENTES DIZEM: A consciência humana sobrevive à morte. Algumas pessoas estão sintonizadas psiquicamente com outras dimensões e podem receber informações de almas que já "fizeram a travessia".

O QUE OS CÉTICOS DIZEM: Morto é morto. Não há provas de que alguém no "além" já tenha falado o que quer que seja com alguém daqui.

QUALIDADE DAS PROVAS EXISTENTES: Moderada.

PROBABILIDADE DE O FENÔMENO SER PARANORMAL: Moderada.

No famoso seriado *A Sete Palmos*, da HBO, os personagens conversam com os mortos o tempo todo. Contudo, ao contrário dos métodos utilizados por espiritualistas (tabuleiro Ouija, sessões espíritas, escrita automática etc.), os mortos do programa parecem seres humanos normais e conversam com os vivos em nossa linguagem oral padrão.

No entanto, TV é TV e a verdadeira comunicação com os mortos fica muito além de ponderações desse tipo. Os céticos discutiriam o uso do termo "verdadeira comunicação"; contudo, o contato com os mortos tem sido um elemento comum a quase todas as religiões e culturas da Terra — desde sociedades tribais primitivas tentando compreender a sabedoria de seus ancestrais até versões televisivas modernizadas de sessões espíritas mediúnicas.

Mas será que algo disso é verdade?

Usando uma técnica chamada de "leitura a frio", os que se autodenominam paranormais oferecem informações sobre pessoas amadas falecidas com uma precisão assustadora. O truque é prestar atenção às respostas das pessoas, perceber a linguagem corporal, escutar "às escondidas" e falar de modo vago sobre coisas que se aplicam a todos. Tão logo um paranormal acerta o "alvo" com algum detalhe específico ("Estou escutando um velho chamado Thomas..."), ele pode então enfeitar os detalhes (sem ser muito específico) até o sujeito acreditar de verdade que o paranormal está em contato com seu falecido pai, irmão ou esposa.

A maioria dos que dizem ser capazes de se comunicar com os mortos é charlatã. O mágico David Blaine demonstrou certa vez a técnica de leitura a frio no programa de Howard Stern (tal qual a velha técnica de pegar garotas) e sua performance ilustrou como é fácil dizer algo com o qual muitas pessoas concordariam de imediato. "Às vezes você se sente um peixe fora d'água". "Você finge felicidade muitas vezes, mesmo quando está sofrendo por dentro". "Você não se sente muito apreciado por seus colegas de trabalho e por sua família". "Ninguém o entende de verdade".

A leitura a frio é feita o tempo todo em sessões privadas, em feiras paranormais e noutros lugares, e muitos acreditam nela piamente.

No entanto, a leitura a frio não é a mesma coisa que uma verdadeira comunicação com os mortos.

Será que algumas pessoas conseguem realmente se comunicar com as almas do além?

John Edward é o último de uma longa linhagem de paranormais que dizem conversar com os mortos. Existem inúmeros artigos impressos e na internet "explicando" (embora "desmascarando" seja uma palavra melhor) como ele faz o que faz, e, ainda assim, há coisas que ele disse e fez que não são tão facilmente explicáveis como parte de um truque de mágica barato.

Eu confio em Larry King, assim como muitos outros. Creio que seu programa é sincero e legítimo. Acredito que as ligações recebidas no ar por ele não são pré-planejadas. E é por isso que sou ambivalente com relação a John Edward. Durante uma entrevista no *Larry King Live*, em junho de 1998, Edward recebeu uma ligação de uma mulher cujo marido havia falecido. Eis aqui uma transcrição resumida da conversa:[2]

Larry King: Oi.
Mulher: Sou Sherri. Perdi meu marido há cerca de um ano e meio.
John Edward: Ele está me dizendo... isso é estranho, mas você o enterrou com um maço de cigarros?
M: Enterrei.
JE: Ele está me dizendo... sei que isso vai soar estranho... era a marca errada?
M: Era.

LK: Espera um pouco, espera um pouco. Ele foi enterrado com um maço de cigarros de marca diferente da que fumava?
M: Foi.
LK: Como você viu isso?
JE: Eles me mostraram os cigarros e colocaram uma linha sobre eles, com um círculo vermelho em volta, tipo um sinal de "não fumar" e... só que eu senti que precisava reconhecer que os cigarros estavam lá.
LK: Então isso não pode ser só um palpite.

A mulher pareceu chocada com o fato de ele saber aquilo, mas confirmou ser verdade.

Seria a mulher uma cúmplice de John Edward? Será que o telefonema havia sido uma encenação?

É aí que entra minha confiança em Larry King. Não acredito que ele aceitasse participar de tamanha farsa.

E se não teve participação, então como Edward sabia aquilo? Coincidência? Os céticos dizem que sim; os crentes, que não.

Tal qual muitos dos outros tópicos deste livro, a aceitação ou negação de um fenômeno (especialmente este) depende totalmente de a pessoa acreditar ou não na existência da alma e na vida após a morte.

Eu acredito em ambos e estou disposto a crer que algumas pessoas conseguem, de fato, se comunicar com aqueles que já "fizeram a travessia". Não estou falando de charlatães que se tornaram peritos em leitura a frio. Estou falando de pessoas espiritualmente conscientes que tentam, e talvez consigam, se comunicar com aqueles que escaparam ao tumulto vital.

Isso é um erro? Talvez, mas estou bastante disposto a errar em favor de uma mente aberta.

[1] Poema africano tradicional, citado em *Sacred Texts of the World: A Universal Anthology*, Ninian Smaart e Richard D. Hecht Editores.
[2] *Larry King Live*, 19 de junho de 1998.

24

CRIACIONISMO

HAICAI:
CRIACIONISMO
Something from nothing?
Glorious nature a fluke?
Or proof of God's will?

Ora, havendo Deus completado no sétimo dia a obra que tinha feito, descansou nesse dia de toda a obra que fizera.[1]

DEFINIÇÃO: O criacionismo é uma doutrina que afirma ser a história da criação do universo contada no começo da Bíblia, no Livro do Gênesis, *literalmente* verdade.

O QUE OS CRENTES DIZEM: No princípio, Deus criou os Céus e a Terra. E Deus disse: "Façamos o homem à nossa imagem e semelhança." E Deus contemplou toda a Sua obra, e viu que tudo era muito bom. Tudo o que existe foi criado por Ele, num período de sete dias. A Bíblia conta literalmente a verdade.

O QUE OS CÉTICOS DIZEM: O Gênesis é uma parábola. A Bíblia está recheada de parábolas e fábulas, e não de jornalismo. As forças evolutivas são as responsáveis pela vida na Terra e provavelmente em qualquer outro lugar do universo.

QUALIDADE DAS PROVAS EXISTENTES: Inconclusiva.

PROBABILIDADE DE O FENÔMENO SER PARANORMAL: Inconclusiva.[2]

As discussões entre criacionistas e cientistas são abrangentes, antagônicas e intermináveis. Há, porém, alguns pontos-chave que sempre são levantados durante um debate, e, para falar desses tópicos resumidamente, solicitei o auxílio do dr. Tim Berra, autor de *Evolution and the Myth of Creationism*.

A lista a seguir apresenta 16 argumentos contra o criacionismo que apareceram originalmente no livro de 1990 do dr. Berra. Em seu lúcido, equilibrado e *esclarecido* prefácio, o dr. Berra diz:

> Os criacionistas, em sua maioria, são cristãos fundamentalistas cuja premissa principal é a interpretação literal da Bíblia e a crença em sua infalibilidade.
>
> Eles estão determinados a impor sua vontade à sociedade e às escolas, se possível através dos tribunais. Sua estratégia — por mais irônica que possa parecer, considerando os preceitos morais do cristianismo — baseia-se em logro, deturpação e obscurecimento, projetados para induzir o público a pensar que existe uma controvérsia científica genuína a respeito da validade da evolução. Tal controvérsia não existe, embora seja difícil para o público leigo distinguir entre os cientistas, que em geral discordam no tocante às nuanças da teoria evolucionista (mas não quanto à existência da evolução), e os criacionistas, os quais se juntam para encobrir alegações absurdas sob uma capa de cientificismo.

Que fique registrado, não apóio o criacionismo, mas acredito num projeto inteligente (o que pode parecer contraditório, mas não é). Meu ponto de vista pode ser resumido pelo seguinte comentário de Wernher von Braun, diretor do Marshall Space Flight Center da Nasa entre 1960 e 1976.

> Ser forçado a acreditar em apenas uma conclusão — que tudo no universo acontece por acaso — viola o caráter objetivo da ciência. Sem dúvida, existem pessoas que alegam ter o universo evoluído de modo aleatório. No entanto, que processo aleatório poderia ter produzido o cérebro humano ou um sistema como o do olho humano...? [Algumas pessoas] desafiam a ciência a fim de provar a existência de Deus. Todavia, será preciso realmente acender uma vela para ver o sol?

A meu ver, o argumento do planejamento faz muito sentido: se você acha um relógio de pulso na praia, imediatamente chega a duas conclusões: 1. ele foi projetado e 2. alguém o projetou. Desse modo, se considerar o universo e tudo que existe nele algo meticulosamente planejado (tal como as impressionantes complexidades da natureza nos sugerem), irá concluir que existe um projetista. Será ele Deus?

Algumas alegações criacionistas: elas levantam dúvidas legítimas?

pelo Dr. Tim M. Berra

1. **Alegação:** *a evolução contraria a segunda lei da termodinâmica. A entropia (desordem) está sempre crescendo. Uma vez que a ordem não advém do caos, a evolução é, por conseguinte, falsa.* **A verdade:** essas afirmações ignoram de modo conveniente o fato de que *é possível* obter ordem a partir da desordem se acrescentarmos energia. Por exemplo, uma bicicleta desmontada que chega em sua casa numa caixa de papelão encontra-se num estado de desordem. Você fornece a energia de seus músculos (a qual adquire através do alimento, que, em última análise, desenvolve-se sob a luz do sol) para montar a bicicleta. Pronto,

obteve ordem a partir da desordem fornecendo energia. O Sol é a fonte de energia primordial para os sistemas de vida na Terra, permitindo que eles se desenvolvam. Os engenheiros da CRS [Creation Research Society] sabem disso, mas permitem que essa idéia enganosa seja publicada em seus panfletos. Assim como um elaborado carvalho cresce a partir de seu fruto menos complexo por meio do acréscimo da luz solar capturada pela árvore em desenvolvimento, a luz do sol, por meio da fotossíntese, proporciona a fonte de energia que impele a evolução. Tendo em vista que o Sol perde mais energia do que a Terra ganha, a entropia aumenta. Após a morte, a decomposição se instaura e a utilização de energia já não é mais possível. É aí que a entropia nos pega. O que representa um aumento da entropia, como ressaltado pelos biólogos, é a diversidade das espécies criadas pela evolução.

2. **Alegação**: *a pequena quantidade de hélio em nossa atmosfera prova que a Terra é jovem. Se ela fosse tão velha quanto os geólogos dizem, haveria muito mais hélio, visto que ele resulta da decomposição do urânio.*
   A verdade: o hélio, usado para fazer os dirigíveis flutuarem, é um gás muito leve e simplesmente desaparece no espaço; tal como o hidrogênio, ele não se acumula na atmosfera da Terra em grandes quantidades.

3. **Alegação:** *a taxa de deterioração do magnetismo da Terra leva à conclusão de que ela foi criada há cerca de dez mil anos.*
   A verdade: o campo magnético da Terra realmente se deteriora, embora isso aconteça de modo cíclico a cada poucos milhares de anos, mas se renova constantemente através do movimento do centro líquido da Terra. O "magnetismo fóssil" marcado em pedras antigas demonstra claramente que a reversão geomagnética (mudança de direção no campo magnético da Terra) já ocorreu repetidas vezes, de modo irregular, no decorrer da história; o calendário dessas reversões foi estabelecido há mais de vinte anos e logo se tornou o ponto principal da teoria emergente sobre placas tectônicas e deriva continental.

4. **Alegação:** *se a evolução fosse verdade, deveria haver fósseis transicionais, mas não há; por conseguinte, não ocorreu evolução alguma.*
A verdade: existem muitos fósseis transicionais, inclusive a forma transicional entre primatas e humanos, o *Australopithecus*. O *Eusthenopteron* mostra maravilhosas características intermediárias entre os peixes de barbatana lobada e os anfíbios. Os fósseis transicionais entre anfíbios e répteis são tão variados e mesclados que é difícil determinar onde termina um grupo e começa outro. O *Archaeopteryx* é, sem dúvida, o intermediário entre os répteis e os pássaros. Apesar das muitas características reptilianas, como, por exemplo, um rabo longo e fino, mandíbulas dentadas e membros com garras, os criacionistas dizem que, como o *Archaeopteryx* tinha penas, ele era um pássaro, e não um estágio transicional entre répteis e pássaros. Sem nenhuma explicação, os criacionistas tendem a negar a existência de fósseis transicionais.

5. **Alegação:** *do nada, aparecem fósseis do início do Cambriano; assim sendo, eles têm de ter sido criados.*
A verdade: os microfósseis mais antigos, na verdade, datam do período Pré-Cambriano, há cerca de 3,5 bilhões de anos. Uma boa variedade de formas de vida multicelulares aparece nos registros de fósseis de cerca de 670 milhões de anos, o que significa 80 milhões de anos antes do período Cambriano. Esse período parece explodir com fósseis, mas isso acontece porque os primeiros organismos com concha, tais como os braquiópodes e os trilobitas, datam dessa época; suas conchas resistentes fossilizam-se com muito mais facilidade do que seus ancestrais de casca mole do período Pré-Cambriano. Além do mais, as rochas pré-cambrianas são tão velhas que já sofreram muitas deformações. Temos, portanto, sorte em possuir *quaisquer* fósseis que sejam de animais de casca mole do período Pré-Cambriano. Afora isso, outros fósseis são descobertos a cada ano, e cada um deles enfraquece ainda mais o argumento criacionista.

6. **Alegação:** *todos os fósseis sedimentaram-se na época do dilúvio de Noé.*
   A verdade: não existe evidência alguma nos registros geológicos que corrobore a ocorrência de um único dilúvio de proporções mundiais. Formações geológicas como as cadeias montanhosas e o Grand Canyon levam milhões de anos para se formar, e os registros de fósseis estendem-se por vários bilhões de anos. O tempo necessário para que os continentes tivessem se arrastado até suas posições atuais é imenso. Essas coisas não podem ser explicadas por um único dilúvio que durou alguns dias, ou mesmo anos.

7. **Alegação:** *há lugares onde encontramos fósseis mais evoluídos sob outros mais primitivos.*
   A verdade: os movimentos terrestres, como as falhas geológicas e os deslocamentos, produzem essas descontinuidades; as rochas mais antigas simplesmente se acomodam sobre as mais novas, como vemos, por vezes, em cortes transversais. Esses lugares podem ser facilmente reconhecidos e explicados pelos geólogos. Mas não podem ser explicados pela crença criacionista de que todos os fósseis resultam do dilúvio de Noé. Além disso, a tentativa criacionista de demonstrar falhas na teoria evolucionista por esses meios acaba destruindo uma de suas alegações favoritas.

8. **Alegação:** *as chances de as moléculas certas se reunirem de modo aleatório na formação de uma célula viva são infinitamente pequenas.*
   A verdade: experiências simuladas mostram repetidamente que os aminoácidos não se reúnem de modo aleatório. Sua estrutura molecular os leva a serem auto-ordenáveis, o que aumenta a possibilidade de se formarem longas cadeias de moléculas. Essas experiências também demonstram que a formação de macromoléculas prebióticas é fácil e provável, e não demanda a existência de DNA, um passo à frente no processo evolutivo das proteínas. A aplicação gradual da seleção natural cumulativa sobre longos períodos de tempo pode fazer do improvável algo bem provável.

9. **Alegação:** *pegadas de homens e dinossauros foram encontradas lado a lado numa pedra calcária do período Cretáceo em Glen Rose, no Texas. Assim, os dinossauros não podem ter precedido os homens em milhões de anos.*
A verdade: essa versão Fred Flintstone da Pré-História é uma das versões mais absurdas e mentirosas criadas pelos fundamentalistas, e eles já usaram isso em livros e filmes. Os "rastros humanos" vistos pelos criacionistas derivam de duas fontes. A primeira é uma imaginação fértil, que faz com que as marcas de erosão provocadas pela água e as pegadas desgastadas de dinossauros sejam vistas como pegadas humanas. A segunda é a fraude deliberada. Os impostores criacionistas encobrem as marcas das almofadas das patas dos dinossauros com areia e fotografam o resultado, os dedos do pé desses bichos. Quando revertida, a ponta do dedo ou da garra se transforma no calcanhar de uma pegada "humana". Essas pegadas são mostradas em fotografias de baixa qualidade, tanto na literatura criacionista quanto nos filmes. Uma vez que a distância entre elas (cerca de 200 cm) e o tamanho do pé (cerca de 90 cm) excedem qualquer escala humana possível, os fundamentalistas alegam que elas pertencem aos gigantes mencionados no Gênesis. Além dos rastros falsificados de dinossauros, há outras pegadas do gênero nessa área do Texas. Na verdade, pegadas entalhadas na pedra eram vendidas aos turistas em lojas de raridades durante a Grande Depressão. Isso chamou a atenção do paleontólogo Roland T. Bird, que as reconheceu como falsas, mas que, por fim, o conduziram até as pegadas legítimas de Glen Rose. Desde então, essa área tem sido bastante estudada pelos paleontólogos e já se catalogaram inúmeras espécies de répteis e anfíbios. Ali não existe nenhuma pegada humana genuína; porém, por conduzir a novas descobertas genuínas, a farsa tornou-se uma bênção para a ciência.

10. **Alegação:** *os biólogos nunca viram uma espécie evoluir.*
A verdade: em pequena escala, com certeza sim. Fazendo uso de alopoliplóides e da seleção artificial, os cientistas criaram plantas agrícolas e hortaliças novas, diferentes dos grupos de

origem. Além disso, é possível ver estágios de especiação incipientes na natureza observando as variações clinais e as subespécies, ou seja, a mudança gradual nas características de uma população ao longo de variações ambientais. As principais mudanças evolucionárias, no entanto, em geral envolvem períodos de tempo muito maiores que o relatado nos registros escritos; não podemos observar tais mudanças, mas podemos deduzi-las através da inferência de organismos vivos e fósseis.

11. **Alegação:** *a evolução também é uma religião e requer fé.*
A verdade: os criacionistas estão começando a admitir que sua "ciência" não é ciência coisa alguma e que ela depende da fé, porém, são rápidos em acrescentar, o mesmo ocorre com a evolução. Não é bem assim. Os biólogos não precisam *acreditar* na existência de fósseis transicionais; podemos examiná-los em centenas de museus ao redor do mundo e descobrimos novos vestígios nas rochas o tempo todo. Os cientistas não precisam *acreditar* que o sistema solar tem 4,5 bilhões de anos; podemos testar a idade da Terra, da Lua e das rochas meteoríticas com bastante precisão. Não precisamos *acreditar* que as protocélulas podem ser facilmente criadas em laboratório a partir de simples elementos químicos; podemos repetir as experiências, com resultados comparáveis. Também podemos criar espécies artificiais de plantas e animais aplicando uma seleção, e podemos observar a especiação natural em ação. Essa é a grande diferença entre religião e ciência. A ciência existe *devido* às provas, enquanto a religião existe por causa da fé — e, no caso do fundamentalismo religioso e do criacionismo, *apesar* das provas.

12. **Alegação:** *o número de seres humanos hoje em dia seria muito maior se vivêssemos há tanto tempo quanto os evolucionistas dizem.*
A verdade: essa noção faz suposições muito ingênuas acerca das taxas de natalidade e mortalidade, e da fecundidade dos humanos primitivos, presumindo que as populações estão sempre em crescimento, quando, na verdade, a maioria das popu-

lações animais está num nível um tanto mais baixo que a capacidade biótica de seu meio ambiente. Tais populações estáveis permanecem estáveis por longos períodos de tempo, mantidas sob controle por restrições ambientais. Apenas nossa recentemente adquirida capacidade de modificar o meio ambiente é que permite que os números fujam perigosamente ao controle. De modo irônico, é nossa habilidade de dominar o meio ambiente — como a Bíblia nos instrui a fazer — que poderá, por fim, nos levar à extinção.

13. **Alegação:** *a taxa atual de diminuição do Sol prova que a Terra não pode ser tão velha quanto os geólogos dizem, visto que, há poucos milhões de anos, a superfície do Sol estaria próxima demais à órbita da Terra.*
A verdade: essa visão simplista não leva em conta o fato de que as estrelas, como, por exemplo, o Sol, têm um ciclo de vida durante o qual os eventos ocorrem em intervalos diferentes. As características de uma estrela recém-formada são bem diferentes de uma próxima à morte. Hoje em dia, os astrônomos vêem essas diferenças através da observação de estrelas jovens, maduras e velhas. Já sabemos muita coisa sobre o Sol, e sabemos que ele não diminui numa razão constante.

14. **Alegação:** *através do carbono 14, determinou-se que um molusco de água doce vivo tinha mais de dois mil anos de idade; assim sendo, a datação por carbono 14 não presta para nada.*
A verdade: quando usado da maneira devida, o carbono 14 é uma técnica bem precisa de medição de tempo. O molusco citado é um caso inapropriado para o ^{14}C porque o animal havia adquirido grande parte de seu carbono da pedra calcária existente na água e nos sedimentos ao redor. Essas fontes contêm um índice bem baixo de ^{14}C, tanto devido à idade quanto por não se misturarem com o carbono fresco presente na atmosfera. Assim, nessas circunstâncias, um molusco recentemente morto tem menos ^{14}C do que, digamos, um galho de árvore recém-cortado. O índice reduzido de ^{14}C determina

artificialmente uma data mais antiga. Essa técnica já não apresenta problemas com relação ao galho de árvore que retira seu carbono do ar, ou com as fogueiras dos acampamentos de seres humanos primitivos. Tal como ocorre com a sondagem a arco ou a culinária cajun, é preciso conhecer a técnica para usá-la de modo apropriado. Esse é outro exemplo da natureza autocorretiva da ciência.

15. **Alegação:** *o influxo de poeira meteorítica do espaço para a Terra é de cerca de 14 milhões de toneladas por ano. Se a Terra e a Lua tivessem 4,5 bilhões de anos, deveria haver uma camada de poeira de 15 a 30 metros de espessura cobrindo sua superfície.*
A verdade: essa estimativa de influxo de poeira é simplesmente defasada. As sondas espaciais descobriram que o índice de influxo de poeira oriunda do espaço é cerca de 100 vezes menos do que isso. Os criacionistas estão cientes das medições atuais, mas continuam a usar esse cálculo incorreto porque ele atende a seus propósitos. Assim é a honestidade e a seriedade deles. Será que essas pessoas acham que os astronautas teriam recebido permissão para pousar na Lua se a Nasa pensasse que eles afundariam em 30 metros de poeira?

16. **Alegação:** *biólogos proeminentes deram declarações opondo-se à evolução.*
A verdade: essa citação fora de contexto é uma das armas mais insidiosas do arsenal criacionista e reflete o desespero de sua posição. Os biólogos não negam a evolução *em si*. O que eles fazem, porém, é discutir seus *mecanismos* e o *tempo*. As discussões refletem o vigoroso crescimento de um importante conceito científico; é o que acontece de modo rotineiro em todos os campos de estudo que crescem de forma saudável. Os criacionistas, de maneira desonesta, retratam isso como uma falha na teoria evolucionista.

Essas 16 questões são apenas algumas entre os argumentos criacionistas. Há outras, mas todas apresentam as mesmas características — imprecisas cientificamente, deliberadas ou mentirosas.

Retirado do livro *Evolution and the Myth of Creationism: A Basic Guide to the Facts in the Evolution Debate*, de Tim M. Berra, com a autorização dos editores da Stanford University Press, © 1990 pelo Conselho Administrativo da Leland Stanford Junior University.

[1] Gênesis 2:2.
[2] Sinto muito, mas não poderíamos ter a ousadia de julgar nestas páginas se foi ou não um poder divino que criou o universo.

*25

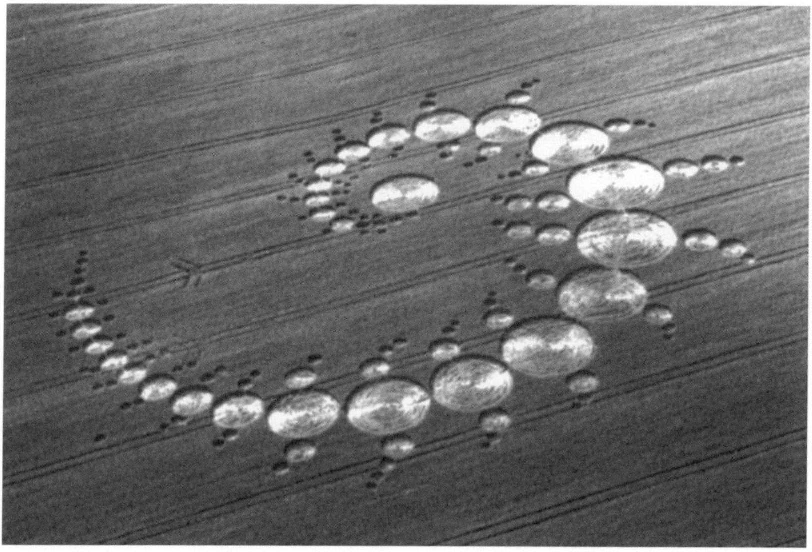

CÍRCULOS NAS PLANTAÇÕES

HAICAI:

CÍRCULOS NAS PLANTAÇÕES

Flattened crops beckon
Patterns in the holy grass
Swirling signs of hope

Acredito que o que tem acontecido nos campos de nosso planeta é uma prova das tentativas de contato e que as esferas e outros fenômenos associados são uma prova ainda maior de que esse contato é transdimensional, e importante o suficiente para cruzar as barreiras entre esses tipos de seres.

— Colin Andrews[1]

Definição: Os círculos nas plantações são padrões geométricos formados por cereais amassados, e vão desde círculos simples até desenhos extremamente complexos. Eles aparecem todos os anos ao redor do mundo e muitas vezes em lugares inacessíveis à visitação (humana).

O QUE OS CRENTES DIZEM: Os desenhos nas plantações são uma manifestação dos problemas com o planeta Terra, mensagens ou sinais enviados por aliens, comunicados feitos pelos mortos ou por alguma fonte de energia desconhecida que possua inteligência.

O QUE OS CÉTICOS DIZEM: Os desenhos nas plantações ou são falsos ou alguma espécie de fenômeno esquisito e *natural* (possivelmente relacionado ao clima) que ainda não entendemos. Nenhum dos desenhos é de origem paranormal.

QUALIDADE DAS PROVAS EXISTENTES: Excelente.

PROBABILIDADE DE O FENÔMENO SER PARANORMAL: Bem Alta.

São sinais? Cicatrizes? Grafite alienígena? Tempo esquisito? Embustes?

Tudo isso junto?

Os círculos nas plantações são um mistério: são padrões circulares que aparecem todos os anos em campos de cereais ao redor do mundo durante a temporada de crescimento. Eles surgem há séculos; existem inúmeros depoimentos históricos de fazendeiros, jornalistas etc., que chegam a datar de antes do século XV, relatando círculos estranhos que apareciam da noite para o dia, sem sinais de interferência humana.

Então, eles são reais?

A resposta é sim, com uma exceção: *alguns* círculos nas plantações são "reais", isto é, não são feitos por seres humanos.

Colin Andrews é a maior autoridade do mundo no tocante a círculos nas plantações e autor de três best-sellers. Seu último livro é *Crop Circles: Signs of Contact* (do qual fui co-autor). Colin estuda o fenômeno desde 1983, quando viu cinco círculos simples num campo próximo a Stonehenge, na Inglaterra.

Ele analisou o enigma dos círculos e identificou as principais teorias a respeito de sua criação. Elas são:

- A Teoria de Gaia
- Magnetismo
- Forças de Energia Vital
- Água subterrânea
- Microondas
- Vórtices de plasma e redemoinhos de vento
- Áreas de pouso de OVNIs e ETs.
- Mensagens dos mortos
- Satélites governamentais
- Embustes

Com relação a essas dez teorias, Colin Andrews acredita que 80 por cento de aproximadamente dez mil formações relatadas mundo afora são obra do homem. Os outros 20 por cento são criados por algum dos outros mecanismos.

Em 2000, Colin criou uma enorme controvérsia ao falar de sua tese de 80/20. Ele chegou a essa conclusão analisando as formações na Inglaterra nos anos de 1999 e 2000, de onde determinou que 80 por cento eram falsas, tendo, em seguida, ampliado sua descoberta para todas as manifestações mundiais. Colin, no entanto, defende suas informações e, hoje em dia, muitos especialistas admitem que suas descobertas são provavelmente precisas.

Que características determinam uma formação autêntica?

Há várias; entre elas:

- A ausência de rastros nos círculos.
- A ausência de sinais de interferência com o solo ou com as plantas em pontos dos círculos onde os impostores teriam de ficar para criar a formação.
- As plantas não são danificadas (isso é por demais importante — quando uma formação é feita por impostores, as plantas são destruídas).
- As plantas têm uma aparência mais vistosa e a raiz é maior do que o normal.
- A simetria dos círculos é uniforme, em geral numa espiral de uma ou duas rotações até chegar às paredes da circunferência.
- A formação apresenta anomalias magnéticas e eletrostáticas, e, dentro do círculo, a bússola enlouquece.

- As plantas sofrem transformações em nível celular.
- Pequenas quantidades de um material magnético desconhecido são encontradas no solo dos círculos e impregnadas na superfície da planta.
- Um perfil magnético como o registrado por um magnetômetro imita o verdadeiro desenho do círculo.
- O perfil do campo eletrostático encontrado no círculo mostra um padrão incomum.
- Os caules das plantas apresentam um espessamento dos nós não condizente com padrões de crescimento normais.

Há claras evidências de que o fenômeno é genuíno. Mas o que o surgimento anual mundo afora desses padrões *significa* — para a humanidade e para o futuro do planeta?

Um grupo de especialistas, inclusive Colin Andrews, acredita que há uma inteligência por trás dos verdadeiros desenhos nas plantações. Nesse contexto, "inteligência" não significa necessariamente "entidade". O sistema imunológico humano identifica ameaças ao organismo, marcha em sua defesa e ataca e destrói o invasor. E faz isso de modo *inteligente*. Talvez um processo similar ocorra com o fenômeno dos círculos nas plantações. Hoje em dia, a maioria das autoridades acredita que esse mistério pode ser explicado como uma combinação entre a Teoria de Gaia e o magnetismo.

A Teoria de Gaia afirma que a Terra e todos os seus componentes biológicos consistem num enorme organismo vivo, e que, como qualquer ser vivo, pode responder, e responde, a danos, ataques e ameaças. Os círculos nas plantações talvez estejam relacionados a uma resposta autônoma, um sinal de que a Terra está se comunicando através de energias naturais, em especial o magnetismo, e talvez de algum "irmão" desconhecido do magnetismo ainda por definir. Muitos dos que têm estudado a localização dos círculos autênticos percebem o alinhamento entre as formações e os locais sagrados ou áreas de influência paranormal ao redor do mundo.

E quanto às teorias de que os círculos nas plantações são áreas de pouso de OVNIs, mensagens alienígenas ou um comunicado dos mortos?

Existem provas documentadas acerca de misteriosas bolas de luz (BOL) aparecendo sobre campos, antes, durante e depois do surgimento de círculos na plantação. A idéia corrente entre os especialistas, porém, é de que elas não são de natureza extraterrestre, mas algum componente do processo de materialização do desenho.

Experiências com comunicação póstuma via padrões geométricos encontrados nos desenhos têm proporcionado alguns resultados atraentes, inclusive a repetição das iniciais de certos pesquisadores paranormais mortos, mas, até agora, nada conclusivo.

Os círculos nas plantações são reais e temos agora provas da ocorrência de atividade paranormal mesmo em padrões falsificados. Muitos pesquisadores acreditam que os falsificadores podem estar desempenhando um papel no que Colin Andrews descreve como "experimento consciente". Os impostores vêem bolas de luz acima de seus padrões falsificados e muitos não conseguem explicar por que fazem o que fazem. Alguns disseram ter sido "chamados" a fazer os desenhos. Outros viram seus padrões falsificados serem misteriosa e inexplicavelmente ampliados *sem* sua participação após terem deixado os campos.

Sem dúvida, o fenômeno dos círculos nas plantações nos passa uma mensagem. Estamos caminhando a passos largos rumo à compreensão dessa comunicação subjetiva, mas até agora temos tido problemas com a tradução.

[1] Colin Andrews, Stephen Spignesi, *Crop Circles: Signs of Contact.*

26

CRUZES DE LUZ

HAICAI:

CRUZES DE LUZ

Glowing cross appears
Reflection of holy will?
Or a fluke of light?

Deus aparece, e Deus é Luz...

— William Blake[1]

Definição: As cruzes de luz são imagens que aparecem nas janelas e em outros objetos por meio de fontes de luz conhecidas e desconhecidas; algumas delas supostamente manifestam poderes de cura milagrosos. Muitas das cruzes relatadas têm braços do mesmo tamanho e aparecem no meio de um diamante de luz. Algumas surgem em janelas de igrejas; outras, no vidro dos banheiros, nas paredes etc.

O QUE OS CRENTES DIZEM: As cruzes de luz são um sinal de Deus. São mensagens de amor e paz, uma comunicação deliberada de Cristo.

O QUE OS CÉTICOS DIZEM: As cruzes de luz nada mais são do que uma confluência estranha de luz refletida em objetos comuns, de modo a criar o formato de uma cruz.

QUALIDADE DAS PROVAS EXISTENTES: Muito Boa.[2]

PROBABILIDADE DE O FENÔMENO SER PARANORMAL: Inconclusiva.[3]

Conheço uma mulher que perdeu a irmã há pouco tempo de leucemia. Cerca de uma ou duas semanas após o funeral, uma cruz de luz surgiu na parede dos fundos da garagem que ficava em frente à casa em que as irmãs moravam. Ela podia ser vista diariamente do quintal dos fundos e de qualquer lugar da casa, das três da tarde até o pôr-do-sol.

A mulher e o marido acabaram por descobrir a origem da cruz de luz. Quando a persiana do quarto do andar de cima estava fechada até a metade, o sol da tarde incidindo na janela formava uma cruz ao refletir na moldura e na ponta da persiana. O marido conseguiu mostrar que havia descoberto a origem balançando a persiana e fazendo a cruz dançar, ou levantando a persiana e fazendo-a desaparecer.

Essas pessoas são muito religiosas e possuem uma fé profunda. Até hoje, elas acreditam que a cruz foi um sinal de Deus acerca da irmã falecida, indicando que ela estava bem. O fato de que ninguém naquela casa já vira a luz antes convenceu-os de que era uma mensagem do além. E as específicas variáveis óticas e geométricas responsáveis pelo surgimento da cruz foram consideradas irrelevantes: nada além de ferramentas usadas para comunicar uma mensagem divina.

Quando uma cruz de luz aparece em algum lugar, em muitos casos não leva muito tempo para que o lugar se transforme num santuário. Há relatos de milhares de pessoas visitando uma casa no subúrbio, a fim de darem uma olhada numa cruz de luz refletida na janela do banheiro. A sede de conforto espiritual e de uma confirmação da presença de Deus é palpável em muitas dessas pessoas, e os donos ou moradores da casa, em geral, mostram-se dispostos a permitir que esses peregrinos compartilhem o "milagre" ocorrido em seu lar.

Contudo, como no caso de "Jesus Tortilla" (veja Capítulo 51, "Aparições de Maria"), alguns desses incidentes são verdadeiramente absurdos e motivo de piada por parte dos não-crentes. Uma mulher, ao ver uma cruz de luz na janela de seu banheiro, começou a permitir que grupos de quatro pessoas visitassem seu toalete, a fim de olharem para a janela. Alguns rezaram, outros declararam ter sentido a presença de Deus, outros ainda disseram que ficaram curados de alguma doença terminal ou crônica. Quatro pessoas apertadas num banheiro, rezando para uma janela e acotovelando-se ao lado do vaso e da pia é uma cena totalmente ridícula. Ainda assim, os peregrinos não acharam nada de engraçado a respeito de sua visita.

Além das janelas dos banheiros, de vez em quando as cruzes aparecem em igrejas, acima do altar ou nos vitrais do prédio. Algumas vezes, elas surgem como hologramas no céu; noutras, apenas durante a lua cheia. Por vezes, surgem após uma oração; noutras, vêm acompanhadas do soar de sinos, do cheiro de rosas ou do sangramento de estátuas.

Um dos relatos mais antigos sobre uma cruz de luz ocorreu no ano de 351 d.C., em uma carta enviada em maio pelo bispo Cirilo[4] ao imperador Constantino II:

> Uma grande cruz luminosa apareceu no céu acima do monte sagrado do Gólgota, estendendo-se até o monte das Oliveiras, e foi vista claramente, não por uma ou duas pessoas, mas por toda a população [de Jerusalém]. Tampouco era... uma cruz conjurada pela imaginação... mas por várias horas... pairou acima da Terra, visível a todos...[5]

Um processo fascinante ocorre quando uma cruz de luz aparece. Em comunidades que já vivenciaram tal situação, as pessoas falam de uma sensação de paz e solidariedade, e muitas testemunhas declaram ter sentido um profundo bem-estar, aliado à confiança de que "tudo ficará bem".

Se as cruzes são simples ilusões de ótica, então esse "esclarecimento comunitário" é apenas uma resposta condicionada à presença do símbolo divino. A reação das pessoas, porém, é *real*, o que, em um certo sentido, valida a crença de que as cruzes podem, na verdade, disseminar a paz e o amor no coração e na alma das pessoas.

Se você criar uma cruz de luz, elas virão?

Parece que sim.

[1] *Augúrios da inocência.*

[2] As cruzes de luz, sem dúvida, existem. Elas já foram fotografadas em vários lugares do mundo e testemunhadas tanto por crentes quanto por céticos. As "provas existentes", portanto, são muito boas. Já a evidência de que algumas dessas cruzes sejam responsáveis por curas milagrosas é um pouco mais problemática. Há poucos indícios da ocorrência de curas após o encontro com uma cruz de luz. Todavia, tal como todas as curas relacionadas a fenômenos religiosos (Lourdes, água benta etc.), a conclusão a que uma pessoa pode chegar depende da profundidade de sua fé.

[3] É impossível provar se a origem das cruzes de luz é paranormal ou não; a fé, ou sua ausência, proporciona a resposta a cada indivíduo que considera o assunto.

[4] Cirilo de Jerusalém foi proclamado Doutor da Igreja em 1882 e, mais tarde, canonizado.

[5] Herbert Thurston, *Beauraing and Other Apparitions*, pp. 100-101.

27

DEMÔNIOS, POSSESSÃO E EXORCISMO

HAICAI:

DEMÔNIOS

Vile and obscene
Spirits from a darker place
Enemies of man

No outro lado do lago, na terra dos gadarenos, dois possessos de demônios saíram de um cemitério e vieram-lhe ao encontro. Eram tão furiosos que pessoa alguma ousava passar por ali.

Eis que se puseram a gritar: "Que tens a ver conosco, Filho de Deus? Vieste aqui para nos atormentar antes do tempo?"

Havia, não longe dali, uma grande vara de porcos pastando.

Os demônios imploraram a Jesus: "Se nos expulsar, envia-nos para aquela vara de porcos."

"Ide!", disse-lhes. Eles saíram e entraram nos porcos. Neste instante toda a vara se precipitou pelo declive escarpado para o lago, e morreu nas águas.

Os guardas fugiram e foram contar na cidade o que se passara e o sucedido com os endemoninhados.[1]

Definição: Um **demônio** é um ser sobrenatural maléfico;[2] a **possessão** ocorre quando um ser humano é tomado por um demônio; o **exorcismo** é o ritual religioso empregado para expulsar o demônio de uma pessoa possuída.

O que os crentes dizem: Os demônios são reais, e são uma legião. Eles são uma espécie sobrenatural de seres puramente maléficos que podem possuir os homens e destruí-los. Algumas vezes o exorcismo funciona para expulsá-los.

O que os céticos dizem: Demônios não existem. Os seres humanos sem dúvida são capazes de atos "demoníacos", mas a noção de que demônios, anjos caídos e espíritos malignos percorrem a Terra e possuem as pessoas é ridícula. Isso nada mais é do que uma superstição ignorante e uma relutância em colocar a culpa pelo mal em seu devido lugar: nos humanos criminosos.

Qualidade das provas existentes: Moderada.

Probabilidade de o fenômeno ser paranormal: Moderada a Boa.[3]

Poucas horas após o colapso das torres do World Trade Center, em 11 de setembro de 2001, começaram a circular fotos na internet mostrando um rosto enorme, claramente demoníaco, emergindo da fumaça e das chamas. Muitos dos religiosos declararam ser Satanás (ou um de seus lacaios) comprazendo-se no caos e sofrimento; os agnósticos e os ateus acharam que as pessoas estavam simplesmente vendo algo na forma da fumaça e das chamas. Foram feitas várias descrições da imagem, mas acreditar que isso era apenas um truque de luz e sombra ou uma verdadeira manifestação demoníaca dependia somente do sistema de crenças da pessoa. Havia um rosto em meio ao fogo. Isso é indiscutível. Sua gênese já é mais problemática.

A Igreja Católica afirma que o Diabo com certeza é real, que os demônios que o servem são reais e que ou Satanás ou algum de seus lacaios pode possuir os seres humanos e coagi-los a dizer ou fazer todo tipo de coisas maléficas.

Quando uma pessoa está possuída, algumas vezes é realizado um exorcismo.[4] Trata-se de um ritual católico oficial no qual um padre conjura os poderes de Deus a fim de expulsar o demônio do corpo do possuído.

Os mais pios entre os devotos não são imunes à possessão demoníaca. Na verdade, eles muitas vezes parecem ser os alvos prediletos de Satanás. Segundo relatos, em 1997, um padre em Calcutá, atuando sob ordens diretas do arcebispo, realizou um exorcismo em ninguém menos do que a Madre Teresa. Por quê? Porque a santa freira acreditava do fundo do coração que estava sendo atacada pelo Diabo.

De acordo com um pesquisador medieval citado na *Enciclopédia do ocultismo*,[5] existem vários sinais que revelam se uma pessoa está ou não possuída por um demônio, entre eles, vomitar objetos, fazer um pacto com o Diabo, abraçar o mal, ser extremamente violento, fazer barulhos e sons do outro mundo e blasfemar contra Deus ou Jesus.

O pesquisador medieval também disse que viver sozinho, ser feio, imaginar-se possuído, possuir doenças crônicas e estar cansado de viver também se qualificavam, e aí está o problema com a suspeita de possessão demoníaca.

As doenças mentais são, em geral, as culpadas por comportamentos "demoníacos", e é por isso que a Igreja Católica sempre envia as pessoas, com medo de elas ou seus entes queridos estarem possuídos, a um psiquiatra, antes de discutir a possibilidade de um exorcismo.

Quando analisamos as histórias de monstros humanos como Hitler, Hussein, Stalin e Pol Pot (para não mencionar os Jeffrey Dahmer e Timothy McVeigh do nosso mundo), e de outros da mesma laia, é difícil imaginar que eles se comportaram segundo seus próprios preceitos *humanos*. É muito fácil imaginá-los possuídos por algum demônio malevolente que os guiou no decorrer de suas vidas abomináveis.

Ainda assim, é provável que os demônios da história fossem humanos demais.

Isso quer dizer que todo o mal cometido e encorajado por eles não teria sido "inspirado" por algum poder acima de nosso plano de existência? A resposta a essa questão depende de a pessoa acreditar ou não na existência do mal verdadeiro como uma entidade, como um poder que pode "infectar" os seres humanos.

Quem sabe? Se alguém como a Madre Teresa acreditava estar sob ataque de uma força demoníaca, quem pode dizer que o resto de nós está imune?

[1] Mateus 8:28-33.

[2] Há uma discussão sobre o número de demônios existentes. Segundo o livro *A Field Guide to Demons, Fairies, Fallen Angels, and Other Subversive Spirits*, a estimativa medieval acerca do número de demônios era de 7.405.926; um antigo épico indiano chamado *Ramayana* cita 20 mil demônios e o Talmude nos diz que há um demônio para cada pessoa viva.

[3] Os livros sobre "exorcismo" falam repetidas vezes de certas coisas ocorridas durante os rituais que sem dúvida parecem preternaturais, como, por exemplo, o dom de línguas, a aparente levitação e a precognição. Tudo isso poderia ser uma má interpretação dos fatos, ou uma farsa, mas como alguns dos fenômenos podem ser legítimos, classificamos o quesito de probabilidade paranormal como "Moderada" a "Boa".

[4] O exorcismo não é *pro forma* em todos os casos de suspeita de possessão. A pessoa precisa ser cuidadosamente examinada, a possibilidade de doenças clínicas, excluída, e o bispo local tem de aprovar e inspecionar o ritual.

[5] Lewis Spence, University Books, 1960.

28

ADIVINHAÇÃO E PROFECIA

HAICAI:

ADIVINHAÇÃO

Glimpsing what will be
Beholding a future time?
Or are we too blind?

A ***galinha e os pintinhos.*** *Sonhar com uma galinha e seus pintinhos é muito negativo; isso indica perda de propriedade, de amigos e de reputação — no amor, significa miséria e decepção. Após um sonho desse tipo, eu aconselharia a pessoa a trocar de casa. Sonhar que escutou galinhas cacarejando indica sucesso no amor e um acúmulo de riquezas através das relações femininas.*

— Mãe Shipton[1]

Definição: A adivinhação é a ação (alguns dizem arte) de prever o futuro ou de revelar conhecimentos ocultos por meio de augúrios ou de um método supostamente sobrenatural; a profecia é o pronunciamento inspirado de um profeta, em geral visto como uma revelação da vontade divina. (Veja também os capítulos 11, "Astrologia"; 16, "O Código da Bíblia"; 59, "Nostradamus"; 60, "Numerologia"; 62, "Quiromancia"; e 87, "Tarô".)

O que os crentes dizem: A adivinhação é real e as pessoas que possuem esse poder são verdadeiros paranormais. Há uma quantidade enorme de provas concretas que atestam a precisão de profecias desde que a história começou a ser registrada.

O que os céticos dizem: A adivinhação é uma bobagem. *Não* existem provas concretas que atestem a existência de habilidades divinatórias. Ninguém pode prever o futuro, especialmente utilizando quaisquer dos métodos descritos neste capítulo. Pétalas de rosas? Cinzas? Brasas sobre a cabeça de um burro? É tudo uma bobagem e uma projeção da tentativa desesperada da humanidade em controlar o destino.

Qualidade das provas existentes: Inconclusiva.[2]

Probabilidade de o fenômeno ser paranormal: Alta.[3]

As inúmeras formas de adivinhação tratam todas da mesma coisa: prever o futuro.

A lista adiante descreve mais de 50 formas usadas pelo homem para tentar essa adivinhação.

Muitas delas são claramente ridículas e, sem dúvida, originamse na superstição e na suscetibilidade em aceitar interpretações loucas sobre eventos mundanos.

Ainda assim, é preciso reconhecer que muitas dessas "mancias" são ferramentas para a compreensão do subconsciente e do inconsciente. Em geral, há um grande significado psicológico pessoal no modo como um presságio em particular é interpretado — mais uma vez, o "olho de quem vê" normalmente vê mais do que na verdade está ali, e talvez esse seja o caminho para a compreensão.

Será que um vidente consegue ver o futuro numa bola de cristal? Será que ele se recosta para observar o desenrolar dos eventos como se fosse um programa de televisão? Será isso uma habilidade sobrenatural? Será que o tempo é "geográfico", e não linear? Será que o tempo é um lugar com diferentes "localizações" que certas pessoas conseguem visitar a seu bel-prazer?

Toda e qualquer resposta a essas perguntas — seja oferecida por crentes ou céticos — é, por fim, inadequada.

54 FORMAS DE ADIVINHAÇÃO[4]

- **Aeromancia:** observação dos fenômenos atmosféricos, tais como trovões, relâmpagos, nuvens, cometas, tempestades, etc.
- **Alectriomancia:** um galo come os grãos colocados sobre letras desenhadas num círculo, soletrando o nome de uma pessoa.
- **Aleuromancia:** mensagens escritas num papel são envolvidas em bolas de massa de farinha, em seguida misturadas nove vezes e distribuídas. O destino da pessoa é revelado pela bola de farinha que ela recebe. (Esse talvez tenha sido o ancestral do biscoito da sorte chinês.)
- **Alfitomancia:** a cevada é oferecida a pessoas suspeitas de terem cometido um crime; quem fica doente ao comê-la é culpado.
- **Alomancia:** o sal é "lido" para ser feita a predição.
- **Amniomancia:** a membrana "embrionária" encontrada no rosto de alguns recém-nascidos é analisada em busca de informação.
- **Antropomancia:** as vísceras femininas e masculinas são estudadas.
- **Apantomancia:** encontros casuais, especialmente com animais, são interpretados em busca de significados.
- **Aritmancia:** interpretação dos números.
- **Armomancia:** um adivinho inspeciona os ombros da pessoa em busca de significados.
- **Axinomancia:** um machado ou uma machadinha é usado como ferramenta para prever o futuro. Isso é feito balan-

çando uma pedra de ágata na lâmina, ou observando a direção do punho quando o machado é jogado.

- **Belomancia:** flechas são lançadas no ar e a forma como elas se cravam no chão é observada.
- **Bibliomancia:** uma pessoa suspeita de ser um bruxo ou um mago é pesada. Se ela pesar menos do que a Bíblia da igreja local, é inocente.
- **Botanomancia:** questões são gravadas em galhos espinhosos e, em seguida, os galhos são queimados.
- **Capnomancia:** a fumaça (algumas vezes da queima de sementes de papoula) é observada.
- **Catoptromancia** (também conhecida como **Enoptromancia**): um espelho prevê o destino de uma pessoa através do reflexo de seu rosto.
- **Causinomancia:** objetos inflamáveis são jogados no fogo; se não queimarem, é um sinal de que a boa sorte está a caminho.
- **Cefalomancia:** um pedaço de carbono é queimado sobre a cabeça de um burro (ou, algumas vezes, de uma cabra), enquanto os nomes de criminosos suspeitos são recitados. Se um crepitar é escutado ao se mencionar certo nome, a pessoa é culpada.
- **Ceraunoscopia:** fenômenos do ar (nuvens? vento?) são observados.
- **Ceroscopia:** discos de cera derretida são analisados por um mago.
- **Cleromancia:** grãos pretos e brancos, ossos e pedras são lançados e analisados; também conhecido como "**Lançar a sorte**".
- **Clidomancia:** o nome de uma pessoa cujo destino precisa ser decidido é escrito numa chave que, em seguida, é pendurada numa Bíblia. A Bíblia é então pendurada na unha do dedo anular de uma virgem. A direção para a qual o livro se vira determina o destino da pessoa em questão.
- **Coscinomancia:** uma peneira, um par de tesouras e as unhas dos polegares de duas pessoas são usados em conjunto para determinar a inocência ou a culpa. A peneira fica suspensa por um fio amarrado à tesoura, que, por sua vez, é apoiada

nas unhas dos polegares das duas pessoas em questão. O sentido em que a peneira gira determina de quem é a culpa.

- **Critomancia:** bolos e outros alimentos (na maioria das vezes, produtos assados) são analisados, em geral abrindo a massa do bolo para interpretá-la.
- **Cristalomancia:** também conhecida como observação do cristal, essa forma de adivinhação necessita que um vidente olhe para uma bola de cristal ou algum outro objeto similar a fim de dizer o futuro.
- **Dactilomancia:** um anel é suspenso acima de uma mesa na qual estão escritas as letras do alfabeto; o movimento do anel sobre as letras soletra a mensagem; similar à hidroscopia com pêndulo.
- **Dafnomancia:** um ramo de louro é jogado no fogo e observado.
- **Demonomancia:** demônios são invocados em busca de segredos ocultos.
- **Eromancia:** o uso do ar. Os persas inventaram esse método de adivinhação, no qual a pessoa respira sobre uma vasilha cheia de água. As borbulhas na água significam que o objeto do desejo da pessoa virá até ela.
- **Espodomancia:** adivinhação por meio das cinzas de um grande número de diferentes fogueiras de sacrifícios.
- **Estoiquemancia:** uma forma de rapsodomancia na qual são usadas as obras de Homero e Virgílio.
- **Estolisomancia:** previsão do futuro a partir do modo como uma pessoa se veste (pode fazer piada).
- **Filiorodomancia:** pétalas de rosas são analisadas.
- **Gastromancia:** os adivinhos respondem a questões escutando as vozes que emanam do estômago da pessoa. Em geral, essa é uma forma fraudulenta de ventriloquia.
- **Giromancia:** um pequeno círculo é desenhado no chão e as letras do alfabeto são escritas em sua circunferência. A pessoa em busca de respostas fica em pé no meio do círculo e é girada repetidas vezes até ficar tonta demais para se manter de pé. As letras sobre as quais pisa ao cair para fora do círculo soletram a resposta.

- **Halomancia:** "lê-se" o sal para se fazer a previsão.
- **Hidromancia:** isso se refere aos vários usos da água como meio de adivinhação, inclusive jogar objetos dentro d'água e suspender coisas com um barbante sobre ela.
- **Hipomancia:** o movimento de certos cavalos brancos sagrados determina o futuro.
- **Leitura muscular:** um adivinho analisa os movimentos musculares inconscientes de uma pessoa suspeita de conhecer alguma verdade que precisa ser revelada.
- **Litomancia:** refere-se a diversas formas de adivinhação através das pedras.
- **Margaritomancia:** uma pérola é colocada sob um vaso virado de cabeça para baixo e os nomes dos suspeitos do crime são recitados. Quando o nome de uma pessoa culpada é mencionado, a pérola salta, quebrando o fundo do vaso.
- **Miomancia:** o comportamento de ratos ou camundongos é observado.
- **Necromancia:** os espíritos dos mortos são invocados para revelar o futuro e responder a perguntas.
- **Onicomancia:** adivinhação pela observação do reflexo do sol sobre as unhas de uma pessoa.
- **Onimancia:** adivinhar através da observação da manifestação do anjo Uriel após o óleo de nozes ser misturado com gordura e colocado sobre as unhas de um menino "despoluído" ou de uma jovem virgem.
- **Onomancia:** a soletração e a distribuição das vogais e consoantes do nome da pessoa são estudadas em busca de significado.
- **Oomancia:** observação dos ovos.
- **Ornitomancia:** o vôo e/ou o canto dos pássaros são observados e estudados em busca de significado.
- **Piromancia:** dizer o futuro através da leitura do fogo.
- **Psicomancia:** espíritos dos mortos são evocados a fim de proporcionar informação e aconselhamento (semelhante à necromancia).
- **Psicometria:** dizer o futuro segurando algo que pertenceu à pessoa.

- **Rabdomancia:** adivinhação por meio de uma varinha ou um bastão.
- **Rapsodomancia:** nesse método de adivinhação, abre-se um livro de poesias escolhidas aleatoriamente e lê-se o primeiro verso em que o olho bate. A passagem conterá um significado oculto.
- **Sicomancia:** as folhas de uma figueira são analisadas em busca de significado.
- **Xilomancia:** método eslavônico de predição do futuro em que se analisa a posição de pequenos gravetos de madeira encontrados ao acaso durante uma jornada.

1 *The New Universal Dream-Book*, circa 1686. Shipton foi uma lendária profetisa inglesa do século XVII cujos rumores dizem ter sido uma bruxa e filha do Diabo.

2 A interpretação de uma leitura está no olho de quem vê e já se mostrou que muitas pessoas moldam suas reações com respeito a uma revelação divina de modo a "combinar" com sua atual situação ou para responder a uma questão. Esses dados não são passíveis de verificação, daí nossa classificação "Inconclusiva".

3 Existem depoimentos demais acerca da precognição para que ela possa ser descartada como um comportamento humano acidental. Falamos de "intuição feminina" e de "pressentimentos", e os aceitamos como se eles fossem reais; a conclusão inevitável é que o homem parece ter habilidades psíquicas natas que provavelmente utilizam o subconsciente e o inconsciente. Talvez chegue o dia em que venhamos a compreender totalmente esses *outros* sentidos.

4 Essa é uma versão revisada e expandida de uma lista que surgiu originalmente em meu livro de 1994, *The Odd Index* (Plume).

29

HIDROSCOPIA

HAICAI:

HIDROSCOPIA

The bearded dowser
Places his faith in his stick
Water down below?

Hidroscopia. Comumente conhecida como adivinhação pela água. Isso é bruxaria. Ninguém pode dizer que, devido a alguma afinidade química ou bioquímica, uma varinha entorta na mão quando encon-

tra água subterrânea. A varinha só entorta nas mãos de um mago. Isso é bruxaria. Assim, embora alguns cientistas reconheçam sua existência, há muitos outros que jamais reconhecerão.

— Charles Fort[1]

Definição: A hidroscopia é a ação de procurar e, por vezes, localizar água subterrânea, minerais, minas subterrâneas ou objetos enterrados por meio de uma varinha mágica, que em geral é um galho ou um bastão bifurcado feito de madeira de nogueira, freixo ou sorveira-brava, e que entorta para baixo quando segurado sobre uma fonte. Às vezes, também se usa um pêndulo suspenso acima do chão ou sobre um mapa.

O que os crentes dizem: Os rabdomantes de sucesso são extremamente sensíveis a certas energias orgânicas — elétrica, magnética, bioquímica ou indefinida — que cercam, permeiam e irradiam de depósitos subterrâneos, e conseguem ler esses "campos" no intuito de localizar com precisão as áreas.

O que os céticos dizem: A hidroscopia não funciona. Cientificamente, não existe prova empírica alguma que comprove sua eficácia. Quaisquer "acertos" decorrem da sorte ou de conhecimento prévio acerca dos filões subterrâneos.

Qualidade das provas existentes: Muito Boa.

Probabilidade de o fenômeno ser paranormal: Alta.

A hidroscopia existe há séculos; existem relatos registrados sobre sua prática na Inglaterra e no Egito antigo que chegam a datar de 3.000 a.C. Ela tornou-se comum durante os séculos XIV e XV na Europa, onde as "bruxas d'água" eram muitas vezes chamadas para localizar lençóis subterrâneos ou veios de minério para a indústria de mineração medieval. (Muito embora Reginald Scot, ao escrever seu *The Discouerie of Witchcraft* [1584], tenha descrito as varinhas rabdônicas como "meros brinquedos para zombar dos símios", declarando que elas "não tinham nenhum propósito louvável".) Na literatura sobrevivente, a primeira menção à hidroscopia data de 1540.

A hidroscopia é realizada com várias ferramentas, dentre as quais um **bastão em forma de Y** (a ferramenta mais conhecida), um **bastão em forma de L** (um pedaço de arame é entortado num determinado ângulo e gira na mão do rabdomante; em geral, ele segura um em cada mão) ou um **pêndulo** (usado sobre o chão ou sobre um mapa). Algumas vezes, rabdomantes experientes simplesmente caminham ao redor de uma área tentando sentir os depósitos subterrâneos.

A hidroscopia é uma dessas práticas marginais com as quais a ciência parece não saber o que fazer. Ou melhor, devido ao fato de a ciência não entender totalmente *como* a hidroscopia funciona, a postura oficial é que ela *não pode* ser realizada. No entanto, tem sido realizada com bastante eficiência há séculos.

Um depoimento encontrado no *Dicionário dos céticos*, de Robert Todd Carroll, conta a respeito de uma série de testes de hidroscopia bem-sucedidos realizados por um cientista alemão chamado Hans-Dieter Betz. A equipe de Betz registrou uma taxa extremamente alta de testes bem-sucedidos sob circunstâncias controladas. Ainda assim, isso não convenceu Carroll. Ele escreve:

> O terceiro teste foi uma espécie de desafio entre o rabdomante e uma equipe de hidrogeólogos. A equipe de cientistas, sobre os quais não sabemos nada de importante, estudou uma área e escolheu 14 lugares para perfurar. Em seguida, após a equipe ter feito suas escolhas, o rabdomante percorreu a mesma área e optou por sete pontos... Uma área de onde brotassem 100 litros por minuto era considerada boa. Os hidrogeólogos acertaram três boas fontes; o rabdomante, seis. Sem dúvida, o rabdomante venceu o desafio. *Todavia, esse teste não prova nada a respeito da hidroscopia.* [Ênfase acrescentada.][2]

Mesmo?

A taxa de sucesso dos hidrogeólogos foi de 21 por cento, a do rabdomante, 85 por cento, e, ainda assim, isso não prova nada?

Se a ciência não aceita a hidroscopia como uma habilidade válida, ainda que por ora inexplicável, então por que os militares dos Estados Unidos utilizavam os rabdomantes para localizar as minas durante a Primeira Guerra Mundial?

Além disso, por que as tropas americanas usaram a hidroscopia no Vietnã para procurar e localizar minas, armadilhas e morteiros enterrados?

E mais: por que as empresas multinacionais de petróleo, gás, mineração e minérios *pagam* aos rabdomantes para complementar suas análises geológicas convencionais?

Em *Wild Talents*, Charles Fort conta a história do cientista do Departamento de Agricultura dos EUA, dr. Charles Albert Browne, que testemunhou um dos mais famosos rabdomantes alemães localizar um lençol subterrâneo, traçar suas dimensões, relatar sua profundidade e assegurar que a água era potável, tudo mais tarde confirmado através de testes científicos oficiais.[3]

Assim, será que a hidroscopia nada mais é do que uma resposta física ideomotora, disfarçada sob séculos de superstições, rituais, costumes locais e depoimentos?

Ou seria uma habilidade psicoenergética genuína, em que a estranha sensibilidade de certas pessoas a vibrações emitidas de lençóis de água subterrâneos, dos minerais e outros objetos e substâncias tem sido usada para localizar toda sorte de "tesouros enterrados"?

Testes científicos e dados observacionais são os critérios de avaliação da verdade. Mesmo assim, a ciência muitas vezes chega atrasada no tocante à confirmação de sabedorias centenárias ou milenares.

As pessoas já aplicavam cataplasmas de pão embolorado em locais infectados muito antes de a ciência reconhecer que o fungo do pão era fonte de penicilina.

Outras mastigavam a casca do álamo ou do salgueiro muito antes de a ciência reconhecer que tal casca era fonte de aspirina.

Repetindo: o fato de não entendermos completamente *como* a hidroscopia funciona não faz com que ela seja de fato ineficiente.

Basta perguntar ao soldado vietnamita que *não* perdeu as pernas por pisar numa mina localizada por um rabdomante se ela funciona.

[1] *The Books of Charles Fort*, p. 1.046.

[2] Robert Todd Carroll, *Dicionário dos céticos*, www.skepdic.com, "Rabdomancia".

[3] *The Books of Charles Fort*, p. 1.047.

30

DRAGÕES

HAICAI:

DRAGÕES

Winged scaly beast
Breath of fire, lion's claws
Fearsome in the skies

Louve o Senhor da Terra: os dragões e todas as coisas inexplicáveis; fogo e granizo, neve e vapores: vento e tempestade, tudo corrobora Sua palavra.[1]

DEFINIÇÃO: O dragão é um monstro lendário tradicionalmente representado por um réptil gigante com garras de leão, rabo de serpente, asas, hálito de fogo e pele escamosa. Histórias de dragões aparecem em quase todas as culturas da Terra.

O QUE OS CRENTES DIZEM: Os dragões eram, e são, criaturas reais. Eles são raros, solitários e mortais. Podem ser uma espécie sobrevivente de tempos pré-históricos ou talvez criaturas de outra dimensão. No entanto, qualquer que seja a verdade, eles existem, e já foram vistos inúmeras vezes no solo e nos céus de nosso planeta.

O QUE OS CÉTICOS DIZEM: Os dragões são 100 por cento míticos. Quem quer que afirme ter visto um dragão ou deu um depoimento enganado a respeito de um pássaro, um réptil ou algum outro animal *real* ou está mentindo. Criaturas como dragões não existem, não obstante o que dizem os contos de fadas e *O Hobbit*.

QUALIDADE DAS PROVAS EXISTENTES: Moderada.[2]

PROBABILIDADE DE O FENÔMENO SER PARANORMAL: Moderada.

O estudioso e naturalista romano Plínio, o Velho, escreveu sobre um dragão sendo morto na Colina do Vaticano no primeiro século d.C., durante o reinado do imperador Cláudio. Quando abriram o dragão, o corpo de uma criança foi encontrado dentro.[3]

Em 1903, dois caçadores em Utah viram uma gigantesca criatura alada e escamosa com a cabeça de um crocodilo e "dentes grandes e poderosamente afiados"[4] voando em direção a uma caverna com um cavalo na boca. Eles ficaram escutando enquanto a besta devorava o "esmagado e deformado"[5] eqüino.

Como esses dois exemplos ilustram, relatos sobre a observação de dragões se espalham pelo decorrer da história humana oficial. Dragões foram vistos éons atrás; dragões têm sido vistos neste século.

Mas será que o que as pessoas viram e relataram eram realmente dragões, assim como os percebemos — criaturas gigantes, aladas, semelhantes a serpentes, que soltam fogo pela boca e têm escamas capazes de quebrar uma espada?

O editor da *Strange Magazine Online* e da *Fate*, Mark Chorvinsky, estuda a lenda e a cultura dos dragões há décadas. Na edição de novembro de 2002 da revista *Fate*, ele resume o "problema do dragão":

Estudar os dragões é um problema complicado devido à grande variedade de descrições. Há dragões do ar, do mar e da terra; com duas pernas, quatro ou mais; alados ou não; venenosos, respiradores de fogo e com ferrões; amigáveis e furiosos. A descrição de dragões aéreos tem levado os ufólogos a imaginarem se essas entidades celestes não eram na verdade OVNIs, e não animais. Já a observação de dragões aquáticos tem levado os criptozoólogos a sugerirem que os tais dragões relatados talvez fossem serpentes marítimas ou monstros lacustres.[6]

A pergunta-chave com relação à existência ou não de dragões é quase a mesma que devemos fazer com relação aos OVNIs: se os dragões não são reais, *então o que todas essas pessoas estão vendo nos céus?*

Sabemos que lendas fantásticas surgem quando eventos e observações aparentemente inexplicáveis ocorrem e são testemunhados ou vividos por seres humanos. A lenda das sereias provavelmente surgiu de visões de focas ou dugongos. (Veja Capítulo 53.) Já a do lobisomem, das histórias de esquizofrênicos que também sofriam de hipertricose. (Veja Capítulo 98.) Mas que animal real é maior do que cinco elefantes, pode voar, nadar e comer um cavalo de uma só bocada?

É aí que mora o problema com os dragões.

No decorrer dos séculos, muitos dos relatos sobre dragões são tão fantásticos que os criptozoólogos e outros cientistas encontram bastante dificuldade em descobrir uma explicação lógica para o que as pessoas afirmam ter visto.

Sem dúvida, há répteis como o dragão-de-komodo e serpentes como a jibóia que possuem características semelhantes às dos relatos sobre traços físicos e habilidades dos dragões. Mas não existe criatura alguma que reúna *todos* os poderes e atributos físicos como os dos dragões vistos.

Então, seriam essas criaturas reais, só que, na verdade, sobreviventes atávicos e resistentes de épocas pré-históricas? Seriam os dragões que as pessoas vêem hoje em dia, a exemplo dos que elas diziam ver há séculos, realmente dinossauros voadores que de alguma forma resistiram à extinção? Talvez eles sejam criaturas que estavam em cavernas bem profundas quando um asteróide nos atingiu durante a Era Mesozóica e, graças a seus incríveis poderes natos de hibernação, conseguiram se manter aqui na Terra por, ahn, cerca de 150 milhões de anos.

Talvez...

Há muito os dragões têm um enorme significado simbólico. Na Bíblia, eles são a perfeita encarnação do mal. No Livro do Apocalipse, o arcanjo Miguel e seus guerreiros lutam com Satanás, que assume a aparência de um dragão durante a batalha:

> Houve uma batalha no céu. Miguel e seus anjos tiveram de combater o dragão. O dragão e seus anjos travaram combate, mas não prevaleceram.
>
> E já não houve lugar no céu para eles.
>
> Foi então precipitado o grande dragão, a primitiva serpente, chamado Demônio e Satanás, o sedutor do mundo inteiro. Foi precipitado na Terra, e com ele seus anjos.[7]

No folclore sumério, o dragão simboliza o caos.

Na mitologia russa, o dragão é o guardião dos portões que ligam ao reino do além.

Na tradição chinesa, o dragão é uma criatura benevolente que ajudou a criar o universo. Acreditava-se que os imperadores chineses eram descendentes de dragões.

E, é claro, há a lenda simbólica de são Jorge (leia-se: cristianismo) que derrotou um dragão (leia-se: paganismo) para salvar a filha de um rei (leia-se: gerações futuras) e que se tornou o santo patrono da Inglaterra.

Os relatos sobre dragões não chegam nem de perto a ser tão abundantes quanto os de OVNIs, mas, ainda assim, por todo o mundo, há depoimentos sobre estranhas criaturas aladas que muitos acreditam serem os dragões das lendas. (O relato mais recente de um "dragão" foi feito em outubro de 2002, no Sudeste do Alasca. Seria o animal apenas um predador gigante? Ainda não se chegou a uma conclusão.)

Quem sabe um dia a verdade venha à tona. Até lá, alguns de nós talvez decidam manter os olhos pregados no céu... por mais de uma razão.

[1] *Prayer Book* (1662), 148:7.
[2] As evidências a respeito de dragões são, em sua maioria, baseadas em depoimentos. A ciência não possui (ainda?) nenhuma foto de dragões verdadeiros, ou nenhuma prova física, tal como um corpo, algumas escamas, uma asa, alguns dentes etc.
[3] *Historia Naturalis.*
[4] *Dawson Daily News*, 17 de setembro de 1903.
[5] Ibid.
[6] Mark Chorvinsky, "Here Be Dragons", in *Fate*, novembro de 2002, p. 13.
[7] Apocalipse 12:7-9.

OS MONUMENTOS DA ILHA DE PÁSCOA

HAICAI:

ILHA DE PÁSCOA

Ancient giant heads
Standing tall, staring away
On Rapa Nui

As próprias pedrinhas não propalem para onde eu vou...[1]

Definição: Os monumentos de Páscoa são antigas cabeças misteriosas conhecidas como *moai*, encontradas em uma ilha do Chile, no Pacífico Sul, a cerca de 3.700 quilômetros da costa oeste do continente. A ilha de Páscoa, conhecida no local como Rapa Nui, foi descoberta por exploradores holandeses na Páscoa, em 1722, e é famosa por suas antigas ruínas de origem desconhecida, incluindo tábuas com hieróglifos e cabeças colossais entalhadas em rocha vulcânica, as quais acredita-se datarem de aproximadamente 1400.

O QUE OS CRENTES DIZEM: Nenhum ser humano poderia ter entalhado 887 estátuas monolíticas gigantescas e as espalhado por toda a ilha[2] sem usar nada além de madeira, cordas e lubrificantes naturais. Visitantes extraterrestres têm de estar envolvido, e, provavelmente, ou eles próprios construíram as estátuas ou forneceram alguma forma de tecnologia de transporte antigravitacional que levou os *moai* flutuando até seu lugar definitivo.

O QUE OS CÉTICOS DIZEM: As estátuas da ilha de Páscoa foram entalhadas, transportadas e erigidas por seres humanos. Embora não se conheça o método utilizado no transporte, os cientistas e arqueólogos têm discutido vários meios para transportar os *moai* que, sem dúvida, teriam funcionado com tempo e força de trabalho suficientes. (Vcja a descrição dos métodos de transporte a seguir.)

QUALIDADE DAS PROVAS EXISTENTES: Muito Boa.[3]

PROBABILIDADE DE O FENÔMENO SER PARANORMAL: Fraca.

Estariam eles apenas entediados? Será possível que os nativos de Rapa Nui tenham passado anos entalhando as centenas de cabeças de pedra que circundam a ilha e depois transportado muitas delas até seu local definitivo porque não tinham nada melhor para fazer?

Qual o propósito desses monumentos?

Alguns dizem que as cabeças foram construídas para intimidar famílias e tribos rivais.

Há também a teoria de que as estátuas foram construídas para comemorar a visita de extraterrestres e que os "chapéus" vermelhos em muitas das cabeças representam capacetes espaciais.

Teriam os nativos recebido a visita de alienígenas, os quais, é claro, acharam que fossem deuses descidos dos céus?

Recentes pesquisas e experiências mostram que esse cenário é pouco provável.

Desde meados da década de 1950, arqueólogos e historiadores vêm tentando simular o transporte dos *moai* até seu lugar definitivo, no perímetro da ilha.

O grande explorador Thor Heyerdahl (da famosa Kon-Tiki, a expedição que provou que os nativos da ilha de Páscoa poderiam ter viajado do Peru até lá) descobriu um modo de transportar as cabeças amarrando-as em um trenó feito com um tronco em forma de garfo, para depois puxá-lo com cordas. Seriam necessários 180 nativos para mover um *moai* de dez toneladas. Heyerdahl calculou que seriam necessários 1.500 homens para transportar o mais pesado dos *moai*, com 82 toneladas.

Em 1986, Heyerdahl tentou outro método para mover as estátuas. Ela era girada de um lado para outro, de modo a ir "andando" pelo chão. Esse método, experimentado pela primeira vez na Tchecoslováquia em 1982, também funcionava, mas causava um dano considerável à base da estátua, dano este que não se vê nos *moai* sobreviventes, portanto a experiência foi abandonada.

Outro método foi experimentado no Wyoming na década de 1980: dois trenós colocados sobre rodas de madeira. Esse método também funcionou e uma equipe de 25 homens foi capaz de mover uma réplica de concreto de dez toneladas e 45 metros de altura de um *moai* em apenas dois minutos.

MAS E QUANTO AOS ALIENS?

Em seu livro *The Space Gods Revealed*, Erich von Däniken lista as principais razões para os monumentos da ilha de Páscoa não poderem ser um produto da força de trabalho de seres humanos:

- Eles são grandes demais para terem sido entalhados por homens.
- A pedra local é dura demais para ser entalhada sem uma tecnologia avançada.
- As pedras não poderiam ter sido transportadas da canteira até o local onde se encontram.

- Não havia árvores na ilha com as quais fazer as supostas rodas de madeira usadas para mover as estátuas.
- Os "chapéus vermelhos" são capacetes espaciais.
- Não seria possível erigir as estátuas após levá-las até seu local definitivo.
- Todos os machados de pedra e as outras ferramentas de entalhar encontradas levam a crer que o trabalho não foi feito pelos nativos, mas sim que eles abandonaram até as tentativas de continuarem a entalhar outras estátuas depois da partida dos aliens.
- As cabeças encontradas no chão ficaram ali porque os nativos não puderam transportá-las e erigi-las após a partida dos aliens.

Sabemos agora que realmente havia meios de os simples mortais conseguirem transportar as estátuas, que a pedra era de lava vulcânica relativamente macia e fácil de entalhar, que os chapéus vermelhos provavelmente simbolizavam o cabelo vermelho dos nativos e que as estátuas abandonadas estavam, na verdade, a meio caminho de seus locais definitivos, mas, por alguma razão desconhecida, os moradores da ilha não conseguiram acabar de arrumar todas elas.

Os monumentos da ilha de Páscoa são artefatos arqueológicos muito antigos. A ânsia de muitos em atribuir a construção a extraterrestres é uma prova da habilidade, do empenho e do comprometimento desses antigos construtores, homens que personificaram o espírito humano visto hoje em nossos mais altos arranha-céus e nas mais longas pontes.

[1] William Shakespeare, *Macbeth*, ato II, cena 1.

[2] Dos 887 *moai* da ilha de Páscoa, 288 encontram-se em seu lugar definitivo no perímetro da ilha, 397 continuam na canteira do Rano Raraku e 92 espalhados pelos caminhos, "em trânsito". (Fonte: Nova Online.)

[3] As 887 estátuas da ilha de Páscoa ainda existem e constituem uma forte prova de sua composição, peso, altura e idade.

32

EDGAR CAYCE

(1877-1945)

HAICAI:

EDGAR CAYCE

The sleeping prophet
Cayce's trances are his tools
For the Akashic

Pois a mente é o construtor e com ela o que pensamos podem vir a ser crimes ou milagres. E os pensamentos são as coisas e, à medida que seu fluxo atravessa as imediações da experiência de uma entidade, estes se tornam barreiras ou pedras no caminho, dependendo da maneira como foram arrumados.

— Edgar Cayce[1]

Definição: Edgar Cayce foi o maior paranormal da América e era conhecido como o "profeta sonolento", por sua experiência em entrar num transe semelhante ao sono durante suas leituras. Diz-se que ele era capaz de penetrar o Registro Akáshico, o grande campo de energia que se dizia cercar o planeta, contendo a história de todas as experiências da humanidade.

O QUE OS CRENTES DIZEM: Cayce era um precognitivo extraordinário, assim como um talentoso curandeiro paranormal cujo índice de sucesso com as leituras e os diagnósticos a longa distância pôde ser visto e confirmado inúmeras vezes por observadores isentos.

O QUE OS CÉTICOS DIZEM: Não há provas de que Cayce tivesse qualquer tipo de poder paranormal. É bastante improvável que as supostas "curas" fossem decorrentes de sua intervenção ou de precognição, e não há nada que comprove isso, exceto pelos depoimentos de alguns.

QUALIDADE DAS PROVAS EXISTENTES: Excelente.

PROBABILIDADE DE O FENÔMENO SER PARANORMAL: Muito Alta.

Os dons paranormais de Edgar Cayce surgiram ainda na infância. Aos seis anos, ele contou aos pais que era capaz de conversar com parentes falecidos e anjos. Já um pouco mais velho, surpreendeu os professores ao memorizar todas as palavras de seu livro de soletrar apenas dormindo sobre ele, em vez de lê-lo. Tempos depois, Cayce contou sobre a visita de um ser angelical que lhe perguntou o que ele pretendia fazer da vida. Ele falou que esperava ser capaz de ajudar a curar os doentes, e, como resposta, o ser lhe disse que seu desejo seria atendido.

Cayce percebeu pela primeira vez que tinha sensibilidade para compreender as aflições físicas ao perder a voz enquanto trabalhava como vendedor de livros e seguros em parceria com seu pai, Leslie Cayce. Seu trabalho o obrigava a viajar, e ele já ganhava o suficiente para acalentar sonhos de casamento. Certo dia, aos 23 anos, Cayce tomou um analgésico para tratar uma dor de cabeça e, pouco depois, apareceu com um caso sério de laringite. Sua voz tornou-se pouco mais do que um sussurro, mas, a princípio, ele não ficou preocupado, pois sabia que muitas pessoas perdiam a voz por breves períodos de tempo. A voz, porém, não voltou, e, após meses de tratamento médico e consultas a especialistas sem sucesso, Cayce teve de largar o trabalho e procurar por alguma ocupação que não o obrigasse a falar.

Por fim, encontrou trabalho em sua cidade natal, Hopkinsville, no Kentucky, como fotógrafo assistente. Nessa época, ele já estava resignado a nunca mais conseguir falar normalmente, mas encontrou conforto em sua noiva, Gertrude, na família e na leitura diária da Bíblia.

Certo dia, um hipnotizador em viagem chamado Hart, o Rei Risonho, apareceu em Hopkinsville. Alguém na cidade que conhecia o trabalho de Hart com a hipnose contou-lhe da perda de voz crônica e aparentemente incurável de Cayce, e Hart propôs fazer uma experiência com Edgar. Ele concordou e foi hipnotizado por Hart. Para surpresa de todos os presentes, Cayce conseguiu falar de modo normal e claro durante a hipnose. Tão logo acordou, porém, sua voz voltou a ser um fraco sussurro. A experiência foi repetida diversas vezes e, a cada vez, a voz de Cayce desaparecia assim que ele acordava do transe hipnótico.

13 de março de 1901. Hart, o Rei Risonho, há muito tinha partido e Edgar Cayce ainda estava sem voz. Contudo, ele ainda não perdera as esperanças de recuperar a voz e insistiu com um morador da cidade com habilidades em hipnose para que o ajudasse.

Cayce entrou em transe e imediatamente começou a falar de forma normal. Ele logo identificou a perda de voz como uma "condição psicológica que produzia um efeito físico".[2] Disse então a si mesmo como curá-la: precisava aumentar o fluxo de sangue na garganta e na parte superior do tórax. Enquanto todos assistiam, o pescoço e a parte superior do tronco de Cayce adquiriram um vermelho vivo à medida que ele bombeava o sangue para as áreas afligidas.

Ao acordar, sua voz havia retornado.

Esse incidente foi o começo da vida de Edgar Cayce dedicada à "leitura" para pessoas de todos os lugares do mundo. Mesmo sem uma educação formal, tampouco treinamento médico, Cayce era capaz de identificar o que havia de errado com as pessoas e lhes dizia o que fazer para ficarem curadas. Muitas vezes, bastavam o nome e o endereço do doente. Cayce deitava-se num sofá, entrava num estado de fuga que era uma combinação de sono e transe, e em seguida respondia às perguntas que lhe eram feitas. Dizia não se lembrar do que tinha dito enquanto estava nesse "estado", e muitas vezes se admirava com as palavras que usava durante uma leitura. Sua secretária, Gladys Davis, transcrevia tudo o que ele dizia durante suas Leituras de Vida, a maioria conduzida e guiada por sua mulher, Gertrude.

Hoje em dia, todas as leituras de Cayce encontram-se guardadas na Associação para Pesquisa e Iluminação de Virginia Beach (A. R. E., em inglês), na Virgínia, e estão disponíveis em CD-ROM. Estima-se que Cayce tenha respondido a perguntas sobre mais de dez mil assuntos diferentes durante essas leituras. Seu índice de sucesso era extraordinariamente alto e excedia em muito os caprichos do acaso e da coincidência.

A fama de Cayce espalhou-se pelo mundo e ele foi investigado tanto por céticos quanto pela polícia devido a seus "conselhos médicos" e à suspeita de práticas de adivinhação. Certo escritor católico que visitou Virginia Beach na intenção de "desmascarar" Cayce acabou escrevendo uma aclamada biografia sobre ele.

E, então, Edgar Cayce era um verdadeiro paranormal? Um profeta? Um vidente? Ou teria sido apenas incrivelmente sortudo?

As evidências comprovam de modo estarrecedor que Cayce era um verdadeiro clarividente. Alguns fundamentalistas afirmam aos berros que suas leituras são obra do Diabo, alegando que ele promovia a demonologia e o ocultismo. Essa é uma postura curiosa de se assumir com relação a uma pessoa que não demonstrou outro interesse que não o de ajudar pessoas e que leu a Bíblia de cabo a rabo todos os anos de sua vida.

Para resumir, eis aqui uma passagem do artigo "A percepção extra-sensorial de Edgar Cayce: quem foi ele, o que ele disse e como tudo se tornou verdade", por Kevin J. Todeschi. Ela aparece no site da A. R. E. e é uma prova de que Cayce era exatamente o *oposto* de um corruptor da humanidade com influências demoníacas:

> No decorrer de sua vida, Edgar Cayce jamais alegou ter alguma habilidade especial, e tampouco se considerava uma espécie de profeta do século XX. As leituras nunca ofereciam

um conjunto de crenças a ser adotado, muito pelo contrário: elas focalizavam no fato de que cada pessoa devia testar na própria vida os princípios apresentados. Ainda que o próprio Cayce fosse cristão e lesse a Bíblia de cabo a rabo todos os anos, seu trabalho enfocava a importância de um estudo comparativo entre os sistemas de crenças de todo o mundo. O princípio subjacente das leituras é a unicidade da vida, a tolerância para com todos e a compaixão e a compreensão por todas as principais religiões do mundo.[3]

[1] Retirado da leitura de Edgar Cayce 906-3, citado em *Pole Shift*, de John White, p. 186.
[2] A. R. E. Website: www.arebookstore.com.
[3] Ibid.

33

ELFOS, FADAS E ANÕES

HAICAI:

ELFOS

Magical creatures
Shiny twinkle in their eye
How can they not be?

O esplendor derrama-se sobre muros de castelo
E picos nevados de história antiga:
A luz comprida tremula nos lagos
E a impetuosa catarata salta gloriosa.
Toque, corneta, toque, mande a voar os selvagens ecos,
Toque, corneta; responda, ecoe, morrendo, morrendo, morrendo.
Escute, ouça! Como é agudo e claro,
E, quanto mais agudo, mais claro, mais longe vai!
Doce e longe de penhascos e escarpas
Os chifres da Terra dos Elfos tocam suavemente![1]

Definição: Um **elfo** é um ser sobrenatural, menor do que os humanos, com poderes mágicos e muitas vezes associado aos poderes elementares da terra, do mar e da floresta; uma **fada** é um ser sobrenatural minúsculo na forma humana, quase sempre alegre (porém, tão comumente quanto, travessa) e possuidora de poderes mágicos; um **anão** é uma criatura pequena, por vezes barbuda, que em geral vive em cavernas e, algumas vezes, tende a ser vingativa e travessa.

O que os crentes dizem: Elfos, fadas, anões e outras criaturas míticas como duendes e gnomos são reais e possuem poderes mágicos. Eles dividem a Terra conosco desde tempos imemoriais e inúmeros relatos dão testemunho de suas aparições e envolvimento em assuntos humanos.

O que os céticos dizem: Elfos, fadas, anões e outras criaturas míticas são todos *faz-de-conta*. Eles não existem em lugar algum que não em contos de fadas, lendas e épicos fantásticos, como *O Senhor dos Anéis*. São fruto da imaginação e não há qualquer prova concreta de que essas criaturas tenham existido em algum lugar que não num universo fantasioso chamado *folclore*. As pessoas que alegam ter visto uma fada ou um duende *não viram* nem um nem outro. Ou estavam sonhando, alucinando, ou inventaram a história.

Qualidade das provas existentes: Fraca.

Probabilidade de o fenômeno ser paranormal: Inconclusiva.[2]

A fada dos dentes traz dinheiro ou presentes para as crianças em troca dos dentes que caíram e foram colocados sob o travesseiro. Quando eu era criança, a gente ganhava 25 centavos. Entendo que a fada tenha reajustado seu preço e que o normal agora seja pagar um dólar por dente perdido.

Os elfos ajudam Papai Noel a construir todos os brinquedos que ele leva para as crianças bem-comportadas de todo o mundo. Esses elfos são conhecidos como os ajudantes do Papai Noel, são pequenos, geralmente se vestem de verde e trabalham com afinco.

Eles devem ter uma fábrica e tanto no pólo Norte, se levarmos em consideração todos os brinquedos que as crianças encontram sob a árvore de Natal ao acordarem.

Nossa fada madrinha cuida de nós, tal qual um anjo da guarda. Não dá para deixar de imaginar se eles trabalham em regime de escala.

Os duendes, que são uma espécie de elfos, são conhecidos por fazerem travessuras com as pessoas e também por saberem onde está escondido o tesouro. Que tesouro?, você pode me perguntar. O pote de ouro no final do arco-íris! Na próxima vez que vir um, certifique-se de olhar em volta à procura de um duende. Se o vir, pergunte a ele onde está o tesouro; segundo a lenda, ele será obrigado a dizer. Você poderia se aposentar mais cedo.

Na trilogia *O Senhor dos Anéis*, de J. R. R. Tolkien, a raça élfica é imortal; os anões são mineradores famosos que construíram gigantescas e magníficas galerias e câmaras sob as montanhas. Os elfos de Tolkien parecem com os homens; seus anões são pequenos, atarracados e barbudos — mesmo as mulheres.

Esses são apenas alguns exemplos da amplitude da mitologia com relação a elfos, fadas e anões.

Eles são reais?

As lendas configuram um maravilhoso enriquecimento de nossa cultura global, de modo que ninguém consegue evitar se sentir um estraga-prazeres ao afirmar que elfos, fadas, duendes e todos os seus amigos místicos e travessos não são nada além de mera fantasia.

Gêneros inteiros de literatura fantástica têm sido criados em torno das lendas sobre elfos e seus associados. Algumas pessoas adotam nomes élficos, vestem-se especialmente para festas à fantasia e aprendem a falar a língua élfica.

Distrações idiotas, você diria?

Talvez. Mas será que algo que alimenta tão bem a necessidade humana de fantasia e coisas extravagantes deve ser considerado sem sentido e uma perda de tempo?

E aí está o poder persistente das lendas sobre criaturas míticas: ponderar sobre sua existência e viver na realidade de seu mundo expande a mente, estimula a criatividade e dá satisfação.

O poder da fantasia não pode nem deve ser banalizado ou descartado como algo tolo e imaturo.

Desse modo, sim, Virgínia, Papai Noel existe.

E Elrond vive em Rivendell, e a fada dos dentes é quem deixa o dinheiro sob o seu travesseiro.

Por acaso, a verdade não vem em várias formas e tamanhos?

1 Alfred, Lord Tennyson (1809-1892), *Song*.

2 Nesse caso, é preferível errar pela teimosia.

34

PES

HAICAI:

PES

Beyond the senses
The mysteries of our minds
Latent gifts perhaps?

Há muita coisa sobre a consciência humana que não compreendemos plenamente e ainda não podemos explicar em termos de neurobiologia... muitos aspectos do mundo natural, considerados miraculosos apenas algumas gerações atrás, são agora inteiramente compreendidos pela física e pela química...

— Carl Sagan[1]

DEFINIÇÃO: PES, a abreviatura para percepção extra-sensorial, é a comunicação ou a percepção por meios que vão além dos sentidos físicos.[2]

O QUE OS CRENTES DIZEM: Sem dúvida, os seres humanos têm habilidades que vão além dos sentidos físicos de visão, audição, tato, paladar e olfato. (Recentemente, foi publicado um livro chamado *A sensação de estar sendo observado*, um fenômeno que todos imediatamente reconhecem.) Podemos não compreender totalmente o que são essas outras habilidades, ou saber como elas funcionam, mas é óbvio que a plena capacidade dos poderes mentais ainda está por ser entendida de fato. É bem possível que existam regiões do nosso cérebro que servem como repositório de habilidades sensoriais, e que, até agora, só alguns humanos são capazes de utilizar.

O que os céticos dizem: Os seres humanos não têm habilidade alguma além dos sentidos físicos. As pessoas não podem ler a mente umas das outras, predizer o futuro, mover coisas com o pensamento ou receber mensagens dos mortos. Não existe nenhuma prova concreta da existência de poderes psíquicos. As tentativas da ciência em comprovar a existência da percepção extra-sensorial foram um fracasso total.

Qualidade das provas existentes: Muito Boa.

Probabilidade de o fenômeno ser autêntico: Bem Alta.

A existência ou não da **PES** e de todos os "loucos dons" ancilares (pirocinese, telecinesia etc.) ainda não foi definida e é uma das principais questões às quais o homem precisa responder.

Quais são os poderes da mente? O processo do pensamento não é totalmente compreendido; ainda não sabemos de verdade o que é "pensar", nem exatamente como a memória funciona. Se a PES não é real, então o que é a "intuição"? Se não temos sentido algum além dos físicos, como podemos dizer que alguém está nos observando? As pessoas dizem "sentir" quando alguém as observa. Sem dúvida, elas não estão tendo *fisicamente* essa sensação, portanto como podem "sentir" um olhar? Onde estão os receptores do cérebro que podem sentir quando alguém nos observa? Os receptores para os outros sentidos são óbvios e compreendidos: o olho para a visão, a língua para o paladar, a pele para o tato, o ouvido para a audição, o nariz para o olfato. Esses órgãos são reais e realizam uma função que nos permite interagir com o mundo físico. Ainda assim, as informações captadas apenas pela mente são, em geral, descartadas como mera coincidência.

Metade dos americanos acredita na existência da **PES**. O fato de muitos já terem experimentado algo que acreditam ser real é uma confirmação incrível. Os depoimentos não provam nada, é claro, e apesar de milhões de indivíduos alegarem terem vivido uma experiência psíquica, a maioria dos casos pode ser descartada como fraude, truque, erro humano, coincidência, auto-ilusão, credulidade e muitos outros fatores que podem levar uma pessoa a acreditar ter vivido uma experiência paranormal.

Ainda assim, da mesma forma que ocorre com os milhões de relatos sobre a aparição de OVNIs, uma pergunta precisa ser feita: será que *todos os relatos* sobre experiências psíquicas são falsos?

Todos?

Ainda que apenas um por cento dos relatos sobre fenômenos psíquicos seja verdade (e podemos usar a mesma comparação para as aparições de OVNIs), então existe algo que não compreendemos, mas que parece estar calcado na realidade, muito embora em pequena escala se comparado às alegações e aos depoimentos.

Uma pessoa razoável não pode ignorar esses casos, nem descartá-los como falsos de forma precipitada.

A *Enciclopédia católica* aborda o tema da telepatia. Sua resposta à questão "A telepatia é um fato estabelecido?" é a seguinte:

> A literatura sobre este assunto é bem extensa. Após considerarmos as provas cumulativas referentes à existência da telepatia, não há como ignorar a impressão geral de o acaso não poder ser o responsável por todas as coincidências, muito maiores do que se esperaria da proporção acaso/probabilidade... A atual impossibilidade de oferecermos uma explicação científica *não é prova de que ela não exista*. O inexplicado não pode ser considerado inexplicável, e a natureza estranha e extraordinária de um fato não é justificativa suficiente para atribuir a ele poderes sobrenaturais. [Ênfase acrescentada.][3]

J. B. Rhine passou anos investigando fenômenos paranormais na Universidade Duke durante a década de 1920 e desenvolveu as cartas Zener — cartões brancos com símbolos (quadrados, círculos, linhas onduladas, triângulos), ainda usados hoje em dia para testar habilidades extra-sensoriais.

Rhine legitimou o estudo da parapsicologia e, agora, muitas universidades apresentam programas que exploram as desconhecidas capacidades psíquicas da mente humana.

A PES e outras habilidades psíquicas são esquisitices da experiência humana que não irão desaparecer. Ao que parece, as tentativas de descartar a existência de outras habilidades humanas acabam, por fim, fracassando.

Já se considerou fisicamente impossível um homem conseguir correr um quilômetro e meio em menos de quatro minutos. Agora, após décadas de treinamento, esse recorde é batido com freqüência.

Que outras habilidades humanas, ainda consideradas impossíveis, são simplesmente dons latentes que precisam de treinamento e tempo para se desenvolverem por completo?

Essa é uma pergunta justa, e convém à verdadeira ciência tentar responder a ela.

No começo deste livro, admiti que não acredito saber tudo.

Como conseqüência, devo aceitar que também não acredito saber tudo o que *a mente humana é capaz de fazer.*

[1] *O mundo assombrado por demônios: a ciência vista como uma vela no escuro*, p. 268.

[2] Veja também os capítulos sobre adivinhação e profecia (inclusive numerologia, astrologia, tabuleiro Ouija e quiromancia), telepatia animal, canalização e escrita automática, comunicação com os mortos, visão remota, sincronismo e telecinesia.

[3] *Enciclopédia católica*, "Telepatia", on-line no site: www.newadvent.org.

35

O ROSTO EM MARTE[1]

HAICAI:

O ROSTO EM MARTE

Staring into space
Martian king, or someone else?
Are your eyes open?

Que o rosto em si também possa ter um significado esotérico ou teosófico é sem dúvida algo possível, mas isso não irá redefinir toda nossa herança gnóstica e dármica, irá apenas traduzir termos terrestres em termos interplanetários ou intergalácticos, talvez substituindo a simbologia astral por uma verdadeira geografia cósmica. Contudo, o rosto (como artefato) deve pelo menos redefinir a história exotérica e a "antropologia" de nosso planeta.

— Richard Grossinger[2]

Definição: O rosto em Marte é literalmente isso: um rosto gigantesco parecido com o de uma esfinge que olha para o espaço da região Cidônia do território marciano. O rosto foi visto pela primeira vez numa foto tirada pela sonda Viking Orbiter da Nasa em 1976. Estimou-se que ele tinha dois quilômetros e meio do topo da cabeça ao queixo, dois quilômetros de largura e aproximadamente 450 metros de altura.

O que os crentes dizem: O rosto é um monumento construído pela civilização marciana, há muito extinta. Os construtores do rosto talvez sejam também os responsáveis pelas linhas de Nazca, no Peru (veja Capítulo 56), e pelos círculos nas plantações (veja Capítulo 25).

O que os céticos dizem: O rosto nada mais é do que um truque de luz e sombra. Não é um artefato construído e as novas fotos tiradas pela Nasa provam isso de forma definitiva.

Qualidade das provas existentes: Confusa. As fotos da Nasa existem; alguns acreditam que elas foram falsificadas. Há também a suspeita de que a Nasa tenha retido algumas das fotos mais interessantes do rosto.

Probabilidade de o fenômeno ser paranormal: Inconclusiva. Será o rosto um artefato produzido por uma civilização marciana extinta? Ou será apenas uma anomalia geológica? Apesar de todas as pesquisas, do tratamento computadorizado das imagens, dos cálculos e da teorização, simplesmente não sabemos.

O rosto em Marte é um dos mais fascinantes ramos do fenômeno OVNI. Livros foram escritos, documentários produzidos a esse respeito; e as palestras sobre o rosto e outros monumentos marcianos sempre atraem multidões enormes de apaixonados.

A verdade é: *queremos* que o rosto em Marte seja real, isto é, um monumento construído e deixado para trás por uma civilização extinta. Queremos que o rosto seja mais do que simples dunas de areia com formas esquisitas causadas pela erosão do vento e pela gravidade.

Imagine o significado! Imagine ter certeza de que Marte foi um dia habitado! Imagine o que isso significaria para a humanidade!

O que nos leva à seguinte pergunta: Marte *era* habitado?

E caso tenha existido uma civilização em Marte, teriam seus habitantes alguma relação com a humanidade? Teriam eles construído o rosto e os outros monumentos, assim como se supõem que tenham feito com a esfinge e as pirâmides de Gizé?

Seremos *nós*, humanos, colonos marcianos, descendentes de uma raça que foi obrigada a fugir de seu planeta?

As primeiras imagens da mesa geológica que viria a se tornar conhecida pelo mundo como o rosto em Marte foram tiradas num domingo, em 25 de julho de 1976, pela sonda espacial Viking Orbiter 1, enquanto voava a 1.770 quilômetros acima da superfície do planeta. A foto do rosto é a Nasa Frame 35A72, e foi tirada durante a trigésima quinta órbita da Viking ao redor de Marte. O rosto está localizado no hemisfério Norte do planeta, a aproximadamente 41 graus da latitude norte e 9,5 graus da longitude oeste.

A primeira pessoa a notar o rosto foi o cientista do projeto Viking, Tobias Owen, um membro da equipe de imagens da Nasa.

Suas primeiras palavras após ver o rosto foram: "Ai, meu Deus, olhem só pra isso!"[3]

Outro cientista do projeto, Gary Soffen, foi o oficial que falou inicialmente com a imprensa a respeito do rosto. Ele disse: "Não é peculiar o que um jogo de luz e sombra pode fazer? Quando tiramos uma foto algumas horas depois, ele havia desaparecido. Era apenas uma ilusão, apenas a forma como a luz incidia sobre o lugar."[4]

Os especialistas acreditam agora que o motivo de o rosto ter "desaparecido" (segundo as palavras do porta-voz da Nasa, Gary Soffen) algumas horas após as primeiras fotos terem sido tiradas não foi por ele ser uma ilusão, mas porque a noite marciana havia caído.

Em 31 de julho de 1976, a Nasa publicou as primeiras fotos e distribuiu o seguinte *press release*:

> Essa foto é uma entre as muitas tiradas na latitude norte de Marte pela Viking Orbiter 1, enquanto procurava por um local de pouso para a Viking 2.
>
> A foto mostra um acidente geográfico causado pela erosão, semelhante a uma mesa. A gigantesca formação rochosa no

centro, a qual se parece com uma cabeça humana, é formada a partir de sombras que dão a impressão de olhos, nariz e boca. A imagem retrata uma área de um quilômetro e meio de largura (uma milha), com o sol num ângulo de aproximadamente 20 graus. Sua aparência manchada deve-se a erros de bits, enfatizados pela ampliação da foto. Ela foi tirada em 25 de julho, de uma distância de 1.873 quilômetros (1.162 milhas). A Viking 2 chegará à órbita de Marte no próximo sábado (7 de agosto), com pouso previsto para o início de setembro.[5]

Alguns dizem que o rosto em Marte assemelha-se ao da esfinge do Egito antigo, o que inevitavelmente levanta perguntas acerca da possível origem extraterrestre dos monumentos egípcios e da conexão entre os monumentos marcianos e a história da Terra.

Alguns acreditam que um terrível cataclismo em Marte destruiu toda a civilização no planeta vermelho e que o rosto e os outros monumentos foram construídos como uma advertência aos terráqueos de que podemos estar diante do mesmo tipo de destruição cataclísmica.

Após a descoberta do rosto em Marte, a região Cidônia foi declarada inadequada para ser usada como área de pouso para a Viking 2. Segundo a Nasa, ela era perigosa demais, embora a região escolhida em lugar, Utopia, também tenha sido considerada tão perigosa quanto, para não dizer mais.

Vários quilômetros a sudoeste do rosto há um conjunto de estruturas piramidais que alguns acreditam serem os componentes abandonados de uma cidade marciana projetada.

As pessoas que acreditam ser o rosto em Marte um sinal seguro de que o planeta já foi habitado apontam para várias similaridades entre Marte e a Terra, entre elas:

- O eixo de Marte possui uma inclinação de 24,935 graus em relação ao plano de sua órbita ao redor do Sol; o eixo da Terra possui uma inclinação de 23,5 graus em relação ao plano de sua órbita ao redor do Sol.
- Marte produz uma rotação completa em volta do eixo em 24 horas, 39 minutos e 36 segundos; a Terra produz uma rotação completa em 23 horas, 56 minutos e 5 segundos.

- Tanto Marte quanto a Terra manifestam uma oscilação cíclica do eixo conhecida como precessão.
- Tanto Marte quanto a Terra apresentam a mesma forma oval: os pólos achatados e os equadores salientes.
- Marte tem quatro estações; a Terra tem quatro estações.
- As calotas polares de Marte são cobertas de gelo; as calotas polares da Terra são cobertas de gelo.
- Marte possui desertos; a Terra possui desertos.
- Marte é afligido por tempestades de areia; a Terra é afligida por tempestades de areia.
- Os cientistas calcularam que a temperatura na superfície de Marte foi, durante um período de sua existência, bem semelhante à da Terra agora.

Em 1985, uma análise computadorizada das fotos do rosto feita por Mark Carlotto identificou linhas decorativas sobre os olhos que sugeriam uma coroa, dentes na boca e uma espécie de toucado listrado tipicamente egípcio, semelhante aos usados pelos faraós aqui na Terra.

Richard Hoagland, autor de *The Monuments of Mars*, fez a seguinte pergunta retórica acerca da possível existência, em Marte, de monumentos projetados, incluindo o rosto: "Que forma melhor de chamar a atenção para um lugar específico em Marte como uma área para explorações posteriores do que usando uma imagem humanóide?"[6]

Segundo cálculos astronômicos conduzidos pelo dr. Colin Pillinger, do Instituto de Pesquisa em Ciências Planetárias do Reino Unido, cerca de 100 toneladas de material marciano — na forma de meteoritos e outras rochas — chegam à Terra todos os anos.

Hoje, Marte é um planeta morto. Não há agora a menor possibilidade de que ele possa produzir vida. Sua temperatura média é de -23° Celsius e lá não existe água corrente. Em Marte, há apenas gelo. Mas, ainda assim, há indícios geológicos (descobertos em meteoritos e no solo marciano) de que houve gigantescas inundações há 600 mil anos. E, se houve inundações, então Marte teria sido capaz de abrigar água corrente, a qual, como conseqüência, seria capaz de produzir vida. Na verdade, um dos meteoritos marcianos encontrados continha uma pequena gota de água.

Outras análises geológicas da superfície marciana mostram vestígios de antigos litorais, todos bem próximos à região Cidônia e ao rosto. Na Terra, vilas e vilarejos crescem a partir da povoação das margens dos rios e lagos e ao lado do mar. Não é preciso muita imaginação para visualizar colônias marcianas povoando áreas do planeta onde antes havia água, crescendo e se desenvolvendo, e por fim construindo monumentos e outras estruturas.

A cerca de 16 quilômetros do rosto, há uma pirâmide de cinco lados hoje conhecida como a Pirâmide D&M, batizada em homenagem a seus descobridores, Vincent DiPietro e Gregory Molenaar. Outras estruturas marcianas que muitos acreditam terem sido planejadas incluem os monumentos O Forte, O Penhasco e A Cidade.

Durante sua extensa pesquisa sobre o rosto em Marte, Richard Hoagland utilizou computadores para concluir um fato impressionante. Ele descobriu que, há 330 mil anos, um observador situado no meio do conjunto de monumentos conhecido como A Cidade poderia assistir ao sol subindo da boca do rosto de Cidônia ao alvorecer durante o solstício de verão.

A Nasa insiste que todos os tão chamados "monumentos em Marte" são formações geológicas totalmente naturais. Em resposta a essa afirmação, o professor de geologia e ciência planetária do Instituto de Tecnologia da Califórnia, Arden Albee, disse: "Até o momento, não existe explicação geológica natural para as estruturas de Cidônia."[7]

Em abril de 1998, a Nasa instruiu sua última sonda, Mars Global Surveyor, a passar três vezes sobre a região Cidônia. Na primeira vez, em 5 de abril, o rosto foi registrado com uma precisão impressionante — embora a princípio a imagem não parecesse nada além de uma planície escarpada do território marciano. Após a análise computadorizada e a ampliação, ficou óbvio que a foto havia sido tirada em meio a nuvens, ficando com pouca definição. O tratamento computadorizado das imagens feito por Mark Carlotto revelou posteriormente ainda mais detalhes do rosto, inclusive as narinas.

O renomado astrônomo e ex-consultor da Nasa, dr. Tom Van Flanders, estudou as novas fotos e publicou a seguinte declaração: "Os traços humanóides da face que a princípio chamaram a atenção para essa área foram confirmados pela foto, apesar da luz fraca e do ângulo de visão ruim. Usando a habilidade de alterar as perspectivas mentais, é possível ver o objeto com clareza, sem ter de imaginar os detalhes, como uma excelente representação de um rosto esculpido. Em minha opinião, não há mais espaço para dúvidas sobre a origem artificial da raça, e, em meus 35 anos de carreira, eu nunca disse antes que 'não há espaço para dúvidas' a respeito de nada."[8]

Sobre a qualidade discutível da segunda leva de fotos feitas pela Nasa da região Cidônia, Richard Hoagland suspeitou haver algo escondido e, em 6 de abril de 1998, declarou o seguinte no programa de rádio *Art Bell*: "Será apresentada uma foto hoje à noite que, sem dúvida, corresponde, geográfica e geometricamente, ao rosto em Marte. Bom, mas não é nem de perto o tipo de foto que devíamos ter obtido. Ela está anos-luz aquém do padrão que essa câmera e essa tecnologia são capazes de nos oferecer; assim, eles estão nos apresentando o negócio, e é uma foto focalizada de modo geometricamente correto. Pois bem, a primeira parte do que eu desejava aconteceu. Agora sabemos que eles conseguem mirar. Bom, mas não há motivo para que eles não focalizem as coisas importantes, ou seja, a geometria da cidade, as pirâmides, o material numericamente testável, e é isso o que deveríamos exigir, e, ah, a propósito... tirem a tampa que cobre a lente. *Digam à imprensa para encarar a verdade!!!*"

Os especialistas em imagem resumiram as controvérsias acerca do rosto em Marte e o interminável debate a respeito do que, pelo visto, está acontecendo com o planeta vermelho: "Estamos apenas observando belas fotos. Não podemos dizer nada até irmos lá."[9]

1 Parte do material apresentado neste capítulo baseia-se na pesquisa que conduzi para meu livro *The UFO Book of Lists* (Kensington Publishing), de 1998.
2 Retirado do "Prefácio do Editor" para o livro de Richard C. Hoagland, *The Monuments of Mars: A City on the Edge of Forever.*
3 *The Monuments of Mars*, p. 4.
4 Ibid., p. 5.
5 *Press release* da Nasa.
6 *The Monuments of Mars.*
7 *The Daily Mail*, 9 de maio de 1998.
8 *The Daily Mail*, 9 de maio de 1998.
9 PhoenixNewTimes.com, 16 de janeiro de 2003.

36

CHUVA DE ANIMAIS E OBJETOS

HAICAI:
CHUVAS

Raining oddities
Falling from the sky like rain
But it is not rain

Na quarta-feira anterior à Páscoa, no ano de 1666, um campo de pastoreio com cerca de dois acres em Cranstead, próximo a Wrotham, no condado de Kent — que fica longe do mar e de qualquer braço de água, e é um lugar onde não há nenhum lago de peixes, mas que na verdade apresenta uma escassez de água —, ficou coberto de pequenos peixinhos, os quais imagina-se que tenham despencado do céu juntamente com uma enorme tempestade de chuva e trovões que ocorreu na época; os peixes eram mais ou menos do tamanho do dedo mindinho de um homem e, a julgar pelo que todos viram, tratava-se de jovens badejos...

— Dr. Robert Conny[1]

Definição: Essas chuvas anômalas referem-se a quedas repentinas e por vezes prolongadas de animais, gelo e objetos inanimados, algo aparentemente contrário ao funcionamento normal da natureza.

O que os crentes dizem: Essas chuvas estranhas têm origem sobrenatural e deveriam ser consideradas um sinal de algum tipo. A teoria de "ser pego por um redemoinho de vento" não explica como algumas chuvas consistem apenas de uma espécie de animal ou peixe. Essas quedas estranhas são um tipo de mensagem e a ciência tradicional não pode explicá-las.

O que os céticos dizem: Essas chuvas são qualquer coisa, menos algo sobrenatural, e podem ser explicadas cientificamente. A explicação mais provável é a de que os objetos e animais são capturados em meio a terríveis tempestades de vento e depois soltos a uma certa distância do lugar onde estavam.

Qualidade das provas existentes: Excelente.[2]

Probabilidade de o fenômeno ser paranormal: Bem Alta.[3]

No conto de 1989 de Stephen King, "Rainy Season", rãs assassinas e carnívoras, com dentes serrilhados, caem do céu a cada sete anos sobre a pequena cidade de Willow, no Maine, especificamente em 17 de junho.[4] Nesse dia, infelizes e inadvertidos turistas em visita a Willow são avisados pelos moradores locais a não ficarem, mas ignoram o aviso e acabam sendo comidos pelas rãs assassinas. Uma vez recebido o sacrifício, as rãs derretem sob o sol da manhã e os cidadãos de Willow são premiados com mais sete anos de paz.

A história é um suspense divertido e exagerado, mas sua premissa básica — uma chuva esquisita de rãs — é firmemente fundamentada na realidade.

Sim, animais e objetos caem do céu sobre nosso planeta, e há inúmeros relatos que simplesmente não podem ser explicados de forma racional.

O que já caiu do céu? A lista a seguir foi resumida a partir de várias fontes. Muitas dessas chuvas não foram explicadas satisfatoriamente.

- Algas
- Jacarés
- Formigas
- Cabeças de martelos
- Sacos de biscoitos
- Moedas dobradas
- Chuva negra
- Neve negra
- Sangue
- Tijolos
- Peixes (manjubinha, robalo, savelha, pescado, linguado, peixe-gato e arenque)
- Sapos
- Vidro
- Bolas de golfe
- Grãos
- Limo verde
- Avelãs
- Caranguejos
- Gelo (pedras pequenas a gigantescas, pedaços de meia tonelada)
- Insetos
- Medusas
- Lemingues
- Líquen
- Pedras calcárias
- Lagartos
- Camundongos
- Munição de chumbo
- Canários
- Balas de canhão
- Lagartas
- Gatos e gatinhos
- Cruzes
- Cachorros
- Patos (zarro, zarro-americano e zarro-bastardo)
- Enguias
- Conchas de ostras
- Cédulas de dinheiro
- Caramujos do mar
- Pedaços do corpo (rim, fígado e coração)
- Plantas
- Ratos
- Chuva vermelha
- Sementes de olaia
- Pedras (cascalho a pedras do tamanho de uma bola de beisebol)
- Salamandras
- Areia
- Besouros
- Cobras
- Aranhas
- Palha
- Enxofre ("chuvas de fogo")
- Rãs

- Macacos
- Ovos de mariposa
- Mexilhões
- Pregos
- Porcas e parafusos
- Tartarugas
- Pica-paus
- Minhocas
- Chuva amarela
- Zinco

Quantas teorias não foram levantadas numa tentativa de explicar esses relatos de chuvas misteriosas?

Plínio, estudioso e naturalista romano, acreditava que os seres vivos que caíam do céu eram gerados de modo espontâneo pelas chuvas. (Até o século XVII, era comum as pessoas acreditarem em geração espontânea.) Hoje em dia, sabemos o suficiente acerca da teoria celular e da partenogênese para descartar essa explicação.

Fenômenos estranhos ligados ao tempo podem explicar muitas dessas ocorrências bizarras. Redemoinhos de vento, trombas-d'água, tornados, tempestades de vento, furacões etc. são famosos por capturarem coisas do chão, carregá-las por certa distância e depois soltá-las sem cerimônia, às vezes sobre pessoas desavisadas que estão no lugar errado, na hora errada. Já caíram caixões do céu, assim como todo tipo de utensílios domésticos, inclusive ferramentas, roupas e relógios.

Ainda assim, há relatos de chuvas estranhas que não podem ser explicadas por essa teoria dos tornados pegando coisas num lugar e depois as soltando em outro. Por exemplo, em maio de 1981, sapos típicos da África do Norte caíram sobre a Grécia. Será que um tornado ou um redemoinho de vento de alguma espécie pegou os sapos no Egito, na Líbia ou na Argélia, carregou-os através do mar Mediterrâneo e depois os soltou sobre a Grécia? Teria sido essa multidão de criaturas carregada em massa por quase 500 quilômetros de mar aberto?

Além disso, como as teorias de "tempo esquisito" explicam a natureza seletiva dos animais e das coisas que caem? Não é incomum encontrarmos milhares de peixes ou sapos da *mesma espécie* caindo sobre um local.

E quanto a uma explicação extraterrestre?

Segundo Charles Fort, essas chuvas anômalas eram oriundas de colisões extraterrestres, interestelares (muito embora ele não estivesse falando sério na época). Será que os OVNIs despejam toda sorte de detritos e criaturas ao deixarem nossa atmosfera? Será que os alienígenas coletam milhares de sapos e depois os soltam sem a menor cerimônia onde bem lhes aprouver?

E quanto aos cometas e meteoros?

Talvez estes possam explicar algumas das chuvas de partículas metálicas ou mesmo de gelo, mas, repetindo, existem chuvas por demais bizarras para uma explicação tão simples. Algumas pedras de gelo que caem do céu foram posteriormente definidas como resultado das descargas dos banheiros de aviões. Mas e quanto aos pedaços pontiagudos de gelo de quase dois metros de comprimento que despencam do céu, destruindo telhados e, como aconteceu certa vez, chegando a matar um alemão que estava trabalhando num telhado?

Existem algumas ocorrências estranhas neste nosso planeta, e alguns desses casos parecem retirados... ah, de uma história de Stephen King.

[1] Retirado de uma carta ao dr. Robert Plot, publicada em 1698 no periódico da Sociedade Real Britânica, *Philosophical Transactions*.

[2] Nesse caso, usamos "Excelente" na avaliação da qualidade das provas físicas por haver muitos registros sobre chuvas estranhas.

[3] Nesse caso, estamos dizendo que há uma probabilidade bem alta de que esses fenômenos sejam *reais*; isto é, eles sem dúvida acontecem. O fato de algumas dessas chuvas não poderem ser cientificamente explicadas, ainda que não tenham uma gênese paranormal, faz com que a resposta definitiva com relação a essas chuvas anômalas seja: não sabemos.

[4] A literatura histórica é repleta de histórias de sapos e rãs caindo do céu. Uma chuva de rãs caiu sobre Toulouse, na França, em agosto de 1804, e *dezenas de milhares* de rãs caíram em Brignoles, também na França, em 23 de setembro de 1973. Choveram sapos sobre Kansas City, no Missouri, em 12 de julho de 1873. Choveram rãs sobre Londres em julho de 1838 e depois em 1921. Também em 1921, sapos caíram sobre a fazenda de Anton Wagner, em Stirling, Connecticut, em 31 de julho. Pequenos sapos quase brancos caíram sobre Birmingham, na Inglaterra, em 30 de junho de 1892. Houve uma chuva de rãs em Chalon-sur-Saône, na França, em 1922. Não se sabe se alguma dessas histórias proporcionou a Stephen King a inspiração para "Rainy Season".

37

IMUNIDADE AO FOGO E ANDAR SOBRE O FOGO

HAICAI:

ANDAR SOBRE O FOGO

Hot glowing embers
Bare feet standing on the grass
Until the first step

Porventura pode alguém esconder fogo em seu seio sem que suas vestes se inflamem?
Pode caminhar sobre brasas sem que seus pés se queimem?

— Provérbios 6:27-28

O fogo sempre foi e, ao que parece, continuará sendo o mais terrível dos elementos. Para as tribos primitivas, ele também devia ser o mais misterioso, pois, enquanto a terra, o ar e a água estavam sempre em evidência, o fogo surgia e desaparecia de uma maneira tal que para eles seria considerada inexplicável.

— Harry Houdini[1]

DEFINIÇÃO: A imunidade ao fogo e o andar sobre o fogo, embora relacionados, são duas coisas diferentes. A **imunidade ao fogo** é a (aparentemente impossível) habilidade de certos indivíduos de saírem incólumes do fogo. Eles o seguram, colocam-no na boca, põem o rosto e as mãos nele sem se machucarem. O **andar sobre o fogo** é a prática deliberada de caminhar com os pés descalços sobre brasas — ardendo em temperaturas que chegam a 815° Celsius.

O QUE OS CRENTES DIZEM: O andar sobre o fogo é um ritual espiritual transcendental (no mesmo sentido que a "percepção paranormal"). Para muitas pessoas (embora não para todas), a preparação para a cerimônia e a caminhada em si demandam uma habilidade paranormal. É uma experiência que traz conseqüências para o resto da vida na medida em que ensina as pessoas a encararem e eliminarem o medo de sua vida.

O QUE OS CÉTICOS DIZEM: Andar sobre o fogo é uma habilidade que se pode aprender. Embora possa ser perigosa, em geral não é e não há nada de sobrenatural ou paranormal nisso.

QUALIDADE DAS PROVAS EXISTENTES: Excelente.[2]

PROBABILIDADE DE O FENÔMENO SER PARANORMAL: Fraca.

Em Fiji, os praticantes são proibidos de ter relações sexuais ou comer cocos por duas semanas antes de caminharem sobre brasas. Além disso, um fijiano fica proibido de praticar a caminhada se sua mulher estiver grávida.

No Sri Lanka, os praticantes têm de rezar, jejuar, meditar, entoar cânticos, tomar vários banhos e se abster de sexo antes de caminharem sobre as brasas.

Nos Estados Unidos, a prática de andar sobre o fogo evoluiu para um ritual de união corporativa, hoje em dia praticado regularmente em seminários e retiros, na intenção de infundir confiança em seus empregados e uni-los, uma vez que eles literalmente "caminharam sobre o fogo" juntos. Espera-se que tudo isso resulte numa maior produtividade e lealdade para com a empresa.[3]

Estes são exemplos de algumas das preparações ritualísticas ligadas ao ato de caminhar sobre o carvão em brasa, e elas ilustram a crença comumente difundida de que essa prática é uma experiência transcendental; ela é edificante, enriquecedora e fortalecedora; permite que as pessoas saibam como encarar seus medos, fazendo as mudanças necessárias em sua vida para eliminarem a indecisão e a dúvida.

Será o caminhar sobre o fogo uma experiência transcendental? Será que isso demanda habilidades paranormais que talvez estejam latentes em todos nós? Será que a mente de alguma forma altera a essência dos pés da pessoa de modo que os carvões em brasa não as machuquem?

Sabemos agora que a resposta a essas questões é *não*. Mas esse não é o fim da discussão. Praticantes experientes afirmam entrar num estado próximo ao transe durante a caminhada. Usando uma disciplina semelhante à da auto-hipnose, eles elevam sua tolerância à dor, mantêm o coração e a pressão arterial num ritmo lento, eliminam os pensamentos dispersivos e se concentram apenas em colocar um pé na frente do outro e em chegar ao final do percurso em brasa. Pessoas que já fizeram isso várias vezes dizem que só se queimaram quando perderam a concentração. O pesquisador da consciência John White descreve o estado mental experimentado durante sua primeira travessia sobre o fogo:

> Minha mente estava zen: livre de pensamentos e conversas mentais, claramente focada nos aspectos físicos da situação, observando sem comentar, dando os passos sem medo. Devido aos anos em que passei pesquisando a consciência, posso dizer que não estava em transe nem nada parecido. Ninguém mais relatou ter entrado em transe, pelo menos até onde ouvi dizer. Embora meu estado de consciência estivesse alterado, era apenas uma imaculada clareza mental, apoiada pela disposição — uma atitude mental positiva — de fluir com a experiência, não importando o quê.[4]

Então, será que essas pessoas recorrem a poderes paranormais? Afinal de contas, elas usam poderes mentais que não se manifestam na maioria das pessoas em seu dia-a-dia. Quase todo mundo sente dor ao se machucar e o coração e a pressão arterial aceleram quando ficam estressados ou são ameaçados. Os praticantes do andar sobre o fogo são capazes de transcender (aí está a palavra de novo) essas respostas físicas e caminhar sobre brasas incandescentes quentes o suficiente para derreter o bloco do motor de alumínio de um carro.

Assim, responder se caminhar sobre o fogo é uma habilidade paranormal ou não requer uma interpretação subjetiva sobre a origem das habilidades psíquicas elevadas.

Será que eles simplesmente acreditam que são capazes de fazer isso? A ciência diz que sim; há inúmeras pesquisas explicando como os iogues que conseguem controlar a temperatura corporal, a respiração e a pulsação fazem isso.

A ciência explica com precisão o que acontece com o corpo e conclui, portanto, que, se uma pessoa consegue fazer isso, todas as outras, em tese, também podem, muito embora, como qualquer habilidade aprendida, seja preciso tempo e esforço.

Os mais espiritualizados, porém, rejeitam a simples avaliação empírica dessas habilidades, e muitos alegam recorrer a um poder maior para agir assim. As orações de religiosos e seculares são, em geral, os motores operantes para a entrada nesse estado necessário à caminhada sobre brasas. Eles, ardentemente, creditam à fé o fato de poderem alcançar seus objetivos, dizendo que ela é a razão de os *alcançarem*.

Fé.

Só que a madeira usada na caminhada sobre o fogo é um mau condutor de calor.

E os pés dos praticantes quase não encostam nas brasas ardentes.

E o percurso é bastante irregular, o que significa que apenas uma pequena área do pé faz contato real com as brasas.

Mas…

As explicações científicas para a imunidade que os praticantes manifestam ao caminharem sobre o fogo são todas verdadeiras. Ainda assim, incontáveis culturas ao redor do mundo vêm praticando isso há séculos, e essa prática é sempre vista como um ritual religioso.

Um ritual *religioso*. Não um truque projetado para entreter e surpreender a audiência.

Basta acreditar para fazê-lo?

Sem dúvida.

O mistério, porém, está na fonte do poder que permite ao praticante controlar sua mente de modo a conseguir ignorar o calor.

Repetindo, tal como vimos com vários dos fenômenos apresentados neste livro, a resposta verdadeira com relação à realidade do andar sobre o fogo resume-se à *fé*.

PÓS-ESCRITO

A verdadeira imunidade ao fogo é muito rara e, em geral, há alguma espécie de bizarra explicação psicológica para aqueles que conseguem agüentar o fogo com aparente impunidade. Mas há também inúmeras formas de forjar essa imunidade, e muitos dos depoimentos feitos no decorrer dos anos são provavelmente falsos.

[1] *The Miracle Mongers and Their Methods.*

[2] A literatura está repleta de estudos científicos que provam que um ato aparentemente impossível (caminhar sobre brasas sem se queimar) pode ser explicado e compreendido; isso nada mais é do que algo que ocorre em função da condutividade do calor e da rapidez com que a pessoa anda sobre a brasa.

[3] Infelizmente, objetivos tão elevados nem sempre se realizam. Alguns funcionários do Kentucky Fried Chicken e do Burger King tiveram queimaduras sérias nos pés ao caminharem sobre o fogo durante um retiro corporativo.

[4] *The Meeting of Science and Spirit*, pp. 52-3.

38

A TERRA É PLANA

HAICAI:
A TERRA É PLANA
A flat disk in space
Wanderers beware the edge
Into what you fall?

Os fatos são simples, a Terra é plana. Não é possível orbitar em torno de uma Terra plana... O Ônibus Espacial é uma piada — e uma piada absurda. Ninguém conhece a verdadeira forma do mundo... O mundo conhecido e habitado é plano. À guisa de palpite, eu diria que a cúpula do céu fica a quase 6.500 quilômetros de distância, e as estrelas ficam tão longe quanto São Francisco de Boston. Onde quer que encontremos pessoas com um grande reservatório de senso comum, veremos que elas não acreditam em coisas idiotas como a Terra girar ao redor do Sol. Pessoas razoáveis, inteligentes, sempre reconhecem que a Terra é plana.

— Charles K. Johnson[1]

Definição: Os defensores, *flat earthers*, acreditam que o planeta Terra é um disco plano flutuando no espaço e que é possível cair de suas beiradas.

O que os crentes dizem: A Terra é plana.

O que os céticos dizem: Não seja ridículo. A Terra é redonda.

Qualidade das provas existentes: Desprezível.

Probabilidade de o fenômeno ser paranormal: Nenhuma.

Há alguns defensores do conceito de terra plana que *não* acreditam que o mundo seja plano. Eles usam sua renúncia à ciência comprovada e aceita como um tipo de protesto "furioso contra o sistema", contra a aceitação universal daquilo que as estruturas reguladoras de uma sociedade apresentam como fato. O governo, as instituições educacionais, a miscelânea de esforços científicos — são todos objetos de zombaria para esses simbólicos e "do contra" *flat earthers*.

Contudo, existem defensores *verdadeiros*, camaradas que ainda se agarram à crença de que a Terra é um disco, e não um globo. O defensor mais notável dessa teoria foi o falecido Charles K. Johnson, fundador da International Flat Earth Research Society.

Retirado do livreto da IFERS:

> Objetivo: observar com cuidado, pensar de modo livre, redescobrir fatos esquecidos e opor-se a hipóteses teóricas dogmáticas. Ajudar a estabelecer os Estados Unidos... do mundo nesta Terra plana. Substituir a ciência religiosa... pela SANIDADE.
>
> A International Flat Earth Society é a sociedade mais antiga ainda em existência no mundo de hoje. Ela começou com a criação da Criação. Primeiro a água... o semblante das profundezas... sem forma nem limites... apenas água. Depois a terra, acima e embaixo d'água, e a água, tal como agora, plana e nivelada, conforme sua natureza. Há, é claro, montanhas e vales na terra, mas, visto que a maior parte do mundo é composta de

> água, podemos dizer: "O mundo é plano." Os registros históricos e a cultura oral nos dizem que a parte de terra talvez tenha sido quadrada durante um período, uma massa única, sendo então, tal como agora, o norte magnético o centro: grandes eventos cataclísmicos e terremotos sem dúvida separaram a terra, dividindo-a nos continentes e ilhas que vemos hoje. Uma coisa sabemos ao certo a respeito deste mundo... o mundo conhecido e habitado é plano, nivelado. O fato de a Terra ser plana não é apenas minha opinião, é um fato comprovado. Também ficou demonstrado que o Sol e a Lua estão a uma distância aproximada de 4.800 quilômetros, e a 50 quilômetros um do outro. Os planetas são "mínimos". O Sol e a Lua se movem; a Terra NÃO se move, nem gira, roda ou dá voltas. Os australianos NÃO estão pendurados pelos pés sob o mundo... isso é um FATO, não uma teoria!

Tão monty pythonesco quanto a leitura deste trecho é dizer que Charles Johnson escreveu isso com absoluta seriedade, assim como tratou sua crença com absoluta seriedade durante sua gestão como presidente da IFERS.

Johnson foi a vanguarda da filosofia da Terra plana, e era o maior defensor do inconsistente paradoxo defendido pelos sérios partidários da teoria: os *flat earthers*, ao rejeitarem a ciência como farsa, citam passagens da Bíblia como prova irrefutável de que a Terra é plana e, ainda assim, recorrem a confusos argumentos pseudocientíficos para provar seu ponto de vista.[2]

Isaías 11:12 é muitas vezes citado como uma passagem-chave de apoio à teoria de Johnson:

> Levantará o seu estandarte entre as nações, reunirá os exilados de Israel e recolherá os dispersos de Judá dos quatro cantos da Terra.

Como pode um planeta esférico ter quatro cantos?, perguntam os *flat earthers*. E visto que, para eles, a interpretação literal da Bíblia é, sem dúvida, um axioma, a passagem representa a confirmação de Deus de que a Terra é plana.

Os *flat earthers* também citam Ezequiel 7:2: "Filho do homem, oráculo do Senhor à terra de Israel: Eis o fim. O fim vem para todos os quatro cantos da Terra"; e o Apocalipse 7:1: "Depois disso, vi quatro anjos que se conservavam em pé nos quatro cantos da Terra, para que nenhum vento soprasse sobre a terra, sobre o mar ou sobre árvore alguma." Há várias outras referências na Bíblia dizendo que a Terra possui quatro cantos, e os *flat earthers* apontam para elas com satisfação por não precisarem defender seu ponto de vista, uma vez que Deus já fez isso por eles.[3]

Mas e quanto à ciência, às fotos de satélites, à viagem espacial, aos pousos na Lua, ao mapeamento computadorizado e ao telescópio Hubble?

Tudo mentira!

A Nasa, o governo dos Estados Unidos e muitos outros governos das demais nações ao redor do mundo participam juntos da farsa, e o pessoal nos cargos mais altos conhece a verdade há décadas: a Terra não é um globo, ela não gira e a viagem espacial nunca foi realizada com sucesso.

Pensando melhor, Monty Python nunca foi tão ridículo.

[1] Retirado de "The Flat-out Truth: Earth Orbits? Moon Landings? A Fraud! Says This Prophet", por Robert J. Schadewald, *Science Digest*, julho de 1980. O artigo pode ser encontrado no site www.lhup.edu/~dsimanek/fe-scidi.htm.

[2] No site www.geocities.com/lclane2/hundreda.html, você poderá encontrar uma cópia do panfleto de setembro de 1889, "A Hundred Proofs the Earth is Not a Globe", de William Carpenter, o qual apresenta as provas "científicas" mais comuns do caráter plano da Terra.

[3] Veja www.ethicalatheist.com/docs/flat_earth_myth_ch5.html para uma cronologia detalhada das crenças dos *flat earthers* no decorrer de sete mil anos de história.

39

FANTASMAS, *POLTERGEISTS*, LUGARES ASSOMBRADOS E APARIÇÕES

HAICAI:

FANTASMAS

Spectral forms appear
Transparent shapes of shades
From the realm of death

Que fantasma acenando, seguindo a sombra do luar,
Convida os meus passos e aponta para uma longínqua clareira?
— Alexander Pope[1]

DEFINIÇÃO: Um **fantasma** ou um ***poltergeist*** é o espírito de uma pessoa morta; um **lugar assombrado** é um local freqüentado por fantasmas; uma **aparição** é a imagem visual de um fantasma vista pelos mortais habitantes da Terra.

O QUE OS CRENTES DIZEM: Fantasmas são reais e estão em todos os lugares. As pessoas os vêem há éons e é bem improvável que *todos os relatos* sejam falsos.

O QUE OS CÉTICOS DIZEM: Fantasmas não existem.

QUALIDADE DAS PROVAS EXISTENTES: Muito Boa.

PROBABILIDADE DE O FENÔMENO SER PARANORMAL: Alta.

O VISITANTE NOTURNO

— Perdoe-nos por acordá-lo, senhor, mas viemos por causa de um assunto muito importante.

O velho, de pijama, encarou os dois jovens que haviam batido à sua porta no meio da noite.

— Quem são vocês? — perguntou ele, com um misto de irritação e medo na voz.

— Sou Jacopo Alighieri, filho do poeta Dante. Este é meu amigo.

O rosto do homem abrandou à menção do nome do grande poeta.

— Ah, *signore* Alighieri. Meus pêsames pela perda de seu pai. Sempre considerei uma honra viver na casa onde ele passou tantos anos.

— Obrigado, senhor — respondeu Jacopo, de modo respeitoso. — É por esta ter sido a casa de meu pai que viemos visitá-lo agora à noite.

— Entrem, entrem.

Os dois rapazes entraram na casa, e Jacopo então contou ao homem sobre seu sonho:

— Meu bom senhor, meu pai, Dante, apareceu para mim em meus sonhos hoje. Ele estava vestido de branco e seu rosto brilhava com uma luz resplandecente. Perguntei-lhe se estava vivo, e ele respondeu: "Estou, mas vivo uma vida verdadeira, não como a sua."

O homem permaneceu em silêncio, uma expressão de assombro estampada no rosto.

— Perguntei-lhe então se tinha completado toda a sua obra antes de passar para a vida verdadeira, e ele me disse: "Sim, terminei." Em seguida, perguntei o que havia acontecido com os últimos 13 cantos de sua *Divina Comédia*, os quais estão faltando no manuscrito.

O homem anuiu. A *Comédia* de Dante era bem conhecida.

— Meu pai então me pegou pela mão e viemos até o quarto onde ele dormia aqui nesta casa. Isso mesmo, meu bom senhor, estive aqui hoje à noite, embora não da forma como o senhor está me vendo agora.

O homem engasgou, mas não disse nada.

— Meu pai tocou uma das paredes do quarto e me disse: "O que procuras com tanto afinco está aqui." Em seguida, acordei. Liguei para meu amigo e, bom, aqui estamos.

O homem permaneceu em silêncio por um momento e depois falou:

— Você quer ir até o quarto.

Jacopo fez que sim e o homem o guiou até o quarto principal.

Jacopo seguiu direto até a parede que seu pai havia tocado e encontrou um tapete pendurado. Levantou o tapete. O dono da casa levou a mão ao peito e fez o sinal-da-cruz.

— Meu Deus! — exclamou, baixinho. Sem dúvida, ele não sabia da existência do compartimento secreto. Jacopo enfiou a mão e puxou uma pilha de folhas, as quais percebeu imediatamente serem os cantos perdidos.

Graças ao fantasma de Dante, *A Divina Comédia* agora estava completa.[2]

A crença em fantasmas é tão antiga quanto a noção de que o homem tem uma consciência bicameral.

É provável que os primitivos habitantes das cavernas imaginassem os espíritos de seus familiares falecidos observando-os da escuridão.

Pessoas de todas as culturas da Terra tentam se comunicar com os mortos; alguns cientistas veneram os espíritos de seus ancestrais, rezam para eles e lhes pedem ajuda.

Fantasmas são reais?

Os espíritos dos mortos visitam nosso universo terreno?

Existem lugares assombrados?

Se os fantasmas não são reais, então como podemos explicar os registros de atividade *poltergeist*, como cadeiras voando pela sala, quadros girando nas paredes e pratos caindo no chão sem que ninguém tenha encostado neles?

Como podemos explicar as fotos de fantasma restantes após descartarmos as falsificações, os erros de câmera e os fenômenos naturais?

As aparições de fantasmas são semelhantes às dos OVNIs. Muitas pessoas os vêem, seria abusar da boa vontade crer que 100 por cento delas estão erradas.

O que são os fantasmas e por que eles insistem em permanecer aqui na Terra?

Há várias teorias sobre a natureza e o propósito dos fantasmas. Alguns permanecem na Terra e fazem contatos com os vivos a fim de avisá-los sobre algum perigo. Outros ficam por aqui porque foram assassinados de forma repentina e seus eus astrais ainda não tiveram tempo de assimilar a transição deste plano de vida terreno para o universo dos mortos. Em essência, esses fantasmas precisam receber permissão para se livrarem de seus apegos terrenos e seguirem em frente.

Alguns fantasmas são maléficos e tentam deliberadamente machucar ou assustar os vivos até deixá-los de cabelo em pé. Alguns desses seres se manifestam através da atividade *poltergeist*. Eles jogam cadeiras, giram quadros, fazem sangue pingar do teto e criam outras ocorrências inquietantes, mas não permitem que os vejamos.

Existe uma pequena sobreposição entre os conceitos de possessão demoníaca e de infestação fantasmagórica. A maior diferença é que os fantasmas em geral apresentam uma aparência semelhante à que tinham em vida. Os demônios são mais maléficos e normalmente não utilizam uma aparência humana ao surgirem na frente das pessoas.

Nunca vi um fantasma. Já vi um OVNI e algo que acredito ser um autêntico círculo numa plantação, mas nunca um visitante espectral. Stephen King admitiu certa vez ter visto o fantasma de um velho no quarto de uma casa que acabara de visitar, ao entrar para pegar seu casaco e o da esposa.

Hoje em dia, há inúmeros livros detalhando a localização de lugares assombrados ao redor do mundo.

Nada disso significa coisa alguma para os céticos. A crença em fantasmas é totalmente rejeitada como nada além de um pensamento delirante.

Suponho que essas pessoas encontrem conforto na crença de que estão 100 por cento certas — de que sabem com absoluta certeza tudo o que existe e não existe.

Saber tudo o que há para saber e ser capaz de dizer aos outros por que eles estão errados é um feito e tanto, não acha?

[1] *Elegy to the Memory of an Unfortunate Lady* (1717), 1.1.

[2] Retirado do depoimento contido em *Vida de Dante*, de Giovanni Boccaccio.

40

A TERRA É OCA[1]

HAICAI:

A TERRA É OCA

Hollow shell in space
Floating ball of emptiness
Secrets lie within?

Tenho a intenção de apresentar provas científicas que comprovem que a Terra, em vez de ser uma esfera sólida com o centro ardente de metal derretido, como todos supõem, é, na verdade, oca, com aberturas nos pólos. Além disso, em seu interior existe uma civilização avançada, responsável pela criação dos discos voadores.

— Dr. Raymond Bernard[2]

DEFINIÇÃO: Segundo a crença, o planeta Terra é uma esfera oca e seu interior é cheio de câmaras, túneis e galerias, como uma colméia; além disso, ele possui sua própria atmosfera, ecossistema e vegetação. Alguns defensores, os *hollow earthers*, também acreditam que o interior do planeta é povoado por seres que talvez sejam os responsáveis por todas as aparições de OVNIs aqui na Terra.

O QUE OS CRENTES DIZEM: Há um mundo dentro do nosso mundo.

O QUE OS CÉTICOS DIZEM: Bobagem. A Terra não é oca e apenas sua superfície é habitada.

QUALIDADE DAS PROVAS EXISTENTES: Desprezível.

PROBABILIDADE DE O FENÔMENO SER PARANORMAL: Nenhuma.

A edição de agosto de 2002 da revista *Discover* publicou um artigo sobre a possibilidade de existir uma fonte de energia nuclear natural — uma gigantesca mina subterrânea de urânio sólido — no centro da Terra, a quase 6.500 quilômetros abaixo da superfície.

É provavelmente seguro apostar que os *hollow earthers* não tenham ficado satisfeitos com esse artigo e que tenham rejeitado totalmente a tese.

A Terra é, afinal de contas, oca, então como pode haver um centro sólido num espaço vazio?

A teoria da Terra oca é uma das mais extravagantes da ufologia.

Segundo ela, a Terra é, na verdade, uma esfera oca e dentro deste gigantesco globo existem rios, montanhas, florestas e, o mais importante, civilizações inteligentes — "super-raças" —, responsáveis por muitas das aparições dos OVNIs vistos nos céus de nosso planeta.

Da mesma forma que com outras teorias marginais ligadas à ufologia, como a do Pé-grande, entre outros, existem também "especialistas" nesse assunto. Um dos mais notáveis é o supracitado dr. Raymond Bernard (pseudônimo de Walter Siegmeister), autor de uma das obras mais importantes.

A ciência já provou que o centro da Terra é liquefeito e que não pode haver vida *dentro* do planeta. Ainda assim, os *hollow earthers* citam uma pletora de "provas" contrárias a essa descoberta. Eles acreditam do fundo do coração que os governos do mundo sabem a verdade e que as "descobertas científicas" a respeito do centro liquefeito da Terra nada mais são do que falsas informações apresentadas intencionalmente pelas autoridades.

Eis aqui dois trechos — os 13 princípios — detalhando as especificidades dessa teoria bizarra. Essa lista foi retirada do livro do dr. Bernard e recebeu o seguinte título: "O que Este Livro Busca Provar."

1. A Terra é oca, e não uma esfera sólida como geralmente se supõe, e seu oco interior comunica-se com a superfície através de uma abertura nos pólos.
2. As observações e descobertas do contra-almirante Richard E. Byrd, da Marinha dos Estados Unidos, o primeiro a entrar nas aberturas polares, o que fez percorrendo uma distância total de 6.500 quilômetros no Ártico e na Antártica, confirmam a exatidão de nossa teoria revolucionária sobre a estrutura da Terra, assim como o fazem as observações de outros exploradores que estiveram no Ártico.
3. Segundo nossa teoria geográfica de que os pólos da Terra, onde estão as aberturas para seu oco interior, são côncavos, e não convexos, podemos dizer que os pólos Norte e Sul nunca foram alcançados porque não existem.
4. A exploração do desconhecido Novo Mundo que existe no interior da Terra é muito mais importante do que a exploração do espaço sideral, e as expedições aéreas do almirante Byrd mostram o quanto ainda precisa ser explorado.
5. A nação que alcançar primeiro este Novo Mundo existente no interior oco da Terra — o qual possui uma área maior do que a superfície do planeta —, o que pode ser feito reconstituindo os vôos do almirante Byrd para além dos hipotéticos pólos Norte e Sul até as aberturas polares no Ártico e na Antártica, irá se tornar a mais poderosa do mundo.

6. Não há motivo algum para que o interior oco da Terra, o qual tem um clima mais quente que o da superfície, não abrigue plantas, animais e vida humana; assim, é bem possível que os misteriosos discos voadores sejam produtos de uma civilização avançada residente no interior da Terra.
7. Caso ocorra uma guerra nuclear no mundo, o interior oco da Terra proporcionará a continuidade da vida humana depois que as partículas radioativas exterminarem com toda a vida na superfície, e poderá servir como um refúgio ideal para a evacuação dos sobreviventes da catástrofe, de modo que a raça humana não seja destruída por completo, mas possa sobreviver.

Após anunciar suas intenções nesses sete itens, o dr. Bernard continua fornecendo provas para suas teorias, usando fatos e hipóteses científicas, escritos antigos e fotografias da Nasa. Ele conclui seu livro resumindo sua teoria em seis pontos:

1. Os pólos Norte e Sul não existem. No lugar onde eles supostamente se localizam, há, na verdade, amplas aberturas que conduzem ao interior oco da Terra.
2. Os discos voadores saem do interior oco da Terra por essas aberturas polares.
3. O interior oco da Terra, aquecido por um Sol no meio (a fonte da aurora boreal), possui um clima subtropical ideal, cerca de 24° Celsius, nem muito quente nem muito frio.
4. Os exploradores do Ártico perceberam que a temperatura subia à medida que seguiam para o norte; eles encontraram outros mares abertos; encontraram animais viajando para o norte no inverno, em busca de comida e calor, em vez de seguirem rumo ao sul; perceberam que a agulha da bússola assumia uma posição vertical em vez de horizontal e girava de forma bastante incomum; quanto mais ao norte chegavam, viam pássaros tropicais e outras formas de vida animal; viram borboletas, mosquitos e outros insetos no extremo norte, animais que só são encontrados abaixo do Alasca e do Canadá; viram a neve pontilhada com coloridos tipos de pólen e poeira negra, o que foi piorando à

medida que rumavam mais para o norte. A única explicação para o surgimento da poeira seriam os vulcões ativos no interior das aberturas polares.

5. Existe uma grande população habitando o interior côncavo da crosta terrestre, uma civilização muito mais avançada do que a nossa no tocante a progressos científicos, a qual provavelmente descende dos continentes perdidos da Lemúria e da Atlântida. Os discos voadores são apenas um exemplo de suas muitas realizações. Poderíamos tirar vantagem de um contato com esses antigos irmãos da raça humana, aprender com eles e acolher sua ajuda e conselhos.
6. A existência de uma abertura polar e de terra para além dos pólos deve ser do conhecimento da Marinha dos Estados Unidos, para quem o almirante Byrd trabalhava ao fazer seus dois vôos históricos, os quais provavelmente são um segredo internacional.[3]

Há registros de várias entradas para esse mundo subterrâneo. Elas estão espalhadas pela Terra e algumas das mais conhecidas são:

- Entradas secretas nos pólos Norte e Sul.
- No Zimbábue, no lugar das lendárias minas do rei Salomão.
- No monte Epomeo, na Itália.
- No monte Shasta, na Califórnia (segundo os registros, a cidade aghartana de Telos existe sob este monte).
- Em algum lugar de Manaus, no Brasil.
- Em algum lugar de Rama, na Índia (aparentemente, a lendária cidade subterrânea também chamada de Rama situa-se sob essa cidade indiana).
- Em algum lugar das cavernas de Dero (Indonésia?).
- Em algum lugar das pirâmides de Gizé, no Egito.
- Em algum lugar da fronteira entre a Mongólia e a China mongol (segundo os registros, a cidade subterrânea de Shingwa existe em algum lugar sob a fronteira).
- Nas montanhas do Himalaia, no Tibet (supostamente, a entrada para a cidade subterrânea de Shonshe está escondida nessas montanhas e é vigiada por monges hindus).

- Nas Cataratas do Iguaçu, na fronteira entre o Brasil e a Argentina.
- Na Caverna do Mamute, no centro-sul do Kentucky, nos Estados Unidos.
- Na planície mato-grossense, no Brasil (segundo os registros, a cidade de Posid situa-se sob o Mato Grosso).

A noção de uma Terra oca já apareceu em inúmeros romances, contos e filmes, sendo o mais notável a *Viagem ao centro da Terra*, de Júlio Verne. A ciência pode refutar completamente a possibilidade de tal lugar existir, mas, ainda assim, como em geral ocorre com o fanatismo delirante, os fatos jamais atrapalham as crenças daqueles que defendem as teorias.

[1] Parte do material apresentado neste capítulo aparece originalmente em meu livro de 2001, *The UFO Book of Lists* (Kensington Publishing).
[2] Dr. Raymond Bernard, *A Terra oca: a maior descoberta geográfica da história*.
[3] Trechos retirados de *A Terra oca: a maior descoberta geográfica da história* (Citadel Press), de Raymond Bernard. © 1969, University Books Inc. Usados com autorização. Todos os direitos reservados.

41

IMMANUEL VELIKOVSKY E SUAS TEORIAS

HAICAI:

VELIKOVSKY

Worlds in collision
A ridiculous theory?
Tales of Jupiter

Os gregos, assim como os carianos e outros povos do litoral do mar Egeu, contavam sobre uma época em que o Sol desviara-se de seu curso e desaparecera por um dia inteiro... A perturbação no movimento do Sol durou um dia, durante o qual ele não apareceu hora nenhuma. Ovídio continua: "Se formos acreditar nos registros, um dia inteiro se passou sem sol. Só que o mundo ardente continuou a brilhar."[1]

DEFINIÇÃO: Velikovsky declarou que as antigas histórias mitológicas eram relatos metafóricos de eventos cosmológicos reais.

O QUE OS CRENTES DIZEM: O trabalho de Velikovsky é legítimo; ele abriu novos caminhos, mas foi injustamente criticado pela comunidade científica.

O QUE OS CÉTICOS DIZEM: O trabalho de Velikovsky não tem embasamento científico e nada mais é do que especulação fantasiosa sem nenhuma evidência que lhe dê suporte. Seus seguidores são bajuladores mal informados.

QUALIDADE DAS PROVAS EXISTENTES: Fraca.

PROBABILIDADE DE O FENÔMENO SER AUTÊNTICO: Nenhuma.

Parece uma trama ruim de um filme de ficção científica.

Há 3.500 anos, parte de Júpiter desprendeu-se do planeta e saiu voando pelo espaço como um cometa gigantesco. Esse cometa atravessou nosso sistema solar esbarrando nos planetas, tirando-os de suas órbitas, fazendo-os adquirir novas rotações, e passou perto o suficiente da Terra, a ponto de nos envolver em sua cauda gasosa. A poeira da cauda do cometa Vênus provocou incêndios e pragas na Terra, e, por fim, sua gravidade fez com que nosso planeta parasse de girar sobre o próprio eixo e só recomeçasse tempos depois. Como se pode esperar de um evento cosmológico tão devastador, a Terra vivenciou maremotos, terremotos, erupções vulcânicas e cataclismos geológicos, incluindo o naufrágio da Atlântida e a implosão de gigantescas montanhas. Além disso, em sua trajetória, o cometa Vênus também tirou Marte de sua órbita, fazendo com que ele quase colidisse com a Terra diversas vezes. Esses eventos galácticos inacreditáveis fizeram o Sol desaparecer e os dias e noites durarem muito mais do que o normal.

O cometa Vênus então se solidificou, transformando-se num orbe planetário, passou pela Terra e fixou sua órbita onde hoje se encontra o segundo planeta do sistema solar.

No entanto, nada disso foi retirado de um romance ou filme de ficção científica. Esse relato sobre a formação de nosso sistema solar foi apresentado como fato científico por Immanuel Velikovsky, exceto que os argumentos de sustentação dessa teoria bizarra são qualquer coisa, menos científicos. Velikovsky utilizou lendas antigas, mitos e a tradição escrita para chegar a conclusões que literalmente chocaram o mundo e criaram enormes controvérsias no universo científico.

Segundo a teoria geológica do catastrofismo, grandes alterações na crosta terrestre decorrem de catástrofes súbitas — terremotos, erupções vulcânicas, deslocamento das placas tectônicas etc. —, e não de mudanças e processos evolucionários graduais. Essa teoria foi apresentada originalmente no século XVIII pelo barão Georges Cuvier, um naturalista francês, mas, por volta do século XIX, foi descartada por muitos em prol da crença nos processos lentos e progressivos como os responsáveis pelas principais alterações geológicas na Terra.

Immanuel Velikovsky (1895-1979), médico, psicanalista e astrônomo nascido na Rússia, ressuscitou o catastrofismo em 1950 ao publicar seu primeiro livro, *Worlds in Collision*. Ele aplicou a teoria ao Cosmo, especificamente aos eventos que resultaram na formação de nosso sistema solar tal como o conhecemos hoje.

Em seu best-seller, Velikovsky diz que o planeta Vênus não existia até 1500 a.C. e que originalmente ele fora um cometa que se desprendera do planeta Júpiter.

Velikovsky estudou escritos muito antigos, inclusive o Velho Testamento e os mitos da China, Índia, Grécia e Roma, e chegou a conclusões científicas interpretando os eventos descritos nessas lendas e mitos como ambiciosas tentativas dos antigos em descrever eventos cosmológicos reais. Por exemplo, a mitologia grega conta a história de Atena, a deusa da sabedoria e da guerra, que saiu já adulta da cabeça de Zeus, o soberano dos céus. Velikovsky chegou à dúbia conclusão de que Atena era o planeta Vênus, Zeus, o planeta Júpiter, e a lenda, uma metáfora usada pelos antigos gregos para descrever o cometa que se desprende de Júpiter e acaba fixando sua órbita como Vênus.

Robert Todd Carroll, ao escrever seu *Dicionário do cético*, resume o problema das teorias rebeldes do russo:

> A essência da irracionalidade de Velikovsky está no fato de que ele não oferece nenhuma prova científica para suas alegações mais absurdas. Elas se baseiam na hipótese de que a mitologia descreve fatos cosmológicos. Em geral, ele não oferece evidência alguma que sustente sua teoria além de argumentos engenhosos oriundos de uma mitologia comparada. Sem dúvida, o cenário pintado é logicamente possível, no sentido de

que não apresenta contradições. Para ser cientificamente plausível, porém, a teoria de Velikovsky precisa apresentar alguma razão convincente para que a aceitemos, além do fato de que ela ajuda a explicar alguns dos eventos descritos na Bíblia, ou por associar as lendas maias às egípcias.[2]

A comunidade científica não respondeu muito bem à publicação de *Worlds in Collision.*

O livro foi publicado originalmente pela Macmillan, uma editora com uma divisão de livros didáticos. Muitos dos autores de livros didáticos e editores da Macmillan boicotaram a empresa depois da publicação do livro de Velikovsky, recusando-se a trabalhar com livros didáticos até que ela rejeitasse o cientista. A editora voltou atrás e cedeu o contrato de Velikovsky à Doubleday, a qual não tinha uma seção de livros didáticos.

Teorias e idéias controversas são lugar-comum na arena científica, e as de Velikovsky poderiam ser fácil e calmamente descartadas pelos especialistas do campo, exceto por um detalhe inesperado: o grande sucesso de seus livros. Com *Worlds in Collision* ocupando o primeiro lugar na lista de mais vendidos do mundo, ele não podia ser tão facilmente descartado. Suas teorias ainda são objeto de debate, e mesmo seus mais ferrenhos opositores admitem, irritados, que ele acertou em algumas coisas, inclusive no fato de Júpiter emitir ondas de rádio, de as rochas lunares serem magnéticas e de Vênus girar sobre o próprio eixo em sentido contrário.

Um grande amigo meu visitou Velikovsky em sua casa em 1979, o ano da morte do cientista russo. Meu amigo se lembra de que o estudioso, então com 84 anos, era um homem quieto, quase taciturno, um intelectual diligente que parecia estar fazendo um inventário de sua vida e obra, um desafiador das convenções que mantinha uma profunda fé e confiança em suas crenças. Talvez as décadas de zombaria estivessem cobrando o preço de Velikovsky no ocaso de sua vida. "Não me lembro de tê-lo visto sorrir nem uma única vez durante minha visita", disse meu amigo.

[1] Immanuel Velikovsky, *Mundos em colisão*, pp. 153 e 155.

[2] Robert Todd Carroll, *Dicionário do cético* (www.skepdic.com).

42

CADÁVERES INCORRUPTOS

HAICAI:

CADÁVERES INCORRUPTOS

Her pristine body
Lying incorrupt in death
Signs of holiness?

Ao som da última trombeta, os mortos ressuscitarão incorruptíveis.
— 1 Coríntios 15:52

DEFINIÇÃO: A incorruptibilidade é a ausência de decomposição em cadáveres humanos ou partes de corpos por semanas, meses e até mesmo anos (algumas vezes, séculos), mais notavelmente em corpos enterrados sem embalsamamento e em covas onde se esperaria uma rápida deterioração.

O QUE OS CRENTES DIZEM: Cadáveres incorruptos são um sinal de Deus com respeito à santidade do falecido e também um chamado para que os devotos busquem essa santidade.

O QUE OS CÉTICOS DIZEM: A incorruptibilidade é uma combinação de vários fatores mundanos, biológicos e geológicos, nenhum dos quais de natureza divina. A temperatura, a quantidade de oxigênio e a ausência ou presença de fungos e bactérias representam seu papel no tempo que um corpo leva para se decompor. Além disso, é possível que a Igreja Católica tenha embalsamado em segredo muitos dos "incorruptos" a fim de promover uma grande aceitação de sua divindade.

QUALIDADE DAS PROVAS EXISTENTES: Moderada.

PROBABILIDADE DE O FENÔMENO SER AUTÊNTICO: Moderada.

A carne apodrece.

Assim que a essência da vida é removida de um corpo, a precipitação rumo à decomposição é inevitável. Tão logo o fluxo de sangue quente, cheio de oxigênio, pára de fluir, e os órgãos do corpo são privados de sua condição *sine qua non*, não tarda para que o corpo seja absorvido pela biosfera, dessa vez pelo lado *inanimado* do paradigma vida e morte.

Com certeza, essa decomposição pode ser evitada pelo embalsamamento, refrigeração e sepultamento em túmulos livres de oxigênio. Alguns corpos exumados, enterrados há milhares de anos, mostram uma preservação notável.

Mas a carne apodrece. E, no final, tudo o que vive um dia irá morrer, e tudo o que está morto se tornará pó. Pode levar éons ou até mais, como podemos ver ao encontrarmos corpos intactos de mastodontes pré-históricos, preservados apenas por terem sido rapidamente congelados logo após a morte.

Há muito, a Igreja Católica permite a veneração de corpos, e até mesmo de partes, como mãos ou corações de santos já falecidos.

Um dos incorruptos mais venerados é santa Bernadete Soubirous, a santa para quem, segundo os registros, a Virgem Maria apareceu em Lourdes, na França, em 1858. Bernadete morreu em 1879, aos 35 anos. Ela foi enterrada do modo como morreu, sem ser embalsamada ou preservada de forma alguma.

O corpo de Bernadete foi exumado em 1909, 30 anos após sua morte. Segundo testemunhas, quase não havia sinal de decomposição, além do fato de o corpo estar um pouco "emaciado". Seus lábios haviam encolhido ligeiramente, de modo que os dentes ficavam parcialmente visíveis, e o nariz também encolhera um pouco. Segundo os registros, suas mãos estavam perfeitamente conservadas e a pele era de um branco fosco. O rosário que ela segurava havia enferrujado. Suas roupas estavam úmidas, mas o corpo não exalava nenhum cheiro de putrefação. As freiras removeram sua indumentária, lavaram o corpo e vestiram-na com um hábito limpo. Ela então foi novamente enterrada, junto com um documento detalhando as especificidades da exumação.

Dez anos depois, com o processo da canonização de Bernadete correndo a todo vapor (ela foi, por fim, canonizada em 1925), seu corpo foi mais uma vez exumado. Ele encontrava-se no mesmo estado que dez anos antes, exceto por uma leve descoloração do rosto, fato atribuído à lavagem durante a primeira exumação. Bernadete foi novamente enterrada na presença do bispo.

Em 1925, o ano de sua canonização, o corpo de Bernadete foi exumado pela última vez.

Dessa vez, ele não seria novamente enterrado, mas exibido para que todos os devotos pudessem vê-la e venerá-la.

Uma fina máscara de cera foi colocada sobre seu rosto e mãos, visto que os olhos e as bochechas haviam encolhido um pouco. Há também rumores de que injetaram fluido embalsamador em seu corpo para prevenir uma futura decomposição, embora não haja provas quanto a isso. Tampouco as declarações sob juramento de médicos, freiras e testemunhas, coletadas após as exumações, mencionam qualquer espécie de proteção, afora a lavagem do corpo.

No entanto, além da lavagem e da preparação do corpo para exibição, os médicos, a pedido do bispo de Nevers, realizaram também uma autópsia em Bernadete. Eles removeram a parte de trás das quinta e sexta vértebras, pedaços do diafragma e do fígado (o qual, segundo os registros, mostrava-se macio, com uma consistência "quase normal"), as duas rótulas e fragmentos dos músculos externos das coxas. Todos esses pedaços foram considerados relíquias sagradas e entregues à Igreja Católica.

Bernadete foi então colocada sob uma redoma de vidro fechada a vácuo e exposta na capela do Convento de Saint Gildard, em Nevers, na França.

Seu corpo permanece ali até hoje, mais de 75 anos depois, ainda em perfeito estado, "incorrupto".

Seria a incorruptibilidade de Bernadete um sinal de Deus?

Os crentes dizem "sem dúvida". Os céticos: "Dificilmente. Sua preservação decorre de condições fortuitas à época do primeiro sepultamento e, para os que acreditam em conspiração, da possibilidade de que 'a simples lavagem' do corpo seja 'qualquer coisa, menos isso'."

Todavia, as explicações científicas não satisfazem totalmente os curiosos. Há relatos de corpos enterrados sob condições extremamente "favoráveis à decomposição" — túmulos escavados em solo úmido, enlameado etc. — e de corpos de santos que permanecem intactos, sem o menor sinal de deterioração.

Os santos católicos não são os únicos que permanecem incorruptos após a morte. Há registros de homens e mulheres considerados santos em outras religiões que foram encontrados em perfeito estado após várias décadas enterrados.

Um sinal de Deus? Ou apenas um acaso feliz da biologia que ainda não entendemos?

A resposta a essa questão depende — quase totalmente — de para quem você pergunta.

43

INVISIBILIDADE

HAICAI:

INVISIBILIDADE

Private scenes are seen
Private secrets are no more
Unseen visitor.

CIENTISTA JAPONÊS INVENTA O "MANTO DA INVISIBILIDADE"

Um cientista japonês desenvolveu um casaco que parece fazer quem o usa invisível. A ilusão foi parte de uma demonstração de tecnologia de camuflagem ótica da Universidade de Tóquio. Ela é fruto da imaginação do professor Susumu Tachi, o qual se encontra no estágio inicial da pesquisa cujo objetivo final é fazer com que objetos camuflados tornem-se virtualmente transparentes. A fotografia foi tirada através de um visor que usa uma combinação de imagens móveis captadas por trás do usuário para dar um efeito de transparência. Espera-se que a tecnologia seja útil para os cirurgiões frustrados com o fato de suas mãos e ferramentas cirúrgicas bloquearem a visão durante uma cirurgia e para os pilotos que desejam, na hora do pouso, que o piso da cabine seja transparente.[1]

DEFINIÇÃO: O poder ou a habilidade de tornar a própria pessoa ou um objeto impossível de ver.

O QUE OS CRENTES DIZEM: As pessoas altamente evoluídas conseguem manipular a natureza subatômica de suas células, fazendo-as vibrar em freqüências que não refletem a luz. A visão ocorre quando a luz refletida penetra no olho. Se não há reflexo de luz, o objeto ou a pessoa não poderá ser visto. Apenas os místicos muito evoluídos conseguem atingir esse grau de controle. (Veja os quatro tipos de invisibilidade, adiante.)

O QUE OS CÉTICOS DIZEM: Há apenas dois tipos do que poderia ser chamado de invisibilidade: a funcional, em que algo é invisível a aparelhos de radar e sonar, e a ilusória (um truque — o que não é invisibilidade coisa nenhuma). É ridículo acreditar que o ser humano possa, apenas através de meditação, mudar a natureza subatômica de suas células de modo a fazer com que a luz passe por ele, em vez de refleti-la.

QUALIDADE DAS PROVAS EXISTENTES: Com relação à invisibilidade deliberada e à invisibilidade humana involuntária e espontânea, Desprezível; com relação à funcional e à ilusória, Excelente.

PROBABILIDADE DE O FENÔMENO SER PARANORMAL: Com relação à invisibilidade deliberada e à invisibilidade humana involuntária e espontânea, Nenhuma a Baixa; com relação à funcional e à ilusória, Bem Alta.

O DIA QUE CAROL VISITOU A BLOCKBUSTER

Carol trancou o carro e atravessou o estacionamento em direção à loja da Blockbuster. Esperava encontrar o novo documentário sobre o julgamento das bruxas de Salem que acabara de sair em

DVD. Tinha lido uma ótima crítica sobre o filme na internet e, uma vez que ele não havia passado nos cinemas, a única forma de conseguir vê-lo era alugando a fita.

Planejava perguntar no balcão pelo documentário, visto que sempre se atrapalhava quando tentava encontrar algo sozinha. Todas as prateleiras, corredores e a interminável seqüência de caixas de vídeo faziam sua cabeça girar. Era mais fácil e simples perguntar pelo filme que queria e deixar que algum dos funcionários o pegasse para ela.

Um homem abriu a porta da loja e Carol entrou atrás dele. Ele a ignorou, nem se deu ao trabalho de segurar a porta para ela. Carol, porém, foi rápida e impediu que a porta de vidro lhe batesse na cara.

Se tem algo em falta hoje em dia são boas maneiras, pensou Carol enquanto atravessava a frente da loja em direção ao balcão.

Havia três pessoas na fila, e todas tinham vídeos nas mãos. A fila andou rápido e chegou a vez dela.

A atendente era uma jovem com um piercing na sobrancelha e um crachá onde se lia "Olá, sou Krystal!". Krystal usava uma camiseta com os dizeres: "Não Dou a Mínima se Sou Indiferente."

Ela não levantou os olhos quando Carol aproximou-se do balcão. Típico, pensou.

— Estou procurando aquele novo documentário sobre o julgamento das bruxas de Salem — começou Carol. — Vocês têm?

Nenhuma resposta.

Krystal sequer levantou os olhos do computador no qual digitava os números de identificação dos filmes devolvidos.

Após alguns segundos, Carol tentou de novo:

— Com licença? — disse, com um quê de impaciência na voz.

Krystal continuou a ignorá-la.

Era como se Carol sequer estivesse ali.

Assim que abriu a boca para começar a repreender aquela atendente inacreditavelmente rude, Krystal ergueu a cabeça, olhou diretamente através de Carol e disse:

— Posso ajudá-lo?

Carol virou-se e viu um homem com um bebê no colo caminhando em direção ao balcão. Saiu do caminho; o homem aproximou-se do balcão e entregou seu vídeo para Krystal registrar.

Carol ficou pasma. Estava tão chocada com aquele tratamento que não conseguiu ter presença de espírito para dizer nada.

Olhou novamente para Krystal, que estava ocupada ajudando o homem e continuava a ignorá-la. Carol saiu da loja.

Ao chegar em casa, enviou um e-mail desaforado para o departamento de assistência ao consumidor da Blockbuster. Tempos depois, ao interrogarem Krystal sobre o incidente, ela disse não se lembrar de Carol e o vídeo de segurança da loja não registrara ninguém no balcão durante o período em que Carol dizia ter sido ignorada.

Naquele dia na Blockbuster, Carol fora vítima da invisibilidade humana involuntária e espontânea.

Há quatro significados comumente usados para o termo "invisibilidade".

Um é a invisibilidade humana involuntária e espontânea (SIHV em inglês), o dilema de Carol. Esse é um fenômeno paranormal para o qual, até agora, não existem provas, apenas depoimentos de sua ocorrência. Há muito pouca informação sobre essa suposta "condição" e o que ouvimos por aí pode ser boato.

Outro é a invisibilidade deliberada. Como definido antes, a manipulação subatômica das células por gurus e místicos pode supostamente deixá-los "imunes" ao reflexo da luz. Isso ainda não foi cientificamente comprovado.

O terceiro é a invisibilidade funcional. É o que parece ter sido tentado durante o Experimento Filadélfia (veja Capítulo 65). Isso ocorre quando um objeto como um navio ou um submarino torna-se invisível ao radar inimigo ou a outros aparelhos de rastreamento. É algo considerado lugar-comum, amplamente utilizado pelos militares.

A quarta forma de invisibilidade é a ilusória, um truque comum usado pelos mágicos. Em geral, envolve espelhos, má orientação, dublês e outros truques de mágica.

Será a invisibilidade humana, num futuro distante, finalmente possível? Se a espécie humana algum dia evoluir a ponto de tornar o controle de coisas como a reflexão da luz uma habilidade ou um dom, isso trará problemas insuperáveis. O maior deles, convenientemente ignorado por H. G. Wells em *O homem invisível*, será a cegueira. Vemos porque a luz refletida penetra em nossos olhos. Se eles forem invisíveis, não serão capazes de absorver a luz. Assim, a invisibilidade deixará a pessoa cega.

Sem dúvida, se estamos supondo que os humanos possam evoluir até manifestarem superpoderes, quem pode dizer que não poderemos evoluir também a visão de modo a conseguirmos enxergar enquanto estivermos invisíveis?

Eu sei: essas idéias são ridículas. Mas, repetindo: voar também era até alguém conseguir fazê-lo pela primeira vez.

[1] Ananova News Service, 5 de fevereiro de 2003.

44

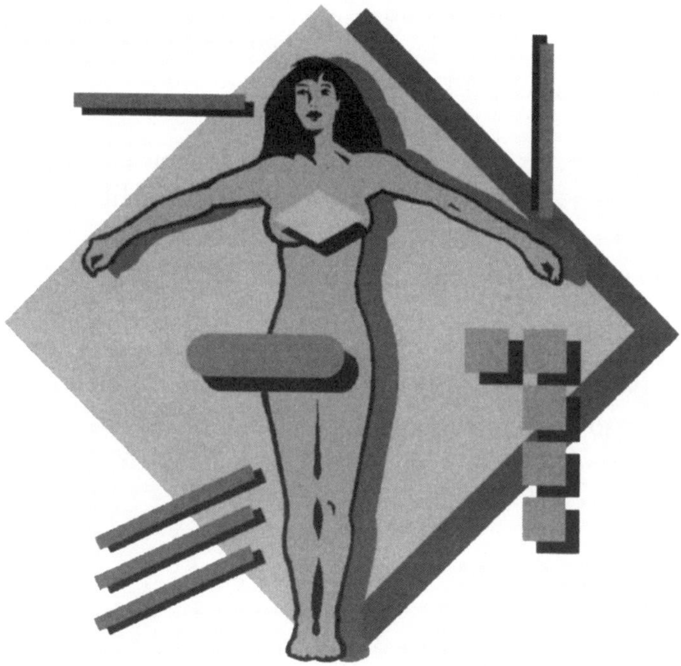

FOTOS DE NUDEZ DA IVY LEAGUE

HAICAI:

FOTOS DE NUDEZ

Take off all your clothes
Smile for the camera
Hearts and minds are numb

Sentimos vergonha de tudo o que é real a nosso respeito, vergonha de nós mesmos, de nossos parentes, de nossos ganhos, de nossos sotaques, de nossas opiniões, de nossa experiência, assim como sentimos vergonha de nossa pele nua.

— George Bernard Shaw[1]

Definição: As "fotos de nudez" da Ivy League são fotos de nus completos tiradas dos calouros das universidades da Ivy League e da Seven Sisters de 1940 a 1960.

O que os crentes dizem: Fotos de calouros nus eram tiradas de forma rotineira, inclusive dos então estudantes Hillary Rodham Clinton, Diane Sawyer, George Bush e milhares de outros, e elas existem até hoje.

O que os céticos dizem: A prática de tirar fotos nuas terminou no final de década de 1960, e todas as fotos foram rasgadas e queimadas. Elas não existem mais, portanto qualquer interesse pervertido que você possa ter em ver a Meryl Streep nua de frente, de costas e de lado não será atendido.

Qualidade das provas existentes: Excelente.

Probabilidade de o fenômeno ser verdade: Bem Alta.

Você é uma talentosa aluna do terceiro ano do ensino médio e está extremamente animada por ter sido aceita na Universidade de Yale.

Você sempre foi um pouco tímida e, mesmo que tenha saído com alguns rapazes durante o ensino médio, ainda é virgem. Nunca tomou banho depois da aula de ginástica e sempre se certificou de que a porta do seu quarto estivesse trancada antes de se despir.

Alguns dias depois de chegar em New Haven, enquanto busca se acomodar em seu aposento no dormitório e conhecer sua colega de quarto, recebe um bilhete lhe dizendo para ir até o Ginásio Payne-Whitney na manhã seguinte, às onze e meia. A única razão dada para a convocação oficial é: "A fim de tirar as fotos para os registros da universidade."

Conforme a ordem, você vai até lá, preenche um formulário e lhe dizem para ficar atrás de uma grande tela branca. À sua espera, atrás da tela, está uma enfermeira que lhe manda tirar toda a roupa, inclusive as de baixo. Quando pergunta o porquê disso, ela lhe diz que faz parte dos procedimentos da universidade e que eles irão tirar fotos suas fazendo pose.

Você se despe e fica ali, nua e mortificada, enquanto a enfermeira gruda três varetas de aço em sua coluna. Elas se destacam como barbatanas de peixe.

Ela então lhe diz para segui-la, e a conduz — você mal consegue acreditar que esteja nua — por um pequeno percurso até um quartinho. “Entre aí”, diz a enfermeira, e vai embora.

Você entra no quarto e, para seu choque e constrangimento, encontra um fotógrafo à sua espera. Imediatamente tenta cobrir-se, mas não adianta. O homem a conduz pelo braço até uma área iluminada e lhe diz para ficar completamente imóvel e olhar para a câmera. Você obedece, porque é uma simples caloura e a escola é quem manda.

O homem posiciona-se atrás da câmera, olha através da lente e tira uma foto. O choque do espocar do flash grava em sua mente o fato de que, agora, sua imagem está registrada em filme.

Mas não acabou.

— Vire-se, por favor.

Você obedece e o fotógrafo rapidamente tira uma foto de seu traseiro pelado.

— Vire-se para a esquerda, por favor, e fique reta.

Mais uma vez, você obedece e uma foto de lado é tirada, as varetas de aço despontando das suas costas.

Existem agora três fotos de você nuas, uma garota de 18 anos, todas em posse da Universidade de Yale.

A enfermeira entra no quartinho e lhe entrega um robe branco, com o qual imediatamente você se cobre. Você se sente ligeiramente melhor agora que sua nudez foi coberta.

— Por favor, você poderia me dizer...

— É rotina — retruca a enfermeira, de modo brusco. — É para ver a sua postura.

Você não diz nada e rapidamente sai do quarto, desejando apenas encontrar suas roupas e sair dali.

Mais tarde, descobre que as fotos nuas são realmente rotina e que quase todo mundo do seu andar no dormitório já tirou as suas.

Essa história não pode ser verdade, certo?

Nenhuma instituição de nível superior, principalmente uma universidade da Ivy League com uma reputação lendária como Yale, ousaria exigir de seus alunos que posassem nus para fotos, certo?

Pai algum permitiria que seus filhos e filhas posassem para esse tipo de foto, certo?

Errado, em todos os sentidos.

De 1940 até o final da década de 1960, milhares de fotos nuas foram tiradas de todos os calouros das universidades da Ivy League.

Ficamos chocados com uma mentalidade social, acadêmica e cultural que tolera tal prática, e, ainda assim, por três décadas ninguém sequer pensou em questionar a idéia.

A prática de tirar fotos nuas, que, segundo alguns, começou em 1880 em Harvard, terminou em Yale em 1968, embora as fotos não tenham sido destruídas. Um funcionário de Yale deparou-se com uma pilha de fotos no final da década de 1970, e a universidade ficou tão chocada ao descobrir que elas ainda existiam e eram acessíveis que contratou uma equipe profissional em destruição de documentos para, a princípio, rasgá-las e depois queimar os pedaços.

Mas adivinhe! Grande parte dessas fotos ainda existe e encontra-se no arquivo do Instituto Smithsoniano. Um jornalista deu uma olhada nelas há poucos anos.

Acredita-se que existam fotos nuas de algumas das pessoas mais famosas do mundo, tiradas à época de sua entrada em alguma das universidades da Ivy League: pessoas como as já citadas Meryl Streep, Diane Sawyer e George Bush, e também Dick Cavett, Brandon Tartikoff, Bob Woodward, Wendy Wasserstein, Nora Ephron e inúmeras outras.

Pois bem, será esse caos de fotos nuas apenas uma brincadeira idiota instituída por um grupo de alunos imaturos?

A verdade é um pouco mais sombria.

Na realidade, as fotos foram tiradas como parte de um maciço estudo eugênico (estudo sobre o melhoramento genético da raça humana através de uma reprodução controlada), cujo objetivo era combinar inteligência e psiquismo. O estudo foi desenvolvido pelo professor de Columbia W. H. Sheldon e pelo professor de Harvard, E. A. Hooton, que desejavam provar que o tipo físico permitia prever toda sorte de traços e habilidades inatas. Seu propósito declarado era o de, ao final, eliminar todos os "organismos inferiores e inúteis".

O termo usado por Hitler, "raça superior", não lhe vem à mente?

Infelizmente, nem todas as fotos foram destruídas, e quem sabe o que poderá acontecer no futuro? Há muitas pessoas famosas que, sem dúvida, prefeririam que o mundo não pudesse ver como elas se pareciam nuas aos 18 anos.

Pensando nisso, quem disse que é preciso ser famoso para querer isso?

[1] *Homem e super-homem*, ato I.

45

FOTOGRAFIA KIRLIAN

HAICAI:

FOTOGRAFIA KIRLIAN

Colors sparkling
Halos of radiant hues
Life in a rainbow

Todo mundo tem uma aura, porém normalmente elas nada mais são do que sombras sem luz alguma — apenas sombras à sua volta. E essas auras refletem todos os seus humores. Quando você se zanga, sua aura adquire um tom de sangue; uma expressão vermelha, zangada. Quando fica triste, chateada, deprimida, a aura ganha traços escuros, como se você estivesse próxima à morte — tudo morto, pesado.

— Osho Rajneesh[1]

DEFINIÇÃO: O processo de fotografar um objeto expondo um filme, num quarto escuro, à luz ultravioleta resultante de interações eletrônicas e iônicas causadas por um campo elétrico. As fotografias mostram uma luz, um halo luminoso envolvendo a silhueta do objeto.[2]

O QUE OS CRENTES DIZEM: A fotografia Kirlian revela as auras etéreas, sobrenaturais — a "energia vital" ou "força vital" —, tanto de coisas vivas quanto inanimadas, o que é um paradoxo. Essas fotos proporcionam um vislumbre da bioenergia de nosso corpo.

O QUE OS CÉTICOS DIZEM: Não há nada de sobrenatural ou paranormal acerca das imagens produzidas pela câmera Kirlian. Tudo o que as fotos mostram é uma descarga de corona, totalmente compreensível e explicável, resultante da interação entre uma carga elétrica e a umidade do objeto. A "aura" vista é resultado de descargas elétricas de alta freqüência e baixa voltagem que atravessam uma pessoa ou objeto e depois são captadas diretamente sobre um filme ou chapa fotográfica. Hoje em dia, modernas técnicas de fotografia permitem que as fotos Kirlian sejam tiradas com um equipamento especializado, o qual não exige que o objeto toque o filme ou a chapa fotográfica.

QUALIDADE DAS PROVAS EXISTENTES: Moderada.

PROBABILIDADE DE O FENÔMENO SER AUTÊNTICO: Moderada.

O problema com a fotografia Kirlian é o fato de ser bem possível que tanto os crentes quanto os céticos estejam certos.

Os defensores das imagens Kirlian acreditam que as fotos mostrem a aura de uma pessoa.

Os céticos dizem que as fotos realmente mostram a aura, mas que isso é uma descarga natural possível de ser captada pelo processo Kirlian.

O problema está na *interpretação* das imagens, no verdadeiro significado da aura vista.

A fotografia Kirlian foi desenvolvida durante as décadas de 1940 e 1950 pelo inventor e eletricista russo Seymon Kirlian e sua mulher, Valentina Kirlian. Num artigo publicado em 1961, no *Russian Journal of Scientific and Applied Photography*, Kirlian explicou o processo "descoberto" por ele e declarou que as fotografias tiradas com esse sistema mostravam uma aura brilhante em volta do objeto.

Os entusiastas da paranormalidade pularam ao receber a notícia, uma prova científica da existência das auras etéreas que os paranormais diziam ver ao redor das pessoas há éons. Muitos acreditam que as histórias bíblicas de santos e suas auréolas são relatos precisos de auras visíveis em pessoas altamente espiritualizadas.

À medida que a fotografia Kirlian foi se tornando mais conhecida e as fotos começaram a mostrar uma ampla gama de auréolas coloridas em torno das pessoas, não tardou para que interpretações dos estados físico, emocional e espiritual baseadas na cor das auras virassem lugar-comum. Há muitas variações no significado das cores, mas, em geral, o azul quer dizer que a pessoa está em paz, contemplativa. O vermelho significa desejo, a pessoa está pensando em sexo ou está sexualmente excitada. O verde quer dizer que a pessoa está voltada para a intelectualidade, que é um professor ou recentemente ensinou a alguém como fazer alguma coisa. O amarelo indica bom humor e animação a respeito de algo. O roxo denota uma pessoa muito espiritualizada e capaz de curar outras. O marrom e o preto significam doenças. Uma aura falha quer dizer morte iminente.

Cético famoso e pesquisador da paranormalidade, Joe Nickell teve sua aura fotografada por uma câmera Kirlian numa feira sobre paranormalidade e duas fotos mostraram áreas verdes ao seu redor, significando que ele era um curandeiro e um professor. Visto que Nickell passara muitos anos "ensinando" às pessoas através de seus livros e artigos, isso parecia ter ido direto no alvo.[3] No entanto, surge um problema ao fazermos uma simples pergunta: "Como sabemos que a aura verde significa ensinamento?" A resposta óbvia é: não sabemos, e é aí que os resultados científicos de uma foto Kirlian vão de encontro às interpretações paranormais daquilo que é visto na foto.

O corpo humano *emite* campos de energia. Nossos nervos emitem baixos impulsos elétricos, nossos órgãos internos produzem sons ao trabalharem, nossos corpos secretam odores, criados por efeitos bioquímicos. Além disso, a literatura médica e histórica está repleta de relatos de humanos fosforescentes — pessoas que brilhavam fisicamente — em geral, um brilho forte o suficiente para ser visto a olho nu.

No clássico de 1937, *Anomalias e curiosidades da medicina*, os autores falam de um monge capuchinho cuja cabeça emitia faíscas, um homem cujo pênis emitia centelhas luminosas ao urinar, dois pacientes cuja cabeça era cercada por uma luz fosforescente, um homem com um suor brilhante, uma mulher com um tumor maligno no seio que brilhava fortemente e um homem que se via cercado por uma auréola fosforescente após um consumo exagerado de gorduras.[4]

Eis, portanto, o enigma Kirlian. É cientificamente comprovado que as fotografias Kirlian captam descargas de corona de humanos, animais, plantas e objetos inanimados. E é cientificamente comprovado que essas descargas ocorrem numa ampla gama de cores.

A conclusão a que podemos chegar sobre as imagens Kirlian depende apenas de acreditarmos ou não que essas cores significam algo e que traduzem informações acerca do fotografado, ou que elas são descargas sem sentido de eletricidade ionizada que ocorrem em determinados comprimentos de ondas coloridos passíveis de serem captados num filme.

[1] Antigamente conhecido como Bagwan Sri Rajneesh.

[2] *American Heritage Dictionary*.

[3] "Aura Photography: A Candid Shot", *Skeptical Inquirer*, maio/junho de 2000.

[4] George M. Gould e Walter L. Pyle, *Anomalias e curiosidades da medicina*, p. 422-25.

46

LEVITAÇÃO

HAICAI:

LEVITAÇÃO

Floating in the air
Tethered no more to Earth
Sky is her new home

Assim como existe o princípio da gravidade, na ioga existe o princípio da graça, da levitação. A gravidade nos puxa para baixo, mas existe uma força magnética que nos puxa para cima. Contudo, é nosso estado interno que define se receberemos influência de cima ou de baixo. Se sua energia encontra-se na parte inferior, você recebe influência de baixo; se ela se encontra na parte superior, a influência vem de cima.

— Osho Rajneesh

DEFINIÇÃO: A levitação é a habilidade de sair do chão e flutuar no ar, desafiando a gravidade.

O QUE OS CRENTES DIZEM: A literatura religiosa está repleta de histórias de homens santos — mestres espirituais verdadeiramente iluminados — que não apenas eram capazes de levitar objetos à vista dos outros, como também conseguiam erguer-se do chão num estado de graça divina. Além disso, há testemunhos sobre objetos levitando durante episódios de atividade *poltergeist* (veja Capítulo 39). A levitação não só é possível, como é uma habilidade que pode ser aprendida.

O QUE OS CÉTICOS DIZEM: Seres humanos e objetos sólidos não podem desafiar a gravidade a seu bel-prazer e levitar. Qualquer caso de "levitação" nada mais é do que uma ilusão de mágica.

QUALIDADE DAS PROVAS EXISTENTES: Fraca a Moderada.

PROBABILIDADE DE O FENÔMENO SER PARANORMAL: Baixa.

Sei levitar. Já fiz isso para várias pessoas e, invariavelmente, todas ficaram boquiabertas. Só consigo levitar entre cinco e oito centímetros do chão, mas sem dúvida é possível me ver flutuando no ar, com nada além de um espaço vazio sob meus pés.

Será que Stephen Spignesi, vosso humilde autor, possui poderes sobrenaturais? Poderá ele desafiar as leis da natureza e fazer flutuar sua carcaça ítalo-americana a seu bel-prazer?

Dificilmente.

A verdade é que conheço um truque de mágica chamado Levitação Balducci. Qualquer um pode aprendê-lo com um pouco de prática, mas não revelarei o segredo aqui. (Aqueles que tiverem interesse em aprender poderão facilmente encontrar tudo o que precisam na internet.)

Existe, porém, uma diferença entre um truque intencional e a habilidade sobrenatural de levitar. Há alguma prova concreta de que os santos, os faquires ou os antigos construtores tinham poderes e conhecimentos sobre os quais ainda não temos ciência?

Alguns acreditam que as pirâmides de Gizé foram construídas utilizando algum tipo de tecnologia de levitação (talvez com tecnologia sônica e vibrações) que permitiu aos construtores moverem os gigantescos blocos de pedra com facilidade.

Há relatos de monges tibetanos capazes de fazer levitar pedras enormes usando tambores e outros instrumentos musicais. Ao que parece, se as histórias forem verdadeiras, os sacerdotes tibetanos descobriram as freqüências sônicas específicas necessárias para anular a gravidade, e conseguem criar esses sons com seus instrumentos.

O guru Maharishi Mahesh Yogi descreve uma prática chamada "vôo iogue", na qual o acólito começa, ainda sentado, a quicar para cima e para baixo, na verdade "levitando" por frações de segundo a cada vez, para depois meditar e refinar a habilidade até se tornar um com o céu e conseguir flutuar pelo ar, num desafio à gravidade.

Dizem que são Francisco de Assis e santa Teresa D'Ávila eram capazes de levitar, e a Bíblia conta que Jesus caminhou sobre a água,[1] o que talvez tenha sido um ato de levitação sobrenatural. Há registros de que são José de Cupertino levitou perante testemunhas mais de 70 vezes no decorrer de sua vida, uma delas numa igreja repleta de fiéis. Dizem que um mágico escocês chamado Daniel Home (1833-1886) era capaz de levitar até o teto, onde permanecia conversando com as pessoas abaixo.

Mas todas essas histórias são depoimentos que nunca foram comprovados. A levitação genuína é impossível.

Será?

A verdade sobre o truque da corda indiana

Um faquir joga uma corda para o alto. A corda imediatamente enrijece e permanece reta, esticada em direção às nuvens. Um garoto sobe pela corda e desaparece ao chegar ao topo. Em seguida, o próprio faquir sobe atrás, com uma faca de aparência ameaçadora entre os dentes. Ele também desaparece; contudo, é possível escutar sua faca cortando o ar e, de repente, membros e partes de um corpo começam a cair do céu. O faquir desce até o chão (a faca agora coberta de sangue), reúne as partes do corpo e as coloca num grande cesto de vime. Cobre o cesto, diz algumas palavras mágicas, e o garoto sai de dentro intacto, sem nenhum ferimento.

O *Chicago Tribune* foi o primeiro jornal a noticiar essa fantástica façanha, num artigo de Fred S. Ellmore publicado em 1890. Segundo o artigo, o truque era realizado com freqüência na Índia, e, pouco tempo depois, variações dessa proeza começaram a ser incluídas nos números de mágicos ao redor do mundo.

Surgiram milhares de teorias sobre como o truque era feito, mas ninguém conseguia realizá-lo exatamente do modo como supostamente se fazia na Índia.

A verdade?

A verdade é que o verdadeiro truque da corda indiana *jamais foi feito*.

O artigo original descrevendo o truque foi uma farsa publicada intencionalmente pelo jornal para aumentar as vendas. Ao que parece, os editores acreditavam que os leitores veriam a notícia como uma farsa por causa do nome do repórter. (Vou esperar enquanto você checa o nome de novo.)*

Esperto, não?

Quatro meses após a publicação do artigo original, o jornal publicou uma nota revelando que o truque não existia, mas então já era tarde: o misterioso, fantástico e inacreditável truque da corda indiana já entrara para o dicionário de mágica, e ainda hoje há quem acredite que ele possa ser e é realizado na Índia.[2]

Tecnologia antigravitacional

Existe um vibrante ramo da pesquisa científica que tem estudado e feito experiências com aparelhos e tecnologias que desafiam as leis da gravidade.

Muitas dessas tecnologias usam a manipulação e o controle do magnetismo para fazer coisas "flutuarem" no ar. Será isso uma anulação genuína da gravidade ou apenas outro princípio aerodinâmico utilizado para fazer com que as coisas pareçam levitar?

* Fred S. Ellmore, ou melhor, Fred "Sell More", que quer dizer Fred "vende mais". (N. T.)

A diferença entre os dois é o "mecanismo" usado para fazer com que algo seja aerotransportado. Aparelhos antigravidade autênticos *cancelam* a gravidade, permitindo que objetos de qualquer peso flutuem no ar despendendo pouca ou nenhuma energia. O ato de voar tal como o conhecemos hoje em dia, porém, requer uma extraordinária quantidade de energia para *vencer* a gravidade, em vez de anulá-la.

Até o momento, essa tecnologia tem escapado à ciência, embora a pesquisa antigravitacional continue a ser conduzida e, segundo alguns, ela talvez esteja mais adiantada do que imaginamos. Os teóricos da conspiração acreditam que o governo dos Estados Unidos possui uma verdadeira aeronave antigravidade e que alguns dos OVNIs vistos talvez sejam espaçonaves ultra-secretas.

[1] Mateus 15:25.

[2] A verdade sobre a farsa foi descoberta após cinco anos de investigação, conduzida por Peter Lamont, antigo presidente da Magic Circle, de Edimburgo, na Escócia. Ele revelou suas descobertas no Festival Internacional de Ciência de Edimburgo, em 2001.

47

VIDA APÓS A MORTE

HAICAI:
VIDA APÓS A MORTE

Death is but a door
A passageway to new life
Do not be afraid

A vida é a arte de tirar conclusões suficientes de premissas insuficientes.[1]

— Samuel Butler

Definição: A vida após a morte é geralmente definida como a sobrevivência da consciência (talvez de uma forma diferente da consciência humana) após a morte física do corpo.

O QUE OS CRENTES DIZEM: Nós definitivamente passamos para outro estágio após a morte. Para onde vamos e em que forma ou estado existimos, ninguém sabe, mas palpites são dados há éons. Sem sombra de dúvida, nossa consciência sobrevive à "remoção" da casca formada por nosso corpo físico. A vida humana é apenas uma das formas que nossa consciência experimenta neste universo.

O QUE OS CÉTICOS DIZEM: Quando você morre, morre. As únicas coisas que sobrevivem à morte de um indivíduo são: seu legado, seus feitos e as lembranças que os entes queridos guardam na mente e no coração.

QUALIDADE DAS PROVAS EXISTENTES: Muito Boa.

PROBABILIDADE DE O FENÔMENO SER AUTÊNTICO: Bem Alta.

Sem sombra de dúvida, a pergunta-chave é: a consciência humana sobrevive à morte física? Isso é algo que, até agora, ninguém sabe ao certo, e cada um precisa decidir por si mesmo se acredita ou não que sua alma — a essência, a "força vital", o *eu* — sobrevive quando o corpo morre.

Implícita a essa questão da consciência sobreviver à morte física está a crença, ou descrença, de cada um na existência de uma alma. Se a pessoa acredita possuir uma alma, sabe que esta "coisa" não aparecerá numa tomografia computadorizada nem numa ressonância magnética. Ela é imaterial e, portanto, deve ser formada por algum tipo de energia espiritual. É aqui que a ciência entra no bolo, e pode, na verdade, provar para alguns a existência da vida após a morte.

Sabemos, por meio do trabalho de Albert Einstein, entre outros, que a energia não pode ser criada ou destruída — ela *só pode ser alterada*. Esse princípio é conhecido como a lei da conservação de energia.

Assim, se alguém acredita na alma e em sua imaterialidade, então reconhece e aceita que ela é feita de algum tipo de energia. Uma vez que a energia não pode ser destruída, à época da morte física, essa energia, que é a alma, simplesmente muda de forma. Ela não pode morrer. Pois bem, isso então significa que nossa consciência sobrevive? Sim, mas com uma condição, que é a essência e a base de todos os sistemas de crença religiosa da Terra: é preciso somar à equação o elemento *fé*. Se a pessoa *acredita* que a alma sobreviva, então a sua estará *concentrada* em seguir em frente, e atravessará o portal rumo a um estado elevado de existência. Se ela acredita que "morreu, está morto", então sua alma não terá o ímpeto de manter a própria identidade transcendental, e a energia que a constitui irá simplesmente se dissipar no vazio eterno, não destruída, mas absorvida pela trama que compõe a realidade.

Pesquisas recentes mostram que mais de 80 por cento dos americanos acreditam na vida após a morte, ainda que, desses 80 por cento, apenas dois terços acreditem na existência de Deus.

Isso significa que há pessoas que acreditam na continuação da alma, mas não num poder maior a quem devem a própria existência. Isso evidencia uma crença generalizada na continuidade da vida.

A crença na vida após a morte tem sido um fator constante no decorrer da existência da humanidade. As pirâmides do Egito nada mais são do que tumbas elaboradas, e temos provas de que muitas culturas enterravam comida e provisões com os mortos, não apenas por acreditarem que eles estavam partindo para outra vida, mas que precisariam de comida e roupas quando chegassem lá.

Para aumentar o mistério, existem fenômenos como experiências de quase-morte, manifestações fantasmagóricas, mensagens canalizadas, aparições de Maria, escrita automática e outros "eventos" paranormais que sugerem a existência de um "outro lado".

Serão todas essas esquisitices, algo que alguns chamariam de maravilhas, explicáveis como delírios alucinatórios? Se as pessoas que relatam ter vivido experiências de quase-morte apenas imaginaram a coisa toda, então como conseguiram ler o que se dizia em cima das luminárias e relatar o que estava sendo dito nos corredores do lado de fora do quarto onde "morreram"? (Veja Capítulo 57.)

Muitos dos que acreditam na vida eterna a vêem como um componente necessário à vida corporal, o "prêmio" que dá sentido à nossa existência. Se não continuamos a existir, de uma forma ou de outra, então nossa vida na Terra não tem sentido algum. Poderia a vida ter evoluído do nada (com ou sem um projeto inteligente), sem razão alguma? Poderia o homem ter sido abençoado/amaldiçoado com o conhecimento de sua mortalidade sem razão alguma? Serão os pilares da moral e da justiça nada além de respostas inevitáveis aos caprichos da interação humana, com todos os seus altos e baixos?

Ou será a vida uma matriz inimaginável e indefinível de inúmeras realidades, todas interligadas, interagindo e eternas?

A chama da vida que há em nós se rebela perante a noção de que toda a existência resume-se a um encontro aleatório de probabilidades biológicas e cosmológicas. Buscamos sentido e, quando não o encontramos, algumas vezes criamos o nosso próprio.

Além disso, será a idéia da continuidade da vida nada além de um sonho extravagante e otimista num universo vazio e sem sentido?

Tal como acontece com muitos dos fenômenos discutidos neste livro, a resposta encontra-se dentro de cada um de nós, e apenas nós podemos encontrá-la.

1 *Cadernos de anotações* (1912).

48

O MONSTRO DO LAGO NESS

HAICAI:

LAGO NESS

Scottish loch is deep
See the undulating tail?
Perhaps no one's home?

As descrições variam: vários observadores "viram" um monstro semelhante a uma enguia com calombos nas costas; outros, uma criatura com uma cabeça pequena, um pescoço comprido e um corpo gigantesco; outros ainda, algo que parecia um barco emborcado. Via de regra, dizem que ele se move rapidamente dentro d'água, algumas vezes acompanhado de um "rastro de espuma". Os palpites quanto à identidade do animal variam ainda mais do que as descrições: desde coisas possíveis, como enguias gigantes, golfinhos-de-risso, botos, tubarões-baleia, focas e lontras, a improváveis, tais como peixes-sol, crocodilos e "alguns anfíbios", e a impossíveis, que incluem plesiossauros, "camelos do mar" e serpentes marinhas da Idade Média. Dois zoólogos aventuraram-se a identificar o bicho: um sugeriu uma massa instável de turba flutuante, e o outro, uma baleia-branca ou beluga, mas, por várias razões, provavelmente nenhum dos dois está correto.[1]

Definição: Segundo os relatos, o "monstro" é uma enorme criatura subaquática que vive no lago Less, na Escócia. Alguns acreditam que ele é uma criatura pré-histórica (possivelmente o mencionado plesiossauro?[2]) que vem à tona ocasionalmente e que também já foi visto em terra firme.

O que os crentes dizem: Relatos de uma criatura aquática vivendo no lago remontam a 150 anos. Só no século passado, houve mais de quatro mil aparições, e, no total, mais de dez mil. A besta do lago Ness é real, anômala, solitária. Não há como negar isso, não importa qual seja a verdade de fato, algo esquisito vive no fundo das águas do lago Ness.

O que os céticos dizem: Não existe esse negócio de monstro do lago Ness. A foto mais famosa da criatura (a tão chamada "surgeon's photo", de 1934) foi, na verdade, fraudada,[3] e todas as supostas aparições do animal nada mais são do que delírios fantasiosos, animais normais ou até mesmo o resultado visual de um terremoto, a última teoria apresentada para explicar o que as pessoas *pensam* que vêem. Se Nessie é real, e vive num lago específico da Escócia, já devíamos ter sido capazes de provar sua existência.

Qualidade das provas existentes: Boa.

Probabilidade de o fenômeno ser paranormal: Boa.

Não seria maravilhoso se o monstro do lago Ness fosse real? Não seria maravilhoso se existisse um verdadeiro plesiossauro pré-histórico vivendo num lago da Escócia?

Bem, talvez ele *seja* real.

A tecnologia transformou a busca por Nessie numa empreitada mundial. Hoje em dia, há websites que possuem webcams focadas no lago 24 horas por dia, sete dias por semana. Pessoas do mundo inteiro sentam-se em frente a seus computadores, olhando para o lago, esperando Nessie aparecer. Se alguém achar que o viu, pode clicar um botão e tirar uma foto digital instantânea do lago.

Milhares de pessoas dizem ter visto Nessie, inclusive advogados, policiais, cientistas e até mesmo um ganhador do prêmio Nobel. São pessoas confiáveis contando algo inacreditável.

Pois bem, o que exatamente acontece sob as águas do lago Ness? E o que é essa coisa que tanta gente diz ter visto?

No século VI d.C., um padre católico chamado Columba (agora, são Columba) teve um encontro com a besta do lago. Segundo a biografia do santo, Columba estava passando pelo lago quando viu alguns homens enterrando um amigo que fora assassinado pelo monstro. Ele ficou zangado ao saber da abominável tragédia e decidiu tomar providências para impedir que tal incidente se repetisse. Pediu a um de seus discípulos que atravessasse o lago a nado. (O porquê de Columba não ter se oferecido como "isca" não foi revelado, mas seu seguidor obedeceu e pulou dentro d'água.) Columba ficou na margem observando o homem atravessar, debatendo-se na água gelada. De repente, uma grande besta aquática, aparentemente atraída pelos movimentos do homem, veio à tona e partiu em direção ao pobre e indefeso nadador. Columba entrou em ação imediatamente. Ordenou em voz alta que a besta deixasse seu discípulo em paz, enquanto, ao mesmo tempo, fazia o sinal-da-cruz sobre a água. A criatura, aparentemente uma cristã temente a Deus, abandonou sua caça e submergiu, desesperada para escapar do poder divino invocado por Columba.

Nos tempos modernos, a primeira aparição do monstro do lago Ness ocorreu em 14 de abril de 1933. Um casal passando de carro ao lado do lago viu algo se movendo dentro d'água. Eles estacionaram, saíram do veículo e observaram a criatura por vários minutos. Tempos depois, contaram sobre a aparição, e um artigo foi publicado em 2 de maio na *Inverness Courier*, no qual a besta foi apelidada de "monstro". E assim nasceu o "monstro do lago Ness".

Já foram feitas várias tentativas de capturar em filme uma imagem de Nessie. Em 1972, foram tiradas fotografias dentro d'água, que podem ou não mostrar um golfinho. Alguns dizem que é um tronco de árvore. As varreduras com sonares feitas em 1975 captaram os movimentos de algo grande no fundo do lago, mas o resultado da leitura continua ambíguo. Na verdade, todas as análises feitas com fotos, radares, aparelhos de áudio e sonares não forneceram nenhum resultado concreto com relação à presença — ou ausência — de Nessie.

E, ainda assim, existem inúmeros relatos em primeira mão, convincentes e verossímeis, sobre as aparições de Nessie. E também é preciso reconhecer que a lenda do lago Ness contribuiu enormemente para o turismo em Inverness e nas cidades próximas, o que sugere que talvez não seja do interesse de nenhum dos locais apoiar os esforços para desmascarar o caso.

Dito isso, parece provável que exista alguma coisa inexplicável vivendo no lago Ness. Há relatos freqüentes de monstros lacustres ao redor do mundo, e a conclusão que uma pessoa razoável precisa aceitar é que a espécie humana talvez não saiba de tudo que há para saber a respeito da miríade de espécies que compartilham conosco este pequeno planeta — e suas águas.

[1] *Nature*, 132:921, 1933.

[2] Se Nessie é um plesiossauro, um dinossauro aquático que dizem estar extinto há 60 milhões de anos, então por que nenhuma carcaça foi encontrada flutuando no lago? A suposição deve levar em conta o fato de que, se Nessie fosse real, então deveria haver outros em algum lugar do lago Ness e, no decorrer dos séculos, *alguns* teriam de ter morrido. A resposta está num ponto-chave que conhecemos a respeito dos plesiossauros — eles engoliam grandes pedras com freqüência, as quais atuavam como um lastro, impedindo, dessa forma, que seus corpos fossem à superfície após a morte.

[3] A famosa foto de Nessie tirada pelo ginecologista Robert Wilson, em 19 de abril de 1934 (o retrato preto-e-branco mostrando a criatura de cabeça pequena e pescoço comprido nadando no lago), foi exposta em 1994 como uma fraude. Dito isso, no entanto, há ainda quem acredite que a alegação de fraude é que foi a *verdadeira* farsa, que a foto é real e que foi rejeitada na intenção de manter o segredo a respeito da verdadeira existência de Nessie (por alguma razão desconhecida). Sim, existem até teorias de conspiração com relação ao monstro do lago Ness.

A COLÔNIA PERDIDA DE ROANOKE

HAICAI:

ROANOKE

Where have they all gone?
"Croatoan" their message
The lost colony

Todos se foram para o mundo da luz,
Apenas eu aguardo aqui sentado;
A lembrança deles é bela e clara
E meus tristes pensamentos se fazem nítidos.
Eu os vejo caminhando num mar de glória...

— Henry Vaughn (1622-1695)[1]

Definição: A colônia perdida de Roanoke era formada por um grupo de colonos ingleses que desapareceram sem deixar rastro da ilha de Roanoke, na Carolina do Norte, em algum momento entre 1587 e 1590. A única coisa que ficou para trás foi a palavra "CROATOAN" gravada numa estaca da cerca.

O que os crentes dizem: O *completo* desaparecimento de 113[2] pessoas, ou mais, junto com *tudo* o que elas possuíam, sugere a possibilidade de algum tipo de abdução sobrenatural. Talvez elas tenham sido seqüestradas por aliens e levadas para uma nave mãe?

O que os céticos dizem: Os colonos provavelmente mudaram-se para o acampamento vizinho de Croatoan (na ilha de Hatteras) e se misturaram aos nativos de Chesapeake, resultando, uma geração depois, em índios que se assemelhavam aos brancos, com olhos acinzentados e cabelos claros.

Qualidade das provas existentes: Inconclusiva.[3]

Probabilidade de o fenômeno ser autêntico: Inconclusiva.

John White achou que tinha sorte por estar voltando para a colônia de Roanoke no dia do aniversário de três anos de sua neta. Ele tinha ido para a Inglaterra nove dias depois do nascimento de Virgínia no Novo Mundo, e a guerra contra a Espanha o impedira de voltar até aquela data. Por três anos, mantivera sua filha Eleanor e a neta, Virgínia, em seus pensamentos enquanto os britânicos dizimavam a armada espanhola, e agora poderia vê-las novamente. "Ela provavelmente é a cara da mãe", pensou, enquanto seus três navios acostavam. Eles tinham dado um tiro de canhão para avisar os colonos da aproximação dos navios e haviam visto uma coluna de fumaça elevando-se da ilha, a qual acreditaram ser apenas uma fogueira sinalizadora.

Mas John White e sua tripulação não tiveram uma acolhida calorosa. Ao desembarcarem, encontraram... nada. Todas as casas e estruturas haviam sido "desmontadas" e, numa cerca de madeira, White encontrou gravada a palavra "CROATOAN", usada por ele para "sinalizar o lugar onde devo encontrar os colonos acomodados, um símbolo secreto sobre o qual concordamos quando os deixei da última vez... pois, com minha partida, eles estavam preparados para se mudar 80 quilômetros território adentro".[4]

Mais de 400 anos depois, o desaparecimento dos colonos de Roanoke continua a ser um dos enigmas mais desconcertantes da história americana.

Existem algumas teorias mais plausíveis do que outras acerca do desaparecimento?

Sim, e muitos historiadores acreditam na idéia de os colonos terem migrado para Croatoan, na ilha de Hatteras, como a que faz mais sentido. John White dissera a eles para gravar o nome do lugar de destino numa árvore ou numa cerca caso resolvessem juntar as coisas e se mudar, e ele também lhes dissera para colocar uma cruz-de-malta sobre o nome do lugar se fossem forçados a partir, ou se estivessem sendo levados como prisioneiros. Não havia cruz-de-malta alguma sobre a palavra Croatoan, sugerindo que a partida tinha ocorrido por decisão deles.

Teriam eles sido assimilados pela linhagem de índios de Chesapeake?

O explorador inglês John Lawson visitou a ilha de Roanoke 119 anos após o desaparecimento da colônia. Ele passou algum tempo com os índios de Hatteras, descendentes diretos da tribo original de Croatoan. Tempos depois, John escreveu que os índios lhe haviam contado que "vários de seus ancestrais eram homens brancos que conseguiam dizer coisas num livro tal como nós, e a veracidade disso pode ser confirmada pela rara ocorrência de olhos acinzentados entre esses índios, e não em outros".[5]

Teriam os colonos sido massacrados pelos índios de Croatoan e um dos últimos sobreviventes gravado o nome de seus assassinos na cerca? Possivelmente, mas tanto os espanhóis quanto os ingleses não apenas investigaram cuidadosamente o lugar da colônia original, como também procuraram bastante por algum sinal dos colonos, e todos terminaram de mãos vazias. Diríamos que deveria haver sinais de um massacre sangrento de mais de 100 pessoas — ainda que fossem só sangue e areia.

E quanto às teorias sobrenaturais? Alguns alegam que a colônia inteira foi abduzida por aliens e levada para uma espaçonave. Isso explicaria a total ausência de qualquer tipo de indício de que havia pessoas em Roanoke antes da chegada de John White.

Tal como acontece com todas as teorias improváveis, sobrenaturais e paranormais, não podemos comprovar que isso *não* aconteceu, por mais absurdo que seja. E assim continua o mistério e, por fim, nossa conclusão aqui é que o destino da colônia perdida de Roanoke ainda é desconhecido.

[1] "They Are All Gone".

[2] Os relatos variam quanto ao número de colonos desaparecidos, incluindo 113, 116, 117, 120, entre outros.

[3] Definitivamente, não há provas que permitam uma conclusão razoável sobre o que aconteceu com a colônia perdida. Todas as teorias são fruto de especulação, embora algumas (especialmente a mudança para a ilha de Hatteras) sejam mais convincentes do que outras.

[4] Eric Hause, "The Lost Colony: Roanoke Island", www.coastalguide.com/packet/lostcolony01.htm.

[5] John Lawson, *A New Voyage to Carolina*.

50

ANOMALIAS LUNARES

HAICAI:
ANOMALIAS LUNARES
White light, the night sky
Silent orb of silent rocks
Ancient stone neighbor

Frenesi demoníaco, melancolia sofrida
E loucura causada pela lua.

— John Milton[1]

Definição: Esquisitice lunar: os aliens já habitaram ou ainda habitam a Lua; existem estruturas artificiais na Lua; a lua cheia pode afetar o humor das pessoas; o pouso na Lua foi uma farsa; luzes e OVNIs são vistos tanto ao redor quanto na própria Lua com regularidade.

O QUE OS CRENTES DIZEM: A Lua é mais do que uma simples rocha inanimada. Dependendo do interesse do crente, algumas ou todas as anomalias lunares citadas são reais. Há de chegar o dia em que compreenderemos totalmente a história de nossa vizinha mais próxima.

O QUE OS CÉTICOS DIZEM: A Lua é apenas uma rocha inanimada.

QUALIDADE DAS PROVAS EXISTENTES: Desprezível a Moderada.

PROBABILIDADE DE O FENÔMENO SER PARANORMAL: Nenhuma a Moderada.

O que são as anomalias lunares?

Para falar de modo simples, as anomalias lunares são ocorrências estranhas relacionadas à Lua, o satélite natural da Terra.

Há vários tipos de anomalias atribuídas à Lua. As mais comuns são as seguintes:

- A Lua foi habitada por alienígenas, mas eles partiram há muito tempo.
- A Lua ainda é habitada por alienígenas.
- OVNIs são vistos e fotografados com regularidade em torno da Lua.
- Luzes são vistas e fotografadas com regularidade em torno da Lua.
- Existem estruturas artificiais na Lua, inclusive cúpulas, pontes, pirâmides, equipamento para mineração e transporte pela superfície lunar, assim como áreas com vegetação.
- O pouso na Lua foi uma farsa.
- Há bases nazistas na Lua, e o motivo pelo qual seu lado escuro nunca é fotografado é devido às gigantescas suásticas penduradas lá.
- A Lua exerce uma influência paranormal sobre os seres humanos.
- A lua cheia afeta o humor das pessoas.
- A Lua é feita de queijo. (Desculpe — já foi comprovado que isso não é verdade.)

Alienígenas na Lua? Por séculos, os homens olhavam para a Lua e presumiam que ela era habitada. A face benigna do Homem da Lua olhava para os terráqueos e, embora os observadores do período pré-telescópio não soubessem o que havia lá, eles acreditavam que a Lua era habitada e que, um dia, talvez encontrassem esses seres. Nos tempos modernos, a idéia de alienígenas na Lua foi relegada àquela categoria de mitos surreais, os quais consideramos divertidos, mas que nos fazem pensar em como pudemos ser tão tolos.

No entanto, a idéia de alienígenas vivendo na Lua ainda persiste entre aqueles que acreditam haver provas disso lá; tudo o que precisamos fazer é procurar.

Isso nos leva à crença de que existem estruturas artificiais na Lua, e essas construções são uma prova irrefutável de que ela já foi habitada.

Estudei com atenção várias fotos da Nasa que supostamente mostram pontes, cúpulas, trilhas, pirâmides e toda sorte de estruturas e marcações. Observei as áreas nas fotos — realçadas com setas — de muitos livros, tentando ver as pontes, cúpulas e pirâmides.

Tudo o que consegui ver foram coisas que se pareciam com todas as outras do território lunar. As longas linhas brancas que diziam ser pontes pareciam com todas as outras linhas brancas vistas na superfície — as quais podiam facilmente ser a beirada de uma cratera, ou uma fileira de rochas. As pirâmides poderiam, sem muita dificuldade, ser rochas gigantescas; as cúpulas, formações rochosas; as trilhas, antigos rios de lava ou as marcas deixadas por milenares chuvas de meteoros.

Ainda assim, muitos suspeitam de que a Nasa encontrou provas de antigas civilizações alienígenas durante suas visitas à Lua e agora tenta encobrir a verdade.

Vamos falar dos pousos na Lua. Isso nos remete àqueles que têm a certeza de nunca termos ido até lá, dizendo que todas as cenas de astronautas saltitando sobre a superfície lunar foram filmadas em estúdio. Ao que parece, Las Vegas é citada algumas vezes como o local onde foi montado o cenário falso. Há livros e sites devotados a identificar as inconsistências das fotos lunares, e, embora algumas das questões levantadas sejam interessantes, até mesmo o menor esforço em revelar a verdade mostra que as teorias de conspiração são exageradas e infundadas.

Em fevereiro de 2001, o canal Fox transmitiu um especial chamado *Teoria da Conspiração: Nós Pousamos na Lua?*. Durante o programa, foi mostrada a foto de um astronauta descendo do módulo lunar, encoberto por sua sombra. O corpo do astronauta, porém, estava iluminado, e o narrador perguntou: "Como é possível ele não estar envolto pela escuridão?" A resposta foi que havia mais de uma fonte de luz (o sol era "supostamente" a única fonte de luz na Lua), e isso prova que os astronautas não estiveram na Lua, mas sim num estúdio com várias luzes.

A verdade? A superfície refletiu a luz. O astronauta foi iluminado pela luz do sol refletida na superfície iluminada da Lua.

Os americanos pousaram na Lua em 1969. Eles voltaram inúmeras vezes, mas a última vez já faz mais de 20 anos.

Com relação aos OVNIs e às luzes vistas na própria Lua e ao seu redor, algumas fotografias são bem convincentes. Vários depoimentos validam essas aparições e é possível que algo esteja acontecendo às escondidas do público. Contudo, até que mais provas sejam coletadas, não podemos chegar a nenhuma conclusão definitiva envolvendo luares e OVNIs.

A Lua exerce uma influência paranormal nos terráqueos? A lua cheia deixa as pessoas loucas? As provas que corroboram essas teorias são fracas e a maior parte das histórias relativas a tal influência baseia-se em depoimentos. Ainda assim, eu próprio já senti o efeito da "lua cheia". Há alguns anos, na época em que eu gerenciava uma loja de jóias da família, nós todos percebíamos um aumento das "loucuras" durante a lua cheia. Notávamos um acréscimo no número de consumidores estranhos, os quais agiam de forma peculiar e faziam pedidos bizarros. Em geral, comentávamos acerca desse fluxo de clientes esquisitos e, sempre que checávamos o calendário, víamos que estávamos em plena lua cheia.

Coincidência? Talvez. Mas *todo mês*?

Outro depoimento? Sem dúvida. Mas tive de conviver com isso, e posso lhe dizer que não estou exagerando. Estou no mínimo tentando entender o "fator loucura".

Algumas mulheres dizem vivenciar fluxos menstruais mais intensos durante a lua cheia. As marés elevam-se. Essas são alegações verificáveis.

Conclusão? Ao que parece, algumas das alegações relativas à influência da Lua sobre nós, terráqueos, se sustentam. Bandeiras com a suástica? Duvido. OVNIs? Possível. Resquícios de uma civilização alienígena? Possível, porém improvável. Efeitos físicos decorrentes da influência da Lua? Certamente.

Talvez esteja na hora de voltarmos à Lua?

Pós-escrito

Em Toledo, Ohio, a polícia analisou 122 mil relatórios policiais de 1999 a 2001 e descobriu que o índice de crimes aumentava mais de 5 por cento em noites de lua cheia.

Os computadores da polícia analisaram todos os crimes ocorridos entre seis da tarde e seis da manhã nas 38 noites de lua cheia entre 1999 e 2001. Em seguida, eles compararam esse índice com o dos crimes cometidos no mesmo horário nas outras noites durante esses anos.

Os resultados? Houve um aumento de 5,5 por cento nos crimes violentos e de 4,6 por cento nos roubos de casas durante a lua cheia.[2]

[1] *O paraíso perdido*, livro IX, linhas 485-86.
[2] *The Toledo Blade*.

51

APARIÇÕES DE MARIA

HAICAI:

APARIÇÕES DE MARIA

Lady clad in blue
Holy mother of Jesus,
Sacred visitor?

Ditosos os olhos que vêem o que vós vedes; pois digo-vos: muitos profetas e reis desejaram ver o que vós vedes, e não o viram, e ouvir o que vós ouvis, e não o ouviram.[1]

DEFINIÇÃO: As aparições de Maria referem-se ao surgimento ou visão miraculosa e espontânea da abençoada Virgem Maria. Algumas vezes, Jesus ou santos também são vistos.

O QUE OS CRENTES DIZEM: A Virgem Mãe e outras divindades aparecem para certas pessoas no intuito de transmitir mensagens para a humanidade. Às vezes, ocorrem curas milagrosas concomitantes com essas aparições. Esses eventos são milagres religiosos.

O QUE OS CÉTICOS DIZEM: Todas as aparições de Maria e dos santos são alucinações, delírios em massa ou farsas; todas as curas milagrosas são de natureza puramente biológica (embora muitas vezes inexplicável). Todos os surgimentos de imagens inanimadas (nas janelas etc.) são interpretações subjetivas feitas pelo olho de quem vê.

QUALIDADE DAS PROVAS EXISTENTES: Moderada.

PROBABILIDADE DE O FENÔMENO SER PARANORMAL: Inconclusiva.

A "aprovação unânime da Igreja" com relação à visão ou à aparição da Virgem Maria significa que a Igreja Católica confirma a autenticidade sobrenatural da manifestação. Segundo a Igreja, o que os perceptivos viram era divino e real: a Virgem Maria realmente apareceu para eles.

A Igreja já reconheceu como verdadeiras aparições na Itália, México, Espanha, França, Polônia, Eslováquia, Irlanda, Portugal, Bélgica, Egito, Nicarágua e Japão, além de centenas de aparições em outros países (inclusive nos Estados Unidos) estarem no momento sob investigação.

Após uma investigação cuidadosa da aparição, de suas testemunhas e das informações coletadas durante o evento, a Igreja, por fim, julga o caso "pertinente à fé", "indigno de acreditar" ou "digno de acreditar".

Além da presença visual da Virgem Maria, muitas vezes curas milagrosas, inexplicáveis pela medicina, ocorrem juntamente com as aparições. Em 1989, uma irlandesa chamada Marion Carroll visitou Knock, na Irlanda, o lugar de uma das aparições da Virgem Mãe reconhecidas pela Igreja. (Em 1879, Maria, são José e são João apareceram no lugar onde hoje se encontra uma basílica.) Carroll sofria de esclerose múltipla, que já a deixara paralisada da cintura para baixo e com uma total incontinência. Após ser colocada numa maca sob a estátua de Maria da basílica, ela disse ter escutado uma voz lhe mandando levantar. Carroll achou que fosse sua imaginação, mas, ao ser carregada de volta para a ambulância que a levara até lá, escutou a voz novamente, e dessa vez perguntou à enfermeira se deveria tentar caminhar. Após 17 anos de paralisia, Carroll andou sem ajuda até a ambulância e, ao chegar em casa, os médicos descobriram que seus músculos não mostravam mais sinal algum da doença. Ela atribuiu a cura ao poder da Virgem Mãe e posteriormente declarou ter adquirido a habilidade de realizar curas ela própria.

Um número enorme de aparições de Jesus e Maria é relatado com freqüência ao redor do mundo. Estarão todas as testemunhas delirando? Serão essas aparições dádivas genuínas de Deus no intuito de validar a fé dos católicos e encorajar atos de devoção?

Ou será que essas pessoas apenas "vêem" o que desejam ver?

Algumas das aparições e manifestações parecem feitas sob medida para a zombaria dos céticos. Por exemplo:

- Em outubro de 1977, no Novo México, Maria Rubio fritou uma tortilha para o café-da-manhã do marido, Eduardo. Após fritá-la, viu na tortilha uma imagem inconfundível do rosto de Jesus Cristo com uma coroa de espinhos. Isso foi imediatamente aceito como uma manifestação milagrosa, e a tortilha acabou sendo emoldurada, a fim de que milhares de pessoas pudessem venerar a "tortilha de Cristo". Não se sabe o que Eduardo comeu no café-da-manhã no dia em que Jesus apareceu na frigideira de sua mulher.
- Em 1997, em Clearwater, na Flórida, uma imagem de dois andares, multicolorida, da Virgem Maria apareceu nas janelas de um prédio alugado pela Ugly Duckling Auto Sales. A imagem tinha 10 metros de altura por 15 de largura, e o estacionamento do prédio virou um santuário completo, com bancos, velas e adoradores.

É verdade que nem a tortilha nem a imagem na janela falaram com ninguém, mas será possível que as manifestações inanimadas de Jesus e Maria sejam parte de um delírio em massa, como os céticos afirmam ocorrer quando Maria aparece para as pessoas e lhes diz algo?

Há certos elementos em comum a muitas das aparições de Maria. Em geral, a *Madonna* aparece para crianças. Muitas vezes, oferece conselhos e orientação espiritual, inclusive advertências para que as pessoas rezem o rosário e se abstenham de sexo.

Algumas vezes, ela dá ordens, tal como dizer às pessoas para quem aparece que uma igreja precisa ser construída naquele lugar, ou que elas precisam cavar uma nascente ali. Noutras, a Virgem faz predições ou revela informações a respeito de assuntos internacionais, sendo as mais conhecidas dessas revelações os três segredos de Fátima. Há vezes em que curas são relatadas nos locais onde a *Madonna* surgiu.

É preciso reconhecer que a maioria das aparições de Maria ao redor do mundo não é passível de verificação; elas só são válidas para os participantes, muitos dos quais demonstram estar alucinando ou sendo levados pela histeria religiosa. Dito isso, porém, há incidentes verdadeiramente surpreendentes que a ciência não consegue explicar e para os quais a explicação de "alucinação" não satisfaz.

A Igreja Católica toma muito cuidado em sancionar aparições milagrosas. Sua propensão a não aceitar esses relatos como verdadeiros mostra muito bem a imensa proliferação de depoimentos falsos.

As aparições de Maria mais famosas ocorreram em Fátima e Lourdes.

Esses lugares atraem milhares de visitantes todos os anos e há inúmeros depoimentos de curas milagrosas e outras maravilhas ocorridas neles. (No entanto, além da fé, há também muito cinismo. Um comentário bem conhecido sobre o santuário de Lourdes é especialmente ferino: ao ver centenas de muletas e bengalas penduradas dentro da gruta, um cético exclamou: "O quê? Nenhuma perna artificial?!")

Hoje em dia, podemos comprar a água de Lourdes, e conheço um homem que deu a sua mãe um punhado de contas de rosário benzidas nessa água ("Cura garantida!"), embutidas numa medalha de plástico transparente. Esse é um de seus pertences mais preciosos. À parte com o ceticismo, os crentes acreditam no que querem, e eles acreditam que a Virgem Mãe aparece na Terra, e que sua presença pode, muitas vezes, ser o prenúncio de milagres ou mensagens.

Há uma fotografia de uma das aparições de Maria considerada genuína. Ela foi tirada em Zeitoun, no Egito, quando a Virgem surgiu nos céus sobre uma igreja local.

Ao que parece, muitas pessoas testemunharam a aparição e alguém tirou uma foto.

A foto mostra a silhueta de uma mulher em pé em pleno ar, acima do telhado da igreja. Sua cabeça está curvada, ela possui uma auréola e está envolta por uma luz branca.

Nunca me convenci da autenticidade desta foto. Parece que alguém colocou uma estátua no telhado de uma igreja e de alguma forma a acendeu, de modo que os detalhes ficassem obscurecidos pela luz. Muitos, porém, acreditam que eu esteja errado, e talvez esteja mesmo.

A Virgem Maria aparece para pessoas na Terra? Acho que sim, mas o número de aparições *verdadeiras* do ser transcendental que foi a mãe de Jesus é muito menor do que o *relatado*.

[1] Lucas 10:23.

52

HOMENS DE PRETO

HAICAI:

HOMENS DE PRETO

Sunglasses at night
Black suits, black ties, no smiles
"I look good in this."

Vacila o claro agente, de fraqueza, mas à noite se atira para a presa.[1]

Definição: Os homens de preto são homens misteriosos em terno preto e óculos escuros que podem ou não ser alienígenas, os quais em geral aparecem sem avisar para "interrogar" as pessoas que dizem ter visto um OVNI ou sido abduzidas.

O que os crentes dizem: Os homens de preto são agentes alienígenas cujo trabalho é monitorar e apagar os relatos de OVNIs e de contatos alienígenas para que os outros aliens possam continuar com suas atividades na Terra sem interferência. É bem provável que os governos do mundo (ou pelo menos o dos Estados Unidos) estejam de conluio com esses seres.

O QUE OS CÉTICOS DIZEM: Os homens de preto, se é que eles existem, provavelmente são agentes do governo que dirigem carros velhos e se vestem mal. Mas a probabilidade é de que *não* existam mesmo.

QUALIDADE DAS PROVAS EXISTENTES: Fraca.

PROBABILIDADE DE O FENÔMENO SER PARANORMAL: Baixa.

Quem são os homens de preto? Eles são reais?

O filme de 1997, *Homens de Preto*, oferece uma interpretação diferente para a história desses homens: eles não são aliens. São agentes humanos cujo trabalho é monitorar a atividade alienígena na Terra e nas galáxias próximas. É uma "interpretação" inteligente de um dos mais difundidos elementos da ufologia.

Segundo os relatos, os homens de preto sempre viajam em grupos de dois ou três e aparecem pouco depois de alguém contar oficialmente ter visto um OVNI ou sido abduzido. (Nem todas as vítimas de abdução são visitadas pelos homens de preto, mas muitas sim.) Em alguns casos, eles aparecem na porta da casa da pessoa após ela ter visto um OVNI, mas antes de ter a oportunidade de contar a alguém. É como se eles soubessem tudo o que acontece e quisessem impedir a pessoa de falar sobre o caso.

Em 1947, o mesmo ano da aparição do OVNI em Washington relatada por Kenneth Arnold e da colisão em Roswell (veja Capítulo 75), Harold Dahl veio a público com o primeiro relato oficial de uma visita dos homens de preto. Dahl declarou ter testemunhado um OVNI lançar substâncias "metálicas" (cabelo de anjo, talvez? Veja o Capítulo 4) no oceano, próximo à costa de Maury, em Washington, e disse que na manhã seguinte recebeu uma visita de um sujeito estranho num terno escuro. Esse "homem" de aparência sinistra deu a entender que Dahl e sua família acabariam se machucando se ele continuasse a falar sobre o que tinha visto.

Acabaram descobrindo que a história de Dahl era uma farsa elaborada, mas, ainda assim, os teóricos da conspiração acreditaram na história, alegando que estavam tentando encobrir a verdade — que era, logicamente, o fato de Dahl ter recebido a visita de verdadeiros homens de preto.

Em setembro de 1953, Albert Bender, fundador do International Flying Saucer Bureau, declarou ter recebido a visita de três homens em ternos escuros após contar sobre uma teoria relativa aos OVNIs para uma das pessoas com quem se correspondia. Esse foi o verdadeiro começo da lenda dos homens de preto, a qual se tornou conhecida na ufologia como o "mistério Bender".

Os homens de preto sempre usam ternos escuros. Algumas vezes, esses ternos mostram-se impecavelmente limpos e passados; noutras, sujos e amarrotados.

Algumas vezes, eles demonstram um forte sotaque; noutras, usam uma linguagem bem formal; e noutras ainda, tentam conversar num dialeto usado por gangues.

Os homens de preto parecem ficar maravilhados com objetos comuns, como colheres e escovas.

Algumas pessoas que dizem ter recebido a visita dos homens de preto contam que ficaram bem assustadas e que eles as ameaçaram com violência caso não calassem a boca.

Aparentemente, os homens de preto não têm dinheiro para comprar carros novos, pois são sempre vistos em velhos Cadillacs pretos (às vezes, há menção a outros modelos, como Lincolns ou Buicks), embora em boas condições. (Se eles fosse agentes do governo, não estariam dirigindo Taurus ou Impalas?) Além disso, segundo as testemunhas, os carros parecem emitir uma luz esverdeada, do outro mundo.

Algumas testemunhas dizem que os homens de preto usam uma maquiagem pesada e possuem traços esquisitos. (Espera um pouco! Já sei! Michael Jackson é um deles!)

E a lenda continua...

Eles podem desintegrar moedas na palma da mão. São imunes ao frio e, em geral, são vistos em pleno inverno com nada além de seus ternos pretos. E, por falar nos ternos, muitos dizem que eles parecem ser feitos de algum material esquisito e brilhante, diferente de qualquer coisa já vista por alguma das testemunhas.

É possível que os homens de preto possam levitar. Há relatos de que eles foram vistos atravessando campos encharcados e enlameados, e depois apareceram na porta de alguma casa sem uma gota de lama ou sujeira — inclusive nos sapatos, imaculadamente limpos e engraxados.

Serão os homens de preto atores contratados pelo governo e instruídos a agir de maneira tão estranha quanto possível como parte de uma campanha para enganar as pessoas?

Ou serão eles robôs ou andróides de outro planeta cujo trabalho é supervisionar a atividade dos OVNIs na Terra?

Serão eles aliens, talvez do planeta Sirius, ou de alguma outra dimensão?

Não sabemos as respostas a essas questões.

Contudo, hoje em dia há muitas pessoas que acreditam que os filmes *Homens de Preto*, estrelados por Will Smith e Tommy Lee Jones, são documentários.

1 William Shakespeare, *Macbeth*, ato III, cena 2.

53

SEREIAS

HAICAI:

SEREIAS

Ocean maidens sing
Beckoning sailors approach
Dreams of the vast seas

Ela é uma besta do mar maravilhosamente esculpida, uma mulher da cintura para cima e um peixe da cintura para baixo. Seus acordes doces fazem os marinheiros dormirem. Ela então entra no navio e carrega alguém consigo até um lugar seco. E o obriga a se deitar com ela, e, caso ele recuse ou diga que não possa, ela o mata e come sua carne.

— Bartholomew Anglicus[1]

Definição: Uma lendária criatura do mar com cabeça e tórax de mulher e rabo de peixe.

O que os crentes dizem: As histórias mitológicas de sereias e tritões surgiram das visões dos antigos de seres reais. As sereias são reais e ainda são vistas hoje em dia. Talvez sejam alguma espécie desconhecida de peixe ou mamífero aquático. O filme *Splash — Uma Sereia em Minha Vida* deveria ser visto como um documentário.

O que os céticos dizem: As sereias e os tritões são pura fantasia. Não existe esse negócio de híbrido de homem com peixe.

Qualidade das provas existentes: Fraca.[2]

Probabilidade de o fenômeno ser paranormal: Baixa.

Ao final de abril de 1608, Henry Hudson, o explorador inglês do século XVII que descobriu o rio Hudson, deixou a Inglaterra numa viagem para encontrar uma rota norte até as Índias Orientais. Ele fracassou[3] e, após quatro meses de viagem até o mar de Barents, Hudson e sua tripulação voltaram para a Inglaterra.

Durante a viagem, dois de seus tripulantes, Thomas Hill e Robert Raynor, disseram ter visto uma sereia próxima à costa de Novaya Zemlya, um grupo de ilhas ao norte da Rússia. O capitão Hudson registrou cuidadosamente a aparição extraordinária em seu diário, no dia 15 de junho de 1608:

> Hoje à noite, um dos nossos, ao olhar pela amurada, viu uma sereia e chamou alguns tripulantes. Aproximou-se outro, e então ela já se encontrava mais perto da lateral do navio, olhando ávida para os homens... Da cintura para cima, as costas e os seios pareciam os de uma mulher... o corpo tão grande quanto o de qualquer um de nós; a pele muito branca; o cabelo comprido pendendo nas costas, preto; na parte de baixo, um rabo, tal como o rabo de um golfinho, mas pintado como o de uma cavalinha.

A compilação maciça, feita em 1900 por Alexander Carmichael dos folclores escocês e galês, *Carmina Gadelica*, contém a história de uma sereia vista pelos cidadãos da ilha de Benbecula. A princípio, eles tentaram capturá-la, mas ela era rápida e sempre conseguia fugir. Por fim, enquanto a sereia tentava nadar em direção ao mar aberto, um garoto fez o que os jovens fazem quando se sentem frustrados. Jogou uma pedra, acertando-a nas costas. Ela submergiu, mas a pedrada fora fatal e seu corpo morto apareceu na orla alguns dias depois. Ao ser examinado, os moradores da ilha notaram que a parte superior do corpo da criatura era do tamanho de uma criança de quatro anos, embora ela apresentasse seios completamente desenvolvidos. A parte inferior era semelhante à de um salmão. Sua pele era branca e o cabelo longo e escuro, e, segundo as testemunhas, ela parecia exatamente com o que todos esperavam de uma sereia: metade humana, metade peixe.

Sua aparência humana era tão cativante que o xerife ordenou que ela fosse enterrada, com direito a caixão e mortalha — como se fosse uma pessoa.

Seria essa criatura uma sereia de verdade? Ou seria apenas uma baleia, uma foca ou um dugongo encalhado?

Essa pergunta demanda um segundo para pensar: seria possível que os marinheiros da ilha não fossem capazes de reconhecer uma baleia, foca ou dugongo encalhado?

A história da sereia de Benbecula é uma das mais enigmáticas de todos os tempos e ainda não foi satisfatoriamente explicada.

A lenda da sereia origina-se de duas fontes principais: a mitologia babilônica do século VI a.C. e as criaturas marítimas confundidas com humanos.

Oannes era um deus babilônio com uma forma humana e o rabo de um peixe. Os primeiros relatos de sereias como criaturas reais datam dos escritos de Plínio, o Velho, no século I. Plínio declarou que os soldados de Augusto César viram cadáveres de sereias espalhados por uma praia em Gaul.

Para aumentar ainda mais as lendas e os escritos, há as criaturas vistas pelos marinheiros; criaturas que, observadas em meio à neblina, ou de longe, poderiam ser facilmente confundidas com humanos com rabos de peixe. Há séculos, focas, dugongos, morsas, baleias e outras criaturas com forma humanóide — isto é, cabeça, um tronco que se afina em direção aos quadris, barbatanas que poderiam ser confundidas com braços — convencem os marinheiros de estarem vendo uma sereia lendária. (Tenha em mente, também, que um grande número dos antigos escritos arquivados relativos a sereias data de uma época em que não existia esse negócio de "visão corrigida". Não é forçar a barra imaginar um marinheiro míope que se convence, ao olhar através da neblina para um dugongo deitado numa pedra, de estar vendo algo mais do que uma simples criatura marinha.)

Em 1961, a Secretaria de Turismo da Ilha de Man, na Grã-Bretanha, ofereceu um prêmio a quem se apresentasse com uma sereia viva. O prêmio ainda não foi reclamado.

[1] Historiador do século XIII. Esse é um dos poucos relatos de sereias canibais. No entanto, se elas eram apenas metade humanas, então eram metade canibais e metade onívoras?

[2] A maioria das provas consiste em depoimentos históricos. Houve, porém, e continua a haver dúbias aparições de sereias nos dias de hoje.

[3] Existe uma rota marítima extremamente longa pelo norte que liga a Indonésia à Inglaterra (como já existia no século XVII), mas não é uma viagem que faça muito sentido. Naqueles dias anteriores ao canal do Panamá, um navio teria de sair da Inglaterra rumo ao oeste até chegar ao continente norte-americano, em seguida rumar para o norte até a baía de Baffin, depois ao oeste, através dos arquipélagos canadenses até o mar de Beaufort, em seguida para o sul pelo estreito de Bering, e então em direção sudeste, pelo oceano Pacífico até a Indonésia. Uma viagem difícil e longa. Contornar o sul da América do Sul era o caminho mais curto, fácil e econômico.

54

MILAGRES

HAICAI:

MILAGRES

Impossible act
A miraculous healing
A message from God?

Como podemos deixar de acreditar, ao rezarmos, que Deus propicie as condições para os fenômenos naturais se combinarem, de modo que, por meio de Sua intercessão divina, possamos alcançar os desejos de nossos corações, mas, ainda assim, para um observador comum, os eventos acontecem na hora e lugar que deveriam. Para a alma devota, porém, é bem diferente. Ela reconhece a generosidade de Deus e fica profundamente grata por Seus cuidados paternais. Sabe que foi Deus quem provocou o evento de alguma forma. Quando, por conseguinte, rezamos pedindo para chover ou para evitar uma calamidade, ou para impedir a destruição das pragas, imploramos não por milagres ou sinais de onipotência: pedimos a Ele, Senhor dos céus e dos abismos, que escute nossas súplicas e, a Seu modo benevolente, nos forneça a resposta que procuramos.[1]

Definição: Um milagre é um evento aparentemente inexplicável pelas leis da natureza e, portanto, visto como algo de origem sobrenatural ou como um ato deliberado de Deus.[2]

O que os crentes dizem: Milagres acontecem. São atos de Deus, são dádivas da intervenção divina em benefício dos crentes. Há milagres de cura, aparições milagrosas, milagres eucarísticos, precognitivos e muitos outros que revelam a presença e o poder de Deus no tocante aos assuntos humanos.

O que os céticos dizem: Milagres são impossíveis. Todas as ocorrências aparentemente "milagrosas" são apenas uma combinação de vários fatores fortuitos (e talvez desconhecidos), inclusive a sorte. Todos os milagres atribuídos a Cristo na Bíblia são ficcionais e foram inventados pelos autores dos evangelhos.

Qualidade das provas existentes: Boa.

Probabilidade de o fenômeno ser paranormal: Alta.

Por vários dias após o retorno da adolescente Elizabeth Smart, que havia sido seqüestrada, seu pai, Tom, foi visto na mídia fazendo declarações apaixonadas de que a volta da filha fora um "milagre". Os Smart são mórmons devotados, e Tom declarou de modo inacreditável que ninguém na história da humanidade tinha sido objeto de tantas orações quanto sua filha Elizabeth.

Elizabeth ter voltado em segurança foi um verdadeiro milagre? Será que Deus ou um de Seus santos interveio no curso das relações humanas para assegurar que Elizabeth voltasse para sua família? Ou terá sido esse final feliz apenas o resultado dos olhos aguçados de civis e policiais cautelosos e da velha e boa sorte?

Hoje em dia, a palavra "milagre" é usada quase sem pensar. A mulher que escapa de um acidente de carro descreve o fato de ter sobrevivido como um milagre. A família do paciente carente de transplante de fígado que consegue arrumar o órgão de que ele precisa credita a disponibilidade do órgão a um milagre. Ocorrências aparentemente impossíveis como estigmas e estátuas que sangram são chamadas de milagres.

Ironicamente, a Igreja Católica exige provas *científicas* da ocorrência de um milagre antes de dar prosseguimento ao processo de canonização de um santo. Os arquivos da Igreja estão repletos de relatos de milagres ostensivamente "reais". Serão esses milagres manifestações espetaculares de algum evento inacreditável? Pode uma catedral levitar de repente na frente de câmeras de TV? Alguém já viu padres caminhando sobre a água?

Não. Hoje em dia, os milagres aceitos pela Igreja são quase que exclusivamente de natureza clínica. O processo é similar na maioria dos casos. Uma pessoa — vamos chamá-la de Susan — é diagnosticada com uma doença terminal — câncer de fígado em último estágio — e seus médicos são unânimes em dizer que *não* há esperança de cura e que Susan está, para todos os efeitos, condenada. Os entes queridos da paciente começam a rezar para algum morto que consideram santo. Tempos depois, Madre Teresa torna-se alvo de muitas das orações. Eles pedem para que Susan fique completamente curada e sua saúde seja restabelecida. Imploram pela intervenção da futura santa, eles acreditam de todo coração que serão ouvidos e guardam registros detalhados do quadro clínico de Susan.

Certo dia, o câncer de Susan desaparece. Os exames mostram que seu fígado está normal e que não há o menor sinal de tumor maligno.

Os médicos ficam boquiabertos, mas confirmam que ela está completamente curada.

Susan e seus entes queridos creditam a recuperação dela ao santo em potencial e os detalhes da cura são submetidos à Igreja. E a Igreja então realiza sua própria pesquisa médica para verificar a cura. Se os médicos e todos os outros "juízes" concordarem, o milagre é creditado ao santo em potencial.

Dois milagres semelhantes precisam ser validados antes que a Igreja declare ser a pessoa "abençoada", e mais dois antes que ela seja canonizada como santa.

Para muitos, esses registros de curas milagrosas são a prova mais convincente de uma ocorrência paranormal. Serão eles prova irrefutável da presença e intervenção divina? Ou apenas algo que a ciência ainda não compreende? Essas são questões de fé. Independentemente da inclinação religiosa da pessoa, não há como negar o impacto desconcertante causado pela recuperação de alguém às portas da morte. Com relação a quem deva levar o crédito, isso também é uma questão de fé.

Milagres são impossíveis?

É possível que as leis da natureza sejam anuladas (ou, pelo menos, dribladas) pelo poder da oração e da intervenção divina? Poderia algum "poder" misterioso ser o responsável por tais eventos?

Por um lado, a existência de eventos milagrosos *valida* as leis da natureza. Apenas conhecendo e aceitando as leis naturais, podemos nos conscientizar de uma *violação* às ditas leis.

No século XX, o filósofo americano William James escreveu:

> Confesso que às vezes fico tentado a acreditar que a intenção do Criador sempre foi de que este departamento da natureza permanecesse *desconcertante*, a fim de estimular nossa curiosidade, esperança e suspeita, tudo na mesma medida, de modo que, embora os fantasmas e clarividentes, os raios e as mensagens psicografadas pareçam ter existido desde sempre, ainda que nunca explicados, eles também jamais sejam suscetíveis a uma confirmação definitiva.

Os ateus e agnósticos rejeitam até mesmo a possibilidade de milagres ocorrerem porque acreditam, em primeiro lugar, que a ciência detém todas as "normas da realidade", e também porque reconhecer a possibilidade de um evento milagroso equivale, na verdade, a reconhecer a existência de um poder paranormal para além do universo da ciência e das leis da natureza, uma concessão que vai de encontro a seu sistema de crenças.

Contudo, como diz James, e como discutimos na introdução deste livro, o homem não sabe tudo. James desconfia de que esse desconcerto seja intencional da parte do Criador. Talvez. Acho que apenas não aprendemos ainda tudo o que há para saber — e provavelmente jamais aprenderemos.

Esse desejo de considerar a possibilidade de existirem leis da natureza ainda por conhecer dá margem à chance de que os milagres sejam apenas eventos ainda não explicados.

É normal que culturas e sociedades recorram a idéias mágicas quando são confrontadas com algo que pareça estar além de sua compreensão das leis da natureza. Há 200 anos, a televisão seria considerada uma caixa mágica onde as imagens surgiam do nada. E o controle remoto seria visto como uma varinha mágica capaz de mudar as coisas na caixa misteriosa.

Sem dúvida, essa racionalização levanta a possibilidade de que os tão chamados "milagres" não sejam atos de Deus, mas apenas fenômenos ainda não compreendidos. Por mais repulsiva que essa idéia possa ser para os religiosos, ela é, mesmo assim, uma teoria válida e deve ser levada em conta ao tentarmos compreender ocorrências aparentemente incompreensíveis.

Há muitos relatos de eventos milagrosos ocorrendo na Terra.

Pergunte a alguém preparado para morrer se a recuperação alcançada após orações foi apenas sorte ou um verdadeiro milagre.

1 *A enciclopédia católica*, "Milagre".

2 *American Heritage Dictionary*.

55

O MISTÉRIO DO *MARY CELESTE*

HAICAI:

MARY CELESTE

An empty vessel
A floating vacant ghost ship
No clue of their fate

Nossa embarcação está em ótimas condições. Espero que façamos uma boa travessia; mas, como nunca viajei nela antes, não sei como irá se comportar.

— Benjamin Briggs[1]

Definição: O mistério do *Mary Celeste* começou com a descoberta do bergantim abandonado boiando no Atlântico Norte; seu capitão, a família dele e a tripulação, desaparecidos. Não havia sinal de pirataria ou crime e o estoque de suprimentos para seis meses do navio estava intacto.

O QUE OS CRENTES DIZEM: Algo bizarro aconteceu a bordo do *Mary Celeste*. O desaparecimento inexplicável da tripulação do navio rivaliza com o desaparecimento da colônia de Roanoke (veja Capítulo 49) por seu mistério. Soluções paranormais para o enigma devem ser levadas em consideração, entre elas abdução alienígena, ataque de um monstro das profundezas ou algum tipo de distorção temporal.

O QUE OS CÉTICOS DIZEM: O capitão, sua família e a tripulação abandonaram o navio por algum motivo desconhecido e se perderam no mar. Essa é a explicação mais lógica, embora insatisfatória, para que tenham encontrado o navio boiando no Atlântico Norte, com a carga e os equipamentos em perfeitas condições. Talvez nunca venhamos a descobrir o porquê de eles terem usado um pequeno bote salva-vidas, mas procurar a resposta em aliens ou monstros é ridículo.

QUALIDADE DAS PROVAS EXISTENTES: Moderada.[2]

PROBABILIDADE DE O FENÔMENO SER PARANORMAL: Fraca a Inconclusiva.[3]

O navio conhecido como *Mary Celeste* foi originalmente batizado como *Amazon* e não há outra forma de descrevê-lo que não como um barco azarado.

Uma embarcação pode ser sortuda ou azarada? Um navio pode ser amaldiçoado?

Os marinheiros e os atores compartilham algo em comum: são supersticiosos a respeito de sua profissão e de seus rituais e crenças. Uma pesquisa superficial da história do *Mary Celeste* rapidamente convenceria um marinheiro de que o navio estava fadado ao desastre.

Sua história é alarmante:

- Dois dias após assumir o comando do *Amazon*, seu primeiro capitão morreu.
- Em sua viagem inaugural, ele colidiu com uma barreira de pesca e danificou o casco.
- Enquanto o casco estava sendo reparado, houve um incêndio a bordo, provocando ainda mais danos.
- Após ser consertado, ele atravessou o estreito de Dover e logo colidiu com outro navio, afundando-o.
- O quarto capitão do *Amazon* fez com que ele encalhasse na ilha do cabo Breton, provocando danos consideráveis.

Após ser resgatado (embora depois da série de calamidades envolvendo o *Amazon* a gente imagine por que alguém desejaria ter algo mais a ver com ele), ele foi comprado e vendido três vezes, até ir parar nas mãos de J. H. Winchester, que o rebatizou como *Mary Celeste*. Talvez Winchester tenha pensado que uma troca de nome confundiria os demônios do mar, os quais pareciam particularmente propensos a danificar o navio.

O *Mary Celeste* partiu de Nova York rumo a Gênova, na Itália, em 5 de novembro de 1872. A bordo, estavam o capitão, Benjamin Spooner Briggs, sua mulher, Sarah, e a filha de dois anos, Sophie Matilda. Uma tripulação de sete homens conduzia a embarcação (embora alguns relatos citem oito membros na tripulação). No porão, havia uma carga de álcool bruto, além de comida e água suficientes para uma viagem de vários meses.

Por 20 dias, a viagem do *Mary Celeste* correu aparentemente sem incidentes. Mas, no dia 25 de novembro, *algo* aconteceu, e o que foi isso tem sido objeto de debate (e de livros, sites e artigos) há décadas.

Na véspera de o *Mary Celeste* partir de Nova York, o capitão Briggs jantou com um amigo, Benjamin Morehouse, capitão do *Dei Gratia*, o qual se encontrava ancorado ao lado do *Mary Celeste* no porto de Nova York. Na manhã seguinte, Briggs partiu; dez dias depois, o capitão Morehouse seguiu para a colônia britânica de Gibraltar, na costa da Espanha.

Em 5 de dezembro, o capitão Morehouse avistou o *Mary Celeste* navegando desgovernado no Atlântico Norte, a meio caminho entre os Açores e a costa de Portugal. Após sinalizar repetidas vezes para o navio, sem receber resposta, ele decidiu mandar seus homens subirem a bordo para investigar.

O que eles encontraram?

Um mistério que perdura até hoje.

E o mais importante: não havia ninguém a bordo. O capitão Briggs, sua família e a tripulação não estavam em lugar algum. Além disso:

- Duas velas estavam faltando.
- A caixa na qual ficava a bússola do navio (a bitácula) fora aberta e a bússola, esmagada.
- Havia água na coberta, mas não o suficiente para afundar o navio.
- Os armários da tripulação continuavam trancados e seus pertences, intactos.
- O diário de bordo e os instrumentos estavam faltando; o diário do capitão continuava ali.
- Os suprimentos de comida e água estavam intactos.
- A última entrada no diário do capitão era datada de 25 de novembro e fornecia as coordenadas do navio, as quais revelavam que ele viajara aproximadamente 1.100 quilômetros em dez dias sem ninguém a bordo.
- E, finalmente, o bote salva-vidas estava faltando.

Por alguma razão, Briggs e todos os outros haviam abandonado o navio — *às pressas* — no dia 25 de novembro. Isso foi extremamente intrigante para o capitão Morehouse e seus homens: o *Mary Celeste* era, sem dúvida, navegável. Não havia chance de ele afundar, então por que todos tinham deixado a segurança da embarcação em troca dos perigos de um bote pequeno em mar aberto?

Eis aqui as teorias mais comumente citadas com relação ao que aconteceu, e os argumentos que as contradizem:

O capitão pensou que o navio estivesse afundando e o abandonou. *Por que ele pensaria que o navio estava afundando com tão pouca água na coberta?*

A tripulação pegou o álcool bruto, se embebedou, amotinou-se e o capitão fugiu com a família, após o que a tripulação se afogou.

O álcool bruto teria deixado os homens doentes, e não bêbados, e os experientes marinheiros do Mary Celeste *saberiam disso.*

Um tornado (tromba-d'água) acertou o navio e fez o capitão pensar que eles estivessem afundando. Assim, ele teria abandonado o navio. *Por que eles achariam que seriam capazes de escapar de uma tromba-d'água num pequeno bote e não no* Mary Celeste*?*

O capitão e seu sócio combinaram de abandonar o navio para pegar o dinheiro do seguro. *Eles ganhariam menos dinheiro do seguro do que vendendo o navio direto.*

Então só sobra abdução alienígena, certo? Ou teriam eles atravessado um portal do tempo? Ou cometido suicídio em massa?

Até hoje, ninguém sabe a verdade. Houve muita especulação sobre o que aconteceu com o *Mary Celeste* após a publicação do conto sensacionalista (e totalmente impreciso) de J. Habakuk Jephson, pseudônimo de Arthur Conan Doyle.

O que sabemos é que o *Mary Celeste* foi abandonado, provavelmente devido ao pânico, e que todos morreram no mar.

"Por quê?" é a pergunta que até hoje não foi respondida.

1 Retirado da última carta do capitão Briggs para sua mãe, escrita antes de ele partir em viagem, em 5 de novembro de 1872. *Mysteries of the Unexplained*, p. 122.

2 As provas consistem basicamente nos testemunhos da tripulação do *Dei Gratia* e no diário do capitão do *Mary Celeste*.

3 As conclusões relativas ao destino das pessoas a bordo do *Mary Celeste* variam de explicações prosaicas a relatos de ocorrências inacreditáveis. Uma vez que não temos uma resposta definitiva, ao final, a interpretação dos fatos de que dispomos fica, mais uma vez, a cargo de quem os analisa. Aqueles que procuram por uma explicação sobrenatural podem encontrá-la; os que rejeitam tais teorias podem, da mesma forma, encontrar fatos que comprovem *sua* posição.

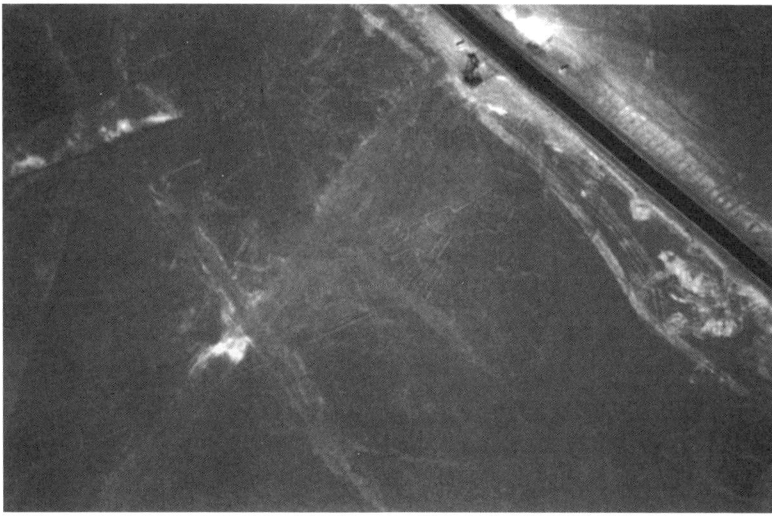

56

AS LINHAS DE NAZCA

HAICAI:

LINHAS DE NAZCA

Scripture in the sand
Ancient creatures, lines in sand
No artist signed them

Os conquistadores espanhóis... nunca mencionaram essas marcas em nenhum de seus escritos, e os atuais habitantes da região, embora as conheçam, não possuem tradições ou lendas que ajudem a explicá-las. Às vezes, as pessoas as chamam de "Estradas Incas", embora sua própria natureza, tamanho e posição indiquem que elas jamais poderiam ter sido usadas para simples transporte. A possibilidade de serem as ruínas de antigos canais de irrigação deve ser descartada, visto que muitas são encontradas ao longo de pequenas encostas. E, mesmo que não fosse esse o caso, elas não possuem conexão com rio algum, um requisito primário para canais de irrigação.[1]

DEFINIÇÃO: As linhas de Nazca são desenhos e linhas antigos e enormes gravados na superfície do deserto peruano, nas proximidades de Nazca, retratando animais, pássaros, figuras geométricas e outros padrões que só podem ser vistas olhando de cima.

O QUE OS CRENTES DIZEM: Os geoglifos de Nazca são marcas de pouso de espaçonaves alienígenas.

O QUE OS CÉTICOS DIZEM: Os padrões de Nazca foram criados pelo povo do lugar no decorrer de décadas, provavelmente com a utilização de algum tipo de sistema para marcação de malha topográfica (cordas, estacas e desenhos), com o qual eles poderiam reproduzir numa escala gigantesca algum desenho proporcionalmente menor.

QUALIDADE DAS PROVAS EXISTENTES: Fraca.

PROBABILIDADE DE O FENÔMENO SER PARANORMAL: Baixa.

As linhas de Nazca, tal como a Grande Muralha da China, são visíveis do espaço. No entanto, podem facilmente passar despercebidas no nível do chão. O padrão completo só pode ser visto do ar.

Esse aspecto surpreendente das marcações de Nazca impediu sua descoberta até a década de 1930, além de ser o responsável por uma das teorias mais fantásticas a respeito de sua origem. Erich von Däniken, em seu best-seller de 1970, *Carruagens dos deuses?*, declarou que as linhas de Nazca eram de origem extraterrestre.[2] Segundo ele, uma espaçonave alienígena causou as linhas iniciais em seus primeiros pousos no deserto peruano, e depois o povo de Nazca, após trabalhar por décadas para remover a escura camada superior do solo, a fim de revelar a camada mais clara abaixo, criou os desenhos elaborados que vemos hoje. Dizem que ou o povo de Nazca estava pagando um tributo aos seres que consideravam "deuses descidos dos céus" por meio de imitações deliberadas das imagens "divinas" dos visitantes ou estava tentando deixar o solo mais adequado a futuros pousos, na crença de que os desenhos eram essenciais para um bem-sucedido retorno dos deuses.

Há mais de 300 imagens individuais em meio às marcações de Nazca e o "quadro" inteiro estende-se por uma área de mais de 510 km^2. Acredita-se que as imagens tenham sido criadas entre

500 a.C. e 500 d.C., tendo permanecido relativamente inalteradas desde então. O deserto do Peru, onde se encontram as linhas de Nazca, é um dos lugares mais secos da Terra. Chove apenas uma média de 20 minutos ao ano. (Sim, você leu certo.) A aridez, combinada com a ausência de vento (e, conseqüentemente, de erosão), permite-nos examinar o trabalho e saber que sua aparência agora é provavelmente a mesma de quando foi criado.

As imagens no deserto incluem mãos, um filhote de condor, um cachorro, uma flor, um beija-flor, um lagarto, uma lhama, um macaco, um pelicano, um "homem do espaço", uma aranha, uma espiral, uma estrela, uma árvore, um triângulo, uma baleia, uma asa, além de outras formas e criaturas.

Acredita-se que todo o projeto de Nazca foi um projeto de várias gerações. O desenho completo é tão grande e multifacetado que deve ter levado décadas, talvez séculos, para ser o que vemos hoje.

Esse fato levanta uma pergunta: por que eles fizeram isso?

Maria Reiche devotou 50 anos de sua vida a estudar as linhas de Nazca, a princípio acreditando que elas eram de natureza astronômica. Maria descobriu que determinadas linhas estavam alinhadas com a trajetória do sol nascente e poente durante os solstícios de verão e de inverno. E concluiu que as linhas eram um modo de o povo de Nazca registrar as estações.

Essa teoria foi posteriormente descartada. Gerald Hawkins, autor de *Stonehenge Decoded*, usou um computador para discernir possíveis correlações entre as medidas e localizações das linhas de Nazca e os solstícios das estações. Ele encontrou uma conexão de aproximadamente 20 por cento entre os dois conjuntos de variáveis, o que se configura como obra do acaso.

Outra teoria dizia que as linhas de Nazca eram figuras icônicas gravadas no solo como parte de um ritual de adoração. Segundo essa idéia, as pessoas pretendiam fazer o que fosse necessário para assegurar safras abundantes, tempo bom, a sobrevivência das tribos e proteção contra saqueadores, e homenagear os deuses da terra, do mar e do céu parecia um bom lugar para começar. Para dar suporte a essa teoria, temos o fato de as cerâmicas encontradas em Nazca apresentarem figuras pintadas iguais a muitos dos desenhos vistos no deserto.

Desde sua descoberta, as linhas de Nazca já foram consideradas estradas, canais de irrigação, marcas de pouso de espaçonaves alienígenas, ícones de adoração e arte terrena, mas, ainda assim, há argumentos que contradizem todas essas teorias.

A verdade é que talvez saibamos *como* as linhas de Nazca foram criadas, *quando* e *por quem*, mas ainda não sabemos o *porquê*.

O enigma do deserto peruano continua a ser um mistério.

[1] Paul Kosok e Maria Reiche, "The Mysterious Markings of Nazca", *Natural History Magazine*, maio de 1947, p. 200.

[2] Na verdade, o livro de Von Däniken foi o responsável por atrair a atenção do mundo para as linhas de Nazca. Até a publicação de *Carruagens*, as marcas só eram conhecidas por um pequeno grupo de arqueólogos e outros pesquisadores.

57

EXPERIÊNCIAS DE QUASE-MORTE[1]

HAICAI:
EXPERIÊNCIAS DE QUASE-MORTE

A floating balloon
Consciousness tethered no more
Gazing down at me

Podemos dissociar a morte do grande terror que ela provoca se praticarmos para tanto.

— Fulton J. Sheen[2]

Definição: A experiência de quase-morte (EQM) ocorre quando a alma ou a consciência de alguém deixa o corpo na hora da morte. Após a ressuscitação, muitos dos que passam por uma EQM falam de coisas em comum. Há lembranças como a de atravessar um túnel em direção à luz, encontrar parentes e amigos falecidos, sentir o amor e a alegria de Deus, e receber a notícia de que não está na hora de deixar a vida na Terra.

O QUE OS CRENTES DIZEM: A EQM prova a existência de vida após a morte. Ela prova que a consciência sobrevive à morte. Durante uma EQM, a alma se separa do corpo e começa sua transição para um plano mais elevado de existência. Por alguma razão, a alma retorna ao corpo, mas as experiências lembradas foram reais e representam tudo aquilo que o ser humano passará ao morrer.

O QUE OS CÉTICOS DIZEM: A experiência de quase-morte é uma alucinação provocada por alterações neuroquímicas no cérebro que está morrendo. A ciência explica todos os pontos em comum de uma EQM como manifestações dos efeitos de uma parada cardíaca e de outras condições, em geral, fatais.

QUALIDADE DAS PROVAS EXISTENTES: Excelente.[3]

PROBABILIDADE DE O FENÔMENO SER PARANORMAL: Bem Alta.[4]

O termo "experiência de quase-morte" poderia ser considerado impróprio, uma vez que as pessoas que vivenciam uma EQM estão, naquele momento, clinicamente mortas, e não quase-mortas. Na verdade, alguns dos relatos mais surpreendentes de pessoas ressuscitadas narram conversas e eventos que aconteceram enquanto o indivíduo estava estirado na mesa. Sem pulso, sem pressão arterial, sem atividade cerebral... mas, ainda assim, ele manteve uma consciência singular e foi capaz de falar sobre o que lhe acontecera ao "voltar".

O termo "experiência de quase-morte" foi originalmente cunhado por Raymond Moody em 1975, mas há relatos desse tipo de experiência na Bíblia e nos escritos antigos dos gregos, romanos e egípcios. Há vários relatos de EQMs na literatura histórica; Platão escreveu sobre um soldado que passou por uma.

Muitos cientistas e céticos não aceitam a EQM como um evento sobrenatural ou paranormal.

Alguns cientistas e médicos dizem que a *hipoxia* é a causa da EQM. A hipoxia é uma baixa na oxigenação do cérebro, e, segundo a teoria, quando o cérebro é privado de oxigênio, ocorrem experiências alucinatórias: em um artigo do *Skeptical Inquirer*, Susan Blackmore contou sobre uma pesquisa que mostrava que o "mapeamento retino-cortical e os ruídos neurais" explicam o fenômeno da luz no fim do túnel, a liberação de endorfinas explica a tranqüilidade e a citada anoxia cerebral explica o fenômeno auditivo. Além disso, já foi provado que a cetamina pode causar uma experiência quase idêntica a uma EQM.[5]

As pessoas mais espiritualizadas, como os paranormais e os clérigos, optam por acreditar que uma experiência de quase-morte é, na verdade, um vislumbre, uma *prova* de como é a vida no outro mundo. Elas acreditam que todos nós experimentamos exatamente o mesmo que as pessoas que vivenciam uma EQM, exceto que a maioria não retorna e, portanto, a experiência permanece vinculada à alma do morto.

Em seu livro *O romance da ciência*, Carl Sagan oferece uma explicação interessante para a EQM. Sua teoria é de que a experiência de quase-morte é uma repetição da experiência de nosso próprio nascimento. Isso explicaria por que a EQM é bastante comum (e lembrada e contada de forma semelhante) em crianças de três a nove anos que "morrem" e são ressuscitadas. As lembranças latentes do nascimento estão muito mais frescas do que, digamos, numa pessoa de 75 anos.

Sagan diz o seguinte:

> Todo ser humano, sem exceção, já vivenciou uma experiência como a desses viajantes que retornam da terra dos mortos; a sensação de voar; a passagem da escuridão para a luz; a sensação de estar imerso em felicidade e glória. Só há uma experiência que equivale a essa descrição: o nascimento.[6]

Muitas pessoas que já passaram por uma EQM falam de uma inacreditável sensação de tranqüilidade com relação à morte, um estado mental verdadeiramente agradável. O pesquisador da consciência John White descreve essa epifania:

> As conseqüências de uma experiência de quase-morte são impressionantes. Em geral, existe uma troca marcante de valores com relação à espiritualidade e o efeito total é semelhante a um renascimento espiritual. Quase sempre, as pessoas afirmam ter perdido completamente o medo da morte, ao ver que ele se baseia numa ilusão. Elas também se sentem mais vivas, mais conscientes, mais sensíveis à beleza do mundo natural e aos sentimentos dos outros. Tendem a se tornar mais fortes psicologicamente e mais cientes do próprio valor. Sentem, também, uma necessidade mais latente de estar a serviço da sociedade de alguma forma, como se agora sua vida neste mundo tivesse um objetivo — um objetivo que só se tornou claro após a experiência de quase-morte. Elas se tornam mais propensas e capazes de demonstrar amor e preocupação pelos outros, além de uma tolerância maior. Sua religiosidade se aprofunda, não necessariamente pela freqüência a igrejas e templos, e sim por uma sensação latente de que a dimensão espiritual é a base da vida. Elas têm uma sensação interior de estarem mais próximas de Deus e de seus semelhantes. No todo, tendem a demonstrar gratidão por terem vivenciado essa experiência.[7]

Uma pesquisa de opinião realizada em 1991 demonstrou que 12 milhões dos americanos passaram por experiências de quase-morte.

Eis aqui nove dos elementos mais comumente apontados com relação a essa experiência:

1. **Estar num outro mundo ou universo:** essa é uma das experiências mais freqüentemente relatadas. As pessoas sentem que, de alguma forma, atravessaram para outro plano ou nível de existência.
2. **Uma profunda sensação de paz:** a sensação de paz, tranqüilidade e alegria é tão palpável para as pessoas que vivenciaram uma EQM que muitas, na verdade, reclamam com o médico por tê-las trazido de volta da outra vida.
3. **Reviver a vida pessoal:** essa é a experiência arquetípica de ver a vida passar diante dos olhos. Isso também é relatado

por pessoas que viram a morte de perto, mas sem perder a consciência. Pessoas que caíram de prédios ou que quase se afogaram falam de ter visto a vida passar diante dos olhos.

4. **A sensação de sair do corpo:** muitas EQMs começam com o corpo astral da pessoa desprendendo-se e flutuando para longe do corpo físico. Muitos falam que então sentiram como se pudessem voar.
5. **Visão remota acurada:** as pessoas que passam por EQMs podem, em geral, dar detalhes sobre coisas que não poderiam ter visto enquanto estavam clinicamente mortas, inclusive cenas, eventos e conversas que ocorreram do lado de fora da sala de emergência ou do lugar da "morte". Esse é um dos argumentos mais fortes da experiência de quase-morte e o fator que convence muitas pessoas de que a EQM é, na verdade, uma experiência sobrenatural.
6. **Encontro com outras pessoas:** muitos alegam ter encontrado e conversado com parentes e amigos mortos enquanto estavam do outro lado. Alguns conversaram até com o próprio Jesus.
7. **A luz:** uma luz maravilhosa e, para alguns, abençoada, atrai e envolve as pessoas que passam por uma experiência de quase-morte. A maioria sente que a luz é a fonte de todas as coisas ou, na verdade, uma manifestação física de Deus. Chuck Griswold, citado no site de Kevin William sobre EQMs, disse "A vida é amor é Deus", após retornar de uma EQM.[8]
8. **O túnel:** diz-se, em geral, que esse é um dos elementos mais comuns da experiência de quase-morte, mas, ainda assim, apenas 9 por cento das pessoas entrevistadas por Raymond Moody contam que caminharam ou flutuaram por um túnel.
9. **Precognição:** a precognição, ou a capacidade de prever o futuro, foi a característica menos mencionada com relação às EQMs. Os cínicos vêem isso como uma prova de que não há nada de sobrenatural na experiência, e sim uma escassez de fenômenos genuinamente comprováveis. No entanto, 6 por cento das pessoas entrevistadas por Raymond Moody

contaram que haviam sido capazes de prever alguma coisa com relação ao futuro após passarem por essa experiência.

[1] Parte do material apresentado neste capítulo aparece de forma diferente no livro de 1994 do autor, *The Odd Index*, da Plume Book.
[2] *Paz da alma*, p. 206.
[3] EQMs são comuns e há muitos dados disponíveis para serem estudados.
[4] Há elementos na experiência de quase-morte que simplesmente não podem ser explicados como resultado de uma instabilidade na química cerebral.
[5] *The Skeptical Inquirer*, 1991, "Near-Death Experiences: In or out of the body?"
[6] *O romance da ciência*, p. x.
[7] *A Practical Guide to Death and Dying*, p. 23.
[8] www.near-death.com/skeptic.html.

 58

A ARCA DE NOÉ

HAICAI:

A ARCA DE NOÉ

Built from God's design
Forty days and forty nights
The boundless waters

O Senhor arrependeu-se de ter criado o homem na Terra e teve o coração ferido de íntima dor. E disse: "Exterminarei da superfície da Terra o homem que criei, e com ele os animais, os répteis e as aves dos céus, porque eu me arrependo de os haver criado." Noé, entretanto, encontrou graça aos olhos do Senhor.

— Gênesis[1]

Definição: A Arca era um barco enorme construído por Noé, no qual ele carregou sua família e todas as espécies do mundo durante o Grande Dilúvio descrito no Gênesis.

O QUE OS CRENTES DIZEM: Noé construiu uma Arca segundo instruções de Deus, que decidira destruir todas as coisas vivas da Terra devido à perversidade do homem. Uma vez que Noé e sua família viviam de modo virtuoso, Deus os escolheu para sobreviverem ao dilúvio, repovoar a Terra e devolver os animais à vida selvagem.

O QUE OS CÉTICOS DIZEM: A história da Arca de Noé nada mais é do que um mito bíblico, bastante similar a todos os outros mitos que se espalham pelo mundo, em especial à história babilônica de Gilgamesh. Talvez tenha ocorrido um grande dilúvio em algum momento de nossa Pré-História, mas o relato bíblico sobre Noé e sua arca é um exagero fabricado com propósitos fabulosos.

QUALIDADE DAS PROVAS EXISTENTES: Fraca.

PROBABILIDADE DE O FENÔMENO SER AUTÊNTICO: Baixa.

Segundo os escritos dos capítulos 6 ao 8 do Livro do Gênesis, Deus sentia tanto remorso por haver criado o homem que decidiu "exterminar todo os seres que tenham sopro de vida debaixo do céu".

Por que Deus estava tão irritado com Sua criação?

Porque "a maldade dos homens era grande na Terra" e todos os pensamentos "estavam continuamente voltados para o mal".[2]

A Bíblia não explica por que Deus decidiu matar também todos os animais inocentes devido à perversidade do homem. Ela também deixa de explicar o porquê de Deus ter ordenado a Noé que se certificasse de colocar um par de todas as espécies de animais na arca para mais tarde poder repovoar a Terra. Ele é Deus, por favor. Por que Ele não poderia ter apenas eliminado o homem mau e recomeçado, deixando os animais em paz? (Esses são alguns dos problemas logísticos com a interpretação literal das histórias da Bíblia.)

Tomando como base a vida de Adão e de seus descendentes, tal como aparece no Gênesis, Deus começou a ter repulsa pela humanidade por volta de 8.225 anos após a criação de Adão. Nesse ano, aceito por todos como 2345 a.C., Noé estava com 600 anos e Deus lhe passou as instruções de como construir a Arca e o que colocar nela. Noé levou 120 anos para construí-la, a qual é descrita da seguinte forma: 300 cúbitos de comprimento, 50 cúbitos de largura e 30 cúbitos de altura (137 x 22 x 14 metros). Ao que parece, Deus esperou pacientemente Noé concluir Seu projeto.

Noé e sua família (oito pessoas ao todo, incluindo ele)[3] reuniram todas as espécies da Terra, inclusive mamíferos, pássaros, insetos etc. (supõe-se que os peixes tenham sido deixados de lado, visto a abundância de água), colocaram-nas dentro da Arca com comida suficiente para todas, e Deus então vedou a grande embarcação. (Segundo a estimativa dos especialistas, o contingente "não-humano" da Arca de Noé incluía 50 mil espécies de animais e mais de um milhão de espécies de insetos.) Uma semana depois, começou a chover.

A chuva durou 40 dias e 40 noites e, segundo o Gênesis, "as águas engrossaram prodigiosamente sobre a Terra e cobriram todos os altos montes que existem debaixo dos céus".[4]

Noé e os seus companheiros passaram mais de um ano na arca. Ele acabou enviando uma pomba, a qual retornou com uma folha de oliveira, um sinal de que as águas estavam retrocedendo e que todos poderiam "desemb-arca-r".

O Gênesis então nos diz que, após deixarem a embarcação, ela acabou encalhada "sobre as montanhas do Ararat".[5]

Existe algo de verdade no relato bíblico sobre o Grande Dilúvio, a Arca de Noé, a destruição da humanidade, a vida inacreditavelmente longa e a capacidade reprodutiva da família de Noé?

Segundo o livro de Robert M. Best, *Noah's Ark and the Ziusudra Epic: Sumerian Origins of the Myth*, a arqueologia comprovou a ocorrência de uma inundação no antigo Oriente Médio por volta de 2900 a.C., e é nesse dilúvio que a história bíblica de Noé e outros mitos se baseiam. No entanto, não foi uma inundação mundial, nem de gigantescas proporções, mas sim decorrente da enchente de um rio local. Ao que parece, uma balsa fluvial carregando gado e ovelhas sobreviveu à ferocidade das águas, e esse evento, posteriormente, foi "adaptado" por vários escritores segundo a moral religiosa.

E quanto às especificidades da Arca e de seus "passageiros", e os relatos periódicos de que foram encontrados pedaços dela, e até mesmo a própria Arca, nas montanhas da Turquia?

Apesar dos documentários de tirar o fôlego (estou certo de que você já deve ter visto pelo menos um deles — eles parecem surgir com bastante freqüência, tal como os especiais sobre OVNIs ou sobre Barry Manilow), nunca houve um relato plausível de algo encontrado que pudesse ser parte da Arca. De vez em quando, aparecem fotos do Ararat tiradas por pilotos ou satélites, em que algo semelhante a um grande barco retangular parece despontar da terra. Nenhuma delas provou ser mais do que uma formação natural. Uma das fotos mais notáveis mostra um objeto semelhante a um barco grande e comprido, mas que acabou provando ser nada além de uma corrente de lama fossilizada.

Os criacionistas ainda esperam pelo dia em que a Arca será encontrada, e a história contada no Gênesis, comprovada. Vendo dessa forma, podemos extrapolar e dizer que, se a história de Noé for verdadeira, então ficará provado que a história da Criação também é um relato verdadeiro da formação do universo.

Mas, por enquanto, eles ainda estão esperando.

[1] Gênesis 6:6-8.

[2] Gênesis 6:5.

[3] Noé, sua mulher, seus três filhos, Sem, Cam e Jafet, e as três esposas dos filhos (Gênesis 7:13).

[4] Gênesis 7:19.

[5] Gênesis 8:4.

59

NOSTRADAMUS
(1503-1566)

HAICAI:
NOSTRADAMUS
Hidden messages?
A maze of meaningful lines?
Did he know the truth?

Uma nova lei ocupará uma nova terra ao redor da Síria, Judéia e Palestina.

— A quadra de Nostradamus (III, 97) que muitos acreditam profetizar a criação do Estado de Israel

Definição: Michel de Nostredame foi o médico e astrólogo francês (1503-1566) que escreveu *As centúrias* (1555), um livro de profecias a longo prazo. (Ele também escreveu o menos conhecido *Prognostications*, no qual fazia previsões para o ano seguinte ao da redação do livro.)

O que os crentes dizem: Nostradamus foi o maior paranormal do mundo e profetizou com precisão eventos que só viriam a acontecer séculos depois. Suas sugestivas quadras possuem significados escondidos que deveriam ser estudados e analisados.

O que os céticos dizem: As quadras de Nostradamus são abstratas, imagéticas, vagas e podem ser interpretadas de inúmeras maneiras, dependendo da predileção do leitor. Nostradamus não conseguia ver o futuro, não melhor do que alguém hoje em dia, que, ao olhar numa bola de cristal, consegue ver o que irá acontecer daqui a 50 anos.

Qualidade das provas existentes: Excelente.[1]

Probabilidade de o fenômeno ser paranormal: Inconclusiva.[2]

Por volta de 1540, Nostradamus, então com trinta e tantos anos, vagueava pela Itália tentando não ser muito notado. Pusera o pé na estrada após descobrir que a Inquisição estava pensando em julgá-lo por heresia devido a um comentário desafortunado que fizera anos antes sobre a carência de beleza artística de uma estátua da Virgem Maria.[3] Enquanto seguia pela estrada, deparou-se com um jovem monge. Para surpresa do monge, Nostradamus caiu de joelhos diante dele, curvou-se e disse ofegante:

— Vossa Santidade.

O jovem monge, um antigo pastor de porcos e agora um noviço no Convento de Minorite, estava perplexo.

— Levante-se, bom senhor. — Praticamente implorou ao homem curvado diante de si. — Não sou merecedor de tamanha veneração.

Ele provavelmente afastou-se logo, imaginando que aquele homem fervoroso não devia estar no seu juízo perfeito.

Mais de 40 anos depois, e 20 após a morte de Nostradamus, o tal jovem monge, antigo pastor de porcos, cujo nome era Felice Peretti, foi eleito papa Sisto V e serviu como pontífice de 1585 a 1590.

Lenda? História apócrifa? Talvez. Talvez não.

Judeu por nascimento, Nostradamus estudou o ocultismo judaico até os nove anos de idade, quando sua família se converteu ao catolicismo romano. Ele tornou-se médico e adquiriu certa fama como curandeiro por seu tratamento das vítimas da praga no Sul da França durante o início do século XVI.

Durante toda sua carreira médica, Nostradamus também escreveu pequenas quadras ou estrofes de seis linhas, as quais acreditava serem proféticas. Ele posteriormente disse que suas quadras, reunidas em *Centúrias*, prediziam eventos que ocorreriam até o ano 3797, após o que o mundo poderia ou não terminar.

Nostradamus escreveu quase 1.000 quadras, mas apenas um punhado é freqüentemente citado ao se discutir suas supostas habilidades proféticas.

Será que Nostradamus profetizou com precisão o Grande Incêndio de Londres, em 1666, a Revolução Francesa, o regime de terror de Adolf Hitler e o assassinato de John F. Kennedy?

A profecia a respeito de Hitler é especialmente interessante, uma vez que, se fosse verdade, provaria que um adivinho do século XVI fora capaz de ver o nascimento, a vida e as atrocidades daquele que muitos descrevem como a pessoa mais perversa de todos os tempos.[4]

Erika Cheetham, uma especialista em Nostradamus, traduziu a quadra "Hitler" (Centúria II, Quadra 24) da seguinte forma:

> Bestas selvagens e famintas irão cruzar os rios, a maior parte do campo contra Hitler estará. Em caixa de ferro o grande fará arrastar, quando o filho de alemães a nada obedecerá.[5]

Poderia Nostradamus ter realmente mencionado Hitler pelo nome, séculos antes de seu nascimento?

A versão francesa original da quadra é: "*Plus part du champ encontre Hister sera.*" Hoje em dia, acredita-se que "Hister" faça referência a uma área do Baixo Danúbio e não a uma pessoa.

A tradução de Cheetham de "Hister" como "Hitler" ficou desacreditada.

E quanto ao assassinato de JFK?

Há várias quadras que falam de "irmãos", "grandes homens" e assassinatos. Pessoalmente, não acho muito válido dar crédito a Nostradamus pela profecia do assassinato de JFK.

O problema com as profecias mais enigmáticas de Nostradamus é que muitas vezes elas dão margem a inúmeras interpretações.

Contudo, algumas vezes o vidente francês fornecia nomes. A Quadra 25 da Centúria I diz o seguinte:

> A coisa perdida é recuperada, escondida por muitos séculos.
> Pasteur será venerado quase como se fora um semideus.
> É aí que a lua completa seu grande ciclo,
> Mas por outros ventos será desonrado.[6]

Isso parece assustadoramente preciso. Na verdade, os avanços de Louis Pasteur com relação à teoria dos germes o elevaram à categoria de lenda. No entanto, houve também muita resistência às suas idéias em algumas escolas de medicina, e isso poderia facilmente ser a "desonra" à qual se refere Nostradamus.

As profecias de Nostradamus ainda são lidas e interpretadas, e muitas vezes eventos modernos são vistos como realizações de uma ou várias delas.

Há quem se oponha e critique Nostradamus, mas é difícil manter-se cético quando o profeta francês fornece nomes.

1 Os escritos de Nostradamus sobreviveram e encontram-se disponíveis tanto em livros quanto na internet, de modo que qualquer um pode traduzi-los e estudá-los a seu bel-prazer.

2 Outra situação em que a resposta está "no olho de quem vê" com relação a ser um fenômeno paranormal ou oculto. Se um indivíduo interpreta uma imagem em particular — "fogo no norte", por exemplo — de uma quadra de Nostradamus achando que isso significa um bombardeio no Canadá, um incêndio florestal no Wisconsin ou um incêndio proposital na Finlândia, quem poderá dizer que ele está errado se algum desses eventos realmente vier a acontecer? E, uma vez que as quadras de Nostradamus em geral são interpretadas *após* o evento, a possibilidade de que a profecia seja "precisa" é alta.

[3] Nostradamus foi esperto em evitar os emissários da Inquisição. Se tivesse comparecido ao interrogatório, seria torturado sem piedade com toda a sorte de instrumentos, esticado na manjedoura e provavelmente executado por ter supostamente profanado o nome da Virgem Mãe. Não faria muita diferença se as acusações contra ele eram verdadeiras ou não.
[4] Veja *The Evil 100* (Kensington Publishing), de Martin Gilman Wolcott. Wolcott enumera as 100 pessoas mais perversas da história, e Adolf Hitler é o número um em sua lista.
[5] *As profecias de Nostradamus*, p. 82.
[6] *As profecias de Nostradamus*, p. 24.

60

0123456789

NUMEROLOGIA[1]

HAICAI:

NUMEROLOGIA

Do numbers mean more?
Numerical occult truth?
Can we count on it?

Muitas vezes admirei a trajetória mística de Pitágoras, e a magia secreta dos números.

— Sir Thomas Brown[2]

DEFINIÇÃO: A numerologia é uma forma de adivinhação na qual se acredita que os números detenham poderes proféticos.

O QUE OS CRENTES DIZEM: Os números possuem poderes místicos.

O QUE OS CÉTICOS DIZEM: Os números são simples símbolos representativos da idéia de matemática, usados para definir valores. Eles não possuem nenhum significado paranormal ou espiritual.

QUALIDADE DAS PROVAS EXISTENTES: Moderada.

PROBABILIDADE DE O FENÔMENO SER AUTÊNTICO: Moderada.

Os zelotes da numerologia adotam como herói o filósofo e matemático grego Pitágoras e apontam para a noção universal aceita por muitos de que alguns números em particular trazem "sorte" como prova de seu poder místico. Eles dizem que nossa preferência (ou preterência, no caso de números "azarados") por determinado número decorre de um conhecimento subconsciente do modo como ele influencia nossa vida.

Bernard Gittelson, autor de *Intangible Evidence*, define o subtexto da numerologia:

> Os números são a ferramenta de escolha do numerólogo. Da mesma forma que um astrólogo utiliza a posição dos planetas na hora do nascimento como base para a análise do caráter e predição do futuro, os numerólogos usam cálculos baseados nos valores numéricos do nome e data de nascimento. Números podem ter um valor profético? Eles podem revelar o caráter de uma pessoa? Segundo os adeptos, os números possuem significados acumulados no inconsciente coletivo, aos quais respondemos sem pensar. Nosso nome e data de nascimento são partes inerentes a nosso perfil; estamos sob a influência deles. Também construímos relações pessoais com números no decorrer de nossa vida, o que garante às relações universais mais uma camada de significação.
>
> Muitos adeptos dizem que a numerologia, na verdade, não é o estudo dos números, mas, antes, o estudo da simbologia dos números e de seu significado cultural e psicológico, tanto consciente quanto inconsciente, tanto simbólico quanto literal.[3]

Os numerólogos diferem quanto à atribuição de significados estanques para números específicos; porém, em geral, as seguintes qualidades e características são atribuídas aos números 1 a 9:

1. Força de vontade e individualismo
2. Ponderação e docilidade
3. Felicidade e energia
4. Estabilidade e organização
5. Autoconfiança e impaciência
6. Arte e equilíbrio

7. Imaginação e introspecção
8. Liderança e materialismo
9. Sabedoria mental e espiritual

Há várias formas de determinar seu número pessoal e, assim, traçar um perfil numerológico.

O número pessoal mais importante é o que indica as *vibrações do dia do seu nascimento*. Chega-se a ele por meio da soma dos dígitos que compõem o seu aniversário.

Sob o risco de revelar a verdade nua e crua a meu respeito, usarei meu próprio aniversário como exemplo, a fim de ilustrar o cálculo do número correspondente às *vibrações do dia do meu nascimento*.

Nasci em 16 de julho de 1953, o que numericamente representamos da seguinte forma: 16-7-1953.

O primeiro passo é somar os dígitos referentes à data:

$$1 + 6 + 7 + 1 + 9 + 5 + 3 = 32$$

O segundo passo é somar os dígitos resultantes:

$$3 + 2 = 5$$

Assim, o número que indica as vibrações do dia do meu nascimento é 32|5. A interpretação mais importante é gerada pelo número 5, embora você, supostamente, também deva observar o 3 e o 2 para ver de onde vem o 5.

Dessa forma, segundo o número das vibrações do dia do meu nascimento, autoconfiança e impaciência são as características que me motivam, e esses traços de personalidade específicos se manifestam devido à felicidade interior e à sensação de energia (o “3”), e à ponderação e docilidade (o “2”).

Agora você já sabe tudo o que há para saber a meu respeito, certo?

Nem tanto. Vamos analisar o número referente ao meu *nome*.

Há várias formas de determinar o número do seu *nome* utilizando as letras que o compõem, mas um dos sistemas mais famosos (um método antigo que ainda é usado) se baseia no alfabeto hebraico, o qual utiliza os dígitos de 1 a 8.

O alfabeto é organizado da seguinte forma:

1	2	3	4	5	6	7	8
A	B	C	D	E	U	O	F
I	K	G	M	H	V	Z	P
Q	R	L	T	N	W		
J		S			X		
Y							

Você, então, escreve seu nome completo e coloca o número correspondente sob cada letra...

S	T	E	P	H	E	N	J	S	P	I	G	N	E	S	I
3	4	5	8	5	5	5	1	3	8	1	3	5	5	3	1

Em seguida, soma os dígitos:

$$3 + 4 + 5 + 8 + 5 + 5 + 5 + 1 + 3 + 8 + 1 + 3 + 5 + 5 + 3 + 1 = 65$$

Reduza, então, a soma:

$$6 + 5 = 11$$

Mais uma vez:

$$1 + 1 = 2$$

O número referente ao meu *nome* é 2, o que mostra que sou bastante ponderado, mas que ocasionalmente posso ser dócil demais e inseguro.

Entre os números importantes, estão o número da *alma*, que é a soma total de todas as vogais do seu nome, e o da *personalidade*, a de todas as consoantes.

Um numerólogo profissional fará muitos cálculos diferentes para chegar a uma série de números que serão, então, interpretados, a fim de montar um perfil completo.

(Outro sistema bastante usado baseia-se na seguinte tabela:

1	2	3	4	5	6	7	8	9
A	B	C	D	E	F	G	H	I
J	K	L	M	N	O	P	Q	R
S	T	U	V	W	X	Y	Z	

Você também pode tentar calcular seus números com esse método e ver se os resultados mudam.)

Outros números importantes nos anais da numerologia incluem:

- **11:** o número dos discípulos fiéis de Jesus. Indica revelação e verdade.
- **12:** um número muito significativo, associado aos 12 signos do zodíaco, às 12 horas do dia e da noite, aos 12 deuses do Olimpo, às 12 tribos de Israel, aos 12 apóstolos. Indica, portanto, completude.
- **13:** tradicionalmente considerado um número de azar que significa perdição e falta de sorte, a má reputação do número 13 deve-se ao fato de que Jesus e Seus apóstolos totalizavam 13 homens, e o décimo terceiro (Judas) foi um traidor.
- **22:** dizem que esse número é importante por haver 22 letras no alfabeto hebraico, e 22 cartas no "arcano maior" do baralho de tarô. Ele também indica completude.
- **40:** esse número, tal como o 12, tem várias interpretações históricas e religiosas, entre elas os 40 dias e 40 noites do Grande Dilúvio, os 40 dias que Moisés passou no monte Sinai e os 40 dias que Jesus jejuou no deserto. Mais uma vez, é um número que indica completude.

A numerologia conta com seus seguidores, embora faça parte do grupo das pseudociências (alguns diriam ciências "fraudulentas"), que também inclui a astrologia, a quiromancia e a leitura de folhas de chá. No entanto, independentemente da veracidade das alegações, se a numerologia é vista como uma ferramenta psicológica capaz de revelar verdades sobre alguém, então ela deveria ser considerada útil. Por exemplo, se durante uma leitura numerológica a pessoa descobre que seu número indica estabilidade e organização, mesmo sabendo que a verdade é o *oposto*, ela pode vir a fazer um esforço consciente para transformar seus traços negativos em positivos.

Verdade seja dita, com certeza é mais barato do que dez anos de psicanálise.

[1] Observação: a análise numérica do nome do autor foi realizada originalmente para seu livro de 1994, *The Odd Index*, da Plume Book.

[2] *Religio Medici* (1643), parte I, p. 12.

[3] Bernard Gittelson, *Intangible Evidence*, pp. 385-86.

61

O TABULEIRO OUIJA

HAICAI:

OUIJA

Sliding planchette speaks
Dark messages from beyond?
Or naught but a game?

O que é isso? "Ouija" profetiza, previne e aconselha, assim como prenuncia seu destino. A revelação do que foi, é e será fornecida pelo "Ouija" rivaliza com os oráculos délficos. Abre-se a cortina, revelando os segredos daquela região dúbia entre a matéria e o espírito, e as leis da natureza não têm controle algum sobre esse maravilhoso instrumento. O Além parece estar quase ao nosso alcance, e a mente científica esforça-se para entender onde fica a fronteira. O "Ouija" é, sem sombra de dúvida, o mais interessante, extraordinário e misterioso produto do século XX. Seu modo de operação é sempre curioso e freqüentemente inestimável por responder, como faz, a perguntas referentes ao passado, presente e futuro com maravilhosa precisão. Preço: US$ 1,50.[1]

DEFINIÇÃO: O tabuleiro Ouija é um jogo com marca registrada que consiste de um tabuleiro com letras, números e palavras, e uma prancheta, que é uma pequena tábua triangular apoiada em duas rodas e com uma agulha vertical. Quando as pontas dos dedos de uma pessoa encostam suavemente na prancheta, ela supostamente move-se pelo tabuleiro apontando para letras que irão formar palavras e mensagens.

O QUE OS CRENTES DIZEM: O tabuleiro Ouija é uma ferramenta que pode ser usada para nos comunicarmos com os espíritos dos mortos.

O QUE OS CÉTICOS DIZEM: O tabuleiro Ouija é apenas um jogo. Qualquer movimento da agulha deve-se somente a ações inconscientes dos jogadores. Quaisquer mensagens recebidas foram "escritas" inconscientemente pelos participantes.

QUALIDADE DAS PROVAS EXISTENTES: Moderada.

PROBABILIDADE DE O FENÔMENO SER AUTÊNTICO: Baixa.

No assustador filme *O Exorcista*, a jovem Regan usa um tabuleiro Ouija para conversar com seu amigo, capitão Howdy. Posteriormente, descobrimos que o capitão Howdy é, na verdade, Pazuzu, o demônio que possui Regan. Por fim, torna-se necessário realizar um terrível (e complicado) exorcismo. (Veja Capítulo 27.)

Na série de terror *Witchboard* (*Espírito assassino* e *Entrada para o Inferno*), adolescentes usam um tabuleiro Ouija para invocar um demônio que finge ser o fantasma de um garoto. O caos se instaura.

Em um episódio da quarta temporada da série da HBO, *Os Sopranos*, duas crianças usam um tabuleiro Ouija na tentativa de contatar a mãe falecida, com resultados inesperados e assustadores.

Há outros inúmeros exemplos na cultura pop em que o Ouija é retratado como um meio para invocar espíritos demoníacos, como um portal para o reino do mal.

Isso, em essência, nada mais é do que a indústria de entretenimento.

Os que acreditam em paranormalidade e espiritualismo usam o tabuleiro Ouija como um aparelho de canalização e mostram-se confiantes no fato de as mensagens recebidas dos espíritos pelos usuários do tabuleiro serem informações verdadeiras. O tabuleiro é usado para canalização e adivinhação (veja capítulos 21 e 28), e há regras estritas de como usá-lo com segurança.

Algumas dessas regras dizem o seguinte:

- Nunca use o tabuleiro Ouija sozinho nem num lugar onde acredita-se haver espíritos reunidos, isto é, cemitérios, lugares assombrados, locais onde ocorreram tragédias pessoais etc.
- Para proteger-se enquanto utiliza o tabuleiro, visualize uma luz branca entrando, preenchendo e envolvendo seu corpo.
- Trate os espíritos contatados com cortesia e respeito.
- Não deixe os espíritos contarem números ou recitarem o alfabeto de trás para a frente. Se eles completarem qualquer das seqüências, serão capazes de escapar do tabuleiro.
- Se a prancheta desenhar o número 8 repetidas vezes, isso significa que um espírito maligno está controlando o tabuleiro.
- A única maneira de proteger-se caso um espírito maligno assuma o controle do tabuleiro é começar a usar imediatamente a prancheta de cabeça para baixo.
- Não tente destruir o tabuleiro colocando-o no fogo. Segundo relatos, o tabuleiro irá gritar, e qualquer um que escute o grito terá menos de 36 horas de vida.
- Nunca pergunte sobre Deus.
- Nunca pergunte quando ou como você irá morrer.

Há muitos precursores do tabuleiro Ouija que conhecemos hoje. Todos esses antigos aparelhos usam alguma espécie de instrumento de escrita, o qual é supostamente "possuído" pelos espíritos para se comunicarem com os vivos.

Um dos mais antigos foi a prancheta, que era um lápis amarrado a uma ponta em forma de coração e depois posicionado acima de uma folha de papel. Outros antigos instrumentos de comunicação com os espíritos eram os discos de alfabetos e tabuleiros, e os pêndulos que balançavam sobre letras para formar palavras.

O tabuleiro Ouija, tal como o conhecemos hoje, foi inventado no início da década de 1890 por E. C. Reiche, Elijah Bond e Charles Kennard. Seu design foi mais tarde aperfeiçoado por William Fuld, que foi também o responsável pela lenda a respeito da origem do nome "Ouija". Fuld contou ao mundo que o nome era derivado das palavras francesa e alemã para "sim": *oui* e *ja*. Interessante, mas a verdade é que Fuld inventou tudo isso. O outro mito a esse respeito era de que um de seus inventores, Charles Kennard, soubera do nome *pelo próprio tabuleiro*, o qual também lhe dissera que *ouija* era a palavra egípcia para "boa sorte". Isso também não é verdade.

A verdade é que Kennard simplesmente inventou o nome *ouija* e, desde então, o tabuleiro passou a ser conhecido dessa forma.

Hoje em dia, a marca registrada do jogo pertence a Parker Brothers e é um grande sucesso de vendas.

Será verdade que o tabuleiro Ouija pode ser usado para contatar pessoas do outro lado?

A literatura apresenta relatos de pessoas que usaram o tabuleiro e receberam informações que posteriormente provaram estar corretas. No entanto, é provável que, na maioria dos casos, qualquer mensagem recebida através do tabuleiro Ouija seja resultante de algo conhecido como efeito ideomotor. Movimentos musculares imperceptíveis, gerados pelo subconsciente da pessoa, movem a prancheta sobre as letras. Segundo os céticos, não há veracidade alguma na alegação de que os espíritos sejam contatados através do tabuleiro, e qualquer mensagem aparentemente precisa deve-se, provavelmente, ao sincronismo (veja Capítulo 86).

Ainda assim, os tabuleiros continuam sendo vendidos e grupos de adolescentes curiosos, jovens bêbados e pessoas ligadas à espiritualidade sentam-se com o tabuleiro no colo, encostam as pontas dos dedos na prancheta (sem força, lembre-se!) e pedem conselhos aos espíritos a respeito de amor, dinheiro e futuro.

[1] Retirado do catálogo de 1940 da Ralph E. Sylvestre & Company para espíritas e médiuns.

62

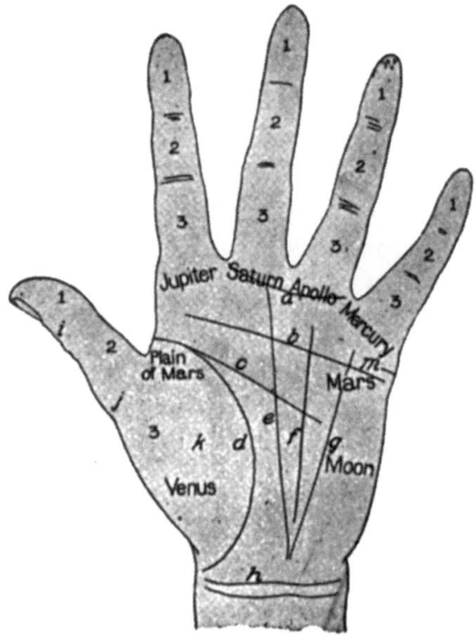

LEITURA DE MÃOS

HAICAI:

LEITURA DE MÃOS

Open palms beckon
Promises of who you are
The truth in creased lines?

O fato de as mãos oferecerem tanta informação será uma surpresa para muitos, mas, quando perceberem o quão lógico, racional e até mesmo banal é a quiromancia, talvez ela então seja dissociada da classe das ciências ocultas, à qual obviamente não pertence, e inserida entre as outras ciências racionais a serviço da humanidade, que, por sua vez, poderá adquirir um melhor conhecimento a respeito de si mesma...

— William Benham[1]

Definição: Quiromancia. A prática ou arte de falar sobre o caráter, o futuro e as preocupações de uma pessoa a partir das linhas, marcas e padrões presentes na palma das mãos.

O QUE OS CRENTES DIZEM: A palma da mão detém verdades e segredos, e não apenas pode revelar detalhes sobre um indivíduo, como também sobre seu futuro.

O QUE OS CÉTICOS DIZEM: Não existe nenhuma evidência científica que comprove a afirmação de que as dobras e linhas da palma de alguém possam revelar qualquer coisa a respeito da pessoa, especialmente eventos futuros.

QUALIDADE DAS PROVAS EXISTENTES: Moderada.

PROBABILIDADE DE O FENÔMENO SER AUTÊNTICO: Moderada.

Minha mão foi lida certa vez, durante uma convenção sobre OVNIs, e a primeira coisa que a mulher me disse foi: "Você é o mais velho de quatro filhos, tem dois irmãos e uma irmã, é casado e não possui filhos." Tudo verdade.

Quando comecei a fazer perguntas, a mulher fez sinal para eu me calar e continuou a contar o que via nas linhas de minha mão, mas então precisei interromper a leitura para entrevistar um cara que viajava com um grupo de Pés-grandes invisíveis (Pés-grandes?).

Há três subcategorias da leitura de mãos: **quiromancia, quirognomia** e **dermatóglifo.**

A **quiromancia** consiste em estudar e "ler" as linhas das palmas e adivinhar as informações, muitas vezes bastante específicas, acerca da vida, romances, finanças, família, saúde e relacionamentos de uma pessoa.

A **quirognomia** observa a forma genética e inata das palmas, dedos e unhas, assim como a textura e a consistência da pele e das unhas. Dizem que a personalidade e os traços de uma pessoa são revelados por essas características e um quiromante habilidoso pode muitas vezes oferecer uma análise aprofundada de um indivíduo.

O **dermatóglifo** é o estudo dos padrões formados pelas dobras e linhas dos dedos e da pele da palma, e é o mais próximo que a leitura de mãos chega da ciência real, comprovável. Estudos recentes mostram um padrão específico nas palmas de bebês nascidos com síndrome de Down. Além disso, existe uma pesquisa sendo realizada sobre a possibilidade de os pacientes de Alzheimer apresentarem padrões identificáveis e similares nas palmas, e há também o interesse na pesquisa comparada sobre a conexão entre os padrões vistos nas palmas e a diabetes, a epilepsia e certos cânceres de predisposição genética.

Devido a essas descobertas, os defensores da leitura de mãos fazem a seguinte pergunta (razoável): "Se as enfermidades e doenças podem ser identificadas e talvez previstas pelo estudo das palmas, não é possível que a mão ofereça outras informações também?"

Linhas da mão

Os quiromantes identificam muitas linhas nas mãos de uma pessoa, quatro das quais são consideradas as principais. São elas: a **Linha da Vida**, da **Cabeça**, do **Coração** e do **Destino.**

A **Linha da Vida** contorna o quadrante esquerdo inferior da palma (na mão esquerda), envolvendo o polegar e sua base carnuda. Essa linha indica o quanto a pessoa irá viver (quanto maior a linha, maior a vida), assim como prevê eventos importantes. Esses eventos podem ser identificados dividindo a linha em três partes, de cima para baixo, com cada parte equivalendo a 25 anos de vida. Falhas, ramificações, cruzamentos e outras marcas num local específico da linha supostamente mostram o período em que acontecerá um evento importante. Minha Linha da Vida é bem nítida, funda, sem falhas, começando na Linha da Cabeça e contornando a base do polegar. Segundo a interpretação tradicional, isso significa que terei boa saúde, vitalidade, uma vida longa e que fui favorecido com emoções fortes, bom julgamento e um senso de cautela.

A **Linha da Cabeça** atravessa o meio da palma. É a segunda linha mais importante e também pode ser dividida em três partes. A minha começa sob meu dedo indicador, imediatamente cruza minha Linha da Vida e é comprida e funda. Ao que parece, isso significa que penso de forma lógica, tenho um bom autocontrole e (mais uma vez) bom julgamento.

A **Linha do Coração** é paralela à Linha da Cabeça, logo acima dela. A minha é longa, possui algumas ramificações e fica no meio da palma, entre os dedos e o pulso. Significado? Lealdade, confiança, sinceridade, predisposição ao sacrifício, reviravoltas emocionais e uma vida amorosa bem-sucedida. (Sem comentários.)

A **Linha do Destino** percorre o meio da palma, começando logo abaixo do dedo médio e descendo quase até o pulso. A minha é fina e fraca, indicando que o destino não desempenha um papel tão importante nos eventos de minha vida, o que, de certa forma, confirma as mensagens fornecidas pelas outras linhas com relação a lógica, julgamento e cautela.

Essas linhas, numa ampla gama de comprimentos e larguras, estão presentes em quase todas as mãos.

Como em todas as formas de adivinhação, a interpretação oferecida pela leitura de mãos encontra-se no olho e na mente de quem vê. É preciso decidir por si só se o significado apontado para certas linhas é específico e preciso ou vago, generalizado e impreciso.

De modo interessante, a leitura de mãos *pode* servir como uma espécie de auto-análise psicológica. Se, por exemplo, uma leitura diz a uma pessoa que ela é propensa a tomar decisões precipitadas e ela reconhece ter, na verdade, tais inclinações, pode, então, trabalhar para mudar isso e melhorar. Nesse contexto, a leitura de mãos pode ser útil e relevante.

No entanto, procurar nas linhas por informações sobre incidentes específicos na vida da pessoa, tais como morte, bancarrota ou contratempos, além de outros eventos imprevisíveis, parece mais um capricho delirante do que uma realidade científica ou psicológica.

[1] William Benham, *The Laws of Scientific Hand Reading*.

63

O MISTÉRIO "PAUL ESTÁ MORTO"[1]

HAICAI:

PAUL ESTÁ MORTO?

Was the crash for real?
Backwards are the messages
Paul is touring now

Por mais tolo que pareça, o boato sobre McCartney indica claramente que a inclinação para crenças e atos irracionais — sejam eles construtivos ou destrutivos, segundo quem avalia — ainda está presente e é forte no mundo moderno, industrializado e "esclarecido".

— Barbara Suzek[2]

Definição: Paul McCartney morreu num acidente de carro em 1966 e os Beatles decidiram manter segredo... mas deram pistas em suas gravações para que os fãs atentos pudessem acabar descobrindo a verdade.

O que os crentes dizem: Paul McCartney está morto e os Beatles contaram ao mundo sobre o trágico acidente de carro em uma série de pistas escondidas em suas gravações.

O que os céticos dizem: O mistério "Paul está morto" foi uma brincadeira elaborada que nasceu do fato de muitas supostas "pistas" em seus álbuns poderem, na verdade, ser interpretadas dessa forma. Se tudo isso foi apenas uma coincidência surpreendente ou se foi plantado, ninguém sabe até hoje.

Qualidade das provas existentes: Excelente. As pistas existem.

Probabilidade de o fenômeno ser autêntico: Nenhuma. Paul esteve em turnê em 2004.

Não há como negar que descobrir e analisar todas as pistas "Paul está morto" é muito divertido.

Deve ter sido isso que prolongou o frenesi mundial em setembro, outubro e novembro de 1969, quando o boato de que Paul havia morrido num acidente de carro surgiu pela primeira vez, graças a uma crítica intencionalmente irônica de *Abbey Road* divulgada num jornal universitário que dizia ter descoberto toda sorte de pistas e mensagens secretas plantadas pelos outros Beatles para contar ao mundo que o sr. McCartney não se encontrava mais entre nós.

O artigo que deu início a tudo isso foi escrito por Fred LaBour, um estudante do segundo ano da Universidade de Michigan. LaBour inspirou-se para escrever a crítica após o DJ Russ Gibb, da WKNR-FM, de Detroit, receber uma ligação de um sujeito chamado Tom que dizia ter encontrado mensagens secretas nos discos dos Beatles, as quais revelavam que McCartney estava morto.

LaBour escutou a conversa de Gibb com o ouvinte e decidiu deliberadamente expandir a tese "Paul está morto" em sua crítica sobre *Abbey Road* para o jornal da Universidade de Michigan, *The Michigan Daily*.

O artigo de LaBour começava da seguinte forma:

> Paul McCartney morreu num acidente automobilístico no início de novembro de 1966, após deixar o estúdio da EMI cansado, triste e deprimido.
>
> Os Beatles estavam preparando seu próximo álbum, até o momento intitulado *Smile*, quando o andamento foi interrompido pelas discussões e brigas do grupo. Paul entrou em seu Aston-Martin, saiu a toda pela noite fria e chuvosa e foi descoberto quatro horas depois numa vala, preso debaixo do carro e com o topo da cabeça arrancado. Ele estava mortinho da silva.

O artigo de LaBour citava as pistas mais comuns do mistério "Paul está morto", inclusive o emblema na jaqueta de Paul com as iniciais "O. P. D." ("Declarado Oficialmente Morto") no álbum *Sgt. Pepper*, um *fadeout* dizendo "Enterrei Paul" na música *Strawberry Fields Forever*, todas as mãos que aparecem sobre a cabeça dele em fotografias dos Beatles, o cortejo fúnebre de *Abbey Road* e a mensagem de trás para a frente dizendo "Entregue-me, morto" em *Revolution Number 9*.

O mito imediatamente colou e deu frutos. Soube-se que os Beatles haviam decidido *não* revelar essa terrível tragédia aos fãs, mas, em vez disso, substituir Paul por um dublê, um *doppelgänger* musical.

O "substituto" de Paul era um sujeito chamado William Campbell, um cara sortudo que acabara de vencer uma competição de sósias de Paul McCartney. Campbell não só era a imagem perfeita do Beatle "bonitinho", como também tinha talento musical e vocal suficiente para ser capaz de imitar o modo de escrever, brincar e cantar de Paul. Após um período de "treinamento" conduzido por John, George e Ringo, Campbell assumiu o lugar de Paul nos Beatles.

Ainda que os Beatles não quisessem chocar o mundo revelando a verdade a respeito da morte violenta de Paul, eles respeitavam demais os fãs para não deixá-los descobrir o fato de alguma forma. Assim, começaram a plantar "pistas" nos álbuns, na intenção de alertar os fãs mais atentos sobre a terrível realidade.

Os rumores relativos à suposta morte de Paul transformaram-se num pequeno negócio. Edições especiais em revistas, TV e rádio devotadas a tais rumores aumentaram o fervor, além de inúmeros artigos jornalísticos. (Lembro de trocar pistas com alguns camaradas beatlemaníacos quando era adolescente, horrorizado com a possibilidade de os rumores acabarem provando ser verdade. Não eram, como bem sabemos, e outra década se passaria antes que tivéssemos de encarar a morte real de um Beatle.)

Este capítulo apresenta algumas das pistas "escondidas" mais interessantes. Concentrei-me basicamente nas pistas audiovisuais, encontradas em álbuns e canções. Não dei muita atenção às letras porque elas estão abertas a uma ampla gama de interpretações — e quase todas são válidas. Examino, porém, algumas das letras que parecem ser uma tentativa deliberada dos Beatles de falar do fenômeno "Paul está morto" (tal como o verso "a morsa era Paul" em *Glass Onion*).

1. **As duas capas do álbum *Yesterday and Today*:** *Yesterday and Today* foi o primeiro álbum lançado após o boato da morte de Paul e as duas versões da capa supostamente contêm a primeira das mensagens escondidas do quarteto fantástico.

   Ao que parece, a primeira capa, a infame "butcher cover", contém a confissão mais óbvia da morte de Paul. (A "butcher cover" foi originalmente produzida para o *single* "Paperback Writer", mas, num segundo momento, adicionada ao álbum. Essa capa, hoje em dia uma inestimável peça de coleção, mostra os quatro Beatles de jaleco branco segurando bonecas decapitadas e pedaços ensangüentados de carne.) A pista aqui está no fato de as duas bonecas decapitadas estarem apoiadas nos ombros direito e esquerdo de Paul, e uma cabeça em seu colo. (George está segurando a outra cabeça.) Supostamente, essa foi a forma de os Beatles ilustrarem o sangrento resultado do acidente de carro de Paul. Além disso, há uma dentadura sobre o braço direito dele, aparentemente indicando que ele perdera os dentes no acidente e que não haviam podido identificar seu corpo por meio da arcada dentária.

A segunda capa — a "trunk cover" — mostra Paul sentado dentro de um baú que foi colocado de lado com a tampa aberta. Aparentemente, esse baú simboliza um caixão e indica que Paul está enterrado em algum lugar. Na foto, nenhum dos Beatles está sorrindo, e John, George e Ringo, posicionados acima do baú, como se olhassem para dentro do caixão de Paul.

2. **A capa do álbum *Rubber Soul*:** essa capa parece uma foto de Paul olhando para cima de dentro do caixão. Os quatro Beatles podem ser vistos de baixo, numa espécie de visão olho de peixe; essa foi a forma encontrada por eles de dizer aos fãs que Paul estava morto. Além disso, o título *Rubber Soul* ("Alma de Borracha") foi uma maneira de indicar a substituição pelo falso Paul.

3. **A capa *Revolver*:** essa capa, projetada pelo amigo e colega Klaus Voorman, cujo empresário também era Brian Epstein, consiste numa colagem de desenhos de linhas e fotografias em preto-e-branco dos quatro Beatles. A pista sobre a morte? O rosto de Paul é o único que aparece de perfil; todos os outros aparecem de frente. O porquê de isso significar que Paul está morto a gente nem imagina, mas, para os aficionados pelo mistério, essa é outra pista.

4. **A capa dos *singles* "Strawberry Fields Forever" e "Penny Lane":** essa capa apresenta uma foto emoldurada dos Beatles no palco. Quatro refletores iluminam os rapazes: um sobre a cabeça de John, um sobre a de Ringo e outro à esquerda de George. O de Paul, porém, parte de um espelho à sua frente, indicando, ao que se supõe, que ele se encontra num outro plano e que sua "luz interior" está em algum outro universo paralelo. Bastante esperto, não?

5. **O vídeo "Strawberry Fields Forever":** Paul é visto numa árvore olhando para outra logo abaixo, mais uma vez uma representação simbólica de que ele passou para um plano mais elevado de existência.

6. **A cena da capa do álbum *Sgt. Pepper Lonely Hearts Club Band*:** há várias pistas visuais na capa de *Sgt. Pepper* indicando que os Beatles estavam tentando contar ao mundo que Paul havia morrido. A primeira e mais óbvia é o fato de a imagem mostrar um funeral. De quem? Ora, de Paul, é claro!

7. **A guitarra de flores:** logo abaixo, no primeiro plano, há um baixo feito de flores com apenas três cordas. Ele representa o baixo de Paul, e as três cordas, os três Beatles restantes. Algumas pessoas dizem que conseguem ver "Paul?" escrito nas flores.

8. **Um Paul elevado**: Paul é o único que se encontra virado de frente, os outros três Beatles estão todos voltados para ele, como se o segurassem no alto. Se ele estivesse morto, precisaria se elevar, certo? (Cenas de *Um Morto Muito Louco*!) As fotografias descartadas da sessão de fotos para o *Sgt. Pepper* mostram Paul em várias posições e lugares do cenário, inclusive sentado.

9. **O instrumento preto de Paul:** John, George e Ringo seguram instrumentos de metal. O de Paul é preto, simbolizando sua morte.

10. **A boneca e seu carro:** à esquerda dos Beatles há uma boneca com um vestido onde se lê: "Dêem as boas-vindas aos Rolling Stones." No colo da boneca, vemos um carrinho de brinquedo que supostamente está pegando fogo ou coberto de sangue. Esse é o Aston-Martin que Paul estava dirigindo ao sofrer o acidente fatal, em 9 de novembro de 1966. Além disso, parece haver fios de sangue escorrendo pelo vestido da boneca.

11. **A mensagem secreta no bumbo:** se você pegar um espelho e o posicionar de modo a dividir as palavras "lonely" e "hearts" na horizontal, as "palavras" resultantes traduzirão a seguinte mensagem secreta: "ONE HE DIE" ("ELE JÁ MORREU"). Isso é forçar a barra um pouco, mas é possí-

vel ver a mensagem se você for generoso ao interpretar certos símbolos e curvas como letras. Na verdade, o texto que aparece ao cobrirmos a metade de baixo das letras, de modo a duplicar e reverter a metade superior, é: "1ONE1X HE/DIE".

12. **A mão sobre a cabeça de Paul:** há uma palma aberta sobre a cabeça de Paul. Segundo a mitologia "Paul está morto", isso é supostamente um gesto oriental feito sobre alguém prestes a ser enterrado. Tal simbologia não existe.

13. **A boneca Shiva:** uma boneca indiana do deus Shiva com quatro braços aponta sua mão "mortal" (a mão esquerda de trás) para Paul.

14. **A mensagem de George:** na contracapa do álbum *Sgt. Pepper*, George pode ser visto apontando diretamente para a letra: "Wednesday morning at five o'clock" ("Quarta de manhã às cinco horas") em *She's Leaving Home*. Esse foi supostamente o dia e a hora do acidente fatal de Paul.

15. **Sem Paul?:** a cabeça de Paul encosta nas palavras "Without You" ("Sem você") da música de George, *Within You Without You*, indicando que, a partir de então, os Beatles — e o mundo — precisariam sobreviver sem o estimado sr. McCartney.

16. **Paul está de volta?:** na contracapa do álbum *Sgt. Pepper*, Paul é o único que está de costas para a câmera. Isso significa que ele está morto. Na verdade, há histórias contraditórias explicando o porquê de Paul só ser visto de costas. Uma das explicações é que nem era Paul na foto. Em *The Long and Winding Road: A History of The Beatles on Record*, Neville Stannard diz:

> Também na contracapa há uma pequena foto dos Beatles, embora um esteja de costas. Isso ocorre porque não se trata de um deles, e sim de Mal Evans — Mal substituiu Paul, que viajara para os Estados Unidos a fim de se encontrar com Jane Asher no aniversário de 21

anos dela... Como a capa precisava ficar pronta até o final de abril, antes da volta de Paul, Mal vestiu a indumentária do Beatle para o *Sgt. Pepper* e tomou seu lugar, mas virou-se de costas para que as pessoas não suspeitassem da ausência de Paul.

Para confundir as coisas mais ainda, o próprio Paul já falou sobre essa sua pose na capa. Segundo o Beatle, a pessoa vista na foto é, na verdade, ele mesmo. Em 1980, Paul disse à revista *Musician*: "Foi apenas uma gafe ao fazermos as fotos. Eu me virei de costas, mas acabou sendo uma brincadeira."

Além disso, o essencial *The Beatles Recording Session*, de Mark Lewisohn, apresenta várias das fotografias descartadas, coloridas e raras, da sessão de fotos do *Sgt. Pepper*, e Paul está presente em todas elas.

17. **O emblema "O. P. D." de Paul:** dentro do álbum, vemos Paul com um emblema em sua jaqueta com as iniciais "O P D", as quais supostamente significam "Officially Pronounced Dead" ("Declarado Oficialmente Morto"), o equivalente britânico da expressão americana "morto ao chegar". Supõe-se que essa seria uma forma muito grosseira de os Beatles nos contarem que Paul estava morto. Na verdade, o emblema dizia "O. P. P.", que significa "Ontario Provincial Police". Um vinco no emblema faz com que, para algumas pessoas, o último "P" pareça um "D". Todos os Beatles ganharam esse emblema de presente durante o tour de 1965 pela América do Norte. (O quarteto fantástico tocou no Maple Leaf Stadium, de Toronto, em 17 de agosto de 1965.)

18. **A medalha de honra de Paul:** na foto interna, Paul é visto com uma medalha de honra britânica. Ao que parece, essa foi a forma encontrada pelos Beatles sobreviventes de contar aos fãs que ele tivera uma morte heróica. O único problema com essa pista é que a medalha que ele (e George, para todos os efeitos) está usando não é uma medalha de honra britânica. O *que* representa a medalha? Quem sabe?

19. A capa sangrenta: alguns fãs repararam que o a segunda capa original do álbum *Sgt. Pepper* apresenta um vermelho vivo na parte de baixo que vai gradualmente ficando mais claro em direção ao topo. Aparentemente, isso significa que o álbum foi mergulhado em sangue e o papel sugou o líquido vermelho. Isso quer dizer que Paul está morto.

20. Letras selecionadas do *Sgt. Pepper*: para muitos dos aficionados pelo mistério "Paul está morto", *Sgt. Pepper* é o álbum cujas músicas apresentam as letras mais óbvias sobre a morte de Paul e sua substituição pelo sósia William Campbell. A primeira pista aparece na primeira música, *Sgt. Pepper's Lonely Hearts Club Band*, em que "Paul" canta "So let me introduce to you the one and only Billy Shears" ("Deixe-me apresentá-lo ao inigualável Billy Shears"). "Billy Shears" supostamente quer dizer "Billy's here" ("Billy está aqui"), fato revelador de que Paul havia sido substituído por William "Billy" Campbell.

Em *She's Leaving Home* encontra-se a já citada frase "Wednesday morning at five o'clock", que supostamente é a hora do fatal acidente de carro.

Em *Lovely Rita*, Paul nos diz que ele "caught a glimpse of Rita" ("teve um vislumbre de Rita") e estava tão distraído que "took her home" ("levou-a para casa") e "nearly made it" ("quase fez aquilo"). Isso nos remete ao verso no qual é dito que ele "didn't notice that the light had changed" ("não notou que o sinal havia mudado de cor"), de *A Day in the Life*. Essa música também nos diz que "he blew his mind out in a car" ("ele perdeu a cabeça no carro").

Em *Good Morning, Good Morning*, mais uma vez escutamos a hora do acidente de Paul: "People running 'round, it's five o'clock" ("Pessoas correndo de um lado para o outro, são cinco horas").

Em *Within You Without You*, escutamos novamente que a vida continua "without you [Paul]" ("sem você [Paul]").

21. **Na versão britânica**: não escutei essa em particular, mas, ao que parece, numa das faixas do lado 2 da versão britânica do disco *Sgt. Pepper*, as palavras "Never could be any other way" ("Jamais poderia ser de outra forma") se repetem inúmeras vezes. Supostamente, essa foi a forma de os Beatles dizerem aos fãs para aceitarem a morte de Paul.

22. **Mesmo??!!**: nas reproduções monofônicas do álbum, durante o refrão podemos escutar uma voz gritando: "Paul McCartney is dead, everybody! Really, really dead!" ("Paul McCartney está morto, pessoal! Morto, morto mesmo!")

23. **Onde está Paul?**: nas cópias européias do *Sgt. Pepper*, após a música *A Day in the Life*, há dois segundos de murmúrios que aparentemente podem ser interpretados como "Paul's found Heaven" ("Paul encontrou o Paraíso").

24. **O número de telefone da capa do álbum *Magical Mystery Tour***: se você ler a palavra "Beatles", escrita com estrelas na capa do álbum *Magical Mystery Tour*, de cabeça para baixo, irá ver o número de telefone 537-1038, ou 231-7438, dependendo da forma como interpretar certos "dígitos". Segundo a mitologia "Paul está morto", se você ligar para esse número numa determinada hora (revelada na letra de *She's Leaving Home*), entrará em contato com ninguém menos que Billy Shears em pessoa (na verdade, o substituto de Paul, William Campbell), que então lhe contará a verdade a respeito da morte de Paul.

25. **Os Beatles mágicos:** na segunda capa do álbum *Magical Mystery Tour* há um desenho dos quatro rapazes vestidos como mágicos. O chapéu de Paul é decorado com flores pretas, o que, é claro, significa que ele está morto.

26. **A morsa era Paul?**: na capa do álbum *Magical Mystery Tour*, Paul está vestido como uma morsa negra, supostamente o símbolo da morte para algumas culturas escandinavas. Isso é totalmente sem sentido, não há conexão

alguma entre o símbolo da morsa e o conceito de morte na mitologia escandinava.

27. **Paul era?**: na página 3 do livreto que acompanha o álbum *Magical Mystery Tour*, vemos Paul sentado atrás de uma escrivaninha com uma plaqueta onde se lê "I WAS" ("EU ERA"). Algumas pessoas falam que a placa diz "I YOU WAS" ("EU ERA VOCÊ"). Tanto faz. Essa placa quer dizer, é claro, que Paul está morto.

28. **John enterrou Paul:** no final de *Strawberry Fields Forever*, podemos ouvir John dizer "I buried Paul" ("Eu enterrei Paul"). Na verdade, o que ele diz é "cranberry sauce" ("molho de *cranberry*").

29. **A flor negra:** como mencionado na introdução deste capítulo, na fotografia de "rastros brancos" do livreto de fotos do *Magical Mystery Tour*, John, George e Ringo aparecem usando cravos vermelhos, enquanto Paul usa um preto. Isso significa que ele está morto, ainda que tenha acidentalmente recebido o preto, porque as flores vermelhas do florista haviam acabado. Dá para imaginar a confusão se fosse algum dos outros Beatles quem estivesse usando a flor negra? A lenda "Paul está morto" teria entrado numa nova fase, confundindo os fãs, certos de já terem descoberto toda a armação!

30. **Outra mão sobre a cabeça de Paul:** na página 24 do livreto, um homem com um chapéu de feltro está com a mão sobre a cabeça de Paul. Veja o número 12.

31. **"Your Mother Should Know":** se a *música inteira* (credo!) for tocada de trás para a frente, ela supostamente apresenta versos como "Why doesn't she know me dead?" ("Por que ela não sabe que estou morto?") e "I shed the light" ("Eu irradio a luz"). Vamos fazer um acordo: toque a música de trás para a frente tentando reconhecer alguma palavra em inglês, depois me avisa, valeu?

32. **"Glass Onion" = alças de caixões?:** Russ Gibb disse que o termo "glass onion" era uma gíria britânica para alças de caixões, porque era assim que as alças se pareciam antigamente. Não há registros históricos que confirmem essa teoria.

33. **"A morsa era Paul":** quando John cantou esse verso na música "Glass Onion", os fãs o interpretaram com base na foto do *Magical Mystery Tour*, que mostra um Beatle vestido como uma morsa (o suposto símbolo da morte, lembra?), e chegaram à conclusão de que John estava confirmando a morte de Paul. Não estava, simplesmente não estava.

34. **O final de "*I'm So Tired*":** se você tocar de trás para a frente os murmúrios ao final de *I'm So Tired*, composta por John e presente no *White Album*, e prestar atenção, poderá escutar: "Paul is dead, miss him, miss him." ("Paul está morto, deixará saudade, deixará saudade.") Na importante narrativa de Mark Lewinsohn sobre os Beatles em estúdio, *The Beatles: The Recording Session*, ele revela que John realmente murmurou (em discurso *direto*, é claro), "Monsieur, monsieur, how about another one?" ("Senhor, senhor, que tal mais uma?").

35. **O lamento de George:** ao final de *While My Guitar Gently Weeps*, George grita: "Paul, Paul, Paul." Isso significa que Paul está morto. Na verdade, o que George canta/murmura é: "Oh, oh, oh".

36. **"Number nine, Number nine, Number nine, Number...", ah, esqueça:** essa é assustadora. Quando o mantra "Number nine", de "Revolution Nine", presente no *White Album*, é tocado de trás para a frente, a gente *realmente* parece escutar: "Turn me on, dead man" ("Deixe-me ligadão, morto"). John Lennon admitiu que todos os engenheiros de som da EMI diziam o número da tomada antes de começarem a gravar, e ele simplesmente gostou da sonoridade do sujeito dizendo "Number nine". Andru

Reeve, em seu decisivo livro sobre o mistério "Paul está morto", *Turn Me On, Dead Man*, sugere que a reversão fonética talvez tenha sido intencional, que John tocou "Turn me on, dead man" de trás para a frente e achou o som bem parecido com "Number nine", a ponto de vir a funcionar. O próprio John Lennon refutou essa teoria; porém, repetindo, talvez a *negação de John* fosse parte de uma conspiração! (Brincadeirinha.)

37. **Mais outra mão sobre a cabeça de Paul!**: na capa do álbum *Yellow Submarine*, vemos John com a mão sobre a cabeça de Paul. Veja os números 12 e 29.

38. **O cortejo fúnebre de *Abbey Road***: a capa do álbum *Abbey Road* foi uma confirmação visual da morte de Paul que realmente mexeu com muitos fãs. A foto dos Beatles atravessando a Abbey Road supostamente contém inúmeras pistas "como não interpretar assim!?", a ponto de enlouquecer os teóricos do mistério "Paul está morto".

Em primeiro lugar, a indumentária deles já diz tudo. John está vestido de branco dos pés à cabeça. Simbolicamente, isso significa que ele foi o padre no funeral de Paul. Ringo está com um terno preto. Isso significa que foi ele quem organizou o funeral. George está de azul, indicando que ele foi o coveiro. E Paul está de terno, porém descalço, com os olhos fechados e carregando um cigarro apagado na mão errada. Isso significa que ele é o morto. Além dos integrantes do grupo, outras pistas incluem o "Fusca" ("Beetle", em inglês) estacionado na rua. A placa do carro é "LMW 28IF". Ao que se supõe, "LMW" é a abreviatura de "Linda McCartney Weeps" ("Linda McCartney chora"), e a seqüência "28IF" indica a idade que Paul teria *se* estivesse vivo.

Todas essas "pistas" foram desmascaradas de maneira bem eficaz, porém o fato de os fãs terem sido capazes de interpretar uma única foto tão detalhadamente ilustra o profundo interesse que a teoria "Paul está morto" despertou nas pessoas.

As roupas nada mais eram do que o que cada um escolheu para usar no dia da foto. (Durante uma entrevista no rádio em 1969, John disse: "Nós decidimos sozinhos o que usar naquele dia".) O fato de Paul estar descalço é mera coincidência: ele aparecera de sandálias e decidira tirá-las numa das fotos. De cinco fotos excluídas, há duas outras dessa sessão em que Paul pode ser visto atravessando a rua com as sandálias.

O fusca estava parado na rua por acaso, e não pôde ser retirado. (Esse carro foi leiloado por quatro mil dólares em 1986.) A placa do carro era a verdadeira.

39. **Vimos um rosto?:** na contracapa do álbum *Abbey Road*, uma garota de vestido azul pode ser vista passando em frente à parede onde está escrito "The Beatles". Se você olhar com atenção, poderá ver o rosto de Paul (na verdade, a boca e o nariz) no cotovelo da menina. Para ser justo, realmente *há* algo na foto que pode ser interpretado como um rosto, mas quem diabos teria percebido isso se ninguém acreditasse que ele havia morrido? Também na contracapa há uma série de oito pontos que formam o número "3" se os ligarmos com um lápis ou uma caneta. Esse foi o meio encontrado pelos Beatles sobreviventes de nos contar que só haviam sobrado três deles. Na verdade, o número também pode ser interpretado como um "5", o que daria toda uma nova dimensão ao boato, não?

40. **Um e um e um...:** essa é primária. Em *Come Together*, John canta o verso "One and one and one is three" ("Um e um e um são três"), mais outra mensagem com o número 3 indicando a falta de um dos Beatles.

41. **Octopus's Garden:** supostamente, o termo "octopus's garden" ("jardim do polvo") é uma gíria britânica usada pelos marinheiros para um enterro em alto-mar, seja por afogamento ou um sepultamento intencional. Essa foi a forma encontrada por Ringo de nos dizer que Paul havia morrido.

Em uma entrevista realizada em 1996, Ringo falou sobre a composição de "Octopus's Garden" e revelou que alguém lhe dissera certa vez que era comum os polvos pegarem coisas brilhantes no fundo do oceano e as arrumarem cuidadosamente em seus ninhos... quase como flores num jardim. Ringo achou que essa tinha sido a coisa mais "alegre" que já escutara e, como conseqüência, inspirou-se para escrever a música.

[1] Parte do material contido neste capítulo aparece de forma diferente em meu livro de 1998, *The Beatles Books of Lists* (Kensington Publishing).
[2] *Urban Life and Culture*, 1972.

64

MOVIMENTO PERPÉTUO

HAICAI:
MOVIMENTO PERPÉTUO
Ceaselessly moving
Limitless source of power?
Or a futile dream?

O objetivo de nossa instituição é o conhecimento das causas e dos movimentos secretos das coisas...[1]

Definição: O "movimento perpétuo" refere-se à imaginária operação contínua de um aparelho mecânico isolado ou outro sistema fechado qualquer *sem* uma fonte de energia que lhe sustente ou sem acréscimo de energia.

O que os crentes dizem: É possível construir uma máquina de movimento perpétuo; apenas não sabemos ainda como. Algum dia saberemos como derrotar as leis científicas da natureza que aparentemente impedem a construção de aparelhos genuínos de movimento perpétuo.

O QUE OS CÉTICOS DIZEM: O movimento perpétuo é impossível; ele viola a primeira e a segunda leis da termodinâmica. Não há como uma máquina funcionar indefinidamente sem a utilização de uma fonte de energia.

QUALIDADE DAS PROVAS EXISTENTES: Excelente.[2]

PROBABILIDADE DE O FENÔMENO SER PARANORMAL: Nenhuma.[3]

A idéia de uma máquina que, uma vez construída e ligada, funcione indefinidamente sem precisar de combustível ou de qualquer tipo de energia tem sido um sonho sedutor e esquivo para a humanidade há séculos.

Imagine! Uma máquina que simplesmente funciona e funciona e funciona, sem nunca precisar de gasolina, nunca se desgastar e nunca cessar, a menos que alguém a pare.

A necessidade de combustíveis fósseis despencaria, as perfurações praticamente acabariam, o meio ambiente iria se recuperar e renascer, as economias do mundo decolariam, a pobreza se tornaria uma anomalia.

Isso é, no sentido mais literal, um "sonho impossível".

A primeira e a segunda leis da termodinâmica, porém, nos dizem que os sistemas mecânicos não podem trabalhar continuamente sem ajuda externa, isto é, sem acréscimo de energia.

Contudo, essa aparentemente irrefutável lei científica não desanima os inventores, e a história encontra-se repleta de projetos e conceitos de toda sorte de máquinas e aparelhos intrincados, exóticos ou simplesmente bobos que seus criadores alegavam funcionar para sempre.

A busca pelo verdadeiro movimento perpétuo foi de certa forma desencorajada pela corrente principal de percepção da primeira e segunda leis, mas ainda há inventores que acreditam ser o movimento perpétuo possível, mesmo que a ciência nos diga exatamente o oposto.

Muitas máquinas de movimento perpétuo utilizam engrenagens pesadíssimas, fluxo de água, reflexo de luz solar em espelhos, pesos e contrapesos, e outros sistemas que parecem criar mais energia do que despendem. De forma interessante, muitas dessas máquinas parecem fazer exatamente aquilo para o qual foram projetadas, ou seja, *criam* energia sem *necessitar* dela. Mas um exame atento revela que elas não são verdadeiras máquinas de movimento perpétuo. Não importa por quanto tempo sejam capazes de funcionar, ou quão pouca energia utilizem em comparação à que produzem, um dia irão parar. As engrenagens irão se desgastar, ou os filtros de água entupir, ou as correias de proteção se romper. E todas essas eventualidades irão requerer o *acréscimo de energia* para que seja possível restaurar o movimento e a criação de energia, o que invalida a alegação de movimento perpétuo.

O movimento perpétuo é um avanço possível? Ou será o caminho em direção a um futuro no qual a energia ilimitada é uma quimera, vislumbrada de modo intermitente em alguns desses estranhos aparelhos, porém, em última instância, cientificamente possível?

Os primeiros passos nesse caminho podem ser dados graças a um novo conceito revolucionário de produção de energia, chamado Energia Ponto Zero (EPZ). A EPZ permeia o universo e já foi identificada como resultante da atividade eletrônica de partículas subatômicas (elétrons, fótons, nêutrons etc.) no vácuo. Supostamente, é possível controlar essa energia e, para falar a verdade, durante a década de 1920, Nikola Tesla, Henry Moray e outros cientistas e engenheiros construíram uma máquina totalmente funcional que utilizava a EPZ, na época chamada de "Energia Radiante", para criar eletricidade.

A máquina de energia radiante nunca chegou ao mercado e as histórias sobre o porquê disso falam de teorias de conspiração, ameaças de morte e destruição deliberada do equipamento no intuito de manter a máquina longe do conhecimento e uso do público. Quem sairia perdendo caso o mundo fosse abençoado com energia em abundância derivada de nada além do que o ar que nos rodeia?

A resposta a essa questão sugere que os criminosos tentaram manter uma máquina de energia gratuita longe do alcance do público.

* * *

Cientificamente, o movimento perpétuo não é possível, mas o movimento quase perpétuo não só o é como já foi alcançado.

Talvez seja de nosso interesse encorajar até mesmo as idéias mais absurdas no tocante a máquinas de movimento perpétuo. E daí se um inventor conseguir construir uma máquina que, segundo ele, funcionará para sempre, mas que, em vez disso, funcione apenas por, digamos, uns 100 anos, até as engrenagens se desgastarem ou o mecanismo enferrujar? Já não seria uma melhora em comparação ao nosso atual esbanjamento de energia baseada em combustíveis fósseis, algo que valha a pena buscar?

Mais uma vez, urge a questão: quem sairia perdendo com uma máquina que criasse energia sem precisar de combustível?

O caminho para nossas necessidades futuras está na resposta a essa questão.

[1] Francis Bacon, *Nova Atlântida* (1627).

[2] Todas as ditas máquinas de "movimento perpétuo" estão disponíveis a exames e avaliações cuidadosos. Além disso, as provas para avaliarmos as tentativas de criar um movimento perpétuo são excelentes.

[3] Se o movimento perpétuo for alcançado algum dia, será puramente devido a um grande progresso científico, ainda que de proporções épicas, decorrente da total compreensão e utilização de todas as leis da física quântica. Muito dificilmente isso acontecerá devido a algum evento sobrenatural.

65

O EXPERIMENTO FILADÉLFIA

HAICAI:
O EXPERIMENTO FILADÉLFIA

Elephantine ship
Here one moment, gone the next?
Hiding in plain sight?

Nada desaparece de verdade... a essência da matéria permanece exatamente a mesma...

— Francis Bacon[1]

DEFINIÇÃO: Um suposto experimento realizado em 1943, no qual a Marinha dos Estados Unidos teria feito com que o U.S.S. *Eldridge* ficasse invisível e depois o "transportado"[2] com sua tripulação de um estaleiro na Filadélfia para outro em Norfolk, na Virgínia.

O QUE OS CRENTES DIZEM: Em 1943, a Marinha dos Estados Unidos realmente fez com que o destróier ficasse invisível e o transportou da Filadélfia para a Virgínia usando uma tecnologia semelhante à da "luz" transportadora da ficcional série de TV *Jornada nas Estrelas*. O experimento foi oficialmente chamado de Projeto Arco-Íris.

O QUE OS CÉTICOS DIZEM: Nenhum navio da Marinha foi feito invisível, e nem o navio nem a tripulação jamais foram "transportados" para lugar algum. A história do Experimento Filadélfia é um simples mito sem fundamento. A combinação de certos experimentos de desmagnetização conduzidos pela Marinha para fazer com que o campo magnético de um navio se torne "invisível", aliada a declarações escritas de "testemunhas" delirantes, criou, no decorrer dos anos, uma das mais duradouras lendas do século XX.

QUALIDADE DAS PROVAS EXISTENTES: Fraca.[3]

PROBABILIDADE DE O FENÔMENO SER PARANORMAL: Nenhuma.[4]

Scotty sempre toma muito cuidado em verificar as coordenadas quando teletransporta alguém para um planeta ou outra nave. Aparentemente, o teletransportador da *Enterprise* é capaz de enviar alguém para *dentro* de um objeto. O horror inimaginável de subitamente se ver dentro de uma parede ou parcialmente incrustado no tabique de outra nave deve ter causado pesadelos aos engenheiros da Starfleet durante o desenvolvimento do sistema de teletransporte. A gente imagina o porquê de não haver um dispositivo de segurança para prevenir tal tragédia. E se isso acontecesse, seria possível retirar o tripulante do objeto ou suas moléculas ficariam inextricavelmente emaranhadas à substância do objeto?

Segundo a lenda, em 1943, o pessoal da Marinha americana vivenciou esse horror quando os tornaram invisíveis e os transportaram da Filadélfia para a Virgínia. Alguns dos tripulantes foram rematerializados dentro do tabique do navio. Outros ficaram loucos ao se tornarem invisíveis.

Isso pode ser verdade?

Será que a Marinha dos Estados Unidos, usando uma aplicação sofisticada da teoria do "campo unificado" de Einstein (essa é a alegação mais comum), tem a capacidade de tornar invisível algo tão grande e sólido quanto um destróier?

Eis aqui alguns trechos da declaração oficial da Marinha americana sobre o Experimento Filadélfia:

> No decorrer dos anos, a Marinha sofreu inúmeros interrogatórios a respeito do tão chamado Experimento Filadélfia...
>
> A gênese desse mito data de 1955, a partir da publicação de *The Case for UFO's*, pelo falecido Morris K. Jessup. Algum tempo depois da publicação do livro, Jessup recebeu cartas de Carlos Miguel Allende [o qual alegava ter testemunhado o experimento].
>
> Segundo Allende, durante o experimento um navio fora feito invisível e teletransportado para, e de, Norfolk, na Virgínia, em poucos minutos, com conseqüências terríveis para a tripulação.
>
> O pessoal da Marinha na Filadélfia acreditava que as questões referentes ao tão chamado Experimento Filadélfia derivam de pesquisas de rotina ocorridas durante a Segunda Guerra Mundial no estaleiro da Filadélfia. Acreditava-se que a base dessas histórias apócrifas vinha de experimentos de desmagnetização que tinham o efeito de fazer com que o navio fosse indetectável ou "invisível" a minas magnéticas. O DPN (Departamento de Pesquisa Naval) jamais conduziu qualquer investigação sobre invisibilidade, seja em 1943 ou em qualquer outra época (o DPN foi fundado em 1946). Em vista do atual conhecimento científico, os cientistas do DPN não acreditam que tal experimento fosse possível, exceto no âmbito da ficção científica.

O livro de Morris Jessup sobre OVNIs aparentemente despertou algo em Carlos Allende. Em suas cartas para Jessup, ele alegava ter testemunhado o experimento e, tal como ocorre com esse tipo de alegação, elas se tornaram parte da literatura, tendo sido aceitas por muitos, alguns dos quais com uma profunda crença na existência de uma campanha promovida pelos militares, aliados ao governo dos Estados Unidos, para desacreditar o fato.

A realidade é um pouco mais prosaica.

Sim, a Marinha americana fez testes com a "invisibilidade" em 1943. No entanto, ela usava o termo "invisível" para dizer "indetectável por torpedos magnéticos inimigos". Para conseguir isso, os militares supostamente desenvolveram alguns navios com hélices especiais que não podiam ser escutadas pelo radar inimigo. Eles também envolveram vários navios com gigantescos cabos elétricos que emitiam descargas, no intuito de "apagar" o campo magnético do navio.

Alguém supostamente escutou um membro da tripulação do *Eldridge* falar num bar sobre ter sido "feito invisível". De acordo com a história, o *Eldridge* estava ancorado na Filadélfia certa noite, sumiu durante a madrugada, mas na manhã seguinte já estava de volta no ancoradouro. Isso parecia impossível, uma vez que a viagem da Filadélfia até Norfolk levava dois dias. Assim, a história ganhou corpo e, quando as acusações de Allende vieram à tona, eventos outrora explicáveis ganharam uma aura de ocorrência sobrenatural.

Teria estado o navio na Filadélfia no cair da noite, na Virgínia durante a madrugada e de volta à Filadélfia na manhã seguinte?

Não. Tudo isso é parte do mito.

Segundo o Departamento de Pesquisa Naval, o *Eldridge* jamais esteve ancorado na Filadélfia.

Ocorreram, porém, os citados experimentos com desmagnetização no estaleiro da Filadélfia.

Combine *este* fato com boatos, teorias de conspiração, alegações sem fundamento e, é claro, um filme[5] retratando exatamente aquilo que as lendas nos dizem e temos um mito que não irá desaparecer.

Sem dúvida, toda essa análise lógica e essa racionalização da realidade poderiam ser parte de um programa maciço para nos despistar conduzido pela Marinha e pelo governo dos Estados Unidos. (Desculpe, eu precisava dizer isso.)

No entanto, por mais sedutora que seja a idéia de que os americanos possam teletransportar coisas de um lado para o outro, parece-me que, se detivéssemos essa tecnologia, não estaríamos transportando pessoas e coisas da maneira mais difícil.

[1] *Cogitationes de Natura Rerum*, p. 5.

[2] Esse "transporte" é o mesmo que ocorre em *Jornada nas Estrelas* — um objeto sólido é teletransportado de um lugar para outro por meio de uma cascata de luz.

[3] Afora as ensandecidas acusações de Allende, não há nenhuma outra prova concreta de que o Experimento Filadélfia tenha existido.

[4] Todas as probabilidades indicam que a lenda do Experimento Filadélfia foi totalmente inventada com base em relatos mal embasados e na disseminação de conclusões equivocadas sobre um suposto descuido no uso da palavra "invisível" por parte da tripulação.

[5] *Projeto Filadélfia*, 1984.

66

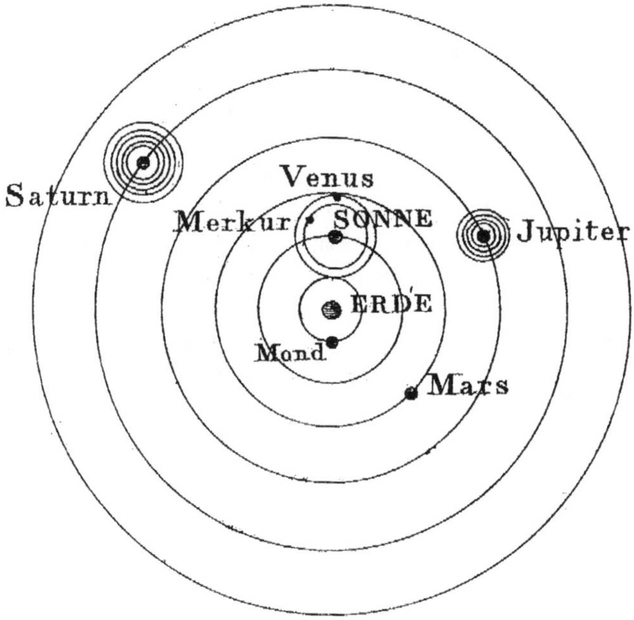

O PLANETA VULCANO

HAICAI:

VULCANO

Mystery planet
Transiting the Sun's surface
But a chimera

No dia 26 de março, por volta das quatro da tarde, apontei meu telescópio para o sol, como tinha o hábito de fazer, quando, para minha surpresa, observei, a uma pequena distância de sua borda, um ponto preto bem nítido e perfeitamente redondo avançando perceptivelmente sobre o disco solar.

— Dr. Edmond Modeste Lescarbault[1]

DEFINIÇÃO: Acreditava-se que o planeta Vulcano era um planeta fantasma que transitava pela órbita do Sol, entre este e Mercúrio.

O QUE OS CRENTES DIZEM: Existe um planeta entre Mercúrio e o Sol.

O QUE OS CÉTICOS DIZEM: Não existe planeta algum entre Mercúrio e o Sol. Einstein provou que os cálculos demonstrando a existência de Vulcano estavam incorretos. As supostas aparições de Vulcano são falsas, provavelmente nada além de asteróides.

QUALIDADE DAS PROVAS EXISTENTES: Fraca.

PROBABILIDADE DE O FENÔMENO SER AUTÊNTICO: Nenhuma.

Qualquer um que tenha visto pelo menos um episódio de *Jornada nas Estrelas* sabe da existência do planeta Vulcano, o planeta natal do comandante da *Enterprise*, sr. Spock. Acredita-se que Vulcano gire em torno da estrela Epsilon Eridani e esteja a cerca de 10,5 anos-luz da Terra. (Sem dúvida, viajar através de dobras espaciais leva tanto tempo quanto andar até uma loja a uns dois quarteirões de distância.)

O nome do planeta de Spock foi obviamente inspirado pela verdadeira história da busca por Vulcano, ao final infrutífera, mas que, ainda assim, tornou-se por um tempo o "objeto das fofocas da cidade".

A história do planeta fantasma começou de forma séria numa determinada tarde de março de 1859, quando um médico caipira com uma paixão por astronomia, um certo Edmond Modeste Lescarbault, viu através de seu telescópio um objeto preto movendo-se devagar pelo disco dourado do Sol. Na primeira vez em que o viu, ele já estava passando pelo Sol, portanto Lescarbault não sabia dizer onde o planeta surgira inicialmente, ou há quanto tempo estava visível. Lescarbault fez anotações detalhadas e alguns cálculos, continuando a observar o objeto (com uma breve interrupção para atender um paciente), até que ele deixou o disco solar, saindo do campo de visão do telescópio.

Lescarbault ficou muito animado, acreditando ter visto o planeta intramercurial cuja existência fora prevista pelo astrônomo francês Le Verrier através de uma série de equações e cálculos complexos. Le Verrier usara cálculos semelhantes para "descobrir" matematicamente o planeta Netuno, portanto suas declarações com relação a esse novo planeta foram levadas a sério pela comunidade científica da época. No intuito de explicar estranhas anomalias na órbita de Júpiter, Le Verrier provara a existência de um planeta desconhecido que afetava sua órbita, e ele estava certo.

Mercúrio também exibia um estranho comportamento com relação à sua órbita e Le Verrier acabou concluindo que deveria haver um planeta entre Mercúrio e o Sol, o qual afetava a órbita do primeiro. Nem ele nem nenhum de seus colegas astrônomos jamais confirmaram visualmente a existência desse planeta, mas, ainda assim, Le Verrier defendeu seus cálculos e conclusões.

A princípio, o dr. Lescarbault não contatou ninguém sobre essa visão, tampouco falou sobre ela. Ele se mostrava hesitante em discutir o assunto até ver o planeta novamente. Assim, esperou nove meses antes de escrever para Le Verrier. Por fim, na carta de 22 de dezembro de 1859, contou ao estimado cientista sobre sua experiência, fornecendo-lhe todos os detalhes técnicos.

Le Verrier ficou secretamente entusiasmado com o fato de alguém ter, de forma independente, confirmado seus cálculos, mas, ainda assim, temia dar muito crédito a uma única carta de um médico caipira.

Pouco tempo depois, Le Verrier deixou Paris e viajou até Orgéres-en-Beauce para falar com (na verdade, interrogar sem pena) o astrônomo amador. O dr. Lescarbault passou no teste e, ao retornar a Paris, Le Verrier anunciou publicamente o que o médico tinha visto e declarou haver um planeta entre Mercúrio e o Sol. Ele deveria se chamar Vulcano. Sua órbita durava 33 dias e os cálculos mostravam que Vulcano passaria novamente em frente ao Sol em 2 de março de 1877.

A Europa e o resto do mundo foram contaminados pela nova febre. (Vulcanomania?) Artigos foram escritos, palestras, oferecidas, e o dr. Lescarbault recebeu uma condecoração da Legião de Honra pela descoberta.

Em 2 de março de 1877, Vulcano não apareceu como previsto por Le Verrier. Seis meses depois, em 23 de setembro, Le Verrier morreu.

Nem a morte do grande astrônomo nem o sumiço de Vulcano esfriaram o interesse pelo novo planeta e as pesquisas continuaram a ser conduzidas em ambos os lados do Atlântico. Os cientistas lutavam para provar a existência de Vulcano, e tanto astrônomos amadores quanto profissionais mantinham seus telescópios apontados para o Sol, na esperança de vislumbrar o fugitivo corpo estelar intramercurial.

Por 38 anos, a crença em Vulcano permaneceu forte, embora, com o tempo, alguns cientistas começassem a duvidar de sua existência.

Em 1915, Albert Einstein concluiu os aspectos gerais e específicos de sua teoria da relatividade.

As teorias físicas de espaço e tempo afirmavam que todas as leis da física eram válidas sob quaisquer sistemas de referência, e Einstein concluiu que a velocidade da luz é sempre a mesma numa fonte com movimento uniforme, não importando o quão rápido ou devagar a fonte — ou seu observador — esteja se movendo. Esse avanço científico revelou que o tempo e o espaço na verdade se "deformavam" nas proximidades de um corpo estelar maciço como o Sol, o que explicava as anomalias na órbita de Mercúrio — *sem* exigir a existência de um planeta entre Mercúrio e o Sol que lhe afetasse a órbita.

E assim terminou a busca pelo planeta Vulcano.

A tese de Le Verrier sobre um planeta intramercurial caiu por terra, mas, mesmo assim, ele ainda recebeu grande crédito por calcular as variantes eclípticas de um inexistente Vulcano. A órbita de Mercúrio *é* afetada pelo Sol. Em seu trabalho pré-Einstein, Le Verrier buscou a resposta mais lógica e comprovável para o problema — e a encontrou. Seria necessário a genialidade de Albert Einstein para demonstrar que Le Verrier havia explicado uma flutuação real dando a razão errada.

Hoje, o nome "Vulcano" faz parte da cultura mundial — não devido à busca por ele durante o século XIX, mas por causa de um seriado de TV.

[1] Retirado do artigo de M. L'Abbé Moigno, presente na edição de 6 de janeiro de 1860 do periódico *Cosmos*.

67

OS PODERES DA ÁGUA BENTA

HAICAI:

ÁGUA BENTA

Grace flows from water
Power from blessed waters
Holy stream of life

Abençoamos essas criaturas em nome de Jesus Cristo, o Filho de Deus; invocamos sobre essa água e esse óleo o nome do Cordeiro imolado, que foi crucificado, ressuscitou dos mortos e está sentado à direita do Criador. Dê a essas criaturas o poder de curar; que todas as febres, todos os espíritos malignos e todas as mazelas sejam expurgados daquele que tomar dessa água ou for ungido com esse óleo, que eles atuem como remédios em nome de Jesus Cristo, Filho de Deus.

— Bênção do século IV[1]

DEFINIÇÃO: Água que foi abençoada por uma pessoa santa (padre, xamã, ministro da eucaristia etc.) ou que provém de um poço, nascente ou rio considerado "sagrado". Acredita-se que tal água possua poderes de cura milagrosos.

O QUE OS CRENTES DIZEM: A água benta é um presente de Deus e é a ferramenta usada por Ele para conceder milagres de cura entre os crentes.

O QUE OS CÉTICOS DIZEM: A água benta nada mais é do que simples água e não tem nenhum poder mágico ou espiritual. Todas as supostas curas atribuídas a ela são psicossomáticas e provavelmente resultado de um efeito placebo. Todas as provas se baseiam em depoimentos.

QUALIDADE DAS PROVAS EXISTENTES: Boa.[2]

PROBABILIDADE DE O FENÔMENO SER PARANORMAL: Moderada.

Enquanto pesquisava sobre a água benta e seus supostos poderes, deparei-me com uma história especialmente interessante, visto que ocorrera em minha cidade natal, New Haven, em Connecticut.

Uma cura milagrosa por meio da água benta em minha cidade?

Deixarei que o leitor decida quanto à validade dessa história.

O dr. Richard Selzer, da Faculdade de Medicina de Yale, é um cirurgião de renome mundial e também autor de um best-seller. Em seu maravilhoso livro de 1974, *Lições mortais*, ele conta a história de um paciente, Joe Riker, de New Haven, Connecticut.

Joe era cozinheiro em uma lanchonete e tinha um buraco na cabeça.

Literalmente.

Um carcinoma fizera um buraco no crânio de Joe, comendo a carne, o osso, as membranas, até deixar o cérebro totalmente exposto. O dr. Selzer descreve o buraco como do tamanho da boca de Joe, dizendo que "seria possível soltar uma ameixa nele".[3]

Joe tinha consultas com o dr. Selzer todas as quintas às quatro da tarde. O ritual era sempre o mesmo. Joe tirava o chapéu, o dr. Selzer examinava a enorme cavidade em sua cabeça e, em seguida, lhe dizia que podia remover o tumor cirurgicamente, colocar uma placa de metal e ele ficaria curado.

A resposta de Joe era sempre a mesma: "Nada de operação."[4]

Ao que o dr. Selzer retrucava, em tom de brincadeira: "Você me dá dor de cabeça."[5]

Certa quinta, Joe não apareceu para a consulta. Nem na semana seguinte. Após um mês sem aparecer, dr. Selzer, zangado, foi até a lanchonete onde Joe trabalhava, e ele concordou em ir ao consultório do médico naquela tarde.

Mais tarde naquele mesmo dia, quando Joe tirou o chapéu, o dr. Selzer ficou pasmo por ver que a ferida estava sarando. "Onde antes havia uma enorme reentrância úmida", escreveu ele, "surgia agora uma camada de pele fina e brilhante."[6]

Quando o médico lhe perguntou o que havia acontecido, Joe respondeu: "Minha cunhada me trouxe da França uma garrafa da água milagrosa de Lourdes. Tenho banhado a ferida com ela há um mês."[7]

O dr. Selzer conclui seu relato sobre a "cura milagrosa" de Joe pensando consigo mesmo: "Enquanto mexo meu café, pergunto-me se tal homem teria, de fato, sentido em sua calva o roçagar de milagrosas asas."[8]

Pois bem, a água benta curou o câncer de Joe Riker?

Os crentes responderiam: "Sem dúvida"; os céticos: "Claro que não."

Na verdade, já li algumas resenhas sobre o livro de Selzer em que o crítico nega que a cura tenha sido algo além de simples coincidência.

Isso inevitavelmente leva a uma difícil pergunta: "Quando a coincidência é mais do que coincidência?" Segundo os céticos, Joe teria ficado curado do câncer mesmo que não tivesse lavado o ferimento com água benta.

O santuário de Lourdes não é a única fonte de água supostamente milagrosa no mundo. Há várias outras, inúmeros poços e nascentes em vários países com a reputação de possuírem poderes de cura. Um lugar famoso é a vila campestre de Tlacote, próximo à Cidade do México. Segundo os relatos, a água de lá tem curado os peregrinos de várias doenças, de AIDS e câncer a diabetes e colesterol alto, desde que um fazendeiro viu um cachorro muito doente bebê-la e ficar quase que imediatamente curado.

Todas as amostras de água benta testadas provaram ser nada mais do que simples água. Os crentes reagem aos resultados científicos dizendo: "E daí?" Deus não irá colocar algum elemento sobrenatural e desconhecido na água para "provar" que ela é um presente divino.

Segundo eles, só é preciso ter fé.

Se você acreditar que será curado, isso acontecerá. Se você é um incrédulo Tomé, ou Glória ou Harry, então ela provavelmente não funcionará.

Joe Riker acreditava que a água de Lourdes curaria seu câncer. Após usá-la, foi o que aconteceu.

Você vai discutir com ele?

[1] A bênção da água e do óleo foi usada por Scrapion of Thumis, um bispo do século IV, durante a missa (retirado da *Enciclopédia católica*).

[2] Muitas histórias de curas milagrosas através da água benta são, como já citado, meros depoimentos, embora alguns sejam extremamente convincentes. (Algumas pesquisas médicas validaram os resultados de modo surpreendente.) Há relatos sobre o desaparecimento inexplicável de cânceres, assim como de restituição da visão, e curas de doenças, como a pólio e a esclerose múltipla. Daí as classificações "Boa" para a qualidade das provas e "Moderada" para a probabilidade de o fenômeno ser paranormal. As histórias são numerosas e, mesmo que apenas algumas sejam relatos verdadeiros dos efeitos da água, temos aqui a possibilidade de que exista algo para além da psicologia com relação a seu uso.

[3] Richard Selzer, "O cirurgião como sacerdote", in *Lições mortais*.

[4] Idem.

[5] Idem.

[6] Idem.

[7] Idem.

[8] Idem.

68

A PREVISÃO DO NAUFRÁGIO DO *TITANIC*[1]

HAICAI:

TITANIC

Vast black glass water
Jet face of ancient iceberg
Still of the new dead

Ele era a maior embarcação flutuante e a mais grandiosa entre as obras do homem.

— Frase de abertura do romance de Morgan Robertson
O naufrágio do Titan

Definição: A crença de que o naufrágio do *Titanic* foi previsto 14 anos antes no romance de um escritor britânico.

O que os crentes dizem: *O naufrágio do Titan* é uma profecia.

O que os céticos dizem: As similaridades entre *O naufrágio do Titan* e o *Titanic* nada mais são do que coincidência.

Qualidade das provas existentes: Muito Boa.

Probabilidade de o fenômeno ser autêntico: Alta.

Será que Morgan Robertson previu o naufrágio do *Titanic* 14 anos antes da viagem inaugural do grande transatlântico?

Em 1898, Robertson, um popular escritor de aventuras na época, publicou um romance chamado *Futilidade*, uma história emocionante sobre o maior navio turístico a vapor jamais construído que se chocou contra um iceberg no Atlântico Norte e naufragou. O navio se chamava *Titan* e quase três mil almas se perderam quando ele afundou.

Catorze anos depois, o *Titanic* viria a se chocar contra um iceberg no Atlântico Norte, afundando em três horas.

Pouco depois do naufrágio do *Titanic*, os editores de Robertson lançaram outra edição de *Futilidade*, só que dessa vez com um novo título: *O naufrágio do Titan*.

O quão parecidos *eram* os dois navios — e as duas histórias?

A tabela a seguir expõe lado a lado algumas das características mais impressionantes. Independentemente da presença — ou ausência — de habilidades precognitivas por parte de Robertson, não há como negar que *O naufrágio do Titan* é um dos elementos mais estranhos da lenda do *Titanic*.

	O *Titan*	**O *Titanic***
Comprimento:	800 pés	882,5 pés
Número de propulsores:	3	3
Compartimentos à prova d'água:	19	16
Portas herméticas:	92	12
Capacidade de passageiros:	3.000	3.000
Passageiros a bordo:	3.000	2.200
Deslocamento (em toneladas):	45.000 (edição de 1898) 70.000 (edição de 1912)	66.000

	O *Titan*	O *Titanic*
Tonelagem bruta:	45.000	46.328
Alcunha:	"Insubmergível" (Capítulo 1)	"Insubmergível"
Potência (hp):	40.000 (edição de 1898) 75.000 (edição de 1912)	46.000
Barcos salva-vidas:	24	20
Velocidade na hora da colisão:	25 nós	22,5 nós
Mês do início da viagem:	Abril	Abril
Lado do navio que colidiu com o iceberg:	Boreste	Boreste
Hora da colisão:	Perto de meia-noite	11:40 P.M.
Itinerário:	De Nova York para a Inglaterra	Da Inglaterra para Nova York
Local da colisão:	Atlântico Norte, a algumas centenas de quilômetros da costa americana	Atlântico Norte, a algumas centenas de quilômetros da costa americana
Primeiro aviso do perigo:	"Gelo, gelo à frente. Iceberg. Sob a proa"	"Iceberg! Bem à frente!"
Proprietários do navio:	Empresa britânica	Empresa britânica
Sede da empresa:	Liverpool	Liverpool
Escritório nos Estados Unidos:	Nova York	Nova York
Mortes:	2.987	1.507+
Nacionalidade dos acionistas principais:	Americana	Americana

O PRIMEIRO CAPÍTULO COMPLETO DE *O naufrágio do Titan*

Ela era a maior embarcação flutuante e a mais grandiosa entre as obras do homem. Em sua construção e manutenção estavam envolvidas todas as ciências, profissões e tipos de comércio conhecidos pela civilização. Sobre o passadiço, encontravam-se os oficiais que, além de serem os escolhidos pela Marinha Real, haviam passado por um exame rígido em assuntos ligados a ventos, marés, correntes e geografia marítima; eles não eram apenas marinheiros, mas cientistas. O mesmo padrão profissional se aplicava ao pessoal da sala de máquinas, e o departamento dos comissários de bordo equivalia ao de um hotel de primeira classe.

Duas bandas de música, duas orquestras e uma companhia teatral entretinham os passageiros pela manhã; um corpo de médicos e um grupo de capelães cuidavam do bem-estar físico e espiritual, respectivamente, de todos a bordo, enquanto uma brigada de fogo bem treinada tranqüilizava aqueles com os nervos à flor da pele, além de contribuir para o entretenimento geral através do treino diário com seus equipamentos.

Linhas telegráficas escondidas saíam do convés elevado em direção à proa, à sala de máquinas na popa, à plataforma de observação no mastro principal e a todas as partes do navio em que o trabalho era realizado, cada fio terminando num mostrador com um ponteiro móvel e contendo todos os pedidos e respostas necessários à lida com o gigantesco navio, tanto no ancoradouro quanto no mar — o que eliminava, em grande parte, os gritos roucos e assustadores dos oficiais e marinheiros.

Com um simples acionar de uma alavanca no passadiço, na sala de máquinas ou em uma dúzia de outros lugares no convés, era possível fechar em meio minuto as 92 portas dos 19 compartimentos à prova d'água. Essas portas também se fechavam automaticamente em contato com a água. O navio boiaria ainda que nove compartimentos ficassem inundados, e, como não se sabia de nenhum acidente no mar capaz de encher tantos, o transatlântico *Titan* foi considerado praticamente insubmergível.

Feito de aço de uma ponta a outra, somente para o transporte de passageiros, o navio não levava uma carga de combustível que arriscasse sua destruição pelo fogo, e o fato de não necessitar de espaço para cargas permitira que seus arquitetos abrissem mão do típico fundo chato dos navios cargueiros e lhe dessem a angulosa altura de fundo — ou quilha bem inclinada — dos iates a vapor, o que melhorava seu desempenho no mar. Ele tinha 800 pés de comprimento (244 metros), um deslocamento de 70 mil toneladas, 75 mil cavalos de força e, em sua viagem de teste, navegara a 25 nós por hora, enfrentando ventos, marés e correntes inesperados. Resumindo, o navio era uma cidade flutuante — tinha, entre suas paredes de aço, tudo o que pudesse minimizar os perigos e desconfortos de uma viagem transoceânica —, com tudo o que dá prazer à vida.

Insubmergível e indestrutível, ele carregava poucos barcos salva-vidas, apenas o suficiente para satisfazer as leis. Esses barcos, 24 no total, encontravam-se seguramente cobertos e amarrados no convés superior, e, se baixados, comportavam 500 pessoas. Não havia inúteis e desajeitados botes; no entanto — já que a lei exigia —, cada um dos três mil aposentos nas alas dos passageiros, oficiais e tripulantes tinha um colete salva-vidas, enquanto cerca de 20 bóias encontravam-se espalhadas pela amurada.

Tendo em vista sua absoluta superioridade em relação a outras embarcações, uma lei de navegação na qual alguns capitães acreditavam, mas que ainda não havia sido amplamente adotada, seria aplicada ao *Titan*, como anunciado pela empresa de navios a vapor: ele viajaria a toda velocidade em nevoeiros, tempestades e dias ensolarados pela rota marítima do norte, tanto no verão quanto no inverno, pelas seguintes razões: em primeiro lugar, se outra embarcação colidisse com ele, a força do impacto seria distribuída por uma área maior caso o *Titan* estivesse avançando a toda velocidade, e o outro barco é que sofreria os maiores danos. Em segundo lugar, se o *Titan* fosse o responsável pela colisão, ele certamente destruiria a outra embarcação, mesmo a meia velocidade, e talvez danificasse o próprio casco; por outro lado, a toda velocidade, a outra embarcação seria cortada ao meio, e o dano ao *Titan*, nada que um pouco de tinta não resolvesse. O menor dos males, em ambos os casos, seria deixar o barco menor sofrer. A terceira razão era que, a toda velocidade, o *Titan* poderia ser mais facilmente manobrado para fora de perigo, e a quarta, no caso de uma colisão de frente com um iceberg — a única coisa flutuante que ele não conseguiria sobrepujar —, seu casco seria apenas um pouco mais danificado a toda do que a meia velocidade, inundando no máximo três compartimentos — o que não faria diferença com mais seis de reserva.

Assim, todos esperavam confiantemente que, uma vez ligados os motores, o transatlântico *Titan* levasse os passageiros por cerca de cinco mil quilômetros com a rapidez e a estabilidade de um trem. Em sua viagem inaugural, ele batera todos os recordes, porém, até a terceira viagem de volta, não conseguira reduzir ainda o tempo mínimo de cinco dias entre Sandy Hook e Daunt's Rock; mas corria um boato entre os dois mil passageiros que haviam embarcado em Nova York de que ele agora se esforçaria para tanto.

---

[1] Parte desse material aparece de forma diferente no livro do autor, de 1998, *The Complete Titanic* (Citadel).

69

PSICOCINESIA

HAICAI:

PSICOCINESIA

Mentally moving
Solid objects by a thought:
Unattainable?

> *Eppuor si muove.*
> "Ainda assim ela se move."[1]

DEFINIÇÃO: O indiscutível movimento de objetos por meios cientificamente inexplicáveis, como, por exemplo, pelo exercício de um poder oculto ou pelo uso de supostos poderes mentais (também conhecido como telecinesia).

O QUE OS CRENTES DIZEM: A habilidade de mover coisas com a força da mente é real, é comprovada e é algo que qualquer um pode aprender a fazer. Muitas experiências comprovam sua existência e os critérios normalmente usados eliminam qualquer possibilidade de se atribuir o resultado ao acaso. "Resumindo: experiências recentes parecem indicar que a mente humana pode controlar máquinas delicadas apenas com a força do pensamento."[2]

O QUE OS CÉTICOS DIZEM: A telecinesia, a psicocinesia e todos os outros supostos poderes mentais nada mais são do que fraudes ou truques. A mente humana não é capaz de mover nada só com o pensamento.

QUALIDADE DAS PROVAS EXISTENTES: Muito Boa.

PROBABILIDADE DE O FENÔMENO SER PARANORMAL: Alta.

A psicocinesia é real. Sua existência já foi comprovada em experiências controladas, cujos detalhes encontram-se disponíveis na internet e em livros.

Começando com os experimentos de J. B. Rhine na década de 1930, e continuando pela década de 1950 até os dias de hoje, os cientistas interessados em parapsicologia e nos misteriosos poderes da mente têm trabalhado e realizado experiências para comprovar que a psicocinesia existe. Há muito eles desejam saber se em meio à consciência humana existe a habilidade de afetar psiquicamente máquinas e outros objetos sem, na verdade, tocar a máquina, ou os dados ou as bolas.

Essa idéia foi por muito tempo considerada uma blasfêmia. Os cientistas que estudavam a PES, a visão remota e a psicocinesia eram ridicularizados pelos colegas, ou pior, ignorados. A ciência racional considerava a psicocinesia uma pseudociência, não merecedora de um estudo sério — ou de financiamento corporativo. O governo dos Estados Unidos, porém, pensou diferente, tão logo viu provas concretas de que a União Soviética já estava bem à frente, conduzindo pesquisas a todo vapor sobre habilidades psíquicas, com a intenção, acreditava a CIA, de usar tais poderes como armas e ferramentas de espionagem.

Como conseqüência, durante a Guerra Fria, a maior parte das pesquisas psíquicas foi financiada pelo governo. (Veja Capítulo 73, "Visão remota".)

Por várias décadas, protocolos científicos foram estabelecidos, experiências realizadas em surdina e pessoas avaliadas cuidadosamente em busca de habilidades que pareciam além da compreensão dos meros mortais. Em algumas experiências, a pessoa tentava mudar a direção do rolar de uma bola. Noutras, tentava mudar a ocorrência de eventos binários aleatórios em um computador apenas com a força do pensamento. Havia também experiências para estudar a correlação entre variáveis, tais como flutuações lunares, atividade das manchas solares, variações geomagnéticas e seu impacto na liquidação de dívidas nos cassinos de Las Vegas. Outros ainda tentavam compreender a verdadeira natureza do intangível conceito de "sorte", procurando perceber se os pensamentos e desejos da pessoa afetavam "o modo como as coisas acontecem", por assim dizer.

Com o passar do tempo, os resultados mostraram-se inquestionáveis: a mente podia alterar os resultados.

É preciso admitir que o percentual de "acertos" foi pequeno, mas o sucesso excedia em muito a chance de coincidências aleatórias e provava a existência de *algo* que é, de forma irônica, *aleatoriamente* presente em algumas pessoas.

Assim, o que é a psicocinesia?

Será uma faculdade mental controlada, em última instância, pelo treinamento e a autodisciplina, tais como concentração, bravura, coragem, paciência, cooperação, compaixão e outras características psicológicas?

Se é assim, por que nem todos conseguem desenvolvê-la?

Se nossa mente tem o poder de afetar a realidade física, então por que isso nunca foi uma coisa óbvia nem utilizada nos séculos passados?

Alguns dizem que é pelo fato de ser, sim, um poder mental, mas que se encontra num estágio inicial de evolução.

As *habilidades psíquicas* do homem vêm evoluindo há algum tempo e continuam a evoluir.

Quando passamos a viver sob as árvores, e não no topo delas, começamos a caminhar mais eretos.

Nosso cérebro tem aumentado de modo constante nos últimos quatro milhões de anos, de 450 centímetros cúbicos aos 1.350 de hoje.

Nosso mais antigo ancestral, o *Ardipithecus ramidus*, tinha cerca de 1,20 metro de altura — somos agora consideravelmente mais altos; quando aprendemos a controlar o fogo, nossos molares diminuíram; quando passamos de uma dieta de plantas cruas para uma de carne cozida, nosso apêndice tornou-se inútil; ao passarmos a depender mais das máquinas, nossos esqueletos se tornaram menores e mais frágeis.

Essas mudanças físicas levaram milhões de anos. Não será possível que os "loucos talentos" latentes de nossos maravilhosos cérebros levem um tempo consideravelmente mais longo para evoluir — ainda que vejamos indícios de sua presença hoje?

[1] Galileu disse isso entredentes após ser forçado a renunciar à sua crença de que a Terra girava em torno do Sol.
[2] *Fate*, 1997.

70

PIROCINESE

HAICAI:

PIROCINESE

The firestarters
Can use nothing but their thoughts
To bring on a blaze

C'mon baby, light my fire.

— Jim Morrison[1]

DEFINIÇÃO: A suposta habilidade "psi" de atear fogo com o poder da mente.

O QUE OS CRENTES DIZEM: Há pessoas cujos poderes psi são bastante desenvolvidos e elas podem não apenas mover coisas com a força da mente (telecinesia), como também criar calor e atear fogo a coisas e pessoas utilizando nada além do pensamento.

O QUE OS CÉTICOS DIZEM: A pirocinese só é real nos livros e filmes. Não há prova científica de pirocinese, o que, na verdade, nem é uma palavra! A idéia de poder atear fogo a objetos com o pensamento nada mais é do que uma fantasia.

Qualidade das provas existentes: Desprezível.

Probabilidade de o fenômeno ser paranormal: Nenhuma.

Para aqueles que crêem nas habilidades psi da mente humana (telecinesia, PES etc.), não é preciso muito esforço para acreditar também que a mente humana é capaz de atear fogo a coisas.

A pirocinese é o poder que os "incendiários" têm. Para aumentar a confusão, há também pessoas que entram em combustão espontaneamente (veja Capítulo 81, "Combustão humana espontânea"), que são imunes ao fogo e ao calor (veja Capítulo 37, "Imunidade ao fogo e andar sobre o fogo"), e as chamadas "pessoas elétricas", que podem gerar correntes e faíscas elétricas moderadas. Além dessas pessoas anômalas, há aquelas que têm uma aura brilhante ou que emitem campos visíveis de alguma espécie de energia elétrica e/ou magnética (veja capítulos 13 e 45, "Auras e auréolas" e "Fotografia Kirlian").

Mas e quanto aos incendiários? Ao que parece, essa habilidade psi potencialmente mortal já era conhecida por aqueles que estudam a parapsicologia, mas se tornou a *principal corrente* de "loucos talentos" com a publicação em 1980 do romance de Stephen King *A incendiária*.

O seguinte trecho foi retirado de meu livro de 2001, *The Essential Stephen King*:

> Em *A incendiária*, a agência governamental clandestina The Shop realiza experiências ostensivamente inocentes em alunos universitários, dizendo-lhes que estão testando alucinógenos leves para fins de estudos psicológicos. Na verdade, The Shop estava tentando estimular habilidades paranormais (melhor dizendo, poderes psíquicos por meio da química) para uso secreto, e não possuía um plano de contingência para o caso de duas das pessoas testadas se casarem e terem um filho.
>
> Duas delas — Andy McGee e Vicky Tomlinson — *casam-se* e têm uma filha, Charlene Roberta — Charlie —, que nasce com habilidades pirocinéticas. Ela é uma incendiária.

> De forma cruel, The Shop decide que todas as pessoas testadas com o "Lot Six" (a droga utilizada na experiência) devem ser eliminadas, e *A incendiária* é a história da perseguição de Andy e Charlie, e a vitória final de Charlie sobre os poderes malignos da burocracia.[2]

No livro de King, as *drogas* desencadeiam os poderes pirocinéticos de Charlie.

Embora a narrativa seja inquestionavelmente inteligente, não há provas científicas de que, primeiro, a combustão possa ser causada por poderes mentais e, segundo, que algum tipo de droga possa criar ou estimular tais poderes.

Fogo, luz e calor ocorrem quando substâncias inflamáveis se combinam quimicamente com o oxigênio. O oxigênio está presente na atmosfera, as substâncias são qualquer coisa que queime.

A mente humana não pode gerar ou fornecer quaisquer dos elementos necessários à criação do fogo.

Ainda assim, seria justo exigir um comportamento normal, empírico, de uma habilidade supostamente *para*normal?

Sim, uma vez que até mesmo as provas baseadas em depoimentos são praticamente inexistentes. Quando não dispomos de uma boa quantidade de relatos em primeira mão sobre um fenômeno (como acontece com as aparições de OVNIs, os fantasmas e as experiências de quase-morte), coisas que podem ser examinadas e avaliadas, precisamos recorrer aos mandamentos científicos sobre a suposta habilidade a fim de decidirmos se ela é possível ou não. A combustão humana espontânea acontece. Temos fotos e uma quantidade enorme de crentes e céticos a vociferar sobre o assunto. Por mais que sua verdadeira natureza seja questionável, não há dúvida de que ela acontece e de que podemos estudá-la. Esse não é o caso da pirocinese.

Nada do que sabemos hoje em dia sugere que o poder psi de atear fogo a coisas seja algo além de uma trama ficcional, tal como o poder que muitos dos personagens de *Dungeons and Dragons* e de outros jogos de RPG têm.

[1] The Doors, *Light My Fire*.

[2] Stephen J. Spignesi, *The Essential Stephen King*, "Firestarter", usado com permissão do autor.

71

REENCARNAÇÃO E REGRESSÃO A VIDAS PASSADAS

HAICAI:

REENCARNAÇÃO

Are we born again?
Does our soul transcend this life,
Climbing the ladder?

Morri mineral e me tornei planta.
Morri planta e renasci animal.
Morri animal e virei homem.
Por que devo temer? Quando a morte me tornou menos do que sou?
Ainda assim, devo morrer como homem, para ascender
Com os abençoados anjos, mas mesmo essa natureza angelical
É transitória. Todos, exceto Deus, perecem.
Ao sacrificar minha alma angelical,
Tornar-me-ei algo que mente alguma jamais concebeu.
Ah, deixe-me cessar de existir! Pois a não-existência proclama:
"A Ele devemos retornar."[1]

DEFINIÇÃO: A **reencarnação**, também chamada de **renascimento**, é uma ocorrência sobrenatural, transcendental, em que a alma de um indivíduo renasce em outro corpo; a **regressão a vidas passadas** é o acesso a lembranças de vidas anteriores por meio da hipnose.

O QUE OS CRENTES DIZEM: Continuamos a viver, mais e mais e mais, até acertarmos. Na maioria das vezes, não temos consciência de nossas encarnações passadas, mas a hipnose permite que uma pessoa acesse suas vidas prévias e relembre, algumas vezes nos mínimos detalhes, quem foi e como viveu. A personalidade, a memória e a inteligência podem às vezes se transferir de uma encarnação para outra, embora geralmente o conhecimento consciente de nossos eus anteriores não seja facilmente acessível. Mesmo assim, nossas almas sobem pela escada da existência rumo a uma compreensão divina e universal (esclarecimento), e nossas reencarnações representam os degraus dessa escada. A lei espiritual de causa e efeito, o carma, determina o crescimento cósmico do indivíduo.

O QUE OS CÉTICOS DIZEM: Temos direito a apenas uma vida; alguns a vivem bem, enquanto outros, não. Tal como nos diz um velho provérbio, uma pessoa nasce com certas habilidades e pode usá-las para se tornar um assassino, um açougueiro ou um cirurgião. No entanto, quando a vida acaba, acaba, não somos transferidos para outro corpo a fim de termos uma segunda, terceira ou quarta chance. Mais uma vez, deixe-nos repetir a verdade irrefutável: *morreu, está morto*.

QUALIDADE DAS PROVAS EXISTENTES: Inconclusiva.[2]

PROBABILIDADE DE O FENÔMENO SER PARANORMAL: Alta.[3]

Jesus acreditava em reencarnação. Há várias passagens no Novo Testamento em que ele fala de modo a deixar óbvio que os conceitos de renascimento e carma eram fortes crenças em sua época.

Por exemplo, no Capítulo 16 do Evangelho Segundo Mateus, há dois versículos (13-14) que falam dos discípulos conversando sobre as possíveis "vidas passadas" de Jesus Cristo:

> Chegando ao território da Cesaréia de Felipe, Jesus perguntou a seus discípulos: "No dizer do povo, quem é o Filho do Homem?"
>
> E eles responderam: "Uns dizem que é João Batista; outros, Elias; outros, Jeremias, ou um dos profetas."

Jesus admite aqui de modo claro que as pessoas da época falavam dele como a reencarnação de alguém, e é também uma prova de que os discípulos tinham profundo conhecimento da idéia de almas renascendo em diferentes corpos.

No entanto, pelo visto, isso não foi bom o suficiente para os cristãos que vieram depois. Em 533 d.C., o V Concílio Ecumênico decidiu banir da liturgia o conceito de reencarnação. A proclamação oficial dizia: "Se alguém reivindica a fabulosa preexistência das almas e reivindica sua monstruosa restauração posterior, que esta pessoa seja anátema."

Anátema. Excomunhão por acreditar em algo professado por outra pessoa que não Jesus.

Há alguma legitimidade na idéia de reencarnação? Os líderes espirituais há muito acreditam que o nascimento e a morte são momentos importantes na vida de uma alma, momentos que se repetem inúmeras vezes. A alma individual é parte de uma matriz cósmica eterna, que muitos crêem ser Deus. Ao vivermos cada uma de nossas vidas, devemos almejar um crescimento espiritual por meio de boas ações, até alcançarmos a unidade com tudo o que há de eterno — o esclarecimento — e sermos assimilados de volta pelo Ente Supremo.

Dizem que, na noite em que o Buda alcançou o esclarecimento, ele se lembrou de todas as suas encarnações anteriores — todas as 900 mil. Acho que é seguro dizer que, se a reencarnação é real, o caminho rumo ao esclarecimento é longo e vagaroso.

A reencarnação faz sentido se você aceitar dois princípios básicos: em primeiro lugar, acreditar que os seres humanos têm uma alma invisível e eterna, e, em segundo, crer que é melhor para a vida de todos *fazer o bem*. O carma, a reencarnação e a evolução rumo ao esclarecimento final são conseqüências lógicas.

No entanto, os crentes não estão de acordo no tocante ao modo exato como uma pessoa reencarna. Tampouco quanto ao tempo entre reencarnações. Alguns dizem que há um período no qual a alma e a consciência da pessoa existem como uma entidade descarnada flutuando no éter eterno. Outros que é mais como uma troca imediata: no momento da morte, a alma de uma pessoa desprende-se e entra no corpo de outra que está nascendo.

A reencarnação contradiz a comunicação com espíritos, fantasmas e outras experiências em que uma pessoa viva entra em contato com alguém do outro lado? Não se você acreditar que leva um tempo para uma alma reencarnar novamente. Assim, uma pessoa pode morrer, manifestar-se para seus entes queridos por meio de atividade *poltergeist* ou da canalização e depois subitamente silenciar-se ao entrar em outro corpo.

No grande esquema das coisas, a reencarnação tem uma simplicidade e lógica que lhe são inerentes, contra o que os céticos argumentam ser apenas uma tentativa do medroso ser humano de se agarrar a algo que lhe assegure que não morrerá de verdade.

No fim, a resposta de um indivíduo a essa persistente questão baseia-se na pergunta que já fizemos várias vezes neste livro: você acredita ter uma alma eterna?

Se disser que sim, então é apenas uma questão de planejar seu próprio manual de operações.

Se disser que não, então no seu caso, como dizem os céticos, morreu, está morto.

[1] Jalal ad-Din ar-Rumi (Rumi, o Poeta, *circa* século XIII).

[2] Alguns relatos de reencarnação são persuasivos. Certas pessoas são bastante específicas ao falarem de suas vidas anteriores e, embora parte do que se "lembrem" possa ser invenção, há momentos de tamanha precisão que, pelo menos, chegam a lançar uma dúvida sobre a corrente de pensamento que diz ser a "reencarnação *totalmente impossível*".

[3] Se a reencarnação é uma verdade, ela então valida todas as crenças que afirmam não ser esta a única realidade e que há outras vidas e realidades além de nossa existência terrena. É preciso admitir, porém, que isso é um grande "se".

72

RELÍQUIAS DA CRUZ VERDADEIRA

HAICAI:
A CRUZ VERDADEIRA

Tree of agony
Splinters from distant past?
Or merely wood scraps?

Fulget crucis mysterium;
Qua vita mortem pertulit,
Et vorte vitam protulit.
O mistério da cruz brilha fulgurante;
onde sua vida experimentou a morte,
e da morte ressurgiu a vida.[1]

Definição: As relíquias da "cruz verdadeira" são os ditos pedaços da verdadeira cruz de madeira na qual Jesus Cristo foi crucificado. Segundo a lenda religiosa, essas relíquias supostamente sobreviveram por séculos. Algumas vezes podem ser compradas em redomas que parecem elaborados ostensórios. São atribuídos poderes milagrosos aos pedaços de madeira pertencentes à cruz de Cristo.

O que os crentes dizem: Pedaços da cruz verdadeira sobreviveram durante os últimos dois mil anos e existem em coleções espalhadas pelo mundo. Ao contrário da crença popular, o peso total de todas as relíquias *não* equivale ao de várias cruzes; muitos pedaços podem ser falsos, mas não há dúvidas de que existem pedaços da cruz verdadeira com poderes milagrosos.

O que os céticos dizem: Não é possível que pedaços de uma cruz de madeira tenham sobrevivido por dois mil anos e, mesmo que *tivessem*, *não há como* confirmar que tenham pertencido à cruz na qual Cristo foi crucificado.

Qualidade das provas existentes: Desprezível.[2]

Probabilidade de o fenômeno ser paranormal: Inconclusiva.[3]

A edição de 1948 do *Almanaque católico*[4] falava o seguinte a respeito das relíquias da cruz verdadeira e de outros artefatos sagrados:

> Várias relíquias da cruz verdadeira podem ser encontradas nas principais cidades européias: Bruxelas, Ghent, Roma, Veneza, Ragusa, Paris, Limbourg e Monte Atos.
>
> A inscrição sobre a cruz está preservada na Basílica da Santa Cruz de Jerusalém, em Roma.
>
> A coroa de espinhos encontra-se em Paris. Um dos pregos foi supostamente lançado no mar Adriático, a fim de acalmar uma tempestade, outro foi incrustado na famosa Coroa de Ferro da Lombardia e outro está na Catedral de Notre-Dame, em Paris.
>
> A esponja encontra-se em Roma, na Basílica de São João de Latrão.

A ponta da lança está em Paris, o resto em Roma. O manto, na igreja de Tréveris.

A túnica encontra-se na Igreja de Argenteuil, próximo a Paris. Um pedaço da mortalha está em Turim.

O linho com o qual Verônica enxugou o rosto de Cristo está em Roma.

Parte do tronco no qual Jesus foi açoitado está em Roma; a outra parte, em Jerusalém.[5]

Essas são alegações inacreditáveis. De forma impressionante, essa passagem não aparece na última edição do *Almanaque católico*, o qual fala do problema das relíquias de modo geral: Como os católicos podem saber se elas são reais? A Igreja nunca confirmou a autenticidade de nenhuma delas, embora permita a veneração, "o pagamento de uma homenagem às relíquias que se acredita, com razoável probabilidade, serem autênticas, investidas de sanções eclesiásticas".[6]

Segundo a tradição católica, a cruz verdadeira descrita pelo *Almanaque católico*, a cruz na qual Cristo foi crucificado, foi encontrada na Palestina por Helena, posteriormente conhecida como santa Helena, por volta do ano 326. A lenda dessa santa diz que ela se incumbiu de encontrar a cruz verdadeira e, durante sua investigação, descobriu que era uma prática judaica comum cavar um buraco logo após uma execução oficial e nele enterrar todos os objetos e ferramentas utilizados. Após sondar nas redondezas, ela descobriu que havia sido erigido um templo à deusa romana Vênus sobre o lugar no qual a cruz de Cristo fora enterrada. Ao que parece, Helena era o tipo de mulher que conseguia fazer as coisas acontecerem. Após viajar até a Palestina, ordenou a demolição do templo de Vênus e, mais uma vez segundo a lenda, suas ordens foram acatadas. Ela então cavou o buraco e descobriu três cruzes. Também achou o pedaço de madeira onde fora entalhada a inscrição que havia sido pendurada sobre a cabeça de Jesus, assim como os pregos com os quais haviam pregado seus pulsos e pés. Contudo, Helena viu-se diante de um problema. Qual das três cruzes era a de Jesus?

Macarius, o bispo de Jerusalém, encontrou uma solução. Uma das aristocratas locais estava terrivelmente doente e todos que sabiam de seu estado acreditavam que a mulher estava às portas da morte. Macarius enviou as três cruzes até o leito da mulher (dá para imaginar o pesadelo logístico de se arrastarem três cruzes gigantescas pelas ruas empoeiradas da Palestina, mas vamos fazer vista grossa a esse detalhe) e a fez tocar em cada uma delas. Duas não tiveram o menor efeito, mas a terceira devolveu a saúde à moribunda.

A cruz verdadeira fora encontrada.

Santa Helena ficou extasiada, acreditando piamente ter identificado a extraordinária relíquia. Providenciou para que uma igreja fosse erigida no local onde a cruz havia sido encontrada. Tempos depois, viajou até Constantinopla, deu um pedaço da cruz a seu filho, Constantino, e levou outro para uma igreja em Roma. Dizem que esse pedaço, a Santa Cruz de Jerusalém, ainda existe numa catedral em Roma.

Será possível que algum pedaço da cruz verdadeira exista realmente em algum lugar da Terra? Será possível que quaisquer das relíquias da cruz verdadeira sejam mesmo, como se crê, reais?

O cético em mim diz que não. Até santa Helena desenterrar propositalmente a câmara na qual as três cruzes repousaram intactas por quase quatro séculos, não havia qualquer menção aos pedaços da cruz nos livros sobre história da religião. A resposta razoável à história de santa Helena é que ela é apócrifa, provavelmente nada além de uma fábula criada e escrita para incutir piedade e devoção a toda espécie de relíquias.

Essa racionalização, porém, não descarta a possibilidade de que existe, realmente, um pedaço do objeto que levou Cristo à morte em algum lugar do mundo.

[1] Venantius Fortunatus (c. 530-c. 610), *Vexilla Regis*, "Analecta Hymnica", 50: nº 67.

[2] Não há como verificar que as "provas" existentes — os verdadeiros pedaços de madeira que dizem fazer parte da cruz de Cristo — sejam autênticas.

[3] Uma vez que não temos certeza de que os ditos pedaços da cruz verdadeira sejam reais, não podemos saber se eles são realmente responsáveis por curas milagrosas ou qualquer outro milagre de ordem espiritual ou paranormal.

[4] O *Almanaque católico* é publicado pela editora Our Sunday Visitor, não sendo uma publicação oficial da Igreja Católica.

[5] *Almanaque católico* (1948).

[6] *Enciclopédia católica*, "Relíquias", edição on-line, www.newadvent.org.

73

VISÃO REMOTA

HAICAI:

VISÃO REMOTA

Seeing from afar
Places in the mind's eye
Sight without the eyes

Ela nos forneceu coordenadas latitudinais e longitudinais. Focalizamos as câmeras de nossos satélites no ponto indicado e lá estava o avião.

— Jimmy Carter[1]

Definição: A visão remota é uma espécie de percepção psicoenergética; é a capacidade de perceber pessoas, objetos, lugares ou eventos distantes do "observador" no tempo e/ou espaço.

O QUE OS CRENTES DIZEM: Observadores remotos treinados podem visualizar locais distantes em sua mente, esboçar imagens inexplicavelmente precisas daquilo que vêem, e existem provas irrefutáveis disso.

O QUE OS CÉTICOS DIZEM: É bastante improvável que a visão remota seja um fato e os "acertos" dos observadores devem-se, mais provavelmente, a coincidências, imaginação ou desejo do que a qualquer outra coisa.

QUALIDADE DAS PROVAS EXISTENTES: Excelente.

PROBABILIDADE DE O FENÔMENO SER PARANORMAL: Bem Alta.

A visão remota é real. É também uma prova irrefutável das habilidades psíquicas dos seres humanos.

A visão remota, agora considerada uma disciplina que requer treinamento, utiliza o inconsciente do observador e já obteve um sucesso tão inacreditável que os militares e as organizações de inteligência a usavam (e talvez ainda usem) em operações de inteligência sensitiva. Em 1995, a CIA reconheceu a existência de seu programa Stargate, que treinava militares da inteligência para serem espiões com habilidades psíquicas.

Longe de ser um "poder" paranormal ou religioso, ela parece uma habilidade científica passível de treino.

O que é exatamente a visão remota e como ela funciona?

Um observador remoto treinado senta-se com lápis e papel e se concentra no "alvo".

Ele então anota sua percepção da cena, algumas vezes rabiscando no papel formas que lhe vêm à mente.

O relatório de uma sessão feita pelo Laboratório de Investigações em Engenharia Anômala da Universidade de Princeton[2] mostra a foto-alvo de uma parede rachada de pedras no topo gramado de um penhasco com vista para a baía. Após concentrar-se, o observador remoto escreveu: "Vejo pedras; com buracos desiguais... um verde escuro a distância... oceano — escuro, azul-escuro... uma estrutura alta... similar a um castelo... o cheiro do oceano... uma sensação antiga, porém nova... limo ou hera cobrindo as paredes."[3] Essa é uma descrição extraordinariamente apurada e precisa, muito além da simples coincidência.

Existem provas documentadas de que as forças armadas americanas usaram, e talvez continuem a usar, observadores remotos para identificar a localização de submarinos estrangeiros ao redor do mundo. De modo interessante, muitos desses observadores falam da presença de OVNIs nas redondezas ao localizarem algum ponto submerso.

Quanto ao modo de operação da visão remota, seus praticantes alegam haver uma matriz universal (sim, como no filme), na qual todas as coisas existem no tempo e no espaço. A visão remota é o processo de utilização de nossas habilidades extra-sensoriais para "ler" essa matriz. Quer os verdadeiros mecanismos deste processo sejam ou não como os descrevemos, não há dúvida de que ele funciona e de que talvez seja uma habilidade latente em todos nós. Os instrutores enfatizam o fato de ser uma habilidade — uma habilidade que *se pode aprender* — e de que mesmo os observadores talentosos às vezes erram. Uma precisão de 33 a 80 por cento é considerada um sucesso. Dizem que mesmo os principiantes podem alcançar uma precisão de 40 por cento.

Meu teste de visão remota

Esforçando-me por servi-lo melhor, mergulhei fundo em vários sites sobre visão remota e fiz um teste para avaliar se possuo, ou não, essa habilidade.

O site que escolhi oferece um protocolo de teste bem fácil e fornece instruções detalhadas de como fazê-lo ("esvazie sua mente...").

Recebi um número de quatro dígitos. Falaram-me, então, para imaginar uma janela preta numa tigela de arroz vazia, e em seguida repetir o número várias vezes até que alguma imagem aparecesse na janela.

Concentrei-me nas instruções, tentando silenciar os milhões de pensamentos e imagens que passam por nossa mente a todo instante. Não queria visualizar alguma coisa que fosse produto de minha imaginação, e sim algo que supostamente fosse resultado do contato entre meu subconsciente e essa matriz universal.

Após vários minutos olhando para a janela preta, realmente comecei a ver algo. Já rejeitara várias imagens que haviam surgido nessa janela, sabendo que as estava imaginando de forma consciente, em vez de deixar a imagem-alvo aproximar-se de mim. Já vira a Torre Eiffel, a Estátua da Liberdade, o Monumento a Washington, Stonehenge e Cameron Diaz. (Como já disse, eu sabia que essas imagens eram produto de minha imaginação.)

Foi então que comecei a ver uma grande extensão de areia dourada, como se estivesse flutuando sobre um enorme deserto. Parecia uma pintura ondulada, dunas de areia causadas pelo vento, tal como vemos nos desertos áridos. A distância eu via uma fina faixa azul — o horizonte. De alguma forma, soube que essa imagem era resultado de uma visão remota. Memorizei os detalhes da cena e, em seguida, cliquei no número de quatro dígitos para ver a verdadeira foto.

Um golfinho saltando para fora d'água.

Em suma, eu era um fracasso como observador remoto. Poderia haver algo mais diferente de um golfinho dentro d'água do que as dunas de um deserto?

Mas, como continuo a ser o mesmo pesquisador intrépido que certa vez passou um dia inteiro na Sterling Memorial Library da Universidade de Yale em busca da data de publicação de um simples conto de Woody Allen, não desisti.

Escolhi outro número de quatro dígitos e tentei de novo. Talvez meu fracasso anterior tivesse me tirado a concentração, ou talvez a matriz estivesse ocupada, mas tudo o que consegui visualizar para esse segundo número foi o mesmo deserto e as mesmas dunas do primeiro.

Soltei um suspiro resignado, concluindo que provavelmente não seria o próximo Kreskin, e cliquei no número para ver a foto.

Um deserto de dunas douradas com um horizonte azul ao fundo.

Pensando bem, talvez Kreskin venha a ter competição?

Mas, pensando melhor ainda, talvez não.

[1] Comentário do presidente Jimmy Carter durante uma sessão sobre visão remota realizada em 1978 para procurar um avião perdido das forças armadas americanas.

[2] www.princeton.edu/~pear/.

[3] www.princeton.edu/~pear/images/cstle3.gif.

74

RESSURREIÇÃO

HAICAI:

RESSURREIÇÃO

There can be no end
If Christ stepped out of his tomb.
Did Jesus conquer death?

Ele ressuscitou dos mortos no terceiro dia.

— O Credo dos Apóstolos

O que começa na simples história de Marcos como uma alusão simbólica à ascensão de Cristo, revelando-se em visões do paraíso, com o tempo levou os cristãos a acreditarem que a ressurreição acontecera de fato, e eles escutaram ou inventaram histórias cada vez mais elaboradas para provarem seu ponto de vista.

— Richard Carrier[1]

Definição: A crença de que os mortos retornam à vida, em geral usada no contexto da crença cristã sobre a ressurreição de Jesus após sua execução na cruz, no século I.

O QUE OS CRENTES DIZEM: Os mortos podem retornar à vida.

O QUE OS CÉTICOS DIZEM: Morreu, está morto.

QUALIDADE DAS PROVAS EXISTENTES: Fraca.[2]

PROBABILIDADE DE O FENÔMENO SER PARANORMAL: Inconclusiva.[3]

A vitória sobre a morte. Essa é a força propulsora por trás de tudo o que um médico faz na prática, o objetivo de todo ser humano que já fez ao menos *uma coisa* para melhorar sua saúde, a promessa de todas as religiões da Terra, ainda que cada uma forneça individualmente os passos necessários para alcançarmos a imortalidade e a vida eterna.

Como dizem, o grande Relógio da Vida começa a tiquetaquear de trás para a frente no momento em que nascemos e, quando chega a zero, morremos.

Mas quando a morte é uma morte *verdadeira*?

A medicina moderna aperfeiçoou as técnicas de ressuscitação em pacientes clinicamente mortos, a tal ponto que os doentes terminais podem agora optar por *não* serem ressuscitados caso o coração pare. Os pedidos de "Não ressuscitar" são freqüentes em muitos registros médicos. Hoje em dia, a tecnologia pode manter o coração batendo por muito tempo, mesmo que o corpo onde ele se encontra tenha se degenerado de modo irrecuperável. Imagine dizer às pessoas mil anos atrás que chegaria o dia em que elas poderiam escolher se gostariam ou não de ser ressuscitadas. Tal afirmação sem dúvida convenceria quem a escutasse de que este seria o dia em que os poderes do homem rivalizariam com os de Deus.

No entanto, a ressuscitação clínica não é a mesma à qual os crentes se referem ao falarem da ressurreição de Cristo. Os cristãos fervorosos acreditam que Jesus foi crucificado, morreu e ficou sepultado por três dias, após o que usou o poder divino de Deus para retornar à vida e aparecer para mais de 500 pessoas, antes de ascender fisicamente ao céu. (Alguns também acreditam que a mortalha com a qual Jesus foi envolvido guardou de modo sobrenatural sua imagem impressa ao retornar à vida. Veja Capítulo 79, "O Sudário de Turim".)

Segundo o dogma cristão, a ressurreição de Jesus prenuncia a ressurreição de todos os mortos, a qual deverá acontecer com a segunda vinda de Cristo.

Uma profunda análise do Antigo e do Novo Testamento mostra que a crucificação do Messias foi prevista (Salmo 22), assim como sua ressurreição.

O retorno de Jesus à vida, porém, só veio a fazer parte do conjunto de doutrinas cristãs décadas mais tarde, e, pondo de lado todas as supostas provas contrárias, é possível que o retorno *visionário* de Cristo tenha se metamorfoseado em um retorno *físico* em escritos posteriores (as cartas de Paulo, entre outros).

Ressuscitar dos mortos sem auxílio médico é um argumento antigo dos filmes de terror, desde a época do cinema mudo. Uma coisa tão sobrenatural é sempre retratada como algo terrível e profano, e os mortos reanimados em geral são apresentados como espectros insensíveis a arrastar os pés, alguns dos quais com um gosto por carne humana.

Isso está muito longe do ser espiritualmente transcendental que Jesus se tornou ao ressuscitar.

Segundo alguns cristãos da vertente carismática/pentecostal, a ressurreição ainda acontece. Uma história que chamou bastante a atenção aconteceu na Nigéria em 2001. Um pastor bateu com o carro numa árvore, ferindo-se mortalmente, e acabou por ser declarado morto (embora haja dúvidas quanto à validade do atestado de óbito). A esposa do “morto” levou o corpo para casa e, *três* dias depois (isso mesmo, *três*), participou de um encontro de orações organizado pelo evangelista alemão Reinhard Bonnke. A pobre viúva levou o corpo do marido à reunião, que, segundo dizem, já apresentava um avançado *rigor mortis*.

Bonnke recitou uma “oração de ressurreição” sobre o corpo do homem e, logo depois, ele começou a se contorcer e, por fim, a respirar. Ao retornar totalmente à vida, o homem disse que tinha visitado o paraíso e o inferno, e que um anjo lhe contara que ele seria enviado de volta a fim de salvar as almas das pessoas. Um vídeo desse milagre pode ser comprado no site do reverendo Bonnke.

Pessoas que pensamos mortas podem retornar à vida. Sabemos que as vítimas de afogamento entram num estado de animação suspensa, sem batimento cardíaco ou respiração, e depois retornam sem seqüela alguma.

Isso não é a mesma coisa que estar num túmulo por três dias e depois ressuscitar.

A morte humana parece ser um processo, e não um evento. Se certas coisas forem feitas antes que a morte se torne irreversível, algumas vezes a vida pode ser restabelecida.

No entanto, a ressurreição com um "R" maiúsculo parece pertencer apenas a Jesus Cristo, e esse evento só pode ser aceito por meio da fé. Ou não.

Pós-escrito

A edição de outono de 2002 da revista *Skeptic* publicou um artigo intitulado "Ciência e Ressurreição", de Michael A. Persinger. No artigo, Persinger tenta explicar a ressurreição de forma científica. Ele parte de quatro premissas básicas:

1. Jesus *existiu*.
2. Jesus *foi* crucificado e declarado morto.
3. Jesus *foi* visto com vida três dias após sua morte.
4. A ressurreição de Jesus *não* foi um milagre sobrenatural, divino.

Assim, como Jesus "ressuscitou dos mortos"?

1. Ele tinha epilepsia de lobo temporal.
2. Ele recebeu uma grande dose de reserpina (na época, presente como extrato botânico em arbustos da região).
3. Os danos aos tecidos do corpo e o fato de ter ficado fisicamente amarrado causaram uma liberação maciça de hormônios ligados ao estresse em sua corrente sangüínea.

   Devido à combinação desses três fatores, Jesus entrou num estado de hipotermia aguda em que parecia estar morto. Durante esse período, ele foi retirado da cruz e sepultado.

   Quarenta e oito horas depois, seu corpo voltou à eutermia (começou a se aquecer) e ele acabou saindo do coma no terceiro dia.

> Contudo, após todo esse tempo, é bem provável que essa experiência tivesse lhe causado um forte dano cerebral, e ele poderia facilmente passar pelos apóstolos sem reconhecê-los (como contam os evangelhos).

O autor conclui:

> Se alguém parte do princípio de que os relatos referentes aos eventos ligados à crucificação de Jesus são descrições mais ou menos precisas de seu comportamento, então sua morte aparente, deduzida a partir da imobilidade do corpo e de um estado prolongado de hipotermia aguda, e as aparições subseqüentes podem ser mais bem explicadas por um processo bioquímico fundamental do que por um fenômeno altamente improvável como o de ser ressuscitado dos mortos por Deus.[4]

Ele descreve a ressurreição de Cristo como "a conseqüência de uma sinergia relativamente mundana entre processos físicos e químicos que agora podem ser duplicados em laboratório".[5]

Se Persinger está certo, então uma das premissas fundamentais em que se baseia o cristianismo — de que Jesus Cristo ressuscitou dos mortos — é uma mentira.

[1] Richard Carrier, "Why I Don't Buy the Resurrection Story", uma palestra realizada em 2000 na Universidade de Yale, disponível no site www.infidels.org/library/modern/richard_carrier/resurrection/lecture.html.

[2] A única "prova" da ressurreição de Cristo encontra-se no Novo Testamento, sendo que a primeira menção aparece em *Marcos*, segundo a crença, o primeiro evangelho a ser escrito. Nos outros dois livros, escritos por *Mateus* e *Lucas*, a história da ressurreição é embelezada, e em *João* ela ganha a suntuosidade de um épico. Sabe-se agora, porém, que o texto original do Livro de Marcos terminava no Capítulo 16, versículo 8, em que ele fala da tumba vazia após a crucificação de Jesus. A partir daí, os detalhes específicos sobre as aparições de Cristo foram acrescentados em algum momento durante o século II, aparentemente como uma ferramenta de suporte ao crescimento do cristianismo, cuja doutrina principal baseava-se na ressurreição de Jesus.

[3] Com base nos relatos dos evangelhos sobre a ressurreição de Jesus não há como saber de forma concreta, *irrefutável*, se ele ressuscitou ou não dos mortos. Por isso, a classificação "Inconclusiva".

[4] "Ciência e Ressurreição", *Skeptic*, vol. 9, n° 4, p. 79.

[5] Ibidem, p. 79.

75

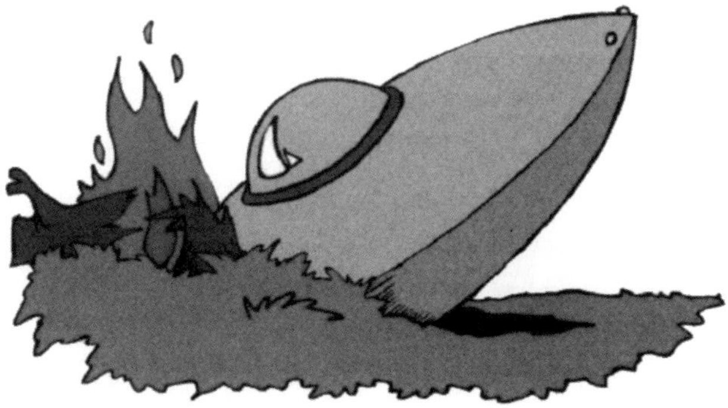

ROSWELL

HAICAI:

ROSWELL

New Mexico crash
What was it fell from the sky?
Will the truth be told?

Não há como termos dúvidas de que algo caiu do céu próximo a Roswell em 4 de julho de 1947. A pergunta é o quê... Todos sabem que nada foi publicado a respeito da colisão de uma espaçonave ou de corpos alienígenas. Assim, restam a quem busca a verdade apenas os testemunhos humanos e os pronunciamentos oficiais. A base para aceitarmos a versão do balão reside apenas em relatórios do governo, os quais negam qualquer aspecto incomum do caso Roswell. Não é preciso uma longa lista das mentiras oficiais e das informações erradas, apresentadas propositalmente para nos enganar, para que entendamos que tais pronunciamentos não devem ser aceitos ao pé da letra.

— Jim Marrs[1]

A pesquisa realizada pela Força Aérea não encontrou nem concluiu nenhuma informação de que o "Incidente Roswell" tivesse algo a ver com a queda de um OVNI. Todos os materiais oficiais disponíveis, embora não se remetam diretamente a Roswell, indicam que o mais provável é que destroços encontrados no rancho Brazel sejam de um dos balões do Projeto Mogul. Embora na época esse projeto fosse ULTRA-SECRETO, tampouco foram encontrados indícios específicos que levassem a crer na existência de uma mentira oficial pré-planejada para explicar um evento como o que ocorreu.[2]

DEFINIÇÃO: "Roswell" é a forma abreviada para descrever um evento ocorrido no deserto da região sudeste do Novo México, onde supostamente uma espaçonave alienígena caiu em 1947.

O QUE OS CRENTES DIZEM: Uma espaçonave alienígena caiu no deserto nas cercanias de Roswell, no Novo México, em 4 de julho de 1947, e o governo dos Estados Unidos encontrou a nave e os corpos dos alienígenas no local.

O QUE OS CÉTICOS DIZEM: Nunca houve espaçonave alienígena alguma — apenas um balão meteorológico ultra-secreto; tampouco houve corpos alienígenas — apenas bonecos antropomórficos; quanto às testemunhas "oculares", as pessoas ou se enganaram, ou mentiram deliberadamente, ou eram loucas e começaram a acreditar nos próprios delírios.

QUALIDADE DAS PROVAS EXISTENTES: Provas físicas: Fraca; Testemunho ocular: Moderada.

PROBABILIDADE DE O FENÔMENO SER PARANORMAL: Nenhuma, se você acreditar nos relatórios oficiais; Bem Alta, se não.

O amigo de um amigo meu...

Geralmente é assim que começa uma história em primeira mão sobre Roswell. Alguém conhece alguém que conhece alguém que estava em Roswell ou nas vizinhanças em julho de 1947, ou que viu corpos alienígenas sendo transportados, ou que viu ou tocou o metal liquefeito que não podia ser envergado... etc.

No meu caso, a história é verdadeira. O amigo de um amigo meu — um ex-militar — *estava* em Roswell em 1947 e disse ter visto corpos alienígenas sendo colocados num caminhão e levados embora do local da colisão.

Meu amigo é uma fonte confiável; ainda que com relutância, preciso dar o mesmo crédito ao amigo *dele*. Digo relutância porque como posso ter certeza de que o que ele *disse* ter visto é na verdade o que viu? Será que o amigo do meu amigo viu corpos alienígenas *de verdade*? Ou seriam bonecos antropomórficos ejetados de um balão de teste ultra-secreto?

Segundo incontáveis crentes, em 1947 um disco voador — uma espaçonave verdadeiramente extraterrestre — caiu no deserto das cercanias de Roswell, no Novo México.

E a lenda continua: os destroços do disco foram confiscados pelo governo dos Estados Unidos, assim como os corpos dos aliens, cujo número varia, dependendo da fonte. A maioria desses ETs estava morta, mas pelo menos um continuava vivo, e eles foram todos levados para a Área 51, onde nossos desafortunados visitantes, junto com os destroços de sua espaçonave, encontram-se até hoje.

Em 1994, a Força Aérea publicou sua declaração final a respeito do Incidente Roswell. Segundo eles, o que caiu em Corona foi um balão meteorológico ultra-secreto que fazia parte de um programa chamado Projeto Mogul. Não chega a fazer jus aos fatos reconhecer que muitos ufólogos não acreditam na versão "oficial" da Força Aérea sobre o que aconteceu no deserto do Novo México em 1947.

Li o relatório oficial; também li muito dos outros materiais disponíveis sobre Roswell, tanto favoráveis à colisão de uma nave alienígena quanto céticos; conversei com pessoas que ou viram algo que não entenderam ou conheciam alguém que tinha; tenho até mesmo um livreto do Roswell UFO Museum.

Ao ler o relatório pela primeira vez, inicialmente o rejeitei, pensando tratar-se de informações intencionalmente falsas. Parecia-me suspeito que o governo dos Estados Unidos sentisse a necessidade de publicar um "relatório final" longo e supostamente bem detalhado sobre algo que acontecera em 1947, se na verdade havia sido algo tão prosaico e inconseqüente quanto a queda de um balão. Tive, porém, de refutar essa idéia: o congressista Steven Schiff (R., Novo México) havia pedido toda e qualquer informação disponível nos arquivos governamentais sobre o que acontecera em Roswell, e a Força Aérea foi legalmente obrigada a ceder.

O relatório, on-line em vários sites, parece desmascarar todas as alegações referentes à queda em Roswell.

Ele nega a existência de alguma ação para encobrir a verdade e desacredita ponto a ponto os supostos rumores sobre o que, na verdade, aconteceu lá.

E quanto ao metal estranho que se esticou sozinho como água depois de ficar todo retorcido? Já foi dito que ele nada mais era do que uma espécie de papel-alumínio, provavelmente composto de alumínio e algum tipo de resina que lhe garantia uma "memória" excepcional, permitindo que se esticasse sem deixar marcas visíveis.

E quanto aos corpos dos alienígenas que muitos alegam ter visto?

Em 24 de junho de 1997, a Força Aérea publicou seu segundo relatório sobre o Incidente Roswell. Esse é o *press release* da Agência de Notícias da Força Aérea comunicando a publicação:

> WASHINGTON — A Força Aérea publicou seu segundo relatório sobre o caso conhecido como "Incidente Roswell" em 24 de junho. Esse relatório "O Relatório Roswell: Caso Encerrado", junto com o que foi divulgado em setembro de 1994, "O Relatório Roswell: A Verdade Diante da Ficção no Deserto do Novo México", explica e desmistifica os eventos lá ocorridos há quase 50 anos.
>
> Durante as décadas de 1940 e 1950, a Força Aérea realizou experiências com balões de grande altitude. Algumas utilizavam os balões para carregar e ejetar bonecos antropomórficos equipados com pára-quedas, no intuito de descobrir a melhor forma de fazer os pilotos e astronautas voltarem para a Terra caso fossem obrigados a se ejetar em grandes altitudes.

Essas experiências, bem como outras descritas e explicadas no relatório, inclusive a queda do balão em 1947, correspondem a muitas das ocorrências observadas pelos moradores do local e mais tarde denominadas de "Incidente Roswell".

Esse último relatório é digno de nota por fornecer um detalhado pano de fundo sobre as atividades da Força Aérea nas cercanias de Roswell desde meados da década de 1940 até o início da década de 1960.

"Esse é, de modo singular, o *release* mais detalhado sobre o assunto", declarou a secretária da Força Aérea, Sheila Widnall. "Em 1994, tornamos disponíveis ao público todos os materiais sobre o assunto. Essa informação complementar deixará claro para as pessoas o trabalho de pesquisa pioneiro, desafiador e por vezes heróico conduzido pela Força Aérea naqueles primeiros anos."

O Incidente Roswell é um negócio lucrativo.

Há uma grande variedade de livros, vídeos, DVDs e outros materiais sobre a colisão. O já citado Roswell UFO Museum é uma popular atração turística; as testemunhas ainda vivas recebem visitas freqüentes de pesquisadores, o que mantém a lenda viva.

A conclusão dos céticos é de que um balão do Projeto Mogul caiu no deserto de Roswell, em julho de 1947. Provavelmente os bonecos antropomórficos no balão foram confundidos com corpos alienígenas. Os "hieróglifos" vistos em pedaços de metal no meio dos destroços provavelmente nada mais eram do que algum tipo de código ou símbolos usados na experiência.

A conclusão dos crentes é de que a queda em Roswell foi um evento extraterrestre, e isso é uma prova concreta de que já fomos visitados por aliens. Os governos ao redor do mundo sabem disso, porém, em todas as nações os altos escalões, criaram uma trama para encobrir essa informação do conhecimento público.

Acredito que Kenneth Arnold tenha visto discos voadores de seu avião em 1947, antes da queda em Roswell.

Acho que somos visitados por outras inteligências há milhares de anos.

Tenho certeza de que a consciência sobrevive à morte.

Mas não fico satisfeito com nenhuma das conclusões a respeito do que aconteceu em Roswell.

A história do governo é muito conveniente e há testemunhas demais dizendo terem visto coisas estranhas em Roswell para que descartemos seus relatos por completo.

No entanto, as histórias dos crentes são muitas vezes contraditórias e a credibilidade de alguns pode ser legitimamente questionada (e, para ser justo, deveria).

O que aconteceu em Roswell?

Ainda não sabemos com certeza a resposta a essa pergunta, afora o fato de que algo aconteceu.

1 *Alien Agenda*, p. 135.

2 Retirado da declaração oficial feita em 1994 pela Força Aérea dos Estados Unidos sobre o "Incidente Roswell".

76

RUNAS

HAICAI:

RUNAS

Stick letters on stones
A tool for revelations?
Or merely dead words?

Pensando nos próprios deuses, um grego
Talvez sinta um assombro desolado, de dar pena,
Diante de alguma pedra rúnica —
Pois ambos dizem respeito à fé, e ambos já se foram.

— Matthew Arnold[1]

DEFINIÇÃO: Um alfabeto que se originou no Norte da Europa como uma forma de comunicação e que evoluiu para uma ferramenta de adivinhação. Hoje em dia, as runas são comumente vendidas em conjuntos de pequenas pedras gravadas, junto com um manual de instruções descrevendo o significado de cada símbolo hieroglífico.

O QUE OS CRENTES DIZEM: As antigas e misteriosas raízes da linguagem simbólica dão às runas seus poderes mágicos de adivinhação. Quando lidas com humildade, paciência e respeito, revelam segredos e proporcionam as respostas desejadas a quem lhes pergunta.

O QUE OS CÉTICOS DIZEM: As runas, assim como o tarô, podem significar qualquer coisa, dependendo das expectativas de quem as interpreta. Seu poder precognitivo é o mesmo dos outros métodos de adivinhação, ou seja, nenhum.

QUALIDADE DAS PROVAS EXISTENTES: Fraca.

PROBABILIDADE DE O FENÔMENO SER PARANORMAL: Baixa.

Existem ainda três alfabetos rúnicos básicos: o anglo-saxão, com 32 letras, o teutônico, com 24, e o escandinavo, com 16. Acredita-se que por mil anos as runas foram usadas tanto como meio de comunicação quanto de adivinhação, durante um período que começou no Norte da Europa, por volta do século III, e terminou entre os séculos XIII e XVI.

Ainda assim, como dizem, o que antes era velho volta a ser novo, e as runas são, hoje, novamente populares, podendo ser encontradas em lojas de brinquedos e nas livrarias Nova Era. O escritor britânico J. R. R. Tolkien criou alfabetos inspirados nas runas para uso dos Hobbits, elfos e outros habitantes da Terra Média em seu épico *O Senhor dos Anéis*.

"Runa" significa mistério ou segredo e os símbolos e letras rúnicas têm uma história que comprova seu passado negro.

A antiga mitologia nórdica conta a lenda do deus Odin, que ficou pendurado por uma lança numa árvore por nove dias e nove noites, um ritual oculto para aprender a controlar os poderes das runas. Na nona noite, as runas materializaram-se diante dele, que conseguiu agarrá-las e reclamar seu domínio sobre elas.

Qual foi a primeira coisa que Odin fez ao adquirir controle sobre as runas? Ele entalhou e pintou símbolos rúnicos em pedras, a fim de trazer a vida de volta a um corpo pendurado numa forca. Segundo o poema que conta essa história, os espíritos invocados por Odin através das runas atenderam seu pedido e ressuscitaram o homem.

Essa é uma história irônica sobre Odin. De acordo com a mitologia nórdica, ele não só era o deus da guerra, da cultura, da arte, da sabedoria e dos mortos, como também o ser supremo que criou o universo e toda a humanidade. A gente diria que o "Deus de todas as coisas" seria capaz de reanimar um corpo sem precisar da ajuda das runas para tanto. Mas acredito que seja um exercício de futilidade tentar encontrar lógica e consistência nos ditos mitológicos.

As runas foram resgatadas e reutilizadas pelos nazistas (infelizmente) durante a década de 1920. Os nazistas alemães que praticavam o ocultismo usavam símbolos rúnicos em sua insígnia militar, runas em seus documentos e, o pior de tudo, adotaram duas antigas figuras rúnicas escandinavas — a suástica e o sigel (o "S" em forma de relâmpago) — como símbolos do Partido Nazista e das terríveis tropas da SS, respectivamente.

Como se jogam as runas?

As pedras são misturadas e lançadas sobre uma superfície plana. Os símbolos são então estudados em busca de um significado que esteja relacionado ao autor da pergunta.

Os caracteres rúnicos têm nomes como Wyrd, Feoh, Thorna, Yra, Sigil, Ansur, Rad, Wynn etc., e, como acontece com as cartas de tarô, são interpretados tanto de cabeça para cima quanto de cabeça para baixo.

Cada símbolo está associado a um planeta. Ansur é associado a Mercúrio; Yra, a Júpiter etc.

Os significados dos símbolos rúnicos são muitas vezes vagos, generalizados. Por exemplo, a pedra Ansur indica eloqüência e inteligência. De cabeça para baixo, maus conselhos e necessidade de cautela. Eolh quer dizer boa sorte; de cabeça para baixo, suscetibilidade a deixar os outros levarem vantagem.

Os "runólogos", assim como os tarólogos, podem passar anos estudando os diferentes significados das pedras e interpretando-as nas leituras.

Como ferramenta psicológica, as runas são muitas vezes úteis para chamar a atenção da pessoa para determinadas áreas problemáticas, estimulá-la a fazer uma auto-avaliação e, se possível, induzir a um crescimento pessoal.

Quanto a acreditar que os símbolos transmitem informações genuinamente paranormais, bem, isso, tal como acontece com todos os métodos de adivinhação, depende de cada um.

[1] *The Grande Chartreuse*, linhas 81-84.

77

SATANISMO[1]

HAICAI:

SATANISMO

Praise to the carnal
Embracing glorious sins
Primacy of self

Satanismo é satanismo não devido à nossa adoração por alguma divindade, mas pela filosofia que defendemos. Vemos a nós mesmos como deuses, reconhecemos nossas próprias perspectivas de vida como sagradas, e reverenciamos nossas experiências como a única verdade que podemos vir a conhecer.

— Vexen Crabtree[2]

Definição: O satanista é alguém que ou adora o Diabo cristão, ou considera Satã um princípio de vida pré-cristão (e não uma entidade), e por isso leva uma vida segundo várias tradições quase religiosas, centradas principalmente na indulgência pessoal e na primazia do eu.

O que os crentes dizem: O satanismo "oficial" é a prática de entregar-se e exaltar a vida humana terrena e carnal. Nunca houve um Salvador e jamais haverá; cada pessoa salva a si mesma. Não existe paraíso ou inferno; rezar é inútil; a indulgência, e não a abstinência, é o que nos completa de verdade; "todos somos iguais" é insuportável.

O que os céticos dizem: Adorar Satã ou simplesmente entregar-se aos princípios de vida satânicos é uma traição abominável às qualidades superiores do homem e à alma que Deus nos deu. Entregar-se ao sexo, a entorpecentes e à violência de maneira indisciplinada é apenas fuga. O fato de os satanistas adotarem e praticarem "com prazer" aquilo que os cristãos chamam de os "sete pecados capitais" (avareza, vaidade, inveja, ira, gula, luxúria, preguiça) prova que o satanismo é retrógrado, negativo e autodestrutivo para o indivíduo, e, se tão amplamente difundido quanto eles desejam, para toda a humanidade.

Qualidade das provas existentes: Excelente.[3]

Probabilidade de o fenômeno ser paranormal: Baixa.[4]

Os nove mandamentos satânicos[5] da Igreja de Satã desenvolvidos por seu fundador, Anton LaVey, são:

1. Satã representa a indulgência, em vez da abstinência.
2. Satã representa a existência vital, em vez dos sonhos espirituais.
3. Satã representa a sabedoria pura, em vez da auto-ilusão hipócrita.
4. Satã representa a bondade para quem a merece, em vez de um amor desperdiçado aos ingratos.

5. Satã representa a vingança, em vez de "dar a outra face".
6. Satã representa responsabilidade para o responsável, em vez de se ligar a vampiros espirituais.
7. Satã representa o homem como qualquer outro animal — algumas vezes melhor, porém muitas vezes pior do que aqueles que caminham sobre quatro patas —, pois, devido a seu "divino desenvolvimento espiritual e intelectual", tornou-se o mais cruel animal de todos.
8. Satã representa todos os tão chamados pecados, pois todos levam ao prazer físico, mental e emocional.
9. Satã é o melhor amigo que a Igreja já teve; ele a manteve em alta no mercado todos esses anos.

Paralelamente, estes são os nove pecados satânicos da Igreja de Satã:[6]

- Estupidez
- Pretensão
- Solipsismo
- Auto-ilusão
- Conformismo em massa
- Falta dc perspectivas
- Negligência a ortodoxias passadas
- Orgulho contraprodutivo
- Falta de estética

A MISSA NEGRA

O ritual satânico mais importante é a missa negra, uma perversão da tradicional missa católica romana.

No passado, geralmente o "altar" de uma missa negra era o corpo de uma mulher nua com a cabeça virada para o sul, simbolizando que o satanismo era uma religião da carne. Hoje em dia, ainda se usam altares com pessoas vivas, mas é muito menos comum. Na verdade, atualmente muitos satanistas só participam de missas negras de vez em quando, a menos que a mídia requisite ou numa ocasião especial.

Os homens se vestem de preto e as mulheres usam roupas sedutoras.

Os participantes também usam amuletos com pentagramas ou cabeças de cabra; várias velas negras são acesas.

Além da missa negra, os adoradores realizam muitos outros rituais satânicos mágicos, inclusive o ritual de destruição, no qual uma boneca é espetada com agulhas (similar ao ritual vodu), o ritual da alegria e o ritual mágico do sexo, o qual inclui masturbação, algumas vezes em público.

Em geral, a língua usada durante os rituais satânicos é conhecida como "enoquiana", supostamente revelada ao ajudante do astrólogo da corte da rainha Elizabeth I, Edward Kelley. Pelo que dizem, Kelley aprendeu a língua com os anjos. A linguagem enoquiana parece uma miscelânea de latim, árabe e hebraico.

Os satanistas não associam seu conceito de "Satã" à imagem cristã de uma entidade demoníaca que simboliza a maldade pura. Para os satanistas, Satã representa a base carnal da vida humana terrena.

Na verdade, algumas de suas doutrinas parecem abertamente "não-satânicas" (tal como o satanismo é normalmente percebido por nossa cultura atual):

> O satanismo respeita e exalta a vida. As crianças e os animais são a mais pura expressão de força vital e, portanto, são considerados sagrados e preciosos...[7]
>
> Satã... representa o amor, a bondade e o respeito por aqueles que o merecem.[8]

A essência do satanismo é a adoração do eu. Os desejos, motivações, fantasias, fetiches, necessidades, apetites etc. de uma pessoa deveriam ser satisfeitos com vontade e alegria.

Os verdadeiros satanistas não acreditam que Satã seja um ser, e sim uma força vital.

As noções cristãs de compaixão, altruísmo, perdão, autodisciplina e ascese são temerárias e ingênuas, uma negação dos instintos inatos ao homem.

Não é surpresa alguma, então, que o "feriado" mais importante para um satanista seja seu próprio aniversário.

Os satanistas também adotam uma plataforma política, cujo fundamento parece ir de encontro a tudo o que os Estados Unidos consideram sacrossanto.

Eles acreditam que a igualdade para todos é um mito e os esforços dos governos em busca dessa verdadeira igualdade deveriam ser abandonados.

Desejam que todas as crenças, questões, doutrinas ou mandamentos religiosos presentes nas legislações sejam abolidos.

Apóiam a total liberdade das pessoas de viverem no "ambiente de sua escolha".[9]

Também apóiam o desenvolvimento e a produção de companheiros humanos artificiais.[10]

O satanismo não é a adoração ao Diabo, tal como lemos muitas vezes na mídia; eles tentam fugir desse ritualístico "abuso satânico". Os verdadeiros satanistas abraçam suas crenças com orgulho e franqueza. Apresentam seu sistema de crenças como o *yin* do *yang* cristão, mas, ainda assim, a idéia que muitos fazem do "satanismo" irá *sempre* impedir uma aceitação ou rejeição tranqüila, racional de seus princípios.

"Satanismo" é um jargão com conotações inacreditavelmente negativas, e o discurso dos satanistas sobre os poderes e energias primais da natureza e do sexo jamais permitirá que sua prática deixe de ser percebida como uma adoração ao Príncipe das Trevas.

[1] Uma das principais fontes de pesquisa para este capítulo foi o site www.religioustolerance.org. Recomendamos aos leitores interessados em aprender mais sobre satanismo (e outras tradições religiosas) visitarem este site, onde encontrarão muito mais material sobre o assunto do que o espaço aqui nos permitiu cobrir. Mas, por favor, observem: nós, o autor e o editor, não estamos endossando o satanismo nem nenhuma outra religião; é apenas uma referência a uma rica fonte de informação.

[2] Retirado do site www.religioustolerance.org.

[3] Há inúmeros livros e sites que explicam e discutem o satanismo. Além disso, Anton LaVey (1930–1997), o fundador da Igreja de Satã, escreveu vários livros, ainda editados e disponíveis.

[4] Apesar de todos os paramentos "sobrenaturais" que acompanham os rituais satânicos (missa negra, encantamentos, feitiços, pentagramas, cruzes de cabeça para baixo etc.), há poucas evidências de que o satanismo seja mais do que

um complexo e bem desenvolvido sistema de crenças criado pelo homem e praticado por ele.

[5] Esses são os mandamentos originais de LaVey, que também podem ser encontrados no site www.churchofsatan.com.

[6] A. S. LaVey, "Os nove pecados satânicos" (1987), www.churchofsatan.com/Pages/Sins.html.

[7] www.churchofsatan.org.

[8] www.churchofsatan.org.

[9] A. S. LaVey, "Pentagonal Revisionism: A Five-Point Program" (1988), in www.churchofsatan.com/Pages/PentRev.html.

[10] A empresa Real Doll (www.realdoll.com) cria "companheiros" sexuais artificiais em tamanho natural, bem caros. Seria isso que LaVey está sugerindo?

*78

SÍNDROME DE SAVANT[1]

HAICAI:

SAVANTS

Islands of genius
In the minds of autistics
Who is the savant?

Ainda estou aprendendo.

— Michelangelo

DEFINIÇÃO: "Uma condição extremamente rara na qual pessoas com deficiências mentais sérias, um déficit de desenvolvimento (retardo mental) ou uma doença mental grave (autismo na primeira infância ou esquizofrenia) apresentam espetaculares ilhas de genialidade e habilidades que se destacam num contraste incongruente com o retardo."[2]

O QUE OS CRENTES DIZEM: Os savants "idiotas" têm habilidades que a ciência moderna não consegue explicar, e isso ocorre porque essas pessoas podem ter sido abençoadas por Deus com um dom divino. É bem possível (para não dizer provável) que seus talentos sejam de ordem sobrenatural, além da compreensão do homem.

O QUE OS CÉTICOS DIZEM: Apenas pelo fato de a ciência não conseguir explicar como os savants fazem o que fazem, isso não significa que suas habilidades sejam um "dom divino" ou um poder sobrenatural. É provável que acabemos identificando a patologia específica responsável pelo savantismo. A genética e os estímulos talvez tenham seu papel, mas, sem dúvida, existe algum estado mental bizarro que precisa ser identificado e analisado para que a ciência consiga, enfim, compreender o modo como o cérebro dos savants "funciona".

QUALIDADE DAS PROVAS EXISTENTES: Moderada a Boa.[3]

PROBABILIDADE DE O FENÔMENO SER PARANORMAL: Nenhuma a Baixa.[4]

A *síndrome de Savant*, como passou a ser conhecida, nos mostra o quão difícil é conhecer de verdade o funcionamento do cérebro humano.

Em geral, os savants são homens (a síndrome é seis vezes mais freqüente em homens do que em mulheres) e têm um QI muito baixo (alguns na casa dos 30 ou 40 anos), mas, ainda assim, com "ilhas de genialidade" tão extraordinárias que parecem quase sobrenaturais.

Pessoas que não enxergam, mas desenham como os velhos mestres; pessoas que não falam, mas entoam todas as canções dos musicais da Broadway; que parecem quase catatônicas em seu dia-a-dia, mas sentam ao piano e tocam impecavelmente concertos inteiros após escutá-los apenas uma vez.

Há inúmeras teorias a respeito do papel da genética e dos estímulos nessas habilidades fenomenais, mas a verdade é que muito do que essas pessoas são capazes de fazer, e o modo como o fazem, é extremamente desconcertante para a medicina e a ciência.

Um dos mais recentes retratos cinematográficos de um autista savant foi o filme de 1988 *Rain Man*, estrelado por Tom Cruise e

Dustin Hoffman. No filme, Hoffman interpreta Raymond, um autista de meia-idade que manifesta várias habilidades savant, inclusive as de contar, memorizar e calcular. Os cinéfilos ficaram boquiabertos com o que Raymond podia fazer, e muitos duvidaram da veracidade da descrição, porém tudo mostrado em *Rain Man* é clínica e cientificamente comprovado. Na verdade, como você poderá ver na discussão a seguir sobre as habilidades savant, *Rain Man* aborda o assunto apenas por alto.

Habilidades musicais

Muitos savants manifestam talentos musicais inacreditáveis. Blind Tom, um escravo de 16 anos que morreu em 1908, cego e com um grave retardo mental, acompanhou a Guerra Civil tocando piano de maneira virtuosa para audiências em todos os Estados Unidos. Tom tinha um repertório musical com mais de cinco mil peças e, tal como muitos savants, bastava escutar a música uma única vez para tocá-la com perfeição, não importando o quão difícil ou particular fosse o "estilo" do compositor. A pedidos, Tom podia improvisar peças como qualquer compositor que já escutara, inclusive Beethoven, Bach, Chopin, Verdi e muitos outros. Tom chegou a tocar para o presidente Buchanan.

Outros savants com dons musicais conhecidos são:

- Um rapaz de 23 anos com um QI 47 que toca piano de ouvido e pode ler uma partitura à primeira vista.
- Uma garota chamada Harriet com um QI 73 que aos sete meses de idade já murmurava perfeitamente toda a ária "Care Nome" da ópera *Rigoletto*, de Verdi. (Ainda no berço.) Aos quatro anos, ela tocava piano, violino, trompete, clarinete e trompa francesa, mas só aprendeu a ir ao banheiro sozinha depois dos nove. Harriet também manifestava incríveis habilidades de memorização, podendo lembrar páginas inteiras da lista telefônica e detalhes pormenorizados de centenas de sinfonias. Tal como Blind Tom, ela também improvisava segundo o estilo do compositor e fazia transposição de tons a seu bel-prazer.

- Um homem de 38 anos com um QI 67 que possui um ouvido perfeito é capaz de ler partituras à primeira vista e detém um profundo conhecimento de fatos a respeito dos compositores.
- Uma moça de 23 anos com um QI 23 que podia tocar no piano qualquer música ou melodia que lhe fosse cantada ou murmurada.

Cálculo de calendários

O cálculo de calendários é a capacidade de dizer o dia em que determinadas datas caem e quando cairão os feriados daqui a vários séculos. Provavelmente, os savants mais famosos com essa habilidade foram os gêmeos Charles e George. O teste provou que seus QIs ficavam entre 40 e 70. Algumas de suas habilidades mais surpreendentes eram:

- Eles podiam dizer em que dia da semana cairia qualquer data num intervalo de 80 mil anos. (Entre 40 mil anos atrás e 40 mil à frente.) Eram também capazes de citar as mudanças ocorridas nos calendários no decorrer dos séculos ao calcularem as datas.
- Podiam dizem em quais anos durante os próximos dois séculos a Páscoa cairia no dia 23 de março.
- Podiam lembrar e citar exatamente como estava o tempo em cada dia de sua vida adulta.

Embora Charles e George não soubessem sequer os rudimentos da matemática, os médicos estavam convencidos de que a matemática e a habilidade de realizar cálculos complexos desempenhavam, de alguma forma, um papel na capacidade dos gêmeos de determinar datas. A memorização de datas e calendários também desempenhava um papel relevante, mas os cientistas estão certos de que em algum lugar do cérebro dos gêmeos existia uma "ilha de genialidade" capaz de realizar cálculos matemáticos complexos.

Cálculos matemáticos

Entre as habilidades matemáticas apresentadas por savants estão uma inacreditável rapidez para contar (lembra de Raymond em *Rain Man* contando imediatamente o número de palitos que caíram no chão?) e a realização imediata, de cabeça, de cálculos matemáticos complexos. Algumas das coisas que os savants costumam contar são:

- Os pêlos do rabo de uma vaca.
- As palavras ditas num programa de TV ou de rádio.
- O número de carros numa auto-estrada durante determinado período de tempo.

Alguns dos cálculos realizados por savants incluem:

- A quantidade de segundos num determinado período de tempo.
- A quantidade de segundos na vida de uma pessoa.
- Multiplicações com números de 20 dígitos.
- Cálculo da raiz quadrada de números enormes.

Alguns dos cálculos levam dias, semanas ou meses para ser realizados. É como se algum estranho computador biológico fosse ligado no momento em que o savant escuta o problema, e não se desligasse até ele encontrar a solução. Muitos savants adeptos do cálculo podem, em geral, contar colunas de números em segundos *sem* o auxílio de caneta e papel (muitos sequer sabem escrever), e eles geralmente exibem o mesmo nível de acertos na solução de problemas de divisão, multiplicação e subtração.

Inacreditável memorização

Há décadas, um médico chamado Witzman tentou descrever a inacreditável capacidade de memorização de alguns savants. Segundo ele, vários são muitas vezes capazes de "reproduzir à vontade uma enorme quantidade de números, tais como tabelas de trens, estatísticas orçamentárias e entradas em talões de cheques".[5] Memórias fotográficas são uma das habilidades savant mais impressionantes. Qualquer um que já tenha tentado memorizar algo sabe o quão incrível é uma memória fotográfica. Minha mulher me contou que, na época em que estava estudando para a defesa de sua tese sobre patologia, todos os colegas diziam, irritados, que a única maneira de aprender todas as estruturas anatômicas fundamentais que o curso exigia era na decoreba. Há muito tempo os estudantes de medicina recorrem a estratégias de memorização para ajudá-los a lembrar de características anatômicas complexas do corpo humano. (Provavelmente a estratégia mais comum usada por todos na escola era "*A*ll *G*ood *B*oys *D*eserve *F*un [ou *F*ish, dependendo se a escola era católica ou não]", o que, é claro, simboliza os acordes de uma estrofe musical.) Eis aqui algumas das coisas que, segundo relatos, savants são capazes de lembrar:

- A configuração exata da rede de ônibus Milwaukee.
- A música e a letra de milhares de canções.
- O clima em cada dia da vida de uma pessoa.
- Milhares de detalhes pormenorizados a respeito de guerras e eventos históricos.
- Memorização, palavra a palavra, de contos e, em alguns casos, de romances inteiros.
- A melodia, o número de páginas e a letra inteira de cada hino numa coleção de cânticos específica.
- Milhares de endereços, em geral "relativos a uma determinada indústria". Por exemplo, alguns savants lembram apenas endereços de concessionárias de carros, mas lembram-se de *cada um* deles numa cidade inteira.
- Centenas de frases em línguas estrangeiras.
- Vários detalhes biográficos pormenorizados sobre centenas de personagens históricos.
- Décadas de registros de óbitos, inclusive as relações de parentesco, os endereços e as casas funerárias.
- O conteúdo de jornais inteiros, de maneira normal *e* de trás para a frente.
- O número exato de mordidas dadas durante um mês inteiro ou mais.

- O número exato de passos dados em certo período de tempo.
- O número de quartos em todos os hotéis de dezenas de cidades.
- As distâncias entre centenas de cidades.
- O número de lugares em dezenas de estádios e arenas.
- Todos os números vistos em cada trem pelo qual passaram durante a vida. (E, em alguns casos, o savant não só lembra o número de cada trem, mas mantém um inventário de suas somas.)
- Páginas inteiras de listas telefônicas.
- O horário de entrada e saída dos membros da equipe médica de um hospital durante um período de 57 anos.
- Numerosos dados estatísticos sobre o mercado de ações.
- As transcrições de programas inteiros de rádio e TV.

Habilidades artísticas

Os savants com habilidades artísticas podem produzir de modo impecável representações detalhadas de algo que viram apenas uma vez. Sabe-se que eles trabalham com desenhos e esculturas e que produzem peças representando animais, como insetos, gatos e outras formas da natureza.

Habilidades manuais

Ocasionalmente, os savants são muito bons "com as mãos". Algumas das habilidades manuais manifestadas por savants são:

- Certa vez, um savant desmontou um relógio e o remontou como um moinho, o qual funcionava perfeitamente.
- Os savants são conhecidos por montarem modelos detalhados de carros e barcos após verem apenas uma foto.
- Alguns savants conseguem desenhar plantas extremamente detalhadas.

- Alguns podem consertar de forma instintiva ferramentas e outros aparelhos mecânicos.
- Há relatos de que savants são capazes de reconstruir e *modificar* bicicletas de várias marchas.

Uma extraordinária percepção sensorial

Alguns savants têm sentidos de visão, olfato, audição, paladar e tato extraordinariamente desenvolvidos.

- Um savant cego foi capaz de escolher sua roupa e os sapatos apenas pelo cheiro.
- Há relatos sobre um savant cujo sentido de tato era tão desenvolvido que ele podia rasgar uma folha de jornal em dois pedaços, de modo a deixar cada folha resultante com a metade da espessura da original.

PES

A **PES** ou **Percepção *Extra*-Sensorial** (que é diferente de uma *Extraordinária* Percepção Sensorial) parece fazer parte do âmbito das coisas quase impossíveis de explicar. Essas habilidades são muitas vezes consideradas paranormais, mas, ainda assim, há savants que exibem habilidades psíquicas, entre outras, que vão "além do natural". Alguns desses "poderes" manifestados por savants incluem:

- Ser capaz de escutar (e repetir) conversas conduzidas fora do alcance de sua audição.
- Ser capaz de ler o pensamento de outras pessoas.
- Ter uma "visão remota"; ver com precisão coisas que acontecem em lugares algumas vezes a quilômetros de distância.
- Ter o sentido de precognição, ou seja, ser capaz de prever o futuro com precisão.

As provas dessas habilidades paranormais acabam complicando nossa compreensão a respeito da *síndrome de Savant*. Ou talvez as esclareçam? Considere isso: e se o fato de os savants conseguirem usar partes do cérebro de uma maneira bizarra, além da nossa compreensão, e manifestarem habilidades psíquicas for algo que todos somos capazes de fazer, só que eles o fazem de modo acidental?

Um extraordinário senso de tempo

Alguns savants desenvolvem um incrível senso de passagem de tempo.

- Certo savant podia acertar até o minuto de qualquer hora do dia ou da noite, embora não soubesse ver as horas num relógio.
- Certo savant sabia dizer exatamente quando um comercial iria começar e terminar, mesmo que estivesse longe de uma TV.
- Alguns savants sabem dizer exatamente o tempo decorrido por determinado período sem sequer olhar para um relógio.

Um extraordinário sentido de direção

Esse extraordinário sentido de direção é algumas vezes manifestado por savants que jamais saíram de casa ou viajaram.

- Alguns savants podem citar com exatidão itinerários de viagens realizadas, inclusive todas as vezes em que dobraram à direita ou à esquerda.
- Alguns savants podem memorizar mapas e reproduzi-los em escala com perfeição.
- Outros conseguem fornecer direções detalhadas de uma viagem até determinado lugar, mesmo que nunca tenham estado lá ou que sejam cegos.

[1] Parte do material apresentado neste capítulo aparece de forma diferente em meu livro de 1994, *The Odd Index*, da Plume Book.
[2] Dr. Darold Treffert. *Extraordinary People.*
[3] Existem muitos dados sobre determinados savants e suas habilidades; a explicação subjacente de como eles se tornaram savants continua a escapar à ciência médica.
[4] Apesar das explicações divinas, parece provável que a explicação definitiva para a síndrome de Savant deva ser encontrada no funcionamento interno do cérebro, e não nos trabalhos sobrenaturais de Deus ou em alguma outra força ou energia paranormal.
[5] *Extraordinary People.*

*79

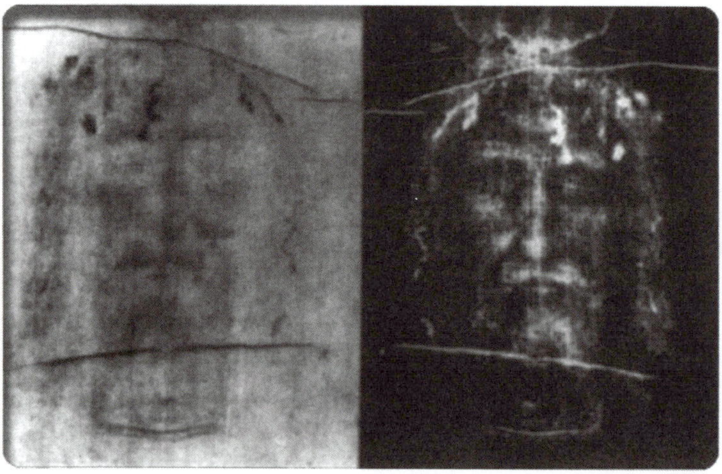

O SUDÁRIO DE TURIM

HAICAI:

O SUDÁRIO DE TURIM

Body wrapped in cloth
Image of crucified man
Can you be the Christ?

A Igreja não tem medo da ciência.
— Arcebispo Severino Poletto[1]

Definição: O Sudário de Turim é um lençol de linho de 4,35 metros de comprimento por 1,12 metro de largura, no qual se encontram impressas a frente e as costas de uma pessoa que muitos acreditam ser Jesus Cristo.

O que os crentes dizem: O Sudário é a verdadeira mortalha de Jesus. Sua imagem ficou "gravada" milagrosamente no pano devido a uma explosão de energia divina ocorrida no momento da ressurreição.

O QUE OS CÉTICOS DIZEM: O Sudário é uma pintura medieval feita por volta de 1260-1390.

QUALIDADE DAS PROVAS EXISTENTES: Moderada.

PROBABILIDADE DE O FENÔMENO SER PARANORMAL: Baixa.

A comprida mortalha de linho foi esticada e o corpo do homem crucificado depositado na metade inferior.

A metade superior foi então erguida e dobrada sobre o corpo, cobrindo-o da cabeça aos pés.

O corpo apresentava sinais de tortura e morte por crucificação, e o sangue rapidamente empapou o tecido. Uma vez coberto, foi colocado na tumba, que, em seguida, foi selada com uma enorme pedra.

Três dias depois, encontraram a tumba vazia; restava apenas a mortalha no frio sepulcro.

No entanto, o pano agora apresentava mais do que simples manchas de sangue. A mortalha exibia a imagem completa do homem crucificado. Era possível ver seu corpo nu, embora vagamente, e ele mostrava os ferimentos causados pela coroa de espinhos com a qual o haviam torturado, o sangue gotejando de sua testa, as chagas nos pulsos onde os pregos haviam sido impiedosamente cravados, marcas de sangue no lado, onde, segundo as escrituras, o Cristo bíblico fora perfurado com uma lança, e as marcas das chibatadas nas costas, condizentes com as dos pesos que eram amarrados nas pontas dos chicotes na época de Jesus.

Embora a lenda diga que o Sudário tem dois mil anos de idade, segundo os registros históricos ele só foi mencionado pela primeira vez por volta de 1204, na época das Cruzadas, ao ser dado como roubado durante o saque a Constantinopla. O Sudário apareceu mais tarde na França, por volta de 1350, e acabou em posse da Arquidiocese de Turim, onde permanece desde então. Um incêndio em 1532 danificou o tecido, que foi reparado pelas freiras com 30 outros pedaços, só removidos recentemente durante uma restauração mais cuidadosa do pano.

O evento mais importante na história do Sudário aconteceu em 1898, quando sua imagem em "negativo" foi acidentalmente descoberta. Desde então, o Sudário virou um ardente objeto de debates: os crentes, convencidos de sua autenticidade, e a maioria dos céticos e da comunidade científica, de que ele é uma pintura medieval.

Na verdade, há fortes indícios de que seja um artefato produzido pelo homem, sendo os mais notáveis os testes com o carbono 14 e a reprodução em laboratório da provável aparência de Cristo (veja a seguir). A Igreja jamais afirmou que ele é a mortalha de Jesus, apenas o descreve como um "objeto de devoção". Mas tampouco declarou que é uma farsa e o protege como se fosse autêntico.

Argumentos em prol da autenticidade do Sudário de Turim:

- A imagem no Sudário é quase invisível, a não ser como um negativo fotográfico. Como um falsificador medieval poderia ter pintado algo que só aparecesse em negativo, séculos antes da invenção da fotografia? Como ele poderia ter "conferido seu trabalho"? Como poderia ter criado os detalhes de modo tão meticuloso sem conseguir ver o que estava pintando?
- Os ferimentos e as chagas do homem representado no Sudário correspondem de modo preciso às descrições da crucificação de Cristo. Os mais convincentes são os estigmas causados pelos pregos nos pulsos. As pinturas medievais do Cristo crucificado mostravam as perfurações nas mãos. Apenas séculos mais tarde descobrimos que as mãos não poderiam ter agüentado o peso do corpo, e que os romanos, na verdade, pregavam os pulsos das vítimas.
- Os grãos de pólen removidos do Sudário foram identificados como pertencendo a espécies de cardos existentes na área da Palestina durante o século I d.C.

Argumentos contra a autenticidade do Sudário de Turim:

- O "sangue" do Sudário foi testado e comprovou-se que, na verdade, era uma tinta pigmentada com têmpera vermelha e ocre.

- Em 1988, os testes de datação por carbono 14 conduzidos por três laboratórios diferentes (Arizona, Oxford e Zurique) confirmaram que o linho datava de algum período entre 1260 e 1390. (Em 1994, o historiador alemão Holgar Kersten escreveu um livro chamado *A conspiração Jesus*, no qual afirma que as amostras testadas em 1988 *não são* do verdadeiro Sudário.)
- Existe um documento de meados do século XIV no qual um bispo da época conta ter escutado a confissão do artista que criou o Sudário. Além disso, em 1389, o papa Clemente VII declarou que o Sudário era uma fraude.
- As características físicas do Sudário (um lençol de linho de quatro metros e pouco de comprimento) contradizem alguns dos relatos bíblicos sobre o sepultamento de Cristo, especialmente o do Evangelho de João, no Novo Testamento. Em Mateus, Marcos e Lucas, a mortalha de Cristo é descrita, respectivamente, como "um lençol branco", "um lençol de linho" e "um pano de linho".[2] João, porém, nos conta de uma forma totalmente diferente:

João 19:40: "Tomaram o corpo de Jesus e envolveram-no em panos com os aromas, como os judeus costumam sepultar."

20:4-7: "Corriam juntos, mas aquele outro discípulo correu mais depressa do que Pedro e chegou primeiro ao sepulcro. Inclinou-se e viu ali os panos no chão, mas não entrou. Chegou Simão Pedro, que o seguia, entrou no sepulcro e viu os panos postos no chão. Viu também o sudário que estivera sobre a cabeça de Jesus. Não estava, porém, com os panos, mas enrolado num lugar à parte."

Segundo João, Cristo foi envolvido em *panos*, e outro pedaço ("o sudário que estivera sobre a cabeça de Jesus") foi colocado sobre sua cabeça. Isso contradiz a história de que o Sudário de Turim era uma peça única, assim como a da imagem do rosto do homem crucificado.

- A imagem do Sudário de um Jesus alto, claro e de cabelos compridos não condiz com a descrição dos homens de sua

> época e daquela região. Com o auxílio de crânios datados desse período e de softwares sofisticados, antropólogos forenses concluíram recentemente que os homens semitas do século I tinham por volta de 1,55 metro de altura, pesavam em média 50 quilos, usavam barba e tinham os cabelos curtos e cacheados. Além disso, tinham pele e olhos escuros. Como podemos saber se Jesus se parecia com os outros homens de sua época? O Livro de Mateus nos diz que Judas beija Jesus a fim de apontá-lo para os soldados romanos. Se Jesus tivesse perto de 1,80 metro, pele clara e cabelos longos e esvoaçantes, é improvável que ele precisasse ser identificado.[3]

Quem é o homem no Sudário? Ainda não sabemos, embora a maior parte das evidências pareça descartar a possibilidade de ser Jesus Cristo.

[1] O arcebispo Poletto, da Igreja Católica, deu essa declaração amplamente citada durante uma mostra realizada em agosto de 2000 do Sudário de Turim. Na época, as ações da Igreja Católica contradisseram esta declaração.

[2] As passagens:

- **Mateus 27:59**: "E José, tomando o corpo, envolveu-o num lençol branco."
- **Marcos 15:44-46**: "Pilatos admirou-se de que ele tivesse morrido tão depressa. E, chamando o centurião, perguntou se já havia muito tempo que Jesus tinha morrido. Obtida a resposta afirmativa do centurião, mandou dar-lhe o corpo. Depois de ter comprado um lençol de linho, José tirou-o da cruz, envolveu-o no lençol, depositou-o num sepulcro escavado na rocha e rolou uma pedra para fechar a entrada."
- **Lucas 23:52-53**: "Foi ter com Pilatos e lhe pediu o corpo de Jesus. Ele o desceu da cruz, envolveu-o num pano de linho e colocou-o num sepulcro escavado na rocha, onde ainda ninguém havia sido depositado".

[3] Para um fascinante olhar sobre o "verdadeiro rosto de Jesus", veja a edição de dezembro de 2002 da *Popular Mechanics*, que apresenta uma foto colorida de página inteira com uma recriação da provável aparência de Jesus.

80

FEITIÇOS

HAICAI:
FEITIÇOS
Chant the magic words
Requesting intercession
Or simply a pox

O sacerdote escreverá essas imprecações num rolo, e as apagará, em seguida, com as águas amargas.

E fará com que a mulher beba as águas amargas que trazem maldição, e estas águas de maldição penetrarão nela com sua amargura.

— Números 5:23-24

DEFINIÇÃO: Um feitiço é uma palavra, frase, fórmula, receita, ritual, gesto ou maldição que, segundo a crença, tem poderes mágicos, os quais podem ser usados para o bem ou para o mal.

O QUE OS CRENTES DIZEM: Feitiços funcionam. Quando alguém lança um feitiço ou encantamento, e o faz com sinceridade, os poderes ocultos são convocados e os espíritos se esforçam para ajudar a pessoa a realizar seu desejo. Feitiços bons invocam bons espíritos; feitiços maus, maus espíritos. Os feitiços são lançados por muitas razões, entre elas amor, dinheiro, saúde, vingança e poder. Mas não devem ser lançados de forma inconseqüente.

O QUE OS CÉTICOS DIZEM: Com certeza, feitiços e encantamentos *não* funcionam. Qualquer aparente resultado de um feitiço ocorre por coincidência, auto-ilusão, interpretação malfeita de uma seqüência de eventos, interferência humana, fraude ou erro. A idéia de que recitar uma seqüência de versos burlescos (mesmo que *com* intenções sinceras) possa mudar o curso dos eventos no mundo real é ridícula.

QUALIDADE DAS PROVAS EXISTENTES: Fraca a Inconclusiva.[1]

PROBABILIDADE DE O FENÔMENO SER PARANORMAL: Moderada a Boa.[2]

O ditado "a pena é mais poderosa que a espada" fala sobre o poder e a força das palavras. Declara o dano que estas podem provocar e aponta para a profunda influência das palavras certas, quando usadas no momento certo. "Todos os homens nascem iguais." "Um pequeno passo para a humanidade." "Não pergunte o que o seu país pode fazer por você." "Derrubem esse muro."

Mas as palavras são apenas conceitos inanimados desenvolvidos para expressar idéias e as sutilezas e complexidades da realidade, certo?

Certo, mas elas também têm peso.

Chame um afro-americano por aquela palavra que começa com "n", diga isso com malícia e *veja o que acontece*. Ou uma mulher por aquela que começa com "v" com *qualquer* entonação e *veja o que acontece*.

Feitiços e encantamentos elevam ao nível do sobrenatural a noção de que as palavras detêm poder. Assim, a crença na eficácia dos feitiços na verdade endossa essa noção.

O espírito africano conhecido como Bori assume uma forma humana, porém com pés em forma de cascos. Ele é "alérgico" a ferro, portanto qualquer feitiço para "espantar Bori" deve levar um pedaço de ferro ou, pelo menos, deve recitar a palavra "ferro" algumas vezes. Segundo a tradição, o Bori é escravo de seu próprio nome, o que significa que tão logo um mortal aprenda seu nome verdadeiro, repeti-lo escravizará o demônio.[3]

Apesar das associações pagãs, os feitiços não são usados apenas para fins maléficos. De modo interessante e irônico, "bênçãos" benignas podem ser interpretadas como feitiços "ao contrário". Além disso, os feitiços são necessários aos rituais para "expulsar os demônios", usados nos exorcismos cristãos (veja Capítulo 27).

No século VI, são Gregório elegeu os sete pecados capitais, e sua seleção foi mais tarde aprovada por são Tomás de Aquino e incluída em sua *Suma Teológica*.

Os sete pecados capitais são: avareza, vaidade, inveja, ira, gula, luxúria e preguiça. Segundo a teologia cristã, as "virtudes opostas" a quaisquer dos sete pecados capitais podem ser usadas como feitiços em súplicas por perdão (caso você cometa um — ou mais — desses pecados); isto é, a humildade anula o orgulho; o jejum anula a gula; a castidade, a luxúria; a paciência, a ira; a perseverança, a preguiça etc.

Nesse caso, um feito ou ação age como um feitiço de negação ao pecado.

Os feitiços — se usarmos a definição mais abrangente, a qual inclui as orações — são usados por todas as religiões humanas.

Tanto eles quanto os encantamentos são parecidos com as orações e os cânticos.

São atribuídas aos feitiços algumas conotações aberta e assumidamente negativas. Nossa mitologia ocidental nos alimenta com histórias de bruxas de nariz adunco mexendo caldeirões borbulhantes de sangue de morcego e olho de salamandra enquanto recitam encantos no intuito de ganhar o coração de alguém ou de destruir um inimigo.

Os feitiços, quando usados como maldições, podem produzir efeitos devastadores. Há inúmeras histórias de vodu sobre alguém morrer após ser amaldiçoado — por nenhuma outra razão aparente que não o susto. É notório que o poder da sugestão pode matar.

* * *

Feitiços são superstições e variam desde cerimônias altamente ritualísticas envolvendo talismãs e poções a simples gestos de mão feitos da janela de um carro.

Eles funcionam? Pessoas que foram objeto de orações e que acabaram curadas provavelmente diriam que todas as "exortações são boas".

Feitiços maléficos, com intenções assassinas, caso obtenham sucesso, não deixam testemunhas de sua eficácia.

[1] Se uma pessoa lança um feitiço malicioso sobre um inimigo e algo ruim acontece com ele, o sucesso será atribuído aos poderes da feitiçaria. Isso não é uma prova concreta de que o feitiço funcionou. Por isso, nossa dupla classificação: as provas concretas são fracas; os resultados, inconclusivos.

[2] Essa classificação advém da compreensão de que uma oração pode ser considerada um feitiço — as pessoas entoam palavras na esperança de obter resultados. Há relatos de que rezar por alguém doente pode ajudar a pessoa a recobrar a saúde. (Estudos duplo-cegos confirmam a conexão.) Não estamos comparando vodu, bruxaria ou feitiços satânicos com orações; apenas ressaltando que o uso de palavras como ferramenta na busca por determinado resultado parece ser válido sob o ponto de vista da paranormalidade.

[3] *A Field Guide to Demons*, pp. 102-103.

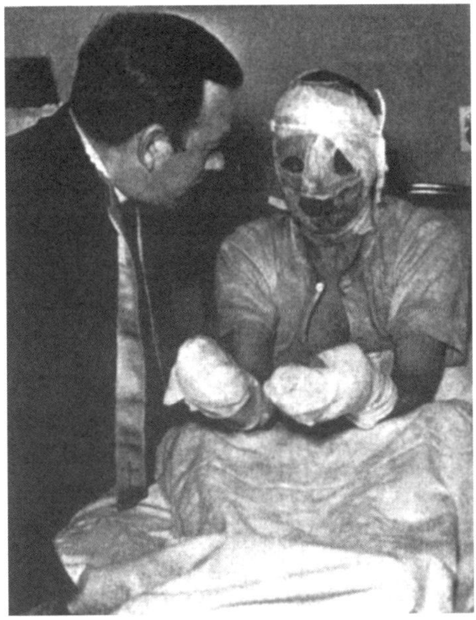

81

COMBUSTÃO HUMANA ESPONTÂNEA

HAICAI:

COMBUSTÃO HUMANA ESPONTÂNEA

Engulfed in the flames
The helpless, moveless woman
Charred remains remain

É essencial descobrir se o fenômeno acontece de verdade, mesmo que não saibamos como ele ocorre ou o porquê, e ainda que tradição e autoridade estejam em lados opostos.

— Dr. Lester S. King[1]

Neste capítulo, saímos de nosso formato normal para dar lugar ao homem que muitos consideram a maior autoridade do mundo em questões de combustão humana espontânea, Larry E. Arnold. Larry é autor de um livro seminal sobre o assunto, *ABLAZE! The*

Mysterious Fires of Spontaneous Human Combustion, e nos sentimos honrados e felizes em poder apresentar essa fascinante e instrutiva entrevista aos nossos leitores.

1. O que é a combustão humana espontânea?

A combustão humana espontânea (CHE) é o processo pelo qual uma pessoa pode expelir fumaça, borbulhar ou pegar fogo sem uma fonte externa de ignição identificável.

A descrição tradicional da CHE é a que chamamos agora de CHE *clássica*, na qual uma pessoa é quase totalmente transformada em cinzas, inclusive o esqueleto, em meio a um cenário flamejante em que há pouca liberação de calor ou dano causado pelas chamas, e sem a presença de comburentes. No entanto, como mostram as pesquisas sobre esse assunto controverso, o enigma da CHE apresenta muitas variações dessa descrição clássica.

2. Quais são as teorias mais comuns com relação à causa da CHE?

A resposta depende de como avaliamos as provas. Os que refutam a CHE têm apenas uma teoria (se é que podemos chamá-la assim): isso não existe. Para eles, a tão chamada CHE é: 1) "história da carochinha"; 2) "mito"; 3) "fraude"; 4) "superstição nascida de uma ignorância medieval" ou 5) prova do "efeito pavio", em que um corpo, inflamado por uma fonte *externa*, um malfadado acidente ou um assassino incendiário, se queima bem devagar, com a própria gordura corporal funcionando como combustível.

Os defensores da CHE aceitam esses argumentos também, *quando* lhes convêm, incluindo a teoria de que a fisiologia de algumas pessoas é excepcionalmente mais inflamável do que o normal, o que significa que irão queimar com muito mais facilidade caso acesas (e desse modo evitam ter de lidar com uma CHE autêntica). Mas, por acreditarmos que o corpo humano é um caldeirão bioeletroquímico bem complexo e ainda não totalmente compreendido, consideramos outras idéias quando a prova se baseia numa explicação tão medíocre.

Há muitas teorias especulativas sobre a combustão humana espontânea, incluindo as seguintes:

1. descargas elétricas simultâneas em milhões (talvez bilhões) de células, a fim de produzir uma quase eletrocução interna;
2. hormônios, tais como o pirogênio endógeno, que estimulam excessivamente o hipotálamo (o termostato do corpo), a ponto de desencadear aquilo que os médicos chamam de "conflagração corporal";
3. difosfato e outros radicais químicos presentes no corpo;
4. casos extremos de infecções tóxicas, tais como a fasciíte necrotizante por estreptococos do grupo A ou uma nova forma de febre do esteróide;
5. uma biofotólise do corpo inteiro — a dissociação enzimática da água em radicais de hidrogênio, oxigênio e hidroxila (uma mistura eletricamente explosiva);
6. auto-sugestão/hipnose;
7. kundalini;[2]
8. relâmpagos esféricos e bolas de fogo;
9. uma alta onda de energia provocada pelo impacto de grande quantidade de fótons subatômicos;
10. a ação recíproca da fisiologia e do geomagnetismo;
11. a ciência da nova química, na qual colisões em escalas nanométricas de partículas atômicas geram temperaturas de até 3.870° Celsius;
12. desconhecidas energias telúricas, atmosféricas ou cósmicas que superaquecem um indivíduo (ou animal), o qual infelizmente estava "no lugar errado na hora errada".

3. Você poderia discutir suas idéias no tocante a acreditar ou não que haja um componente paranormal (isto é, sobrenatural) na CHE?

O *Random House Dictionary* (1966) apresenta duas definições para sobrenatural. A primeira, "acima e além do natural... anormal". A segunda, "fantasmas, duendes ou outros seres não-naturais; estranho; oculto; influência ou ação direta de um deus sobre assuntos terrenos". Paranormal é aquilo que corre ao lado (*para*), fora do que é considerado normal.

A CHE é um fenômeno estranho, sem dúvida. De acordo com a primeira definição, ela é sobrenatural *e* paranormal, ou seja, ocorre no mundo normal, mas tem explicações que vão além daquilo que a ciência conhece hoje sobre o corpo humano, o fogo e a energia.

Da forma como a ciência é praticada nos dias de hoje, parece impossível validar o caráter sobrenatural apresentado pela segunda definição. Ainda assim, em face de: a) inúmeras tradições metafísicas e interculturais relativas a consciências não-humanas (desde espíritos de fogo a deuses raivosos) e sua relação com os humanos, que podem resultar na combustão dos últimos; e b) nossa abordagem aberta com relação à teorização, pelo menos até encontrarmos alguém cuja onisciência confirme o que pode ou não pode ser, não descartaremos nenhum aspecto sobrenatural como um *possível* componente de algumas combustões estranhas e enigmáticas.

4. Você poderia resumir para nós sua teoria com relação aos alinhamentos geográficos e a CHE?

A título de introdução para nossa resposta: os *melhores* investigadores procuram por *padrões* numa cena de incêndio que os ajudem a determinar exatamente como e onde o fogo começou. Após aprendermos sobre incêndios com excelentes instrutores, imaginamos se não haveria um padrão *maior* a essas ocorrências estranhas, raras e extraordinárias que parecem espontâneas.

Como conseqüência, em 1976 marcamos num mapa os incêndios desse tipo ocorridos na Grã-Bretanha, uma nação já conhecida pelos alinhamentos e energias estranhas associados a antigos monumentos megalíticos. Escolhemos a Grã-Bretanha porque: a) ela parece ter sido palco de mais incêndios desconcertantes *per capita* do que qualquer outra nação; e b) a geometria esférica não era um fator importante. Para nossa surpresa e felicidade, 51 casos — 84,3 por cento do total mapeado — estavam conectados por um alinhamento de pelo menos três pontos. Muitos alinhamentos ligam quatro (um número estatisticamente significativo) ou mais eventos. Ao longo da costa leste da ilha britânica, um alinhamento surpreendente de quase 700 quilômetros une uns 12 incêndios anômalos envolvendo pessoas e propriedades.

Devido a essa descoberta, cunhamos o termo *alinhamento de fogo*. Dois dos capítulos de *ABLAZE!* detalham essa fascinante cartografia de combustão.

Seja proposital ou por coincidência, um mapeamento anômalo ou o rastro de uma energia telúrica invisível que pode incendiar a matéria, a teoria do *alinhamento de fogo* demanda uma investigação séria. Se uma prova teórica é a que leva a descobertas previstas pela teoria, então os *alinhamentos de fogo* estão a meio caminho de se tornar fatos científicos... pois o mapeamento sinalizou — até mesmo previu — as localizações de várias fatalidades no estilo da CHE ainda por ocorrer.

5. O que a moderna medicina legal tem a dizer sobre o fenômeno da CHE?

Vamos considerar essa inequívoca declaração feita pelo dr. Mark Benecke, que diz ter investigado quase 200 casos de supostas CHE em sua carreira internacional como um estimado biólogo legista, a qual sintetiza muito bem a atitude de seus colegas com relação à CHE.

"Em oposição à nossa primeira impressão de uma destruição em massa do corpo inteiro, muitas vezes os órgãos internos praticamente não são afetados", declara ele na *Skeptical Inquirer* (CSICOP, março/abril de 1998). "Mesmo intestinos, estômago, fígado, coração, útero, bexiga etc. muitas vezes são preservados... os alunos do primeiro ano de medicina ficam surpresos ao verem corpos queimados cujos órgãos permanecem intactos." Esse comentário sem dúvida se aplica aos casos normais de fatalidades ligadas ao fogo. Porém...

O dr. Benecke, portanto, atribui a ausência de órgãos internos em algumas das fotos referentes a supostos casos de CHE a ângulos propositalmente ruins das câmeras. "Na medicina legal", continua ele, "não há casos conhecidos em que os órgãos internos de um corpo queimado tenham ficado mais danificados do que as partes externas. Essa observação de caráter prático é mais uma prova de que a combustão de um corpo humano não começa de dentro para fora."

E então? Desafiamos o dr. Benecke a descobrir o ângulo da câmera que poderia esconder o esqueleto e os órgãos internos naquela que é discutivelmente a foto mais famosa do mundo sobre um caso de CHE, ocorrido com o dr. John Bentley. O dr. Benecke falhou em todas as tentativas.

Permita-nos sermos francos. O dr. Benecke está total e completamente errado. E, já que ele errou no tocante ao ângulo da fotografia, não poderia também estar errado ao declarar ser a CHE algo impossível?

6. Você pesquisa a CHE há muitos anos. Poderia discutir ou resumir alguns dos casos mais convincentes que já investigou?

Há vários casos convincentes entre as centenas que catalogamos. Alguns, porém, apresentam um significado especial para nós:

1. *Mary Hardy Reeser:* sua morte em 1951 como "A Mulher de Cinzas" surpreendeu as autoridades locais da Flórida, virou uma sensação mundial e apresentou-nos a possibilidade da existência da CHE. Mais de meio século depois, seu caso ainda está "em aberto".
2. *Dr. John Bentley:* seu incêndio bizarro ocorrido em 1966 em nosso estado natal foi o primeiro de muitos casos que viríamos a investigar em primeira mão. Após obtermos as fotos do local onde ocorreu a morte — o retrato perfeito de uma CHE clássica —, vimos que esse não podia ser um incêndio comum. Seu flamejante destino tornou-se a primeira morte por combustão espontânea divulgada na televisão, no programa *That's Incredible!* (1980), da ABC-TV.
3. *Helen Conway:* ela era uma viúva e fumante conhecida que se incendiou numa cadeira no sudeste da Pensilvânia; esse incêndio ocorrido em 1964 foi localizado, intenso e inacreditavelmente rápido, se aceitarmos o testemunho do chefe dos bombeiros, Paul Haggarty. O subcomandante do corpo de bombeiros, Harry Lott, e o fotógrafo especializado em incêndios (mais tarde comandante do corpo), Robert Meslin, foram unânimes em dizer que o fogo durara "não mais do que 20 minutos". Os desenganadores não têm explicação, a não ser alegar que o fator tempo deve simplesmente estar errado — assim como os próprios oficiais do corpo de bombeiros.
4. *George Mott:* ele era um bombeiro aposentado do norte do Estado de Nova York; a cremação, ocorrida em sua "altamente inflamável residência", em 1986, levou-nos a vários

investigadores especializados e reconhecidos do condado de Essex, entre eles Tony Morette e Robert Purdy. Após mais de 700 horas de investigação, foi declarado, por exclusão de todas as outras possibilidades, que o motivo mais provável para a morte era uma CHE.

5. *Jack Angel:* esse caixeiro-viajante acordou um dia em 1974 para encontrar seu braço direito "enegrecido, carbonizado". Os pijamas e lençóis, assim como o trailer onde vivia, permaneciam intactos. Os médicos diagnosticaram suas queimaduras múltiplas como "de origem interna". O primeiro sobrevivente que tivemos o privilégio de conhecer e entrevistar, esse caso "único" desafiou tudo o que já fora dito acerca (e contra) a CHE.
6. *Peter Jones:* esse californiano testemunhou e sobreviveu a não apenas um, mas *dois* episódios de autocombustão *num único dia*. Sua esposa, Barbara, testemunhou um deles, para sua total surpresa e consternação. A experiência deles, sua cooperação e franqueza, e a amizade que resultou daí são uma das muitas bênçãos de nossa busca para documentar a combustão espontânea.
7. *Kay Fletcher:* o diminuto corpo dessa mulher de Ohio de repente começou a expelir fumaça certa manhã de domingo, em 1996. O marido, que já trabalhara num crematório, percebeu o perigo e correu em seu socorro. Juntos, observaram a fumaça desprender-se do corpo dela, não da roupa ou de outra fonte externa. Eles também enfrentaram a zombaria por contar sua história acerca da CHE — pelo que lhes somos gratos.

7. Qual é a menção mais antiga à CHE na literatura oficial?

Localizamos a descrição mais antiga de uma CHE no obscuro livro de medicina de Bartholini, *Historiarum Anatomicarum Rariorum* (1654), no qual é contada a morte de um cavaleiro, Polonus, que "vomitou fogo e em seguida foi consumido pelas chamas" em algum momento do final do século XV.

Tanto a história quanto as lendas e os mitos sugerem que a CHE vem atormentando suas vítimas e consternando os observadores há mil anos. Dizem que o corpo do rei ostrogodo Teodorico, o Grande (cerca de 454-526 d.C.), soltou faíscas. Plínio, o Velho (23-79 d.C.), escreveu sobre dois casos de "incêndio súbito" envolvendo pessoas e sobre "uma espécie de fogo reluzente" emitido pela cabeça de Lucius Marcius em 212 a.C. O Talmude cita uma ocorrência ainda mais antiga, de cerca de 701 a.C., em que os soldados do rei-guerreiro da Assíria, Senaqueribe, foram, de modo sobrenatural, "queimados, embora suas vestes tenham permanecido intactas". *ABLAZE!* oferece muitos outros exemplos para demonstrar o quão antiga parece ser a CHE.

8. Com que freqüência a CHE ocorre? Sabemos que isso já aconteceu com animais também. Seria mais comum com eles?

Tendo em vista que identificamos aproximadamente 500 casos (e contando) que poderiam ser caracterizados como CHE nos últimos dois mil anos, com certeza ela deve ser extraordinariamente rara. Ainda bem. No entanto, também acreditamos que muitos episódios se perderam na história — por falta de divulgação, identificação, por julgamento deturpado e mesmo por terem sido encobertos propositalmente. O número verdadeiro jamais será conhecido, muito embora ser fulminado por um raio (uma chance de um para 50 mil) seja muito mais provável do que ser consumido por um "fogo interno".

Será a combustão animal espontânea mais comum? Provavelmente não. Alguns animais de estimação, entre eles cachorros e gatos, além de carneiros, estão entre as espécies não-humanas que já entraram em uma desconcertante combustão.

9. O que os sobreviventes de uma CHE dizem sobre a experiência?

Ah, se ao menos não existissem sobreviventes — e eles não pudessem falar! Mas eles existem, para total horror dos desenganadores.

Em primeiro lugar, eles dizem que ficaram surpresos. Muitas vezes, não sentem desconforto algum, nenhuma dor. Kay Fletcher mencionou apenas uma leve quentura nas costas antes de seu ombro começar a expelir fumaça. O medo de que isso volte a acontecer assombra, e até mesmo apavora, alguns dos sobreviventes.

Muitas vezes, dizem que a cor do "fogo" é de um azul vibrante. Contudo, em vez do odor nauseabundo que acompanha a carne queimada, os sobreviventes da CHE falam de uma ausência de odor ou de um aroma doce, fragrante. Num dos casos fatais, o cheiro foi descrito como "incenso de castanheira".

Acima de tudo, os sobreviventes sentem-se perplexos. Segundo eles, não tiveram nenhum contato com uma fonte de ignição e, portanto, não entendem como seus corpos puderam, de repente, expelir fumaça, borbulhar ou queimar. Tampouco conseguem esclarecer o que aconteceu por intermédio dos médicos.

10. Você poderia recomendar alguns livros e sites para os leitores interessados em aprender mais sobre a CHE?

O livro de referência padrão é o de Larry E. Arnold, *ABLAZE! The Mysterious Fires of Spontaneous Human Combustion* (1995); uma edição em capa dura, com mais de 500 páginas cheias de fotografias, gráficos e mapas. É possível enviar um e-mail para Larry no endereço psinet@voicenet.com.

Também recomendamos *The Entrancing Flame* (1995), de John Heymer; *Combustão humana espontânea* (1992), de Jenny Randles e Peter Hough; *Mysterious Lights and Fires* (1967), de Vincent Gaddis, e *Faith, Madness, and Spontaneous Human Combustion* (2002), de Gerald N. Callahan.

Entre os sites úteis, estão:

- www.geocities.com/shashaeby/ablaze.html.
- www.diseaseworld.com/shc.htm.

[1] *The Growth of Medical Thought.*

[2] Energia que jaz adormecida na base da coluna até ser ativada, por exemplo, pela prática da ioga, e canalizada através dos chacras, num processo de aperfeiçoamento espiritual (*American Heritage Dictionary*).

*82

ESTIGMAS

HAICAI:

ESTIGMAS

Bleeding wounds she wears
Hands and feet are bloody flags
Waving to her God

De ora em diante, ninguém me moleste, porque trago em meu corpo as marcas de Jesus.

— São Paulo[1]

DEFINIÇÃO: Os estigmas são marcas, ferimentos ou cortes sangrentos que correspondem e se parecem com os ferimentos causados pela crucificação e por vezes, com as chibatadas recebidas por Jesus Cristo.

O QUE OS CRENTES DIZEM: Os estigmas são ferimentos divinos, que aparecem como um sinal de Deus.

O QUE OS CÉTICOS DIZEM: Os ferimentos físicos e sangrentos dos estigmas são auto-infligidos pela histeria religiosa.

QUALIDADE DAS PROVAS EXISTENTES: Excelente.

PROBABILIDADE DE O FENÔMENO SER AUTÊNTICO: Bem Alta.

A *Enciclopédia católica* de Agostinho começa com a entrada "Estigmas místicos" e diz o seguinte: "Sua existência está tão bem documentada na história que, de modo geral, nem é mais contestada pelos incrédulos..."[2] Ainda assim, a aceitação de sua existência não significa a aceitação cega da origem divina desses ferimentos brutais e sangrentos.

Os estigmas não são indolores; na verdade, a Igreja declara que o sofrimento é parte do milagre, caso contrário "os ferimentos seriam apenas um símbolo vazio, uma representação teatral, o que levaria ao orgulho. Se os estigmas são realmente marcas de Deus, seria indigno de Sua sabedoria participar de tal futilidade, ainda mais através de um milagre".[3]

Não há registros de estigmas anteriores ao século XIII. É comumente aceito que o primeiro a receber essas marcas foi são Francisco de Assis, o qual apresentou ferimentos nas mãos e nos pés. De modo notável, as chagas de Francisco tinham a aparência exata que se esperaria caso tivessem sido feitas com pregos grossos, de cabeça redonda. A parte de cima das mãos e dos pés mostrava as marcas arredondadas; a parte de baixo, a pele retraída, como se tivesse sido perfurada com a ponta de um prego.

A Igreja Católica não reconhece os estigmas como milagres aceitáveis para fins de canonização. Ainda assim, muitos santos canonizados oficialmente apresentam as marcas da tortura e da crucificação de Cristo, e a Igreja considera os estigmas como uma possível prova de santidade por parte de quem os sofre.

Eles raramente são vistos em pessoas não-católicas, ainda que há não muito tempo tenham surgido relatos de muçulmanos com marcas que correspondem aos ferimentos de batalha sofridos pelo profeta islâmico Mohammed. Além disso, Charles Fort escreveu sobre uma garota protestante que sangrou por 17 dias antes da Páscoa, em 1972, e, por incrível que pareça, um pombo nas Filipinas que apresentou os estigmas correspondentes aos de um outro pombo apunhalado.

Os céticos acreditam que todos os estigmas, sem exceção, são causados por auto-sugestão. Segundo eles, geralmente os estigmatizados são tão devotos e tão obcecados em meditar sobre a agonia de Cristo na cruz que levam o próprio corpo a manifestar os ferimentos, sempre nos mesmos lugares que as chagas de Jesus. De acordo com os escritos, os estigmas de são Francisco apareceram pela primeira vez após um jejum bastante longo, durante o qual ele meditou profundamente sobre a crucificação de Cristo.

A literatura está repleta de histórias similares sobre devotos católicos recebendo as chagas de Cristo, mas, ainda assim, alguns estigmatizados não apresentam um comportamento religioso obsessivo, delirante. Um sacerdote do século XX, padre Pio, sofreu com os estigmas por toda a vida (algumas vezes chegando, num único dia, a encher um copo inteiro com seu sangue), mas nunca deixou de cumprir suas obrigações como clérigo. Ele simplesmente os aceitou e continuou a levar sua vida, o que não condiz com o perfil esperado de uma pessoa tão obcecada com a piedade a ponto de causar sofrimento a si mesma. Muitos estigmatizados famosos, além de serem religiosos e obviamente muito devotos, eram também pessoas comuns e, em alguns casos, crianças que provavelmente não haviam tido tempo de desenvolver tamanha obsessão religiosa.

Dito isso, há também histórias de fanáticos religiosos que nunca dormiam e sobreviviam alimentando-se apenas de hóstias (a mais notável, Therese Neumann), sem fazer praticamente nada além de rezar. No entanto, para cada uma dessas pessoas há inúmeras histórias de estigmatizados que simplesmente começaram a sangrar certo dia, muitas vezes após terem tido uma visão inesperada de Cristo. Em geral, quando uma pessoa torna-se estigmatizada, as chagas a acompanham por toda a vida, ressurgindo em épocas diferentes por períodos também diferentes.

A medicina não consegue explicar três características ubíquas dessas chagas:

- Elas não se curam nem cicatrizam por meio de tratamentos médicos convencionais.
- Elas não liberam aquele odor acre de infecção, o cheiro típico da maioria dos ferimentos supurados.[4]
- Algumas liberam um cheiro maravilhoso, perfumado.[5]

Existem mais de 400 casos documentados sobre estigmas, começando com são Francisco de Assis, mas a grande maioria é composta de mulheres. Além disso, a maioria das mulheres estigmatizadas fazia parte de alguma ordem religiosa.[6]

Os defensores da teoria da auto-sugestão — os médicos e cientistas — já tentaram "invocar" os estigmas artificialmente em cobaias. Foi-lhes sugerido, uma vez hipnotizadas, que fizessem suas mãos e pés sangrarem. Os resultados não comprovaram a hipótese da auto-sugestão: nenhuma das cobaias conseguiu provocar os ferimentos e sangrar, embora algumas tenham chegado a manifestar manchas avermelhadas ou erupções de pele.

Os crentes não aceitariam as provas científicas de que os estigmas são psicossomáticos, ainda que elas fossem conclusivas.

Os religiosos aceitam os estigmas como um milagre e um mistério, e acreditam que os que sofrem com eles são tocados por Deus.

33 ESTIGMATIZADOS FAMOSOS[7]

- São Francisco de Assis (1186-1226)
- Santa Lutgarda (1182-1246), da Ordem Cisterciense
- Santa Margarete de Cortona (1247-97)
- Santa Gertrudes (1256-1302), beneditina
- Santa Clara de Montefalco (1268-1308), agostiniana
- Beata Ângela de Foligno (falecida em 1309), da Ordem Terceira Franciscana
- Santa Catarina de Siena (1347-80), da Ordem Terceira Dominicana

- Santa Lidwina (1380-1433)
- São Frances de Roma (1384-1440)
- Santa Colete (1380-1447), franciscana
- Santa Rita de Cássia (1386-1456), agostiniana
- Beata Osanna de Mântua (1449-1505), da Ordem Terceira Dominicana
- Santa Catarina de Gênova (1447-1510), da Ordem Terceira Franciscana
- Beata Batista Varani (1458-1524), da Ordem de Santa Clara
- Beata Lúcia de Narni (1476-1547), da Ordem Terceira Dominicana
- Beata Catarina de Racconigi (1486-1547), dominicana
- São João de Deus (1495-1550), fundador da Ordem da Caridade
- Santa Catarina de Ricci (1522-89), dominicana
- Santa Maria Madalena de Pazzi (1566-1607), carmelita
- Beata Maria da Encarnação (1566-1618), carmelita
- Beata Maria Ana de Jesus (1557-1620), da Ordem Terceira Franciscana
- Beato Carlos de Sezze (falecido em 1670), franciscano
- Beata Margarete Mary Alacoque (1647-90), visitandina (apenas a coroa de espinhos)
- Santa Verônica Giuliani (1600-1727), capuchinha
- Santa Maria Francisca das Cinco Chagas (1715-91), da Ordem Terceira Franciscana
- Catarina Emmerich (1774-1824), agostiniana
- Elizabeth Canori Mora (1774-1825), da Ordem da Santíssima Trindade
- Anna Maria Taigi (1769-1837)
- Maria Dominica Lazzari (1815-48)
- Maria de Moerl (1812-68), da Ordem Terceira Franciscana
- Louise Lateau (1850-83), da Ordem Terceira Franciscana
- Therese Neumann (1898-1962)
- Padre Pio (1887-1968), franciscano

[1] Gálatas 6:17. No texto original, em grego, foi usada a palavra "estigmas" em lugar de "marcas". Segundo algumas traduções da Bíblia, Paulo escreveu

que trazia as marcas "em" seu corpo; já outras chegaram à conclusão de que ele estava falando de modo metafórico. Isso é uma questão de interpretação.

[2] *A Enciclopédia católica*. www.newadvent.org.

[3] Ibid.

[4] A única exceção a essa regra foi o ferimento na testa de santa Rita de Cássia (1381–1457, canonizada em 1900), condizente com o da coroa de espinhos. Rita, uma devota freira agostiniana, viu o sangue começar a escorrer por sua testa após escutar um sermão sobre a coroa de espinhos de Jesus, e o ferimento liberava um cheiro pútrido, embora sem nunca ter apresentado qualquer sinal de infecção.

[5] Os beatos Lúcia de Narni e são João da Cruz são dois estigmatizados cujos ferimentos, segundo dizem, liberavam um odor adocicado de flores.

[6] Ted Harrison, *Stigmata*.

[7] Retirado e adaptado da *Enciclopédia católica*.

83

STONEHENGE

HAICAI:

STONEHENGE

Silent standing stones
Astronomical wisdom
A circle of stars

Stonehenge se ergue tão solitário na história quanto sobre a grande planície.

— Henry James

DEFINIÇÃO: Stonehenge é um grupo de pedras gigantescas encontradas na planície de Salisbury, na região central do Sudeste da Inglaterra, o qual se acredita ter sido construído em três fases, entre 2950 e 1600 a.C.

O QUE OS CRENTES DIZEM: Não sabemos por que Stonehenge foi construído, mas deve ter havido algum tipo de participação ou influência extraterrestre ou paranormal. Talvez o local tenha sido erguido por aliens, assim como alguns suspeitam de que tenha acontecido com os *moai* da ilha de Páscoa (veja Capítulo 31) e as pirâmides de Gizé. Resolver o mistério de Stonehenge pode nos fornecer a chave para confirmarmos ou não a existência de um contato extraterrestre.

O QUE OS CÉTICOS DIZEM: O arranjo dos monólitos sugere que Stonehenge foi usado como centro religioso e como observatório astronômico, mas, sem dúvida, ele foi construído pelo homem. Não há provas do envolvimento de aliens na construção. Alguns arqueólogos acreditam que Stonehenge talvez tenha sido um antigo cemitério sagrado.

QUALIDADE DAS PROVAS EXISTENTES: Excelente.[1]

PROBABILIDADE DE O FENÔMENO SER PARANORMAL: Fraca a Moderada.[2]

UM ENCONTRO PRÉ-HISTÓRICO

O alvorecer se aproxima.

Uma grande multidão encontra-se reunida na planície para um evento especial — o dia da decisão.

Ao leste, o céu começa a clarear...

Ainda há pouco as pessoas riam e espremiam-se umas às outras a fim de se manterem aquecidas. As noites na Inglaterra podem ser frias, mesmo em pleno verão. Mas agora todos estão quietos. Estão olhando em direção a duas árvores solitárias destacadas contra a linha do horizonte. Acima das árvores, como se irradiasse a partir delas, o céu matutino vai espalhando suas cores.

O sacerdote fala:

— Meu povo, preste atenção. Se Deus aparecer neste lugar sagrado, isso é bom sinal. A profecia terá se cumprido. Todos os presságios são favoráveis. Construiremos o templo aqui e Deus ficará satisfeito. Irá protegê-los durante a vida e guardará seus espíritos após a morte.

O líder do grupo, alto e forte, com a testa alta típica de sua raça, diz em seguida:

— Nos sentimos honrados por nossa terra ter sido escolhida por Deus para a construção de Seu templo sagrado. Tudo ficará bem.

As pessoas murmuraram em assentimento.

("Isso", pensa o sacerdote, "através deste templo saberei quando convocar as pessoas a virem aqui no dia certo, para que vejam

Deus entrar em Seu santuário, e através deste templo saberei outras coisas, muitas outras." "Isso", pensa o líder, "este templo será nossa aliança com Deus, uma fortaleza poderosa, um monumento ao nosso poder. Já conseguimos deixá-Lo tão satisfeito que Ele irá dizer ao sacerdote a época propícia de plantar e caçar — e com este templo Ele ficará ainda mais satisfeito —, nós seremos grandiosos." "Isso", pensa o povo, "muito trabalho... mas valerá a pena...")

O céu ilumina-se por completo.

O sacerdote abre os braços.

A seu lado, o líder parece rezar.

Há um momento de claridade intolerável — um instante de eternidade, o momento mágico do nascimento —, um flash, e, exatamente entre as árvores distantes, de um dourado avermelhado, imenso... surge Deus...

... E no dia seguinte tem início a grandiosa e abençoada obra...[3]

Será essa cena imaginária um relato fiel de como os antigos construtores de Stonehenge decidiram começar a obra?

Teriam eles interpretado o nascer do sol como um sinal de Deus?

E se foi nesse momento que eles se convenceram de que a terra onde rezavam era o local abençoado por Deus para a construção do monumento, estariam todos posicionados em círculo, de modo a considerarem aquele formato o arranjo ideal para as pedras?

Há centenas de círculos de pedras espalhados pela Inglaterra, ainda que poucos sejam realmente círculos (a maioria é elíptica), mas nenhum deles é nem de perto tão famoso quanto Stonehenge.

Algumas das rochas que compõem Stonehenge pesam mais de 60 toneladas e os cientistas acreditam que, entre as maiores, várias vieram de uma pedreira localizada em Gales, a mais de 320 quilômetros de distância. A logística envolvida em tal tarefa ainda *hoje* nos impressiona; imagine transportar as pedras sem nada além de troncos de madeira, cordas, machados de pedra e ferramentas fabricadas com chifres de veados.

Independentemente das loucas teorias sobre um envolvimento extraterrestre, é quase certo que o local é uma calculadora astronômica gigantesca. Segundo o dr. Gerald Hawkins, autor do fragmento apresentado no início deste capítulo, o posicionamento das pedras está diretamente relacionado a um ciclo de eclipses de 56 anos. Pesquisas recentes confirmaram que, se posicionarmos estacas de diferentes pesos nos 56 buracos de Aubrey presentes no local em determinados dias do ano, elas ficam perfeitamente alinhadas com a posição das estrelas e dos planetas.

Como Stonehenge foi construído?

O dr. Hawkins fez um cálculo meticuloso do tempo despendido e das ferramentas necessárias, e chegou ao resultado estarrecedor de 1.497.680 dias de trabalho humano. Um de seus cálculos chega a chocar a mente moderna:

> Transportar 80 pedras de arenito com um peso médio de 30 toneladas cada por uma distância de 32 quilômetros, com 700 homens para cada pedra percorrendo um quilômetro e meio por dia exige um total de 1.120.000 dias de trabalho.[4]

Setecentos homens para cada pedra.

Tal comprometimento é impressionante e, ao mesmo tempo, estarrecedor.

Por que um povo devotaria gerações à realização de um trabalho tão exaustivo? Como nos diz Hawkins: "Por gerações, o trabalho na planície de Salisbury deve ter absorvido grande parte das energias — física, mental e espiritual — e dos recursos materiais de um povo inteiro."[5]

Perguntamos novamente: *por quê*?

As razões para concentrar tamanha quantidade de recursos na construção de Stonehenge jamais serão conhecidas ao certo, muito embora possamos nos aventurar a um palpite.

Stonehenge foi construído para ser um computador astronômico, o qual, para aquelas pessoas, iria proporcionar vislumbres e informações que as ajudariam e protegeriam, e também as conectariam com Deus e com o universo de uma maneira que a simples oração e a obediência às escrituras não conseguiria.

O significado religioso e a motivação subjacente não podem ser descartados. Tal como muitas vezes acontece com as grandes expressões do espírito humano, como Stonehenge, as pirâmides, os monumentos da ilha de Páscoa etc., sem dúvida a intenção dos construtores era entender, honrar e se conectar com Deus e com toda a eternidade.

Talvez no fim essa seja a verdadeira chave para compreendermos o *porquê*.

[1] Stonehenge tem sido medido, estudado, radiografado e analisado por séculos.
[2] Realmente não há muitas provas concretas da existência de algum componente paranormal no local. Teorias existem, e por isso a classificação "Moderada", mas a grande probabilidade é de que Stonehenge tenha sido construído pelo homem, para seus próprios propósitos.
[3] Gerald Hawkins, *Stonehenge decodificado*, pp. 61-2.
[4] Ibid., p. 73.
[5] Ibid., p. 73.

84

MENSAGENS SUBLIMINARES

HAICAI:
MENSAGENS SUBLIMINARES
Hidden images
Secret messages are there
Or is it a hoax?

Adormecidos nos inúmeros compartimentos do cérebro, nossos pensamentos encontram-se interligados por vários elos escondidos; basta despertarmos um, e uma miríade vem à tona![1]

DEFINIÇÃO: As mensagens subliminares são figuras, palavras ou sons escondidos em fotos de anúncios ou em gravações. A teoria por trás delas é que o subconsciente pode ver e escutar (e lembrar) essas mensagens mesmo que elas sejam irreconhecíveis e inacessíveis ao consciente. Alguns teóricos também afirmam que mensagens subliminares "pró" ou "anti" alguma coisa podem ser inseridas metaforicamente nas letras ou nas melodias das músicas. (Veja a discussão a seguir, *Bridge Over Troubled Water*.)[2]

O QUE OS CRENTES DIZEM: É comum publicitários inserirem mensagens escondidas nos anúncios. Elas existem, são reais. O subconsciente é como um computador, lembra-se de tudo, portanto colocar a imagem de uma mulher nua nos cubos de gelo de uma propaganda de licor será registrado pelo leitor, que associará a marca a sexo, estimulando-o a escolher essa marca na próxima vez em que decidir comprar álcool.

O QUE OS CÉTICOS DIZEM: Não existem provas observacionais de que as mensagens subliminares funcionem e as agências publicitárias dizem jamais ter escondido de modo deliberado imagens ou palavras em suas propagandas. Qualquer coisa que as pessoas vejam nos anúncios — a menos que tenha sido deliberadamente inserido por brincadeira, tal qual na propaganda do Chivas, na edição de 2003 da *Sports Illustrated* sobre roupas de banho[3] — está apenas na imaginação daqueles que passam tempo demais tentando encontrar coisas em propagandas.

QUALIDADE DAS PROVAS EXISTENTES: Moderada a Boa.[4]

PROBABILIDADE DE O FENÔMENO SER PARANORMAL: Inconclusiva.

Você gosta da música do Simon & Garfunkel, *Bridge Over Troubled Water*? Quase todo mundo gosta. Você sabia, porém, que a letra da música conta a história subliminar de um traficante de drogas reconfortando um cliente viciado em heroína enquanto lhe fornece a "parada" de que ele ou ela tanto precisa? É isso o que diz o guru da comunicação subliminar, Wilson Bryan Key. Se escutar a música como se fosse um traficante cantando, diz Key em seu livro de 1976, *Media Sexploitation*, o significado presente na letra é evidente.

Paul Simon, porém, discorda.

Em uma entrevista com Paul Zollow para a revista *SongTalk*, Simon diz: "Houve uma época em que *Bridge Over Troubled Water* podia ser associada à heroína." Ao que Zollow replica: "Verdade;

silvergirl podia ser interpretada como uma seringa", e Simon responde: "Essa é difícil. Difícil de provar, é claro, porque não tem nada a ver; então, como pretende fazer isso?"

Isso resume o problema com a teoria de que há mensagens subliminares inseridas em anúncios, filmes, programas televisivos e músicas. Se você escutar a música com a interpretação de Key em mente, a coisa funciona. Mas, ainda assim, o compositor nos diz que essa leitura está apenas na cabeça (ouvido) de quem vê (escuta). Key, porém, fornece provas concretas em seu livro de que os publicitários realmente inserem palavras e imagens nas propagandas, nenhuma das quais evidente à primeira vista.

Ele mostra fotografias[5] de bolachas Ritz com a palavra "sexo" impressa nas quinas e ranhuras.[6] Mostra também propagandas com pênis eretos e mulheres nuas. Aponta para os símbolos vaginais em cubos de gelo, e fálicos em catálogos de mala direta. Será que isso é verdade? Num artigo da edição de 31 de março de 2003 da *Advertising Age*,[7] os publicitários e diretores de arte descartam a prática como lenda urbana. Jeff Goodby, um dos diretores de criação da Goodby, Silverstein & Partners, localizada em São Francisco, diz: "Em meus vinte e tantos anos nessa área, nunca me pediram para inserir sequer um seio esmaecido num anúncio." No mesmo artigo, um representante da Associação Americana das Agências de Propaganda declara de modo enfático: "Isso não existe, não é verdade, as agências não fazem isso."

Então o que todos aqueles seios, caveiras e pênis estão fazendo escondidos nos anúncios? Uma vez percebidos, é impossível "não vê-los". Serão eles apenas fruto da imaginação, tal como ver desenhos nas nuvens? Talvez, mas, ainda assim, algumas das imagens ressaltadas são vívidas, detalhadas e específicas demais, muito bem definidas para serem meras obras do acaso.

As mensagens subliminares "nasceram", por assim dizer, em 1957, durante uma pequena experiência conduzida por James M. Vicary num cinema. Utilizando um novo projetor de luz estroboscópica da Eastman-Kodak chamado Tachistoscope, Vicary projetou na tela, a uma velocidade de 1/30.000mi/s, as mensagens "beba Coca-Cola" e "coma pipoca". Segundo os registros, a venda de pipoca no cinema aumentou 57 por cento, enquanto a de Coca, 18 por cento. Essa experiência causou um grande alvoroço e os legisladores responderam ao apelo público aprovando leis contra algo que os publicitários afirmavam não estar fazendo. A experiência de Vicary foi mais tarde descartada como fraude, uma vez que os resultados não puderam ser repetidos sob circunstâncias controladas.

Pondo de lado todas as alegações em contrário dos publicitários, é possível encontrar mensagens subliminares nos anúncios de hoje?

Analisei a edição de maio de 2003 da *Playboy* (apenas dando o melhor de mim para atendê-lo bem), observando os anúncios com cuidado para tentar encontrar imagens escondidas.

Não analisei os anúncios com uma lupa; apenas os observei por mais tempo do que faria normalmente ao folhear as páginas em busca dos... artigos.

Minhas descobertas foram... digamos assim, "interessantes":

- **P. 12: um anúncio da Columbia Sportswear de shorts masculinos em algodão estonado.** O contorno de um pênis ereto é claramente visível nas dobras superiores das pernas dos shorts.
- **P. 42: uma propaganda do uísque Jack Daniels.** A parte inferior de uma mulher de biquíni pode ser vista claramente nas estrias da janela de vidro, no lado esquerdo de uma câmara de destilação.
- **P. 56: um anúncio do Toyota Matrix.** De modo claro, dois rostos, de um gato, um alienígena ou um demônio, podem ser vistos refletidos nas janelas do prédio em frente ao qual encontra-se o Matrix.
- **PP. 62-3: um anúncio de página dupla do cigarro Winston.** Quando viramos a revista de cabeça para baixo, um rosto alienígena (igual ao daquele extraterrestre cinzento que vemos na capa do livro de Whitley Strieber, *Comunhão*) pode ser visto na espuma das ondas. (Esse me causou arrepios assim que vi.)
- **A terceira capa: uma propaganda da Miller Lite.** Esse anúncio é grosseiramente sexual e a mensagem subliminar é óbvia e bem direta. Uma mulher está contando uma história sobre a vez em que viu um cachorro meter o focinho sob a saia de

outra mulher numa festa. Uma imagem da festa é mostrada numa foto grande que ocupa os dois terços superiores da página. O cachorro parece um beagle, está com o focinho sob a saia, levantando-a, e deixando à mostra o traseiro da mulher com sua calcinha fio-dental. O cachorro faz isso do colo de uma mulher sorridente que está olhando em outra direção, sem perceber o que Fido está fazendo. A sugestão de bestialidade é óbvia e de alguma forma inquietante. A mulher que está contando a história faz parte de um grupo de seis, dois casais e mais dois homens. De modo interessante, um dos homens acompanhados parece ter sido inserido posteriormente na foto. É como se um rosto masculino sorridente tivesse sido colado sobre outro. O cabelo não combina e parece sobreposto a outro. As conotações sexuais neste anúncio são muitas e têm de ter sido inseridas de modo deliberado.

Também vale a pena notar nesta edição um anúncio na página 15 sobre a cerveja Molson, que, de forma grosseira (e irônica), reconhece o poder da propaganda subliminar, sugerindo que ela pode influenciar as mulheres.

O anúncio fala da tecnologia publicitária da Molson Twin (que, de forma irônica, declara ser uma tecnologia com marca registrada). Ele diz ao leitor (um homem solteiro, é claro) que, enquanto ele lê este anúncio, as mulheres lêem outro publicado na *Cosmopolitan*. Esta outra propaganda mostra um sujeito charmoso segurando dois adoráveis filhotes de cachorro — e uma garrafa de Molson. "Centenas de milhares de mulheres. Pré-programadas para sua conveniência", diz a manchete. Como podemos ver, o anúncio na *Cosmo* é "uma combinação perfeita de palavras e imagens criadas por profissionais treinados. As mulheres expostas a ele experimentam uma sensação muito positiva". Essas mulheres podem ser levadas a transferir essa sensação para você, leitor, continua o anúncio, basta simplesmente (espere) *pedir uma cerveja Molson!* Que gracinha!

Para concluirmos, parece que as mensagens subliminares têm sido usadas em anúncios caros. (É custoso demais inseri-las em propagandas pequenas.) Hoje em dia, com a surpreendente variedade de softwares para digitalização de imagens disponíveis aos diretores de arte das agências publicitárias, é de admirar que elas não sejam usadas com mais freqüência.

Mas, por outro lado, talvez sejam!

1 Alexander Pope.

2 Veja também o Capítulo 14, "Mensagens de trás para a frente e discurso reverso".

3 Brincando com a lenda urbana sobre mulheres nuas em cubos de gelo, o anúncio do Chivas dizia: "Alguns vêem uma mulher nua nos cubos de gelo. Outros apenas vêem que precisam de mais Chivas." A mulher pelada está em cima do cubo mais baixo à direita.

4 Com certeza, alguns anúncios têm mensagens escondidas. Eu mesmo já vi, e muitas eram obviamente plantadas. Algumas são subjetivas, como, por exemplo, imagens vaginais formadas pela junção do polegar com o indicador de uma mulher, mas outras são óbvias e detalhadas.

5 *Media Sexploitation*, Figura 4 do encarte central.

6 As palavras definitivamente estão lá e ninguém consegue deixar de pensar em como isso foi feito. Será que o pessoal da Nabisco que trabalha na Ritz possui prensas especiais com a palavra sexo entalhada nelas, as quais usam para imprimir a massa? Key diz que os buraquinhos nos biscoitos são arrumados de forma específica, a fim de soletrarem a palavra "sexo" repetidas vezes. Parece ridículo, não? Mas, ainda assim, Key encontra "sexo" em todos os biscoitos, e nos mostra isso em seu livro. Seria coincidência?

7 "Sexo, bolachas e propagandas subliminares", por Eleftheria Parpis.

85

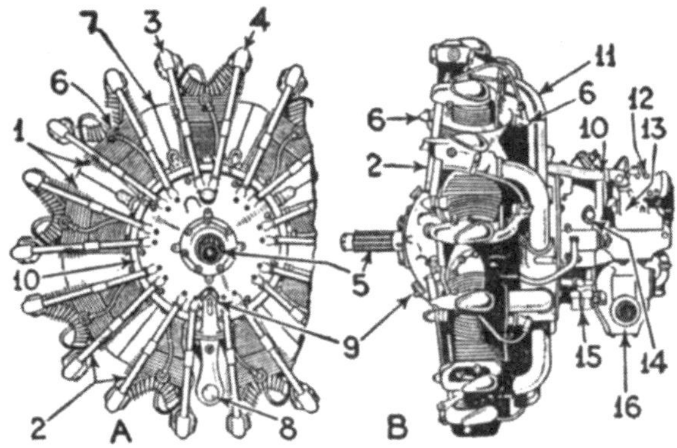

A Front View, and *B* Side View, of a Radial Engine. 1 Cylinders; 2, 2 Housings for rods actuating valves; 3 Housing for intake valve rocker; 4 Housing for exhaust valve rocker; 5 End of crankshaft on which propeller is mounted; 6, 6 Spark Plugs (two for each cylinder); 7 Wind Deflector; 8 Sump; 9 Controllable Pitch Mechanism; 10 Ignition Manifold; 11 Intake Manifold; 12 Electric Starter; 13 Magneto; 14 Tachometer Drive; 15 Fuel Pump; 16 Oil Temperature Regulator.

the crankshaft the engine is called a ***rotary engine***. When the cylinders are stationary and the crankshaft revolves it is called a ***fixed radial engine***, or simply, a radial engine.
radial feeder. *Elec.* See FEEDER, 6.

INVENÇÕES SUPRIMIDAS

HAICAI:
INVENÇÕES SUPRIMIDAS

A cure for cancer
A car that runs on water
Can these really be?

Os americanos passaram a depender enormemente de compostos sintéticos desenvolvidos no intuito de imitarem os compostos naturais das plantas. Devido ao fato de essas drogas — ao contrário das ervas — serem patenteadas, o direito exclusivo de venda pertence às companhias farmacêuticas e há cada vez menos incentivo comercial para que se invista dinheiro em coletar e preparar as plantas, ou em testá-las e divulgar os compostos extraídos delas. Além disso, apenas um por cento das espécies existentes na Terra hoje — a estimativa é de que existam entre 250 mil e meio milhão de espécies — já foi cuidadosamente estudado para fins medicinais.

— Dr. William F. Williams[1]

Definição: Invenções suprimidas são as invenções, os avanços tecnológicos, as inovações médicas e as inacreditáveis descobertas arqueológicas e astronômicas deliberadamente escondidas do grande público em nome de uma suposta segurança ou por questões financeiras.

O que os crentes dizem: Curas médicas inacreditáveis, fontes ilimitadas de energia não-poluente e a verdade a respeito dos OVNIs e dos extraterrestres existem e são conhecidas nas altas camadas dos governos ao redor do mundo, mas foram deliberadamente encobertas e escondidas dos cidadãos.

O que os céticos dizem: Os rumores a respeito das invenções suprimidas derivam de infundadas teorias da conspiração. Todos os avanços médicos e descobertas no tocante à energia, assim como o conhecimento governamental com relação aos OVNIs, estão disponíveis gratuitamente.

Qualidade das provas existentes: Excelente.

Probabilidade de o fenômeno ser autêntico: Bem Alta.

> Curas para o câncer e para a AIDS?
> Um carro que anda com água?
> Aparelhos antigravitacionais que funcionam perfeitamente?
> Transmissão sem fio de eletricidade?
> É possível que essas coisas existam?
> Parece que sim.

O comediante Chris Rock falou um pouco disso em seu programa na HBO, *Bigger and Blacker*, e arrancou da audiência não apenas risadas, como aplausos e meneios de cabeça em sinal de concordância. Ele começou falando que não acreditava que um dia haveria cura para o câncer ou a AIDS porque ela "não dava dinheiro". "A medicina é movida pelo dinheiro!", declarou ele. O que Rock quis dizer foi que a medicina provavelmente já detém as curas para as piores doenças da humanidade, mas as esconde de modo deliberado devido à grande perda de dinheiro que isso traria para os médicos e as companhias farmacêuticas caso essas curas fossem divulgadas. Logo depois, Rock atacou as empresas automobilísticas, com o seguinte comentário ferino: se a tecnologia é capaz de criar materiais que façam as espaçonaves agüentarem temperaturas e pressões inacreditáveis, por que os fabricantes não fazem um carro "com um pára-choque que não caia sozinho?". Porque nesse caso os carros durariam muito e ninguém precisaria trocá-los com freqüência.

Tudo gira em torno do dinheiro. *Sempre* o dinheiro.

Dois dos casos mais interessantes de importantes avanços encobertos por instituições são as histórias do dr. Harry Hoxsey (com relação à naturopatia) e do inventor neozelandês Archie Blue.

O dr. Hoxsey detinha o que parecia ser a cura para o câncer, mas a Associação Médica Americana ameaçou mandá-lo para a prisão caso ele não cedesse todos os seus direitos de pesquisa para ela.

A cura de Hoxsey consistia de um tônico feito com ervas e de uma pasta para uso externo, também feita de plantas. Ele percebeu o poder de certas ervas ao ver um de seus cavalos que sofria de câncer comer repetidas vezes as plantas de um determinado local do pasto. O cavalo melhorou, e a família Hoxsey desenvolveu uma cura para o câncer baseada quase completamente em substâncias naturais.[2]

Ao que parece, em 1947, os remédios de Hoxsey curaram um homem cujo câncer só lhe permitiria mais alguns dias de vida. Seus médicos "oficiais" acompanharam a cura, pasmos, e pouco tempo depois Hoxsey recebeu a proposta de um contrato de dez anos de estudos clínicos sobre o tratamento e mais 10 por cento do lucro líquido tão logo o remédio fosse lançado no mercado. Os médicos do hospital onde o homem estivera internado receberiam os outros 90 por cento. Hoxsey recusou-se a assinar, tornando-se, a partir de então, inimigo da AMA.[3] Hoje em dia, várias companhias oferecem combinações da fórmula de Hoxsey e seus métodos de tratamento são usados em algumas clínicas de terapia alternativa, mas isso não é muito difundido e ainda não foi aceito pela corrente principal da comunidade médica.

Archie Blue descobriu um jeito de fazer um veículo movido a água.

Ele inventou um dispositivo que permitiria qualquer carro com um motor a gasolina andar apenas com o hidrogênio presente na água comum. Um carro de teste com esse dispositivo fez 42 quilômetros com um litro. Blue recebeu a patente, conseguiu o apoio de investidores, demonstrou sua invenção publicamente em 1979 e, pouco tempo depois, tudo parou. Ele parou de falar sobre seu dispositivo e não se fizeram mais testes. Após a morte de Blue em 1991, sua filha desfez-se de grande parte do que havia em seu laboratório e na oficina.

Motores a água ainda existem e são mundialmente conhecidos pela indústria automotiva. Muitos inventores já apresentaram protótipos que utilizam água como combustível e não emitem nada além de vapor d'água no processo. Mas você não encontrará nenhum carro com um motor desses no showroom de sua concessionária local.

"Curas" para o câncer e outras doenças baseadas em plantas também são do conhecimento das instituições médicas, mas são descartadas com desdém e inseridas no grupo das "terapias alternativas", as esquisitas primas postiças da medicina. Há inúmeras histórias de pessoas que ficaram curadas com vários desses tratamentos após as terapias tradicionais não terem dado resultado. Elas apenas não aparecem nos periódicos médicos normais.

A queima de combustíveis fósseis está poluindo a Terra e ameaçando as gerações futuras. O flagelo do câncer com todas as suas multifacetas é um problema da saúde pública que consome bilhões de dólares não declarados que poderiam ser usados para combater a fome e a pobreza ao redor do mundo.

Será mesmo possível que existam soluções para os piores problemas do mundo, mas que estão sendo abafadas em nome da colossal ambição das corporações?

Será possível?

[1] *Encyclopedia of PseudoScience*, p. 144.
[2] Os ingredientes do tônico de Hoxsey eram iodeto de potássio, trevo-dos-prados, casca de amieiro-negro, raiz de bardana, raiz de stillingia, raiz de bérberis, tintureira, alcaçuz, cáscara-amara e casca de mamica-de-cadela. A pasta para uso externo é feita de cloreto de zinco, trissulfeto de antimônio e sanguinária.
[3] A história de Hoxsey, com suas próprias palavras, pode ser encontrada no artigo "The AMA's Successful Attempt to Suppress My Cure for Cancer", in *Suppressed Inventions and Other Discoveries*, de Jonathan Eisen, pp. 117-24.

86

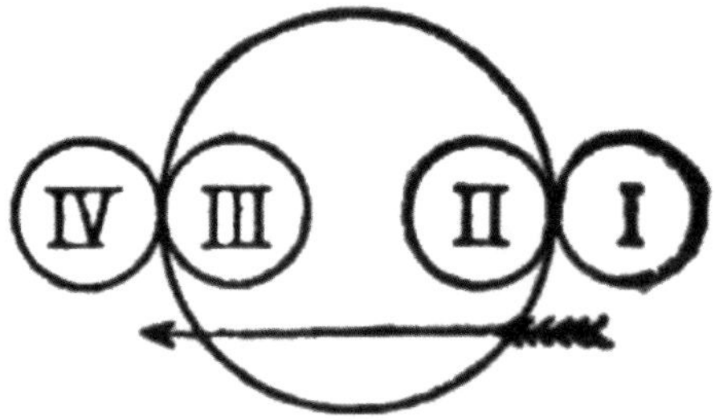

SINCRONICIDADE

HAICAI:

SINCRONICIDADE

A coincidence?
How can chance be meaningful?
Synchronicity?

A star fall, a phone call, it joins all, synchronicity...[1]

DEFINIÇÃO: A coincidência de eventos cuja relação parece ser significativa, concebida segundo a teoria de Carl Jung como um princípio explicativo semelhante ao da causalidade.[2] A chave para a sincronicidade reside no fato de que os eventos parecem ter uma relação que vai *além das leis naturais de causa e efeito*; isto é, além de uma simples ocorrência aleatória.

O QUE OS CRENTES DIZEM: Todos os eventos têm um significado mais profundo num universo atento, intencional. Todos os eventos estão inextricavelmente ligados de várias formas e existe uma "iluminada consciência" espiritual subjacente a ocorrências aparentemente não relacionadas.

O QUE OS CÉTICOS DIZEM: As complexidades da vida e seu infinito número de variáveis fazem com que seja inevitável ver uma aparente relação entre eventos não-relacionados. Não existe uma malha de casualidades em que uma coisa leva a outra, fazendo com que tudo esteja conectado de um jeito ou de outro. Coincidência é coincidência, muito embora alguns acontecimentos pareçam mais coincidentes do que outros.

QUALIDADE DAS PROVAS EXISTENTES: Excelente.[3]

PROBABILIDADE DE O FENÔMENO SER PARANORMAL: Boa a Alta.[4]

Carl Jung desenvolveu o conceito de sincronicidade para explicar coincidências que simplesmente não podiam ser aceitas pelos mortais como meras coincidências. Tal como a teoria sugere, esses acontecimentos aparentemente aleatórios tinham tamanho *significado* em sua totalidade que era preciso haver um princípio subjacente de casualidade para explicá-los.

Por exemplo, considere a seguinte história real: certo dia, nas Bermudas, um homem andando de scooter morreu após um táxi com um passageiro bater nele. Exatamente um ano depois, o irmão do sujeito também foi morto nas Bermudas por um táxi. O irmão estava andando com a *mesma scooter* do acidente e foi atingido pelo *mesmo táxi*, dirigido pelo *mesmo motorista*. Além disso, o táxi carregava o *mesmo passageiro* do ano anterior e o acidente aconteceu na *mesma rua*.[5]

E que tal esta? Em 1911, três homens foram enforcados pelo assassinato de Sir Edmund Berry, em Greenberry Hill. Os nomes dos assassinos eram: Green, Berry e Hill.[6]

E esta: em 1883, Henry Ziegland, de Honey Grove, no Texas, terminou com a namorada sem mais nem menos, deixando-a tão inconformada que ela se suicidou. (Henry devia ser um partido e tanto, hein?) O irmão da moça o culpou pelo suicídio e decidiu vingar a irmã, matando-o. Foi até a fazenda de Henry e atirou nele, mas a bala passou de raspão por seu rosto, indo se cravar numa das árvores da propriedade. No entanto, o irmão, achando ter alcançado sua intenção, tirou a *própria* vida, indo se juntar à irmã nos pastos texanos celestes. Henry, porém, recuperou-se e continuou a viver sua vida na fazenda. Trinta anos após ter levado o tiro, decidiu cortar a árvore na qual a bala se fincara. Era uma árvore gigantesca e ele usou dinamite para explodi-la. A explosão lançou a bala de 30 anos antes zunindo pelo ar. Ela o acertou na cabeça, matando-o instantaneamente.[7]

E essa outra: na década de 1960, em Lake Charles, na Louisiana, um homem chamado Eddie Bordelon envolveu-se num leve acidente de trânsito. O motorista do outro carro também se chamava Eddie Bordelon. O acidente aconteceu numa pequena comunidade de Lake Charles chamada Bordelonville. E foi investigado por um policial cujo nome era Eddy Bordelon. Não havia parentesco entre nenhum deles e eles tampouco se conheciam.[8]

Será possível que alguma força, alguma mão invisível tenha desempenhado um papel na seqüência desses eventos? Seria essa força a sincronicidade? Isso nos leva à seguinte pergunta: existe alguma prova científica da existência da sincronicidade?

Entendemos o que é o acaso. Compreendemos as probabilidades de certas coisas acontecerem. A probabilidade pode ser entendida matematicamente.

Ao perceber isso, Carl Jung usou a probabilidade para ilustrar o princípio da sincronicidade com o seguinte exemplo:

> Pegue algumas caixas de fósforos, ponha mil formigas-pretas na primeira, dez mil na segunda, cinqüenta na terceira e junte uma formiga-branca a cada uma delas. Feche as caixas e faça um buraco em cada uma, pequeno o suficiente para que apenas uma formiga consiga passar por vez. A primeira formiga a sair das caixas é sempre a branca.[9]

Pode o princípio do acaso aleatório ser responsável pelo fato de as formigas-brancas saírem primeiro de uma caixa com dez mil, mil ou cinqüenta formigas-pretas? A sincronicidade diz que não e declara que existe alguma conexão casual que pode ou não ser compreendida.

Jung acreditava que a sincronicidade permeia e ordena a essência, a função e a estrutura do universo e de tudo o que ocorre em nossa realidade, da mesma maneira como os arquétipos permeiam e ordenam a essência, a função e a estrutura do subconsciente humano. Há uma trama de relações e nosso objetivo deveria ser entender completamente as conexões entre tudo o que acontece, o que pode acontecer e o que não pode.

Todavia, a ciência talvez não seja o único caminho rumo a essa compreensão.

Pós-escrito

Em Nova York, o número de três dígitos ganhador da loteria de 11 de setembro de 2002 foi 9-1-1.

O índice de futuros e opções da Standard & Poor's 500 fechou na terça-feira, 10 de setembro de 2002, em 911.00.

Os representantes da loteria de Nova York e da Standard & Poor's declararam que ambos os resultados foram obra do acaso.

[1] *Synchronicity I*, do The Police (letra e música de Sting). "Uma estrela cai, uma chamada telefônica, está tudo ligado, sincronicidade..."
[2] *American Heritage Dictionary*.
[3] Existem muitos relatos de coincidências impressionantes, facilmente acessíveis. (Os Ripley chegaram a criar aquele negócio todo de "Acredite se quiser!", baseado, em grande parte, em coincidências inacreditáveis.)
[4] Parece provável que um dia seja descoberta ou desenvolvida alguma força ou princípio esotérico para explicar a aleatoriedade de coincidências aparentemente impossíveis.
[5] *The Liverpool Echo*, 21 de julho de 1975.
[6] *The New York Herald*, 26 de novembro de 1911.
[7] *Ripley's: Acredite se quiser!*, p. 133.
[8] *Fate*, maio de 1967, p. 98.
[9] Carl Jung, *Collected Works*.

87

TARÔ

HAICAI:

TARÔ

The Wheel of Fortune
Major, minor arcana
Fate is in the cards?

Talvez a mais profunda sabedoria oculta do tarô não possa ser colocada em palavras... no fim, diz-se ao consulente apenas aquilo que ele não pode descobrir sozinho.

— E. Gray[1]

Definição: O baralho de tarô é um conjunto de 78 cartas separadas em duas partes, os arcanos maiores e os menores. Os arcanos maiores consistem em 22 cartas-chave, ou "trunfos"; os arcanos menores, nas 56 cartas restantes, são divididos por naipe em grupos de 14 cada.

O QUE OS CRENTES DIZEM: As leituras do tarô são uma forma de adivinhação que pode revelar verdades escondidas e fornecer diretrizes aos que buscam conhecimento.

O QUE OS CÉTICOS DIZEM: O baralho de tarô nada mais é do que uma pilha de cartas com figuras e qualquer interpretação colhida a partir de uma leitura é uma auto-avaliação que poderia ter sido alcançada simplesmente por meio do pensamento deliberado, contemplativo.

QUALIDADE DAS PROVAS EXISTENTES: Fraca.

PROBABILIDADE DE O FENÔMENO SER PARANORMAL: Fraca.

O número das cartas-trunfo do tarô — 22 — é simbolicamente importante. Na cabala, 22 é o número de todas as coisas, inclusive das 22 letras do alfabeto hebraico, e dos 22 caminhos, as linhas desenhadas na Árvore da Vida; as linhas da verdade e do poder que representam os desígnios do universo e o caminho até Deus.

Será que um poder paranormal é invocado ou "vislumbrado" quando um tarólogo coloca as cartas e as interpreta para o consulente?

A resposta para essa questão depende apenas de você aceitar ou não que os números possuem um significado místico, assim como as cartas. Muitos aceitam.

Muitos também acreditam que o tarô é uma ferramenta, nada além de um recurso para explorar o subconsciente de uma pessoa. A iconografia das cartas, aliada às interpretações tradicionais, desencadeia um processo avaliativo por parte do consulente. Os símbolos transformam-se em mensagens relevantes para o sujeito; instaura-se um processo avaliativo no qual a pessoa discerne possíveis significados nas coisas que lhe são ditas.

Por exemplo, se durante uma leitura de tarô a pessoa escuta as cartas dizendo-lhe para ser cuidadosa e evitar o perigo, e essa pessoa acabou de começar a, digamos, praticar bungee jumping por diversão, a leitura poderia facilmente levá-la e escolher um hobby menos arriscado. Será que as cartas sabiam que ela começara a praticar um esporte perigoso? Talvez? Talvez não? É preciso reconhecer que as cartas têm um significado geral e muitas vezes vago, e, por isso, uma grande importância pode ser atribuída (se o consulente assim o desejar) a uma situação específica.

Será isso uma ocorrência paranormal?

Será sincronicidade?

Será uma simples coincidência?

É comum encontrarmos depoimentos sobre leituras de tarô que, num certo sentido, salvaram vidas (ou dinheiro, ou relacionamentos, ou propriedades). Os crentes acreditam piamente que algum tipo de habilidade extra-sensorial por parte do tarólogo, a qual provavelmente o conecta com o consulente por meio das cartas, é vislumbrado ao embarcarmos num ritual de tarô.

As raízes do tarô são ancestrais. Um jogo de cartas chamado "Taroks", desenvolvido na Itália durante o século XIV, usava cartas de tarô como trunfos, sugerindo que o tarô era ainda mais antigo do que o Taroks. Alguns estudiosos dizem que esse baralho surgiu no Egito antigo.

Os arcanos maiores

Essas são as principais cartas numa leitura de tarô, e a interpretação de cada uma depende do fato de ela estar de cabeça para cima ou invertida (para baixo).

- O Louco
- O Mago (também conhecido como O Mágico)
- A Sacerdotisa (também conhecida como A Papisa)
- A Imperatriz
- O Imperador
- O Hierofante (também conhecido como O Papa)
- Os Enamorados
- O Carro (também conhecido como A Carruagem)
- A Força
- O Eremita
- A Roda da Fortuna
- A Justiça

- O Enforcado
- A Morte
- A Temperança
- O Diabo
- A Torre (também conhecida como A Casa de Deus)
- A Estrela
- A Lua
- O Sol
- O Julgamento (também conhecido como O Juízo Final)
- O Mundo

Os arcanos menores

Cada naipe é composto de dez cartas numeradas, de ás a dez, e mais quatro "cartas da corte", o rei, a rainha, o cavaleiro e o valete.

- Pentagramas (correspondem a Ouros)
- Bastões (Paus)
- Taças (Copas)
- Gládios (Espadas)

O tarô, ao contrário do tabuleiro Ouija, não é usado para invocar espíritos. É uma ferramenta de adivinhação. No fim, o quanto de presciência é atribuído a uma leitura individual depende do próprio indivíduo.

[1] *The Tarot Revealed.*

88

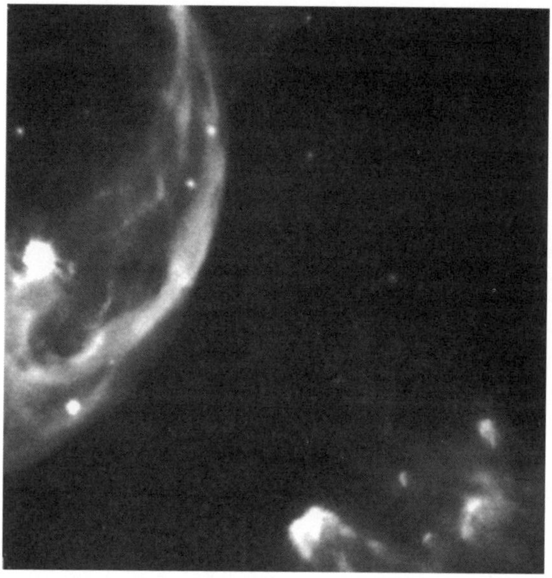

TELETRANSPORTE

HAICAI:
TELETRANSPORTE
Atoms sparkling
You are light sent across space
Briefly part of all

Energizar.[1]

DEFINIÇÃO: Desmaterializar um objeto ou uma pessoa, mandando-o, ou sua configuração atômica, através do espaço para outro local e depois o reconstruindo de maneira perfeita.

O QUE OS CRENTES DIZEM: O teletransporte é teoricamente possível, já foi realizado em laboratório e algum dia será lugar-comum.

O QUE OS CÉTICOS DIZEM: Os cientistas podem ser capazes de teletransportar partículas subatômicas em laboratório, mas a possibilidade de alguém se teletransportar através da cidade nada mais é do que ficção científica e nunca será uma realidade.

QUALIDADE DAS PROVAS EXISTENTES: Muito Boa.[2]

PROBABILIDADE DE O FENÔMENO SER PARANORMAL: Nenhuma.[3]

AMANHÃ

O assistente bateu à porta, esperou dois segundos e entrou na sala.

— Bom-dia, senhor presidente.

— Bom-dia, major. Estou atrasado?

O assistente abafou um sorriso.

— Um pouquinho. Mas não o suficiente para afetar o destino do mundo livre, senhor.

O presidente levantou os olhos dos papéis que estava analisando com uma expressão pensativa e confusa.

— Já fui pontual com qualquer coisa desde que fui eleito, Don?

— Desde que foi eleito? Já, senhor. Acredito que o senhor foi pontual no dia da cerimônia de posse.

O presidente anuiu.

— É o teletransportador, você sabe. Desde que aquela coisa substituiu o Air Force One.

O major Donald Andrews concordou com um meneio de cabeça e permaneceu em posição de descanso em frente à escrivaninha do presidente.

— Simplesmente porque posso estar em qualquer lugar que precise em... quanto tempo mesmo?

— Três milionésimos de segundo, senhor.

— Três milionésimos de segundo. Acho que todas as outras coisas que preciso fazer antes de viajar esses três milionésimos de segundo não contam.

— É um erro de cálculo comum, senhor. A tecnologia de teletransporte não elimina o elemento humano.

O presidente riu.

— O elemento humano. Certo. — Fechou a pasta e esperou. — Aonde tenho de ir?

O major abriu um pequeno palmtop preto, e começou a ler:

— Moscou. Onze da manhã. Trinta minutos com o presidente. Londres. Onze e trinta e cinco. Dez minutos com o primeiro-ministro. Tóquio. Onze e cinqüenta. Cinco minutos para uma foto com o imperador. De volta à Casa Branca ao meio-dia.

— Tudo bem. Então vamos.

O presidente deixou a Sala Oval seguido pelo major, atravessou o corredor e desceu as escadas até chegar a um vestíbulo circular. Parou e virou-se para o major, logo atrás dele.

— A grande?

— Porta 4, senhor. A capacidade é para 12 pessoas.

O presidente olhou para as dez pessoas que deveriam acompanhá-lo ao redor do mundo naquela manhã. Lembrou-se da época em que uma viagem com três escalas como a que faria agora em apenas uma hora exigia meses de preparação, dúzias de ajudantes, o Air Force One, aviões de escolta, meteorologistas e dias no ar.

O teletransportador mudara tudo.

O presidente andou até a porta 4, e outro oficial a abriu. Entrou, imediatamente seguido por seis homens e três mulheres.

Cada um deles posicionou-se sobre uma plataforma circular levemente elevada. O presidente esperou até que todos estivessem em posição e subiu na plataforma azul que ficava no meio do aposento.

— Estamos prontos.

Três andares abaixo da Casa Branca, num aposento capaz de suportar o impacto direto de um míssil nuclear, uma equipe de 21 homens e mulheres comandava os computadores, sentados diante de teclados e monitores.

As câmeras mostravam os rostos de todos na Sala 4, mas também era possível ver a sala por inteiro. Próximo ao monitor mostrando o presidente e seu destacamento havia outro que exibia uma Sala de Salto vazia em Moscou.

— Moscou, aqui é a Equipe Azul.

— Equipe Azul, pode vir.

— Viajante mais nove, prontos para saltar.

— Copiado. Viajante mais nove. Sinal verde, CÂMBIO. Repito, sinal verde. Podem saltar quando quiserem.

— Copiado. Saltando agora.

O comandante de salto apertou um botão azul e em sua tela surgiu: "Nove viajantes, confirmado."

Em seguida, apertou um botão vermelho decorado com um desenho da bandeira americana, as faixas e as 53 estrelas brilhando na luz bruxuleante da sala.

Imediatamente, a Sala de Salto 4 ficou vazia e, em menos de um piscar de olhos, os nove americanos surgiram na Sala de Salto de Moscou.

Ele escutou o CS de Moscou dizer:

— Salto feliz, salto feliz, salto feliz.

O comandante apertou o botão de *reset* e disse:

— Salto feliz confirmado. Obrigado, Ivan.

— O prazer foi meu, Tom. Lembranças minhas à Brenda.

Tom sorriu e recostou-se na cadeira. Melhor do que voar através de uma tempestade de raios, pensou.

Em Moscou, o presidente e sua equipe deixaram a Sala de Salto e seguiram para a reunião com o presidente da Rússia.

Ficção científica? Um pequeno conto inspirado em *Jornada nas Estrelas*?

Ou um vislumbre de um possível futuro?

Depende de com quem você fala.

Os cientistas já conseguiram teletransportar um fóton e um feixe de laser por certa distância. O fóton original foi destruído e uma duplicata idêntica, criada a um metro do local de partida.

Isso significa que o teletransporte humano exigirá que o transportado seja destruído e sua duplicata criada no local de destino?

Aparentemente, é isso o que acontece em *Jornada nas Estrelas*. O transportador capta todos os trilhões e trilhões de átomos presente no corpo do capitão Kirk, lê cada informação molecular, em seguida envia todos esses átomos através do espaço e cria uma duplicata exata da pessoa, até a última molécula. Segundo Kevin Bosnor, que escreve no site *howstuffworks.com*,[4] um teletransportador na verdade não transporta nada — age como um poderoso fax, criando uma duplicata do original na ponta receptora do sistema. (Essa analogia, na verdade, não funciona, uma vez que o fax não destrói o original, enquanto esse tipo de transportador sim.)

Será que, segundo os princípios da física quântica, o conceito de teletransporte é impossível?

Não necessariamente (como podemos ver pelo exemplo acima citado). Todavia, a viabilidade de implementar princípios teóricos — não obstante o aparente sucesso de *Jornada nas Estrelas* — parece, até onde podemos prever, muito além do alcance do homem e do computador.

O problema está na quantidade de informação que precisa ser lida, guardada e transmitida, a fim de podermos teleportar um ser humano por certa distância. O número de dígitos binários que compõem o perfil digital de um homem é quase inimaginável. É preciso bem mais de um milhão de dígitos binários para um computador realizar um cálculo matemático relativamente simples. O fluxo de dados digital de uma pessoa poderia levar anos para ser processado por um computador — a menos que os computadores do futuro sejam capazes de processar dados numa velocidade absurdamente maior que o mais rápido dos computadores de hoje. E a quantidade de energia necessária a tal façanha vai muito além do que podemos produzir atualmente, e talvez do que jamais possamos produzir.

Dito isso, porém, a transmissão da matéria é uma antiga fantasia da ciência. Se algum dia isso se tornar uma realidade, a indústria de transporte será eliminada da noite para o dia.

Na verdade, as mudanças que o teletransporte traria para a humanidade são quase inimagináveis. Tudo mudaria, e para melhor.

E, deixando de lado as probabilidades contrárias, talvez seja por isso que os cientistas continuem a transportar fótons e feixes de laser, na esperança de um dia, caso alguém precise de um transplante de coração em Dubuque, este possa ser enviado da Nova Zelândia em, digamos, três milionésimos de segundo.

Improvável? Talvez. Mas a maioria dos milagres geralmente é.

[1] Qualquer personagem de *Jornada nas Estrelas* transportado durante os episódios.
[2] Entendemos a ciência subjacente ao princípio do teletransporte. Alcançá-la, porém, é outra história.
[3] Se o teletransporte algum dia se tornar uma realidade (o que é improvável), isso não será uma ocorrência paranormal ou sobrenatural, e sim um feito científico.
[4] www.howstuffworks.com.

89

TEOSOFIA

HAICAI:

TEOSOFIA

Oh, bodhisattva
Won't you take me by the hand?
Help me rise above?

O mundo interior não fica escondido de todos por uma escuridão impenetrável. Através de uma alta intuição adquirida com a teosofia — ou o conhecimento de Deus, o qual transporta a mente de um universo de formas até um universo espiritual, sem formas, algumas vezes o homem é capaz, em todas as épocas e em todos os países, de perceber coisas do mundo interior ou invisível.

— Madame Helena Petrovna Blavatsky

DEFINIÇÃO: "A suposta comunicação com Deus e com os espíritos elevados, e a conseqüente aquisição de um conhecimento sobre-humano, através de processos físicos, como as operações teúrgicas de alguns antigos seguidores de Platão, ou dos processos químicos dos filósofos do fogo alemães."[1]

O QUE OS CRENTES DIZEM: A teosofia é o único caminho para a total compreensão de que o corpo físico é um impedimento à verdadeira descoberta e ao esclarecimento espiritual. O progresso espiritual é continuamente atrapalhado pela matéria física, e o objetivo do homem é alcançar sua origem divina inata, a fim de verdadeiramente conhecer Deus.

O QUE OS CÉTICOS DIZEM: A teosofia é uma mistura de mitologia egípcia, filosofia hindu, bramanismo, neoplatonismo, gnosticismo pré-cristão, panteísmo e lendas antigas, como a de Atlântida, ensinada pela charlatã madame Blavatsky, uma cópia malfeita de Ron Hubbard, que sem a menor vergonha criou sua própria religião.

QUALIDADE DAS PROVAS EXISTENTES: Inconclusiva.[2]

PROBABILIDADE DE O FENÔMENO SER PARANORMAL: Inconclusiva.[3]

A teosofia pressupõe três princípios básicos de crença.

O primeiro é o fato de haver uma "força" ou espírito eterno, onipresente, que permeia toda a existência. (George Lucas talvez tenha sido influenciado pelos princípios teosóficos ao apresentar aos fãs de *Guerra nas Estrelas* a noção de que existia uma "força" permeando toda a realidade.) Esse poder absoluto, imutável, está além de nossa compreensão, e toda e qualquer tentativa de adivinhar a natureza de Deus é, na verdade, uma tentativa de entender esse princípio infinito.

O segundo é a lei universal da natureza cíclica de toda a existência, a qual se manifesta em todos os níveis da realidade. O ciclo dos dias (manhã, tarde e noite) possui um paralelo com o ciclo do nascimento, vida e morte. Na teosofia, esse princípio é extrapolado a fim de "provar" a existência da reencarnação. Tal como a manhã sucede a noite, a vida sucede a morte. No intuito de evitar um ciclo infinito de mortes e renascimentos, a teosofia insere o conceito de carma no bolo, afirmando que nossas boas ações durante a vida determinam se após a morte nosso espírito irá se elevar ou rebaixar.

O terceiro princípio declara que todas as almas fazem parte da uma Alma Universal, a já citada misteriosa força espiritual que permeia toda a existência. A Alma Universal transcende a consciência individual e todos os homens (na verdade, nossas almas invisíveis) encontram-se numa peregrinação desde o nascimento, com o objetivo final de se fundirem a essa Alma Universal. Ao nascer, a alma humana é uma folha em branco. Trabalhar em nome de Deus e viver uma vida com generosidade e amor acrescenta "pontos", por assim dizer. Cada reencarnação *deveria* ser um degrau a mais na escada da existência eterna.

Repetindo, o desenvolvimento espiritual espelha e corresponde a um desenvolvimento físico. Segundo os teosofistas, no decorrer da existência humana na Terra existiu apenas um punhado de almas elevadas, totalmente evoluídas. Jesus e Buda foram dois desses seres "aperfeiçoados" e seu propósito na Terra era o de ensinar ao resto de nós como alcançar essa unidade com Deus.

Para muitos daqueles entre nós que estão voltados para a espiritualidade, tudo isso faz bastante sentido e apenas corrobora o que vários religiosos ensinam há séculos: que Deus está em todos os lugares e é eterno, precisamos levar uma vida generosa ("tudo o que você precisa é de amor") e nosso objetivo final é nos tornarmos um com Deus no momento de nossa morte. Alguns teólogos aceitam a reencarnação como parte deste paradigma; outros acreditam que a alma individual não volta a existir em nossa realidade física após a morte. Qualquer que seja o caso, os princípios subjacentes são os mesmos.

Então por que as pessoas atacam Blavatsky e seus ensinamentos, e por que há tanto ceticismo com relação à teosofia? Os objetivos de Blavatsky eram notoriamente nobres: segundo a declaração feita pela Sociedade Teosófica durante a missão de 1875, ela esperava criar uma irmandade universal, estudar antigas religiões e investigar as leis da natureza com o objetivo de desenvolver a essência espiritual do homem.

O problema está na própria madame Blavatsky, e não em seus ensinamentos. Ela afirmava estar em contato direto com mahatmas num plano astral e receber lições secretas. Isso, sozinho, não seria condenável, mas aparentemente Blavatsky também lançava mão de truques e ardis para convencer seus seguidores de que tinha poderes paranormais. Falsificava a materialização de uma xícara de chá com o pires, e também afirmava serem os escritos em sua posse oriundos do plano astral, ainda que fosse óbvio que ela própria os havia escrito. E mais, em muitas outras ocasiões seus supostos "milagres" sobrenaturais acabaram revelados como nada além de espertos truques de palco, ilusões comuns usadas há séculos por médiuns e mágicos.

E como muitas vezes acontece com líderes espirituais, a vida pessoal e as ações de madame Blavatsky eram algumas vezes contrárias a seus ensinamentos.

Seria o fato de ter enganado alguns de seus seguidores, levando-os a pensar que possuía "poderes", relevante para a filosofia que ela defendia? Sim, mas apenas se a pessoa, de maneira equivocada, transferir o respeito pelos ensinamentos para o professor — sempre um erro —, algo que desvaloriza a mensagem espiritual da religião ou filosofia.

Quando Blavatsky morreu, contava com mais de 100 mil adeptos, e hoje a teosofia é aceita como um caminho espiritual rumo ao esclarecimento. É seguro dizer que os praticantes da teosofia hoje em dia não levam em conta as faltas pessoais de madame Blavatsky ao buscarem os objetivos expostos em seus ensinamentos.

[1] *Webster's Dictionary*.

[2] Como podemos *comprovar* de modo concreto os princípios da teosofia ou de qualquer outra religião ou doutrina filosófica? É por isso que usamos o termo *fé*.

[3] Repetindo, simplesmente não temos como saber se o dogma religioso é verdadeiramente paranormal ou apenas fruto das idéias fantasiosas do homem.

90

VIAGEM NO TEMPO

HAICAI:

VIAGEM NO TEMPO

Time is but a book
With pages forward and back
Can we read ahead?

As leis da física não rejeitam a viagem no tempo, mas construir uma máquina do tempo provavelmente apresentaria dificuldades insuperáveis.

— Gary T. Horowitz[1]

Aquilo que é já existia, e aquilo que há de ser já existiu...

— Eclesiastes 3:15

DEFINIÇÃO: A habilidade de viajar fisicamente para o passado ou futuro.

O QUE OS CRENTES DIZEM: A viagem no tempo é possível em tese. É apenas uma questão de tempo até alcançarmos o nível de desenvolvimento tecnológico necessário à resolução dos problemas ligados a ela, em especial a demanda de energia e a necessidade de se viajar quase na velocidade da luz.

O QUE OS CÉTICOS DIZEM: A viagem no tempo é ficção científica; deixando as incríveis teorias da física quântica de lado, isso é algo que a humanidade jamais irá alcançar. Jamais.

QUALIDADE DAS PROVAS EXISTENTES: Excelente.

PROBABILIDADE DE O FENÔMENO SER PARANORMAL: Nenhuma.[2]

O que é o tempo? Os dicionários nos dizem que o tempo é "um *continuum* não-espacial em que os eventos ocorrem numa sucessão aparentemente irreversível de passado, presente e futuro"[3] e "um período ou espaço limitado de existência contínua, como o intervalo entre dois eventos sucessivos".[4]

Muitos estão familiarizados com pelo menos uma variação desse enigma clássico de viagem no tempo: digamos que você possa fazer isso. Você volta e mata seu avô antes que seu pai seja concebido, e com isso impedindo a própria concepção. Como, então, você poderia existir, uma vez que tornou seu nascimento algo impossível? E, caso você não nasça, como poderia matar seu avô? Mas, por outro lado, se você não matar seu avô, então *poderia* nascer, e aí voltar no tempo para matá-lo, impedindo a própria concepção... e assim por diante... *ad infinitum*. Carl Sagan resumiu o problema para a *Nova*: "A essência do paradoxo é sua aparente existência, o assassino de seu próprio avô, quando o ato de matá-lo elimina a possibilidade de você vir a existir."[5]

O tempo é como o curso de um rio? Se é, pode este curso ser impedido ou revertido; será que podemos visitar locais diferentes em suas margens, alguns mais para trás e outros mais para a frente?

E quanto a "deslizar pelo tempo"? Certa vez, o falecido cientista e naturalista Ivan Sanderson e sua mulher viram a Paris do século XV enquanto caminhavam por uma trilha no Haiti. Ambos viram a mesma coisa ao mesmo tempo e forneceram detalhes vívidos e precisos sobre essa realidade passada que testemunharam simultaneamente.

Imagine que a vida das pessoas é uma coleção de quadros individuais de existência, momentos únicos que perduram, digamos, um milésimo (ou um milionésimo?) de segundo, e a soma total de todas essas fatias da realidade compõe uma vida humana. Pense numa longa canaleta com todas essas imagens alinhadas, uma depois da outra, desde o momento do nascimento até a morte. Trilhões e trilhões de fragmentos individuais da realidade de uma pessoa. Agora imagine que um dos quadros dessa longa coleção sai do lugar, ou de alguma forma se emaranha na realidade de outra pessoa. Talvez uma das imagens da vida de um francês do século XV de alguma forma se mistura à coleção de imagens da vida de Ivan Sanderson, em pleno século XX. Sanderson, por um momento, vê esse quadro "estrangeiro" em meio à sua própria realidade, até o rio do tempo voltar a seu curso natural e prosseguir, quando então ele retorna para sua própria canaleta de realidades.

Deslizar pelo tempo (e os relatos são freqüentes, em geral feitos por pessoas altamente confiáveis) é uma excelente prova de sua fluidez, proporcionando certa veracidade à noção de que o conceito de tempo reúne uma infinidade dessas fatias de realidade. O escritor de ficção científica Alfred Bester descreve em seu romance *The Men Who Murdered Mohammed* essas linhas do tempo "como milhões de fios de espaguete". Cada ser vivo tem a própria canaleta de quadros — seus próprios fios de espaguete —, e talvez esses instantes de realidade sejam acessíveis no tempo e no espaço — acidentalmente, no caso dos deslizes pelo tempo, e propositalmente após os avanços científicos chegarem a ponto de descobrir como driblar a passagem de tempo "normal".

Isso nos leva à questão da possibilidade de se construir ou não uma máquina do tempo funcional.

A resposta é sim — em tese. Durante o outono de 2002, Ronald L. Mallet, professor de física na Universidade de Connecticut, aventurou-se a construir uma máquina do tempo para enviar um único nêutron ao passado por uma faixa de laser circular que entortava a luz, diminuindo sua velocidade. Segundo a teoria, se a experiência funcionasse com uma partícula subatômica, poderia algum dia vir a funcionar com seres humanos.

Mas esse dia ainda está longe, considerando que só o problema em criar a enorme quantidade de energia necessária é aparentemente insuperável.

Já foi provado que viajar para o futuro é possível. O cosmonauta russo Sergei Avdeyev viveu na estação espacial MIR por 748 dias, percorrendo a órbita da Terra a cerca de 27.350 quilômetros por hora. (A luz viaja a quase 300 mil quilômetros por segundo.) Calculou-se que, durante os dois anos em que passou no espaço, Avdeyev viajou para o futuro a aproximadamente 1/50mi/s.

A série *De Volta para o Futuro* fez a viagem no tempo parecer uma brincadeira de crianças, requisitando apenas a quantidade de energia presente num raio.

Mas a realidade é diferente dos filmes.

Podemos ver o passado ao olharmos para o espaço sideral. O que vemos é a luz emitida por outros planetas e estrelas há centenas de milhares de anos. Na verdade, estamos observando o passado. Se podemos *ver* o passado, então é apenas uma questão de tempo até podermos *visitá-lo*?

1 *The New Haven Register*, 21 de maio de 2002, p. B10. Horowitz é físico na Universidade da Califórnia, em Santa Bárbara.

2 Lembre-se, estamos usando a definição do dicionário para "paranormal": "fora do âmbito da experiência normal ou dos fenômenos *explicados cientificamente*" (*American Heritage Dictionary*, ênfase acrescentada). É amplamente aceito que a viagem no tempo — *dentro* de um universo cientificamente comprovável — é possível.

3 *American Heritage Dictionary*.

4 *The Oxford English Dictionary*.

5 www.novaonline.com.

*91

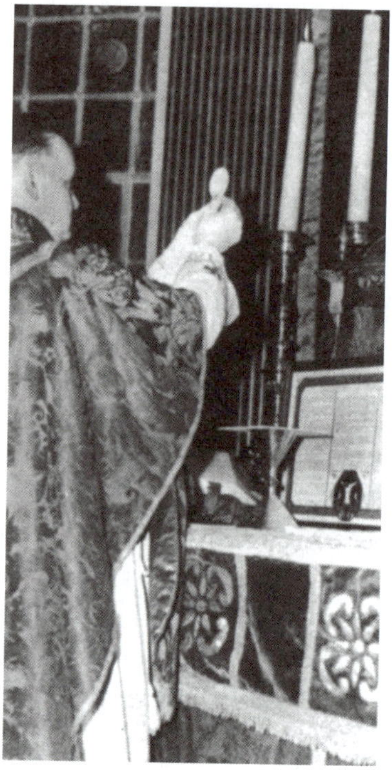

TRANSUBSTANCIAÇÃO

HAICAI:

TRANSUBSTANCIAÇÃO

Bread becomes true flesh
Wine is the blood of Jesus
Miracles of faith

Então Jesus lhes disse: "Em verdade, em verdade vos digo: Se não comerdes a carne do Filho do homem, e não beberdes o seu sangue, não tereis a vida em vós mesmos. Quem come a minha carne e bebe o meu sangue tem a vida eterna; e eu o ressuscitarei no último dia. Pois a minha carne é verdadeiramente uma comida e o meu sangue é verdadeiramente uma bebida."

— Evangelho Segundo São João[1]

DEFINIÇÃO: A transubstanciação é a doutrina que afirma serem o pão e o vinho da eucaristia transformados no *verdadeiro* corpo e sangue de Jesus, muito embora eles mantenham a mesma aparência.[2]

O QUE OS CRENTES DIZEM: A hóstia e o vinho consagrados são *realmente* a carne e o sangue de Jesus Cristo, assim permanecendo até serem digeridos e não mais se assemelharem a uma hóstia ou ao vinho.

O QUE OS CÉTICOS DIZEM: A hóstia consagrada e o vinho sacramental nada mais são do que farinha branca sem fermento e vinho de mesa comum.

QUALIDADE DAS PROVAS EXISTENTES: Desprezível.[3]

PROBABILIDADE DE O FENÔMENO SER PARANORMAL: Inconclusiva.

De acordo com a doutrina católica, Jesus encontra-se *realmente presente* no momento da consagração celebrado na missa, quando o padre transforma a hóstia e o vinho em Sua carne e sangue. Isso é chamado de transubstanciação e é parte integrante da liturgia eucarística. O *Catecismo da Igreja Católica* nos diz que "a presença eucarística de Cristo começa no momento da consagração e dura o tempo que as espécies eucarísticas subsistirem."[4] Segundo a Igreja, quando o fiel recebe a comunhão, está literalmente consumindo a carne de Cristo e, se beber o vinho, Seu sangue.

Os protestantes não reconhecem a doutrina da transubstanciação. Os não-católicos não apenas não aceitam o conceito, como muitos sentem-se enojados com toda essa noção de "canibalismo sagrado", enquanto outros até mesmo rejeitam o simbolismo desse consumo de carne e sangue.

Como ilustrado pela epígrafe introdutória deste capítulo, o conceito de transubstanciação deriva das próprias palavras de Cristo durante a Última Ceia, que, segundo a Igreja, foi a primeira missa. (Embora os céticos e historiadores não hesitem em lembrar os fiéis católicos de que os pagãos já acreditavam na transubstanciação muito antes da época de Jesus, e muitos sugerem que o catolicismo "pegou emprestado" esse dogma pagão.) Além disso, a

Igreja só decretou que a eucaristia continha a "presença real" de Cristo no século XIII, durante o Concílio de Trento (embora isso já constasse nos escritos desde o século IX). Por 12 séculos, a consagração foi vista de modo simbólico e não literal.

"A minha carne é verdadeiramente uma comida", disse Jesus aos discípulos. Ao que parece, isso não foi muito bem recebido por alguns de seus seguidores: "Muitos dos seus discípulos, ouvindo-o, disseram: 'Isso é muito duro! Quem o pode admitir?'"[5] Jesus compreendeu a dúvida deles e perguntou se desejavam que ele ascendesse aos céus diante de seus olhos para provar que era o Filho de Deus. Talvez então aceitassem suas palavras? Curiosamente, Jesus oferece uma explicação que parece contradizer a interpretação literal de suas palavras. "O *espírito* é que vivifica. A carne de nada serve. *As palavras que vos tenho dito são espírito* e vida."[6] [Ênfase acrescentada.]

Parece aqui que Jesus está dizendo a eles que falava de modo simbólico, usando metáforas de comida para anunciar o "alimento" espiritual com o qual se nutririam por meio da fé.

Pode algo como a transubstanciação ser comprovado cientificamente? A única prova "científica" da transformação da eucaristia em carne humana é uma série de testes realizados em 1970 em uma hóstia transubstanciada, na cidade de Lanciano, na Itália. Um padre que vivenciava uma crise de fé testemunhou a hóstia que consagrara transformar-se em carne. A hóstia foi testada 1.300 anos depois e comprovou-se que o "pão" era, na verdade, carne humana, especificamente tecido do miocárdio (coração). Além disso, continha proteínas encontradas na carne humana, e o sangue testado provou ser do tipo AB (o qual, dizem os fiéis, é o mesmo tipo sangüíneo encontrado no Sudário de Turim — veja Capítulo 79).

No entanto, *não* temos prova de que a hóstia testada seja a mesma da missa de Lanciano, em 700 d.C., onde a transformação ocorreu diante dos olhos do padre e dos paroquianos. Também não temos prova de que o vinho e a hóstia guardados num sacrário em Lanciano são as verdadeiras substâncias "milagrosas".

A crença no fato de a eucaristia e o vinho se transformarem na carne e no sangue de Jesus Cristo é uma questão de fé. Ainda que as substâncias continuem a parecer pão e vinho, os crentes nos dizem que eles se transformaram num nível imperceptível para nossos sentidos "normais" e é a fé o filtro que permite à nossa *alma* reconhecer a verdadeira transubstanciação. Isso *não* pode ser provado nem refutado; eis o motivo de classificarmos como "Inconclusivo" o quesito sobre ser ou não uma ocorrência paranormal.

Há regras para os fiéis católicos receberem a comunhão. A pessoa não pode comungar se tiver em sua alma um pecado mortal do qual não se arrependeu. Em respeito, é preciso jejuar antes de receber o corpo de Cristo. Inicialmente, o jejum começava na véspera, à meia-noite. Hoje em dia, bastam apenas 15 minutos. A Igreja agora também aceita que os fiéis peguem a hóstia com a mão e a coloquem na boca sozinhos.

A transubstanciação, tal como a ressurreição e a imaculada concepção, são ocorrências sobrenaturais tão absurdas que muitos não-católicos simplesmente não conseguem aceitar que sejam possíveis.

Os fiéis pensam diferente.

[1] João 6:53-55.
[2] *American Heritage Dictionary*.
[3] Veja a história de Lanciano para obter detalhes sobre o porquê de considerarmos a existência de provas concretas algo desprezível.
[4] *Catecismo da Igreja Católica*, p. 385.
[5] João 6:60.
[6] João 6:63.

92

A EXPLOSÃO DE TUNGUSKA

HAICAI:

TUNGUSKA

The morning silence
Shattered by the voice of God
Thunder from above

De tantas em tantas centenas de milhares de anos, asteróides com mais de um quilômetro de diâmetro podem causar desastres de proporções globais. Neste caso, os resíduos do impacto se espalhariam pela atmosfera da Terra, de modo que as plantas sofreriam com a chuva ácida, o sol seria parcialmente bloqueado e os destroços das explosões resultantes do impacto cairiam de novo sobre a superfície da Terra. Uma vez que suas órbitas muitas vezes cruzam com a da Terra, no passado já ocorreram colisões com objetos próximos ao nosso planeta, e deveríamos permanecer alertas para a possibilidade de isso voltar a acontecer.[1]

Definição: O evento de Tunguska foi uma explosão de 50 megatons[2] ocorrida na imensidão da Sibéria em 30 de junho de 1908, às 7:17 da manhã.

O que os crentes dizem: A explosão de Tunguska resultou da colisão da Terra com um buraco negro, ou da explosão de uma espaçonave alienígena, ou de um pedaço de antimatéria, ou de uma bomba nuclear russa mal direcionada.

O que os céticos dizem: O mais provável é que a explosão de Tunguska tenha resultado da explosão de um asteróide ou de um meteorito sobre a Terra. Uma nova teoria sugere que poderia ser decorrente de um jato de fluido oriundo das profundezas da Terra. Seja lá o que for, não parece ter sido uma ocorrência paranormal.

Qualidade das provas existentes: Boa.

Probabilidade de o fenômeno ser paranormal: Fraca.

As pessoas com uma imaginação fértil adorariam acreditar que o "evento" de Tunguska foi um tipo de ocorrência espetacular vista em capas de revistas de ficção científica e romances:

- *Buraco negro colide com a Terra!*
- *Espaçonave alienígena explode na atmosfera terrestre!*
- *Dobra espacial provoca buraco na Terra!*
- *Meteoro antimatéria de outra dimensão dizima a Sibéria!*
- *Fim dos dias na Rússia! O apocalipse começou!*
- *Armas nucleares explodem na Rússia! Ondas de choque foram sentidas nos EUA!*

O apelo sedutor de uma teoria da conspiração ou de uma explicação bizarra para um evento aparentemente inexplicável é grande. O evento de Tunguska gerou esse tipo de mania. Foram escritos livros especulando sobre a explosão, existem sites elaborados para discutir as possibilidades do que *poderia* ter acontecido e os peritos em uma ou outra teoria parecem estar em todos os lugares.

É compreensível que tenham surgido tantas conjecturas surreais e fantasiosas sobre o evento de Tunguska entre as principais correntes da comunidade científica. A explosão aconteceu em 1908, mas o local da catástrofe só foi visitado após 1930, quando uma expedição de geólogos soviéticos viajou para as imensidões desoladas da Sibéria, ao norte, a fim de investigar o local do cataclismo de 22 anos antes.

O que eles encontraram deixou-os boquiabertos. Não havia cratera alguma decorrente do impacto. As árvores no local da colisão tinham perdido as folhas, mas continuavam de pé. Já num raio de 5 a 16 quilômetros, elas haviam sido derrubadas, as copas apontando em direção oposta à da área da explosão. Os testes com amostras de solo, madeira e água não forneceram resposta alguma para o que poderia ter acontecido em 1908.

Por décadas perdurou o enigma de Tunguska; as teorias se propagaram e as pesquisas continuaram.

No entanto, em 2001, um grupo de cientistas italianos anunciou que havia finalmente resolvido o mistério.

O evento de Tunguska foi provocado pela explosão na atmosfera da Terra de um asteróide de baixa densidade composto de dejetos espaciais e com um grande volume de água. Os cientistas, chefiados pelo dr. Luigi Foschini, estudaram os registros de atividades sísmicas em várias estações siberianas de monitoramento, analisando a madeira e a direção em que 60 mil árvores caíram na área da explosão.

As conclusões possuem base científica. O asteróide veio do sudeste a uma velocidade de 11 quilômetros por segundo. A grande quantidade de água fez com que ele explodisse na atmosfera, em vez de deixá-lo colidir com o chão. No entanto, a onda de choque decorrente da explosão atingiu o solo, resultando na destruição percebida pelos cientistas.

A humanidade teve sorte. O asteróide de Tunguska explodiu num local árido e quase inabitado da Sibéria. Cervos morreram, assim como muitos outros animais, porém não houve vítimas humanas.

Se o asteróide tivesse se aproximado da Terra com uma trajetória ligeiramente diferente e explodido, digamos, sobre Londres, Paris ou Berlim, o número de mortos ficaria na casa das centenas de milhares e a destruição teria sido milhares de vezes pior do que o que vimos acontecer com Hiroshima após a bomba.

Com relação aos NEOs (Objetos Próximos da Terra, na sigla em inglês, capazes de colidir com nosso planeta), a Nasa nos diz que "parece prudente disponibilizar esforços para descobrirmos e estudarmos esses objetos, definindo seus tamanhos, composições e estruturas, e ficar de olho em suas trajetórias futuras".

Tivemos sorte em 1908. Resta saber se continuaremos a ter sorte enquanto nosso planeta azul gira pela galáxia em meio aos perigos silenciosos que ali nos aguardam.

[1] Nasa.

[2] A explosão de Tunguska equivaleu a 15 milhões de toneladas de TNT, ou duas mil bombas como a de Hiroshima.

93

OVNIs
(OBJETOS VOADORES NÃO IDENTIFICADOS)

HAICAI:

OVNIs

Visions in the sky
Visitors from other worlds?
Or fanciful dreams?

Claro que os discos voadores são reais — e são interplanetários... o crescente número de provas para sua existência é impressionante e eu aceito o fato de eles existirem.[1]

Existem discos voadores. Eles já foram vistos por muitos homens distintos que não têm alucinações.[2]

Definição: Os OVNIs são fenômenos aéreos não identificáveis, o que inclui aeronaves visíveis, objetos circulares e bolas e raios de luz, muitos dos quais voando de maneira bizarra, impossível para os veículos aéreos atuais que conhecemos.

O que os crentes dizem: Algumas aparições de OVNIs são definitivamente explicáveis como algo *não*-extraterrestre, mas muitas são, na verdade, visões de naves de outros planetas ou dimensões, e os governos do mundo não apenas sabem a verdade, como escondem essa informação do público há décadas.

O que os céticos dizem: Todas as aparições de OVNIs são explicáveis, seja como fenômenos naturais, alucinações, pássaros, espaçonaves terrestres ou naves ultra-secretas do governo. Nenhum — e gostaríamos de enfatizar o significado dessa palavra —, *nenhum* deles é de outro planeta ou dimensão.

Qualidade das provas existentes: Excelente.

Probabilidade de o fenômeno ser extraterrestre: Bem Alta.

Aqueles que dizem não haver provas fotográficas que comprovem a existência de OVNIs não estão prestando atenção.

Em 24 de junho de 1947, o piloto Kenneth Arnold viu nove objetos voadores em formação, voando a velocidades entre 2.100 e 2.700 km/h. Arnold declarou que a formação tinha cerca de 8 km de comprimento e cada objeto era mais ou menos dois terços do tamanho de um DC-4. Segundo ele, pareciam discos, daí a origem do termo "discos voadores".[3] Umas duas semanas depois, aconteceu a queda em Roswell. Seria a nave que supostamente caiu no deserto do Novo México um dos OVNIs de Arnold?

O que Arnold viu marcou o começo da era moderna de aparições de OVNIs, ainda que fenômenos aéreos não identificados, inclusive coisas que pareciam discos, já fossem relatados há séculos. Alguns anos atrás, um estudioso de arte italiano publicou uma monografia na qual analisava todos os OVNIs retratados em pinturas medievais.

Existem fotos comprovando a existência de OVNIs. Alguns ufólogos, quando inquiridos, irão nos mostrar vários caderninhos lotados com fotos de OVNIs.[4]

Dito isso, a grande maioria dessas fotos certamente *não* apresenta imagens de espaçonaves alienígenas. No entanto, depois de levarmos em conta todas as explicações mundanas — depois de todos os pássaros, balões, satélites, nuvens lenticulares, planetas, truques e espaçonaves terrestres terem sido descartados —, ainda nos resta uma boa quantidade de fotos verdadeiramente desconcertantes, e para a maioria até hoje não há uma explicação satisfatória.

A racionalidade é primordial ao observarmos e tentarmos entender uma experiência envolvendo OVNIs.

O pêndulo balança como um louco numa arena de debates sobre esse assunto. De um lado, temos os verdadeiros crentes. Pessoas que folheiam os caderninhos mencionados e aceitam todas as fotos como representações genuínas de uma nave extraterrestre. *Todas as fotos.*

Do outro lado, estão os verdadeiros céticos. Esses são os camaradas que descartam até mesmo a possibilidade de qualquer das fotos ser real. Para essas pessoas, os OVNIs simplesmente não existem e, por mais convincentes que sejam algumas das fotos ou dos relatos pessoais, sua posição continua a ser: "Os OVNIs não são extraterrestres, uma espaçonave alienígena jamais entrou em nosso espaço aéreo." *Jamais.*

Ambas as posturas são irracionais.

Por que um piloto da Força Aérea — alguém com um treinamento meticuloso para fazer julgamentos e tomar decisões de modo racional, sóbrio — inventaria um relatório em que conta sobre uma nave circulando seu avião e depois voando para longe numa velocidade considerada impossível para qualquer aeronave conhecida?

A maioria das pessoas racionais diria: "Ele não inventaria."

E há dúzias de relatórios semelhantes no abandonado projeto do governo dos EUA sobre OVNIs, *Projeto Livro Azul*. Lembre-se: esses relatórios foram feitos por pessoas a quem concederíamos credibilidade em qualquer outro assunto. Assim, se falamos de aparições de OVNIs, de repente elas perdem a credibilidade? Por quê?

Durante seu período de operação, o Projeto Livro Azul analisou mais de 12 mil aparições de OVNIs e descartou todas como explicáveis, com exceção de 700. Como parte da pesquisa para meu livro anterior, *The UFO Book of Lists*, verifiquei essas 700 aparições inexplicáveis e escolhi apenas os relatos feitos por militares treinados e oficiais da lei, entre eles pilotos, controladores de tráfego aéreo, operadores de radar, patrulheiros, policiais e xerifes. Pessoas treinadas para observar e fazer julgamentos de modo sóbrio e racional numa base diária. Havia mais de 200 aparições desse tipo e a lista completa e detalhada do que eles viram encontra-se em meu livro.

Essas mais de 200 aparições correspondem aos relatos mais convincentes feitos até hoje.

Para o livro, *The UFO Book of Lists*, analisei também as *fotos* mais convincentes já tiradas até o momento.

Em julho de 1998, a revista *Popular Mechanics* publicou um artigo sobre o que eles consideravam como as seis histórias mais curiosas a respeito de fotos e aparições de OVNIs. Esses casos ocorreram no Oregon, Brasil, Michigan, Ohio, Irã e Inglaterra, de 1950 ao final da década de 1980. Pessoalmente, acredito que a aparição no Irã foi de um jato invisível ultra-secreto. Eis aqui um resumo dos cinco restantes, todos ainda sem explicação:

- Em 11 de maio de 1950, uma terça-feira, o fazendeiro Paul Trent tirou duas fotos em preto-e-branco de um OVNI sobrevoando sua fazenda. O objeto que Trent viu e fotografou era um disco com o fundo achatado e o topo pontudo. Posteriormente, Trent disse que a nave tinha mais ou menos o tamanho "de um pára-quedas grande sem os cabos". Segundo ele, a cor era de um "prata brilhante misturado com bronze". As duas fotos tiradas por Trent foram analisadas de tudo quanto é jeito. Conclusão? Todas as explicações naturais, tais como invenção, farsa, alucinação, tráfego militar, entre outras, foram descartadas. Até hoje, o objeto visto em McMinnville pode apenas ser explicado como a aparição autêntica de uma nave extraterrestre, embora alguns desenganadores ainda digam que Trent falsificou as fotos, apesar da improbabilidade logística dessa afirmação.

- Em 16 de janeiro de 1958, 47 membros de uma equipe brasileira de pesquisa oceanográfica e meteorológica viram um OVNI com o formato de Saturno, o qual foi registrado por um fotógrafo civil. Muitas das testemunhas eram oceanógrafos e meteorologistas. Estima-se que o OVNI estivesse viajando a uma velocidade de aproximadamente 950 km por hora. Quando mais tarde as fotos foram analisadas, descartou-se a possibilidade de avião ou farsa. O Comitê Nacional de Investigações sobre Fenômenos Aéreos, NICAP em inglês, posteriormente publicou um relatório incluindo a seguinte espantosa declaração: "Tendo pesado todas as possibilidades, chegamos à conclusão de que as fotos parecem autênticas. Sem dúvida, elas são, potencialmente, uma das séries mais significativas de fotos já registradas sobre OVNIs." A organização Ground Saucer Watch declarou que as fotos eram autênticas, ou seja, que não eram falsificadas.
- Na noite de 21 de março de 1966, um grupo de aproximadamente 140 alunos do Hillsdale College, em Hillsdale, Michigan, declarou ter visto um objeto brilhante sobrevoando um pântano próximo à escola. A Força Aérea enviou ninguém menos que o próprio J. Allen Hynek para investigar a aparição. A princípio, sugeriram-se explicações, como: gases do pântano, alunos com tochas ou mesmo o planeta Vênus. Por fim, todas essas foram descartadas e, até hoje, não apareceu outra explicação satisfatória para a aparição em Hillsdale.
- Em 13 de novembro de 1966, um domingo, o barbeiro e astrônomo amador Ralph Ditter tirou duas fotos de um OVNI com o formato de um chapéu sobrevoando sua casa em plena luz do dia. As fotos são nítidas e detalhadas, e mostram um OVNI que combina com a descrição fornecida por oficiais da lei a respeito de outros OVNIs naquela área em meses anteriores. As fotos de Ditter ainda não foram satisfatoriamente explicadas, embora o Comitê Condon[5] tenha declarado que elas foram falsificadas.
- Em 13 de agosto de 1956, o radar da Força Aérea Real em Bentwaters, na Inglaterra, captou objetos voando a mais de 14.500 km por hora, aparentemente controlados por alguma

> inteligência. Catorze anos depois, uma nave triangular foi vista sobrevoando a floresta Rendlesham, nas redondezas. Além disso, foram encontradas depressões circulares no solo da floresta no dia seguinte, exatamente iguais às marcas que um pouso provocaria na terra fofa. Essas duas aparições jamais foram satisfatoriamente explicadas.

Carl Jung acreditava que os OVNIs eram uma projeção do inconsciente coletivo da humanidade, aquela região do subconsciente que todos compartilhamos e que às vezes acessamos, o lugar no qual residem os arquétipos. Jung certamente buscava uma explicação para os OVNIs que não envolvesse a palavra "extraterrestre". Ele criou o que acreditava ser uma teoria racional, e muitos psicólogos, e até mesmo parapsicólogos, adotaram essa explicação, felizes em atribuir milhares de anos de aparições a nada além de alucinações coletivas.

A idéia de OVNIs como a projeção de um arquétipo junguiano simplesmente não faz sentido se considerarmos os relatos de pilotos militares e outras testemunhas confiáveis.

Conclusão?

Algo acontece nos céus. E é bastante provável que esteja chegando o dia em que confirmaremos de uma vez por todas que tudo isso não é fruto de nossa imaginação.

[1] Declaração feita em agosto de 1954 pelo comandante veterano da Força Aérea Real, lorde Hugh Dowding.

[2] Declaração feita pelo ás da aviação durante a Primeira Guerra Mundial, capitão Eddie Rickenbacker.

[3] Bem, mais ou menos. Sem dúvida, Arnold foi o responsável pela popularização do termo, mas a palavra "disco" já fora usada por John Martin, um fazendeiro de Denison, no Texas, para descrever a aparição de um OVNI em janeiro de 1878. O relato sobre esse OVNI apareceu na edição de 25 de janeiro de 1878 do *Denison Daily*, onde Martin descreveu o que tinha visto como um "disco grande".

[4] Para uma coleção fantástica de fotos de OVNIs, veja www.ufopicture.info/pictures/galleryindex.htm.

[5] Grupo patrocinado pelo governo para investigar supostas aparições de OVNIs.

94

A LISTA DE COINCIDÊNCIAS ENTRE LINCOLN E KENNEDY

HAICAI:
LINCOLN & KENNEDY
Commonalities
Similarities galore
A coincidence?

Coincidências são trocadilhos espirituais.

— G. K. Chesterton

DEFINIÇÃO: Há muitas coincidências aparentemente surpreendentes entre a vida e o assassinato dos presidentes Abraham Lincoln e John F. Kennedy.

O QUE OS CRENTES DIZEM: Há coincidências demais para serem meras coincidências. Deve haver algum tipo de conexão paranormal entre John F. Kennedy e Abraham Lincoln. Assim, deve haver também algum tipo de significado mais profundo para os Estados Unidos (e possivelmente para o mundo) em suas vidas e na maneira como foram assassinados.

O QUE OS CÉTICOS DIZEM: As coincidências entre Kennedy e Lincoln são apenas isso: coincidências. Todas as semelhanças aparentemente bizarras entre as histórias deles devem-se apenas ao acaso. Qualquer pessoa que tente encontrar um significado nessas ocorrências estranhas está embarcando numa missão inútil. Simplesmente não existe conexão entre esses dois homens e seus assassinatos além do fato de ambos terem sido presidentes dos Estados Unidos. Essa, nós admitimos.

QUALIDADE DAS PROVAS EXISTENTES: Excelente.[1]

PROBABILIDADE DE O FENÔMENO SER PARANORMAL: Nenhuma a Baixa.

Você já escutou várias dessas antes. Existe um pequeno grupo de coincidências entre Lincoln e Kennedy que já circula há anos. Recentemente, foram realizadas mais pesquisas e descobertas ainda mais similaridades entre a vida e a morte desses dois presidentes.[2]

Este capítulo analisa 70 dessas semelhanças estranhas, inclusive algumas das mais novas. Várias não são nem um pouco surpreendentes; outras já são indiscutivelmente estarrecedoras pela sincronicidade entre elas.

Seriam todas essas coincidências apenas obras do acaso? (Veja Capítulo 86, "Sincronicidade".)[3] Eis aqui uma lista com várias das coincidências:

- Ambos os presidentes gostavam de cadeiras de balanço.
- O nome do assassino de Lincoln, "John Wilkes Booth", contém 15 letras. O nome do assassino de Kennedy, "Lee Harvey Oswald", também.

- O nome do sucessor de Lincoln, "Andrew Johnson", contém 13 letras. O do sucessor de Kennedy, "Lyndon Johnson", também.
- Tanto "Lincoln" quanto "Kennedy" contêm sete letras.
- Ambos foram batizados com os nomes dos avôs.
- Ambos eram o segundo filho da família.
- Ambos perderam uma irmã antes de se tornarem presidentes.
- Os dois só se casaram depois dos 30: Lincoln tinha 33; Kennedy, 36.
- Ambos se casaram com mulheres socialmente proeminentes, morenas, de 24 anos, fluentes em francês, conhecidas pelo bom gosto para se vestir e que já tinham sido previamente noivas de outro.
- As duas primeiras-damas supervisionaram importantes reformas na Casa Branca.
- Os dois presidentes perderam um filho durante o mandato.
- Os filhos de Lincoln e Kennedy andavam de pônei no jardim da Casa Branca.
- O funeral do filho de Lincoln, Tad, aconteceu em 16 de julho de 1871. John F. Kennedy Jr. morreu em 16 de julho de 1999. Mary Todd Lincoln morreu em 16 de julho de 1882.
- Dois dos filhos de Lincoln chamavam-se Robert e Edward; dois dos irmãos de Kennedy também.
- Os dois presidentes tinham parentesco com senadores dos Estados Unidos.
- Após o assassinato de Lincoln, sua família mudou-se para uma casa na 3.014 N Street, N. W., em Georgetown. Após o assassinato de Kennedy, sua família mudou-se para uma casa na 3.017 N Street, N. W., em Georgetown.
- Ambos os presidentes tinham parentesco com procuradores-gerais democratas que se formaram na Universidade de Harvard.
- Ambos eram parentes de embaixadores da Corte de St. James, na Grã-Bretanha.
- Os dois tinham um amigo chamado Adlai E. Stevenson. O amigo de Lincoln acabaria se tornando o segundo vice-presidente de Grover Cleveland. O de Kennedy seria duas vezes candidato à Presidência pelo Partido Democrata.

- Ambos conheciam um dr. Charles Taft. Lincoln tratou-se com o dr. Charles Sabin Taft; Kennedy conhecia o dr. Charles Phelps Taft (filho do presidente Taft).
- Ambos tiveram um Billy Graham como conselheiro: o amigo de Lincoln era um professor colegial de New Salem, Illinois; o de Kennedy era o reverendo Billy Graham.
- Kennedy teve uma secretária chamada Evelyn Lincoln. O apelido do marido dela era Abe.
- Lincoln foi eleito pela primeira vez para a Câmara dos Representantes dos Estados Unidos em 1846; Kennedy foi eleito pela primeira vez para a Câmara dos Representantes dos Estados Unidos em 1946.
- Lincoln ficou em segundo lugar na indicação para a vice-presidência por seu partido em 1856; Kennedy ficou em segundo lugar na indicação para a vice-presidência por seu partido em 1956.
- Lincoln foi eleito presidente em 1860; Kennedy, em 1960.
- Os dois presidentes envolveram-se em importantes debates políticos; Lincoln participou dos debates Lincoln-Douglas em 1858; Kennedy participou dos debates Kennedy-Nixon em 1960.
- Ambos os presidentes se preocupavam com a questão dos afro-americanos. Lincoln redigiu a Proclamação de Emancipação; Kennedy apresentou um relatório sobre direitos civis ao Congresso.
- Os dois presidentes foram escritores bastante lidos; ambos eram versados em Shakespeare e na Bíblia.
- Os dois tinham doenças genéticas: Kennedy tinha o mal de Addison; Lincoln (suspeita-se) tinha a síndrome de Marfan.
- Os dois prestaram serviço militar.
- Os dois foram comandantes de um barco: Lincoln foi capitão do *Talisman*; Kennedy, do *PT 109*.
- Nenhum dos dois preocupava-se com a segurança pessoal, para grande apreensão do serviço secreto de proteção.
- No ano em que morreu, Abraham Lincoln recebeu 80 ameaças de morte por carta. No ano de sua morte, John F. Kennedy recebeu 800 ameaças de morte.
- Ambos foram baleados na parte de trás da cabeça.

- Os dois foram baleados numa sexta-feira antes de um feriado: Lincoln, antes da Páscoa; Kennedy, antes do Dia de Ação de Graças.
- Ambos estavam sentados ao lado da mulher quando foram baleados.
- Nenhuma das duas primeiras-damas se machucou nos atentados.
- Ambos os presidentes estavam com outro casal quando foram baleados: Kennedy estava com o governador John Connally e sua senhora; Lincoln, com o major Henry Rathbone e a esposa.
- Os dois homens que estavam com eles, o major Rathbone e o governador Connally, foram feridos, mas não morreram.
- Lincoln foi baleado no Teatro Ford; Kennedy num automóvel da Ford (um Lincoln).
- Lincoln estava no camarote 7 do teatro; Kennedy no sétimo carro da carreata.
- Os dois receberam massagem cardíaca após serem baleados; em ambos os casos, isso não surtiu efeito.
- Os dois morreram num lugar cujas iniciais eram "P. H.": Lincoln na Peterson House; Kennedy no Parkland Hospital.
- Ambos foram enterrados em caixões de mogno.
- Tanto o caixão de Lincoln quanto o de JFK ficaram em exposição no Capitólio, e o mesmo catafalco revestido de preto foi usado para ambos.
- Os assassinos dos dois eram conhecidos por três nomes: John Wilkes Booth e Lee Harvey Oswald.
- Os dois assassinos estavam na casa dos 20 anos quando atiraram no presidente.
- Os dois assassinos tinham irmãos cujo sucesso nas carreiras lhes causava inveja: os irmãos de Booth eram atores famosos; os de Oswald, militares conceituados.
- Os dois assassinos nunca foram além do posto de recrutas em suas carreiras militares.
- Ambos os assassinos eram sulistas.
- Por ideologia, os dois assassinos apoiavam inimigos dos Estados Unidos: Booth apoiava a confederação; Oswald, o marxismo.

- Os dois assassinos mantinham um diário.
- Booth atirou em Lincoln num teatro (o Teatro Ford) e foi pego num armazém; Oswald atirou em Kennedy de um armazém e foi pego num teatro (o Teatro Texas).
- O ajudante do bar no Teatro Ford se chamava Burroughs. O ajudante do bar no teatro Texas se chamava Burroughs.
- Booth recebeu ajuda para fugir de um homem chamado Paine. Oswald conseguiu o trabalho na School Book Depository com a ajuda de uma mulher chamada Paine.
- Booth foi encurralado na fazenda de Garrett por um oficial chamado Baker. Oswald foi interrogado no segundo andar da School Book Depository por um policial chamado Baker.
- Os dois assassinos foram mortos com um único tiro dado com um revólver Colt.
- Os dois assassinos foram mortos antes de serem interrogados por seus crimes.
- Oswald e Booth foram baleados por zelotes: Booth por Boston Corbett; Oswald, por Jack Ruby.
- Os dois presidentes foram sucedidos por democratas sulistas chamados Johnson: Lincoln, por Andrew Johnson; Kennedy, por Lyndon Johnson.
- Os dois vice-presidentes Johnson tornaram-se presidentes quando estavam na casa dos 50 anos: Andrew Johnson tinha 56; Lyndon Johnson, 55.
- O pai de Andrew Johnson já trabalhara como zelador; o de Lyndon Johnson também.
- Andrew Johnson nasceu em 1808; Lyndon Johnson, em 1908.
- Tanto "Andrew" quanto "Lyndon" têm seis letras.
- Os dois presidentes Johnson tinham duas filhas.
- Os dois presidentes Johnson tinham prestado serviço militar.
- Os dois presidentes Johnson já haviam sido senadores por Estados sulistas.
- Ambos os presidentes Johnson tinham cálculo renal. Foram os únicos presidentes a sofrer com essa enfermidade.
- Os adversários para a reeleição de ambos os presidentes Johnson eram homens cujo nome começava com G: o de

Andrew Johnson era Ulysses S. Grant; o de Lyndon Johnson, Barry Goldwater.

- Andrew Johnson optou por não se candidatar à reeleição em 1868. Lyndon Johnson optou por não se candidatar à reeleição em 1968.

[1] Os registros históricos sobre ambos são extensos e completos.
[2] Além disso, um erro gritante na lista anterior foi corrigido. Uma das coincidências mais citadas era: "O secretário de Lincoln se chamava Kennedy; o de Kennedy se chamava Lincoln." Não é bem assim. Ao que parece, Lincoln jamais teve um secretário chamado Kennedy.
[3] É preciso oferecer um reconhecimento especial ao *World Almanac of Presidential Facts*, de Lu Ann Paletta e Fred L. Worth, uma valiosa fonte na compilação desta lista.

95

UNICÓRNIOS

HAICAI:

UNICÓRNIOS

The spiraling horn
Silently leads through the woods
Creature of a dream

Os caçadores só conseguem capturar um unicórnio se o atraírem com uma virgem. Tão logo ele vê a donzela, corre em sua direção e deita-se a seus pés, permitindo que os caçadores o capturem.

— Clerc de Normandie[1]

Agora creio que haja unicórnios...

— William Shakespeare[2]

Definição: O unicórnio é uma criatura real ou mítica (dependendo de com quem você fala), na maioria das vezes representado como um cavalo com um chifre espiralado no meio da testa.

O QUE OS CRENTES DIZEM: Unicórnios existiram e agora estão extintos, ou unicórnios são reais e ainda existem em algum lugar do mundo, embora sejam criaturas esquivas, como os Pés-grandes ou o monstro do lago Ness.

O QUE OS CÉTICOS DIZEM: Os unicórnios são criaturas imaginárias.

QUALIDADE DAS PROVAS EXISTENTES: Boa.

PROBABILIDADE DE O FENÔMENO SER AUTÊNTICO: Boa.[3]

Há sete referências a unicórnios no Velho Testamento, mas, em vez de confirmar a existência dessa criatura talvez agora extinta, essas menções ilustram não apenas o problema com a tradução de textos antigos, como também o de interpretar a Bíblia de modo literal. Os unicórnios só são mencionados na versão do rei James da Bíblia. Em muitas outras traduções, o termo "unicórnio" é substituído por "boi selvagem".

Assim, a resposta para a pergunta "Será que a Bíblia ratifica a existência de unicórnios?" é: "Na verdade, não."

Os unicórnios são — ou foram — reais?

Há muitos relatos históricos sobre a aparição de unicórnios. Seriam eles confiáveis? Acho que depende de seu sistema de crenças.

Dizem que Genghis Khan não invadiu a China porque um unicórnio ajoelhou-se diante dele. Khan interpretou isso como um sinal de Deus e um aviso para não levar adiante a invasão. Júlio César afirmava ter visto um unicórnio nas florestas da Alemanha, e dizem que Alexandre, o Grande, cavalgou um unicórnio durante uma batalha. Heródoto escreveu sobre uma "mula chifruda" no século III a.C.; Aristóteles acreditava que os unicórnios eram reais e, no século I, Plínio, o Velho, descreveu um unicórnio em sua enciclopédia em 37 volumes, *Historia Naturalis*. No final do século XII, o viajante italiano Marco Pólo falou de ter visto um unicórnio durante sua travessia pela China, embora hoje muitos historiadores acreditem que na verdade ele tenha visto um rinoceronte.

Durante a Idade Média, havia uma crença profunda não apenas na existência de unicórnios, como também nos poderes mágicos e curativos de seu chifre. Havia testes para determinar se um chifre era ou não de um unicórnio, visto ser comum encontrar embusteiros vendendo chifres de bode, ossos de cachorro ou chifres de outros animais como de unicórnios.[4] Também chamado de corno, o chifre do unicórnio supostamente pode curar epilepsia, gota, raiva e baixar febres. A realeza comia com utensílios que acreditava serem feitos de chifres de unicórnios, a fim de se protegerem contra envenenamentos. Outras partes desse animal também tinham grandes poderes. Seu fígado podia curar a lepra e o uso da pele garantia uma boa saúde.

Em todos os mitos e relatos sobre unicórnios, o animal é sempre associado à pureza e às grandes virtudes. Tal como a primeira epígrafe descreve, a única forma de capturar um unicórnio vivo era atraindo-o com uma virgem. Ao que parece, eles não conseguiam resistir às virgens e, ao encontrarem uma, dirigiam-se a ela e deitavam a cabeça em seu colo. Ele então podia ser capturado. Na simbologia religiosa, o unicórnio representava Cristo, e seu chifre, a união de Cristo com Deus Pai. Também se acreditava que a razão de a virgem ser o único ser humano a conseguir subjugá-lo era porque originalmente fora a Virgem Maria quem domara a nobre besta.

No decorrer dos anos, têm sido feitas tentativas de "produzir" um unicórnio vivo. Uma cabra angorá branca chamada Lancelot, o unicórnio vivo, foi uma famosa atração do Ringling Brothers-Barnum & Bailey Circus por anos. Os pequeninos chifres de cabras filhotes eram manipulados e moldados de modo a que crescessem formando um só. Um unicórnio vivo? Dificilmente. Ainda assim, Lancelot realmente tinha a aparência que se esperaria de um pequeno unicórnio e muitos visitantes saíam do circo com a sensação de terem visto algo mágico.

Hoje em dia, há aparições ocasionais de unicórnios, mas, tal como as aparições dos legendários Pés-grandes, Nessie, anjos, elfos e dragões, elas se enquadram mais no universo das coisas misteriosas do que em qualquer outro lugar.

1 *Le Bestiaire Divin de Guillame* (por volta do século XIII).

2 *A tempestade* (1612).

3 Neste caso, classificamos a probabilidade de autenticidade como "Boa" devido à chance de o fenômeno (o unicórnio) *ter* existido em algum momento.

4 Um teste particularmente horrível era o de dar certa quantidade de arsênico para vários pombos, e em seguida uma dose do que se acreditava ser o pó do chifre de um unicórnio. Se os pombos sobrevivessem, o chifre era real. Esse teste geralmente resultava num enorme número de pombos mortos.

96

VAMPIROS

HAICAI:
VAMPIROS

Crcaturc of thc night
Empty coffin, lid open
Blood hunger rages

Não havia ninguém por ali; verifiquei cada centímetro do terreno, a fim de não perder nenhuma chance. Desci até as catacumbas, onde a luz era fraca e sombria, o medo invadindo minha alma. Entrei em duas câmaras, mas não vi nada, exceto fragmentos de caixões antigos e pilhas de pó. Na terceira, porém, descobri algo.

Ali, em um dos 50 caixões enormes, sobre um monte de terra fresca, estava deitado o conde! Ele estava morto ou dormindo. Não dava para dizer, seus olhos estavam abertos e duros, embora sem o brilho vítreo da morte, e um calor de vida desprendia-se das faces pálidas. Os lábios estavam mais vermelhos que nunca. Mas não havia sinal de movimento, nem pulso, nem respiração, nem batimento cardíaco.[1]

Definição: O vampiro é tradicionalmente definido como um corpo reanimado que se ergue do túmulo à noite para sugar o sangue de pessoas vivas. Ele muitas vezes se disfarça de morcego durante suas perambulações noturnas. As pessoas mordidas por vampiros tornam-se um ao morrerem; algumas vezes (dependendo da origem da lenda), elas se transformam imediatamente.

O que os crentes dizem: Vampiros existem; são criaturas sobrenaturais que se alimentam de sangue, vulneráveis à luz do sol, cruzes e alho, e dormem em caixões durante o dia.

O que os céticos dizem: Vampiros não existem. Há, como nos mostra o decorrer da história, pessoas que sofrem de uma rara doença genética chamada porfiria, o que as torna sensíveis à luz e lhes causa uma anemia crônica e grave, que muitas tentam tratar bebendo sangue. Com o passar dos séculos, essas pessoas foram sendo mitificadas, até virarem o ícone atual do vampiro chupador de sangue que vemos nos filmes e nos romances. As descrições dos corpos exumados de supostos vampiros (sangue na boca, dilatação do corpo em exposição ao calor, cabelos e unhas mais compridos etc.) podem ser explicadas como um processo normal de decomposição. Se um corpo exibia sinais de haver tentado escapar do caixão, o mais provável é que fosse de uma pobre alma enterrada cedo demais — enquanto a pessoa ainda estava viva.

Qualidade das provas existentes: Fraca.

Probabilidade de o fenômeno ser paranormal: Baixa.

No século XVI, a condessa Elizabeth Bathory bebia sangue humano e banhava-se com ele. Ela acreditava que o sangue das virgens possuía poderes curativos e, por anos, obrigou seus criados a capturarem jovens puras das cidades vizinhas para que pudesse usá-las a seu bel-prazer. Muitas vezes, Elizabeth torturava essas pobres vítimas antes de tirar-lhes o sangue, deliciando-se ao infligir dores inimagináveis às infelizes presas nos calabouços de seu castelo.

Um século antes, Vlad, o Empalador — o conde Drácula —, cometeu atos igualmente repulsivos e era também conhecido por beber sangue. Durante um evento particularmente abominável, Vlad mandou desmembrar e empalar milhares de pessoas enquanto se banqueteava, parando de vez em quando para mergulhar o pão no sangue dos moribundos.

A lenda de Vlad, o Empalador, foi a principal fonte de inspiração de Bram Stoker ao escrever seu clássico romance *Drácula*, embora digam que Stoker também estudou a lenda de Elizabeth Bathory para mais informações.

Nos dias de hoje, os romancistas Stephen King e Anne Rice (ambos com um enorme débito para com Bram Stoker) fizeram grandes contribuições à percepção moderna do vampiro. Em *A hora do vampiro*, King criou o vil e repulsivo Kurt Barlow, um vampiro imortal que decide abrir uma loja em Jerusalem's Lot, no Maine; e, em *O Vampiro LeStat*, Rice nos apresenta o charmoso e sedutor LeStat, também um imortal que mudava de personagem conforme o período em que "vivia".

Seriam Bathory e Vlad criaturas sobrenaturais, demoníacas? Afora a inimaginável crueldade, será que eles também possuíam poderes atribuídos aos vampiros?

Ao que parece, esses dois lunáticos eram apenas psicopatas poderosos, indivíduos com necessidades brutais e sádicas que se permitiam satisfazê-las a seu bel-prazer, graças ao poder e ao dinheiro que possuíam.

Suas histórias serviram de inspiração para Bram Stoker, embora existam inúmeras lendas nas diversas culturas ocidentais que certamente soam como histórias de vampiros.

Hoje em dia, a internet favoreceu a expansão de uma comunidade global de especialistas, fãs e pessoas que desejam ser vampiros, além de, é claro, vampiros de verdade. Um site bastante visitado (que não irei promover aqui) resulta do trabalho de uma jovem que afirma ser uma verdadeira vampira. Ela admite beber um ou dois copos de sangue humano por semana, e revela que a maioria dos vampiros modernos conta com a ajuda de "doadores", amigos plenamente cientes da verdadeira natureza e das necessidades de um vampiro e que, de bom grado, lhes fornece um pouco de seu próprio sangue numa base regular.

Segundo essas pessoas, o vampirismo não é sinônimo de porfiria, tampouco demoníaco. É um estado elevado que se manifesta em algum momento no final da adolescência e que é inerente ao indivíduo, uma predisposição genética, da mesma forma que cabelos louros ou uma propensão ao alcoolismo.

Além dos modernos vampiros chupadores de sangue, existe também uma subcategoria conhecida como vampiros psíquicos. São pessoas que acreditam poder absorver (drenar) a energia de outras e, em muitos casos, mostram-se convencidas de que precisam fazer isso para garantirem seu bem-estar e, por vezes, a sobrevivência.

A lenda do vampiro — com todas as suas facetas de horror e ficção científica — é um dos mitos mais duradouros e cultuados da história da humanidade. A metamorfose das histórias de pessoas como Bathory ou Vlad em contos de paixão e poderes sobrenaturais mostra a necessidade do mito na vida humana.

[1] Bram Stoker, *Drácula*, Cap. 4.

97

VODU E ZUMBIS

HAICAI:
ZUMBIS
Death is a mirror
Some can look behind the glass
The shambling raggedy man

"Eles estão mortos. Estão todos loucos."[1]

DEFINIÇÃO: O vodu é uma religião praticada no Caribe, especialmente no Haiti, um sincretismo de elementos rituais católicos com o animismo e a magia dos escravos daomeanos, em que um deus supremo comanda um grande panteão de divindades guardiãs locais, ancestrais endeusados e santos, e se comunica com os crentes por meio de sonhos, transes e possessões rituais.[2] O zumbi é um corpo reanimado por meio da prática do vodu, embora o "corpo" seja o de uma pessoa viva drogada e paralisada, e não de alguém verdadeiramente morto.

O QUE OS CRENTES DIZEM: Os zumbis são corpos sem alma reanimados por meio dos poderes sombrios dos rituais de vodu.

O QUE OS CÉTICOS DIZEM: Os zumbis são pessoas vivas escravizadas a partir da ingestão de drogas que as paralisam, alucinam ou alteram seu estado mental.

QUALIDADE DAS PROVAS EXISTENTES: Fraca.[3]

PROBABILIDADE DE O FENÔMENO SER PARANORMAL: Fraca.

O mago bateu no lado da tigela de barro e o pó marrom dentro dela assentou. Era uma combinação de peixe-bola, baiacu e certo tipo mortal de sapo, e ele a despejou bem devagar num saquinho de couro, tomando cuidado para que nem um grão caísse sobre sua pele.

O mago enfiou o saquinho no bolso do casaco e saiu de casa em seguida. A caminhada até a casa do homem que decidira transformar em zumbi levaria 15 minutos e ele desejava chegar lá antes que o sujeito saísse para trabalhar no campo.

O sol ainda não havia surgido quando o mago chegou na casa de Claude Jean. Ele olhou em volta para se assegurar de que ninguém estava observando. Tirou então o saquinho do bolso, abaixou-se e, com cuidado, despejou o pó no caminho que levava até a casa. Em seguida, escondeu-se atrás dos arbustos que ficavam em frente e esperou.

Alguns minutos depois, Claude Jean saiu da casa em ruínas e desceu o caminho que levava até a rua. Os pés descalços pisaram sobre o pó espalhado pelo mago pelo menos umas quatro vezes.

O pó paralisante funcionou e Claude Jean caiu no chão. Rapidamente, o mago correu até o homem estendido, pegou-o, colocou-o sobre o ombro e afastou-se às pressas, enquanto o sol nascente começava a iluminar as moradias.

Ao chegar em casa, o mago trancou Claude Jean num armário e o deixou ali até o cair da noite. Carregou-o então para as profundezas da floresta, onde um túmulo fora aberto, à espera de seu ocupante. Colocou Claude Jean num caixão de madeira e pregou a tampa. Um dos pregos atravessou a madeira, ferindo uma das bochechas de Claude Jean. Ele sentiu a dor e o sangue, mas não podia gritar. Em seguida, o mago depositou o caixão na cova e a cobriu com terra.

Claude Jean permaneceu paralisado e consciente por quatro dias e quatro noites antes que o mago decidisse desenterrá-lo. Tão logo abriu a tampa do caixão, o mago pegou Claude Jean pela garganta e o retirou do túmulo. Espancou-o com os punhos, chicoteou-o por quase uma hora e em seguida forçou-o a engolir um pedaço de planta com poderosas propriedades alucinógenas e psicotrópicas.

Levou apenas alguns minutos para a planta surtir efeito e transformar Claude Jean num zumbi, que foi então rebatizado pelo mago, ficando completamente sob seu controle.

No clássico filme em preto-e-branco de 1968 *A Noite dos Mortos-Vivos*, os mortos retornam à vida após a Terra passar pelo rabo de um cometa. Uma vez reanimados, eles perdem a consciência, tornando-se violentos canibais. Esse foi um filme de terror sobre como zumbis reanimados se comportariam. Ao que parece, o fato de serem trazidos de volta à vida os deixava famintos por carne humana.

Essa é uma excelente trama para um filme, mas é pura fantasia. Como ilustrado na vinheta de abertura, há seres — *pessoas* — considerados zumbis, mas a verdade é que eles foram "zumbificados" por meio de drogas paralisantes que alteram o estado mental, pelo trauma de terem sido enterrados vivos e devido à submissão que sucede a graves e violentos abusos físicos. A subseqüente administração de drogas psicotrópicas mantém os pobres tolos nesse terrível estado, e são esses homens maltrapilhos e cambaleantes os responsáveis pela lenda dos zumbis.

O poder da crença é forte. As pessoas de culturas do Terceiro Mundo, subdesenvolvidas, que dão importância demais a superstições, são altamente suscetíveis ao controle da mente — isto é, se um feiticeiro famoso por praticar vodu cria um zumbi, elas vão acreditar que ali ocorreu uma transformação sobrenatural.

A lenda dos zumbis é outro exemplo em que um mito difundido e duradouro, oriundo de eventos e práticas horrivelmente reais, se funde ao universo do paranormal.

[1] *A Noite dos Mortos-Vivos*, de George Romero, 1968.
[2] *American Heritage Dictionary*.
[3] Existem bons indícios da existência de "zumbis", mas a qualidade das provas que corroboram a existência de zumbis *reais*, isto é, de mortos reanimados, é fraca.

98

LOBISOMENS

HAICAI:

LOBISOMENS

Hairy face and hands
A supernatural beast?
Or a fantasy?

I saw a werewolf with a Chinese menu in his hand
*Walking through the streets of Soho in the rain...**

— Warren Zevon[1]

Definição: Lobisomens são seres humanos que, por mágica, transformam-se em lobos. As histórias de lobisomens aparecem em vários países e obras literárias. Segundo elas, os lobisomens rondam a noite, devorando bebês e desenterrando cadáveres, e não podem ser mortos com armas e munições comuns. São particularmente associados à lua cheia.[2]

* "Vi um lobisomem com um cardápio de comida chinesa na mão/Andando na chuva pelas ruas do Soho..." (N. T.)

O QUE OS CRENTES DIZEM: Os lobisomens existem e são criaturas sobrenaturais. Não confunda um verdadeiro lobisomem com um licantropo, uma pessoa com problemas mentais que acredita poder se transformar em lobo (ou algum outro animal, em geral um tigre ou um urso) na lua cheia. Os lobisomens existem e vagueiam pela Terra numa busca faminta por presas.

O QUE OS CÉTICOS DIZEM: Todos os supostos "lobisomens" são licantropos; nenhum ser humano pode se transformar em lobo. Além disso, existem também outras doenças, como a hipertricose (crescimento excessivo dos pêlos do rosto, braços e tronco) e a porfiria (lesões de pele e uma sensibilidade extrema à luz), que, em épocas menos esclarecidas, poderiam ter feito as pessoas acreditarem que os afligidos eram lobisomens.

QUALIDADE DAS PROVAS EXISTENTES: Fraca.

PROBABILIDADE DE O FENÔMENO SER PARANORMAL: Baixa.

De acordo com a lenda, quando uma matilha de lobisomens recusou-se a escutar o sermão de são Patrício sobre o cristianismo, ele pediu a Deus que os punisse e foi rapidamente atendido. O Senhor sentenciou a raça e todos os seus descendentes a viverem períodos como lobos, mas sem perder a vontade e a consciência humanas, a fim de que pudessem compreender plenamente as conseqüências de escolherem um ser primitivo e sem alma como o lobo, em vez da forma humana espiritual oferecida a eles por Deus.

Há séculos, o folclore vem se enchendo de histórias de lobisomens. Por todo o mundo, dúzias de culturas têm o próprio nome para o humano que se transforma em besta e parte numa caçada sangrenta, matando e comendo quem quer que tenha o infortúnio de cruzar seu caminho.

Muitas dessas histórias são clássicas, do tipo *Além da Imaginação*. Uma pessoa é atacada por um lobisomem e consegue cortar uma de suas mãos, arrancar um olho ou dar-lhe um tiro ou uma facada, e então essa quase-vítima escapa. No dia seguinte, a quase-vítima depara-se com um conhecido — mas agora esta pessoa está sem uma mão, ou um olho, ou com um curativo por causa de um tiro ou uma facada. O lobisomem foi identificado. Que a tortura comece!

O escritor de histórias de horror Stephen King, homenageou esse conceito clássico em seu romance de 1983, *A hora do lobisomem*, no qual um lobisomem errante é ferido no olho com um rojão — e na manhã seguinte o prefeito da cidade aparece com um tapa-olho.

Uma das menções mais antigas a um homem que virava lobo é feita na comédia do século I, *Satiricon*, do romano Petronius Arbiter. Santo Agostinho também escreveu sobre um lobisomem quatro séculos depois, em seu clássico *A cidade de Deus*. No entanto, os relatos mais detalhados sobre lobisomens e suas façanhas datam da Idade Média. O ritual de transformação é descrito em muitas obras, assim como o modo de identificar um lobisomem. Os julgamentos de pessoas acusadas de cometer crimes enquanto se encontravam sob a forma de lobo também são contados em detalhes.

O mito evoluiu no decorrer dos séculos, a ponto de conhecermos hoje em dia as três maneiras como uma pessoa pode virar um lobisomem.

A primeira ocorre de modo inconsciente. A pessoa é um lobisomem nato e descobre isso pela primeira vez durante a lua cheia, ao se transformar. Em geral a vítima "acorda" (torna-se humano novamente) coberta pelo sangue de suas presas.

A segunda é consciente. A pessoa tira a roupa e se besunta com uma pasta feita com várias ervas, algumas alucinógenas. Às vezes usa uma pele de lobo ou de outro animal. Ela então começa a dançar em círculos, convocando a transformação. O caos se instaura.

O terceiro caso resulta da mordida de um lobisomem. Tal como a lenda do vampiro (veja Capítulo 96), se uma pessoa é mordida, torna-se um lobisomem. (Essa visão foi descrita de modo convincente no filme de John Landis de 1981, *Um Lobisomem Americano em Londres*.)

Já foi sugerido que a lenda do lobisomem surgiu como uma maneira de explicar crimes aparentemente desumanos, ataques tão cruéis e grotescos que era impossível alguém acreditar que pudessem ter sido cometidos por um ser humano. Canibalismo, desmembramento, torturas e estupros seguidos de assassinato, incesto e outros crimes hediondos eram, em tempos remotos, creditados a um poder sobrenatural. Hoje em dia, a literatura sobre modernos assassinatos em série está repleta de histórias de seres humanos comuns cometendo horríveis e inacreditáveis atrocidades, inclusive os horrores já citados, assim como barbaridades ainda mais bizarras que se tornaram possíveis com a tecnologia. Jeffrey Dahmer drogava, sodomizava, matava e, em seguida, desmembrava e comia jovens garotos negros. Albert Fish preparava e comia um cozido feito com os genitais de crianças. Há ainda muitas outras histórias similares. É fácil entender como atos tão impensáveis e perversos poderiam ser atribuídos a uma besta desumana. Só que agora percebemos melhor as coisas.

1 *Werewolves of London*, © Warren Zevon. Todos os direitos reservados.
2 *Dictionary of Cultural Literacy*.

99

QUEM É O ANTICRISTO?

HAICAI:

QUEM É O ANTICRISTO?

No one knows his name
Jesus is his enemy
Mankind must beware

Uma pesquisa com camponeses russos em meados da década de 1920 indicou que 55 por cento deles ainda eram cristãos praticantes. O operário vermelho e o intelectual comunista eram um fenômeno da cidade grande... [Os moradores das aldeias rurais] zombavam dos agitadores bolcheviques... "Suas unhas são muito compridas", escutou um jovem militante numa das aldeias. "Você não é o Anticristo, é?" Em seguida, ele foi atacado para que verificassem "se não tinha um rabo ou se estava coberto de pêlos".[1]

DEFINIÇÃO: O Anticristo é o maior inimigo de Jesus Cristo; é a entidade que, segundo as escrituras e as antigas profecias da Igreja, irá se levantar contra o Messias às vésperas da sua segunda vinda.

O QUE OS CRENTES DIZEM: O Anticristo é um ser real cujo surgimento está previsto na Bíblia. Tão logo sua identidade seja conhecida, Cristo retornará para eliminar o mal e governar o mundo. Sobreviverão aqueles que renunciarem ao Anticristo e se aliarem a Jesus nessa incrível batalha final entre o bem e o mal.

O QUE OS CÉTICOS DIZEM: O Anticristo é apenas mais um elemento doutrinário, arquetípico, da mitologia religiosa cristã; ele simboliza a disseminação generalizada do mal pelo mundo. Quase todos os textos religiosos podem ser interpretados num contexto aparentemente relevante para a época em que estão sendo lidos.

QUALIDADE DAS PROVAS EXISTENTES: Inconclusiva.[2]

PROBABILIDADE DE O FENÔMENO SER PARANORMAL: Inconclusiva.[3]

Os especialistas em Nostradamus (veja Capítulo 59) acreditam que o lendário paranormal francês disse que o mundo está destinado a conhecer três anticristos, e que Napoleão e Hitler foram os dois primeiros. Alguns especulam que Saddam Hussein seja o terceiro, mas essa teoria ainda não foi mundialmente aceita. O degenerado imperador Nero também já foi citado como um possível candidato, assim como Joseph Stalin. (Nostradamus também previu que o Anticristo surgiria quando os dois grandes líderes se tornassem amigos.[4] Muitos interpretam isso como uma descrição da recente aliança entre os Estados Unidos e a Rússia.)

Alguns peritos em religião fazem uma distinção entre anticristos, que segundo eles há vários, e o verdadeiro Anticristo, que na opinião da maioria ainda não surgiu na Terra.

Satanás não é o Anticristo, embora alguns acreditem que ele será seu *Filho*, o que ridicularizaria a própria natureza da encarnação de Cristo como o Filho de Deus. A maioria dos teólogos e dos satanistas de carteirinha concorda que o Anticristo será um ser humano. A *Enciclopédia católica* também discute sua identidade:

> O Anticristo não será um demônio, assim como acreditavam alguns escritores antigos; tampouco será o Diabo encarnado sob uma forma humana. Ele será uma pessoa...[5]

Há muito poucas referências ao Anticristo na Bíblia e todas aparecem nas epístolas de são João. Em 1 João 2:18 está escrito: "Filhinhos, esta é a última hora. Vós ouvistes dizer que o Anticristo vem. Eis que já há muitos anticristos, por isso conhecemos que é a última hora." Em 1 João 2:22, escutamos que o Anticristo nega Jesus ser o Cristo, e em 2 João 1:7 aprendemos que há "muitos impostores" no mundo, os quais "não proclamam Jesus Cristo que se encarnou". *Todos* esses são anticristos, o que causa uma confusão. Haverá um único Anticristo? Ou será que o mundo deveria se preparar para um exército de malfeitores, todos negando Jesus Cristo, e todos precursores do fim dos tempos?

Muitos analistas religiosos são ambivalentes no tocante à verdadeira natureza e identidade do Anticristo. Alguns tratados falam do Anticristo como uma força demoníaca, em vez de um único ser; uma fonte maléfica que se manifesta em muitas pessoas ao redor do mundo, todas trabalhando para derrotar os poderes do bem e de Deus e impedir a volta do Messias. Em contrapartida, outros, entre eles a Igreja Católica, falam de uma única pessoa.

O seguinte trecho foi retirado do *Catecismo da Igreja Católica*:

> Antes da segunda vinda de Cristo a Igreja deve passar pela sua tribulação final, que irá abalar a fé de muitos crentes... A impostura religiosa suprema é a do Anticristo, o pseudo-messianismo pelo qual o homem glorifica a si mesmo em lugar de Deus e de Seu Messias encarnado.
>
> Essa impostura anticrística já se esboça no mundo toda vez que se pretende realizar na história a esperança messiânica que só pode realizar-se para além dela, por meio do juízo escatológico.[6]

Quem foram os principais concorrentes ao título de Anticristo?

Em 18 de agosto de 1520, Martinho Lutero chegou à conclusão de que o próprio papa era o Anticristo, descrevendo o papado como "o trono do verdadeiro Anticristo".[7] (Os protestantes mais tarde renunciaram a essa declaração.)

Como vimos, tanto Adolf Hitler quanto Joseph Stalin, Saddam Hussein, Napoleão, Nero, Frederico II e Calígula já foram apontados como possíveis anticristos. Logo após os eventos de 11 de setembro de 2001, sugeriu-se que ele pudesse ser Osama bin Laden.

Estaria o Anticristo caminhando na Terra agora? A Bíblia nos diz no que devemos prestar atenção antes do fim dos tempos.

Terremotos, enchentes, secas, fome, pragas, agitação, violência, tempestades sem precedentes, epidemias, disputas religiosas — todas essas coisas terríveis são citadas como prova do colapso da civilização, do afastamento de Deus e da presença do Anticristo.

Contudo, brincando de advogado do diabo (não literalmente, é claro, e sem a menor intenção de fazer trocadilho), todas essas tribulações existem na Terra desde os primórdios da civilização humana. Mesmo durante períodos de relativa paz (isto é, épocas em que só se travaram pequenas guerras, mas nenhum conflito de proporções mundiais), é possível encontrar inúmeros exemplos de grandes tempestades, fome, conflitos religiosos, pragas e doenças, além de muitos outros supostos "sinais do fim dos tempos".

A interpretação de determinados textos religiosos pode facilmente verificar e validar muitas dessas profecias.

Por fim, a pergunta é: como o homem será capaz de identificar o Anticristo quando ele chegar à Terra? A resposta é deprimente: em qualquer momento da história da humanidade, há tantas pessoas perversas que podemos, em essência, apenas escolher uma.

[1] Brian Moynahan, *The Faith: A History of Christianity*, p. 671.

[2] O que poderia ser considerado uma prova razoável? Os textos religiosos? Acho que não. A resposta depende de quem analisa.

[3] Repetindo, no fim é a fé individual que irá determinar se o Anticristo é real ou não e, também, se é paranormal.

[4] *The Prophecies of Nostradamus*, traduzido por Erika Cheetham, Centúria II, quadra 89.

[5] *Enciclopédia católica*, "Anticristo", disponível no site www.newadvent.org.

[6] *Catecismo da Igreja católica*, parte I, parágrafo 675.

[7] LeRoy Froom, *The Prophetic Faith of Our Fathers*, vol. 2, p. 121.

100

BRUXAS E BRUXARIA

HAICAI:

A BRUXA

Gruesome hag of old
Does she have evil powers?
And should she be burned?

Não deixarás viver uma feiticeira.

— Êxodo 22:18

Não sou bruxa. Sou inocente. Não conheço nada disso.

— Bridget Bishop[1]

DEFINIÇÃO: Bruxaria é a "manipulação mágica das forças sobrenaturais por meio de feitiços e da conjuração ou invocação dos espíritos".[2] Ela pode ser usada para bons ou maus propósitos. O uso malevolente (magia negra) envolve pactos com o diabo e outros espíritos demoníacos, em geral no intuito de fazer mal a alguém;

o bom uso (magia branca, praticada pelas wiccanas[3]) envolve feitiços de boa saúde, cura, boa colheita e outros propósitos beneficentes.

O QUE OS CRENTES DIZEM: As bruxas podem invocar as forças sobrenaturais e usá-las tanto para o bem quanto para o mal.

O QUE OS CÉTICOS DIZEM: A bruxaria não funciona; crer nela é pensar de forma pura e totalmente delirante.

QUALIDADE DAS PROVAS EXISTENTES: Moderada.

PROBABILIDADE DE O FENÔMENO SER PARANORMAL: Baixa.

A sala de tortura fedia com o cheiro de cabelo queimado. Elizabeth, acusada de bruxaria, está deitada nua sobre uma mesa de madeira, os braços e as pernas esticados e presos a argolas de ferro. O torturador despejara um balde de álcool sobre sua cabeça e ateara fogo. Observava atentamente as chamas lamberem-lhe o rosto e o cabelo, pois não desejava matá-la. Seus gritos foram altos o suficiente para fazer os ouvidos dele zumbirem. Quando a maior parte do cabelo se queimou e a pele começou a ficar preta, ele despejou uma vasilha com água fria e apagou o fogo. O rosto de Elizabeth ficou carbonizado; o que restou do cabelo estava ainda em brasas; os olhos e a boca inchados, quase grudados de tão queimados.

— Confesse — disse ele com voz suave.

Elizabeth arquejava em agonia, mas de alguma forma conseguiu murmurar as palavras:

— Não sou uma bruxa.

— Pois bem.

O torturador pegou as *turcas** e posicionou-se ao pé da mesa. Pegou o pé esquerdo de Elizabeth e segurou as turcas sobre seu dedão.

— Em nome de Deus, confesse.

Elizabeth não disse nada, apenas balançou a cabeça de um lado para outro.

---

* Instrumento de tortura usado para arrancar unhas. (N. T.)

O torturador usou, então, o maldito instrumento em seu dedão, arrancando a unha num movimento rápido. O corpo inteiro de Elizabeth se retesou e ela soltou um grito agonizante.

— Faltam 19, mulher. Talvez uma a estimule a confessar.

Ele continuou a arrancar suas unhas do pé, uma de cada vez, fazendo-a penetrar num universo de dor tão intensa que era como se o corpo inteiro fosse um único nervo exposto.

Elizabeth acabou confessando ser uma bruxa, após o que teve os olhos arrancados com um ferro em brasa e foi chicoteada até a pele desprender-se de suas costas em tiras. Enquanto era conduzida nua até a fogueira onde seria queimada, os dedos mutilados foram sendo arrancados um a um e jogados num cesto para serem depois pregados à plataforma de apoio da fogueira. O carrasco recebeu um bônus pelo trabalho extra de amputação.

Três em cada dez americanos acreditam em bruxas — seres com poderes maléficos e sobrenaturais que podem estar mancomunadas com o Diabo. Por outro lado, as bruxas "boas", aquelas que praticam a religião wicca, são vistas como "encantadoras da Nova Era", mulheres que dançam em círculos nos campos, rezando aos deuses da natureza — terra, mar, fogo e ar.

A descrição tradicional da bruxa "malvada" é a de uma velha decrépita com o nariz adunco, vestida toda de preto, com um chapéu pontudo também preto, um gato preto de estimação e em geral voando numa vassoura. Existem adultos que ainda ficam arrepiados ao assistir a *O Mágico de Oz* ("Eu vou te pegar, lindinha!").

A crença na bruxaria é uma força poderosa e influente que vem se disseminando pelo decorrer da história, tendo começado por volta do século IV ou V.

A Inquisição da Igreja Católica, por exemplo, ocorrida nos séculos XIV e XV, embora focalizasse nos hereges e infiéis em geral, foi com o tempo se concentrando nas mulheres que acreditava serem bruxas, muitas vezes queimando e enforcando vilas inteiras delas. Há registros de vilas européias tão dizimadas pela misoginia da Igreja que, quando a Inquisição foi finalmente abolida, restava-lhes apenas uma única sobrevivente.[4] Existiam, porém, encontros de bruxas, e a história está cheia de relatos de loucas orgias e bacanais. Muitos aprendizes de bruxaria acreditam hoje que elas esfregavam um ungüento no corpo com propriedades alucinógenas, o que definitivamente explicaria as ocorrências sobrenaturais, como os vôos e as aparições, entre outras.

A bruxaria e a perseguição às bruxas atravessaram o Atlântico até o Novo Mundo. O período mais notório de histeria antibruxas na América ocorreu entre janeiro e novembro de 1692, a época do julgamento das bruxas de Salem, quando 141 pessoas foram presas e 20 executadas como bruxas. O escritor americano Nathaniel Hawthorne sentiu-se tão envergonhado pelos atos desprezíveis de seu ancestral John Hathorne como magistrado nos julgamentos que acrescentou um "w" a seu nome para romper a associação familiar.

A bruxaria ainda é praticada nos dias de hoje, tanto a magia negra quanto a branca. Há inúmeros livros que oferecem aos convertidos instruções de como lançar feitiços, preparar poções e invocar demônios.

Os praticantes de ambas as escolas de bruxaria defendem seu caráter paranormal.

Os céticos descartam tudo como faz-de-conta.

[1] Bridget Bishop foi a primeira mulher a ser executada como bruxa durante o julgamento das bruxas de Salem. Ela foi enforcada em 10 de junho de 1692.

[2] Rosemary Ellen Guiley, *The Encyclopedia of Witches and Witchcraft*, Segunda Edição, p. 366.

[3] Wicca é uma religião neopagã que se originou na Europa Ocidental pré-cristã. Ela voltou a crescer a partir da década de 1940, principalmente nos Estados Unidos e na Grã-Bretanha.

[4] De modo interessante, existem registros fantásticos datados de quatro séculos antes da Inquisição onde podemos perceber um mínimo de sanidade por parte da Igreja para com as bruxas e a bruxaria. Em 900 d.C., a Igreja publicou o *Canon Episcopi*, um documento eclesiástico que, em essência, negava a existência de bruxaria e dizia que quem quer que acreditasse nisso era não apenas "burro e idiota", como também um infiel. Quatrocentos anos depois, porém, ninguém menos que o pensador Tomás de Aquino refutou *o Canon Episcopi*, dizendo que as bruxas podiam voar, copular com o diabo, fomentar tempestades e mudar a aparência a seu bel-prazer. Uma "força insinuante", sem dúvida.

SOBRE O AUTOR

Stephen J. Spignesi é escritor em tempo integral, especializado em assuntos da cultura popular, inclusive biografias históricas, programas de televisão, filmes, história americana e do mundo e ficção contemporânea.

Spignesi — batizado pela revista *Entertainment Weekly* como "a maior autoridade do mundo em Stephen King" — já escreveu vários livros de entretenimento e trabalhou com Stephen King, a Turner Entertainment, Margaret Mitchell Estate, Andy Griffith, a Viacom e outras personalidades e entidades da indústria de entretenimento numa ampla gama de projetos. Também já contribuiu com ensaios, capítulos, artigos e introduções para muitas outras obras.

Seus mais de 30 livros já foram traduzidos para várias línguas e ele já escreveu para as revistas *Harper's, Cinefantastique, Saturday Review, TV Guide, Mystery Scene, Gauntlet* e *Midnight Graffiti*, assim como para o *New York Times*, o *New York Daily News*, o *New York Post*, o *New Haven Register*, o periódico literário francês *Tenébres* e o periódico literário italiano on-line *Horror.it*. Spignesi também já apareceu na CNN, MSNBC, Fox News Channel e outros canais de rádio e TV; no documentário de 1998 da E!, *The Kennedys: Power, Seduction, and Hollywood*, como uma autoridade no assunto Kennedy, e no programa *Biography* da A&E sobre Stephen King, que foi ao ar em janeiro de 2000. Seu livro de 1997, *JFK Jr.*, figurou na lista dos mais vendidos do *New York Times*. E a *Complete Stephen King Encyclopedia* foi indicada ao prêmio Bram Stoker.

Além de escrever, Spignesi também dá palestras sobre vários assuntos de cultura popular e história, e ensina redação em Connecticut. É o fundador e editor chefe de uma pequena editora,

The StephenJohn Press, que recentemente publicou seu primeiro romance, *The Husbands of Coventry*.

Spignesi é formado pela Universidade de New Haven e mora em New Haven, CT, com a mulher, Pam, e o gato deles, Carter, batizado em homenagem a seu personagem predileto em *ER*.

HAICAIS

1.
Eles vêm à noite
Seres sombrios e assustadores
Reze para voltar

2.
Ser estranho e silencioso
De olhos bem abertos
Que as lâminas ensangüentadas continuem

3.
Visitantes antigos
Semeando os genes humanos
Professores do além?

4.
Caem do céu
Filamentos fininhos
Visitantes diáfanos

5.
Amigos celestes
Visitantes de um mundo divino
Seres de luz

6.
Falar sem palavras,
Uma conexão mente a mente:
Deixem-nos conhecer as bestas

7.
Um lugar sem nome
Grande como Connecticut
Mistérios do deserto

8.
Arca sagrada da verdade
Há tábuas de pedra dentro?
Lavadas com o sangue de Jesus

9.
Altas colunas de fumaça
Anunciam a chegada deles
Os antigos se curvam

10.
Tremulante fio prateado
Corpo e alma de luz branca
Invisível e silencioso

11.
Como em cima, embaixo.
Astros impelem — ou compelem?
Fantasmas do mecanismo

12.
Terra lendária
Situada a oeste de Gibraltar
Desapareceu por completo?

13.
Brilhando à nossa volta
Invisíveis a não ser para alguns
Auréolas coloridas

14.
Mensagens secretas
Falando de trás para a frente?
Como isso pode ser verdade?

15.
Três linhas no mar
Fronteiras de um universo maldito?
O mar é silencioso

16.
Profecias escondidas
Um emaranhado de letras
Obras codificadas de Deus?

17.
Pegadas na mata
Criaturas de outro lugar?
Ou homens com sapatos falsos?

18.
Ciclos celulares?
Uma história contada por padrões rítmicos?
Altos e baixos e altos

19.
O sangue escorre pelas faces
Mármore duro e frio agindo como carne
Estátuas que choram — por quem?

20.
Estripado
Olhos observando sem ver
Carcaça vazia e ensangüentada

21.
Vozes do além
Canalizadas pela mente
Imaginação?

22.
"Não acredito em
tudo o que a ciência diz"
— pai forteano

23.
Mensagem do além
Os entes queridos podem nos mandar lembranças
Ou algo mais?

24.
Algo oriundo do nada?
Acaso feliz de natureza gloriosa?
Ou prova dos desejos de Deus?

25.
Plantações achatadas chamam a atenção
Padrões sobre um verde sagrado
Sinais circulares de esperança

26.
Surgem cruzes brilhantes
Reflexos da vontade divina?
Ou resultado fortuito da luz?

27.
Cruéis e obscenos
Espíritos da escuridão
Inimigos do homem

28.
Vislumbres do que será
Contemplação de tempos futuros?
Ou somos cegos demais?

29.
O rabdomante barbudo
Deposita sua fé na vareta
Há água lá embaixo?

30.
Bestas com escamas e asas
Hálito de fogo, garras de leão
Disseminam o medo nos céus

31.
Antigas cabeças gigantescas
Elevam-se do chão, observando o horizonte
Em Rapa Nui

32.
O profeta sonolento
Os transes de Cayce são suas ferramentas
Para o Registro Akáshico

33.
Criaturas mágicas
Um brilho de prazer nos olhos
Dizer que não existem?

34.
Para além dos sentidos
Os mistérios de nossas mentes
Talvez sejam dons latentes?

35.
Observando o espaço
Rei marciano, ou alguém mais?
Seus olhos estão abertos?

36.
Coisas estranhas
Caindo do céu como chuva
Só que não é chuva

37.
Brasas escaldantes
Pés descalços sobre a grama
Até o primeiro passo

38.
Um disco achatado no espaço
Viajantes, cuidado com as beiradas
Onde irão cair?

39.
Surgem formas espectrais
Sombras translúcidas
Oriundas do mundo dos mortos

40.
Concha oca no espaço
Uma vazia bola flutuante
Que segredos resguarda?

41.
Mundos em colisão
Uma teoria ridícula?
Histórias de Júpiter

42.
Seu corpo imaculado
Permanece incorrupto após a morte
Sinais de santidade?

43.
Cenas privadas são vislumbradas
Segredos pessoais já não existem
Um visitante invisível

44.
Tire toda a roupa
Sorria para a câmera
Mentes e corações anestesiados

45.
As cores brilham
Auréolas de tons vibrantes
Um arco-íris de vida

46.
Flutuando no ar
Não mais preso à Terra
O céu é seu novo lar

47.
A morte é apenas uma porta
Uma passagem para uma nova vida
Não tenha medo

48.
O lago escocês é profundo
Viu o rabo ondulando?
Talvez não tenha ninguém em casa?

49.
Para onde foram todos?
"Croatoan" é a mensagem
A colônia perdida

50.
Luz branca, o céu noturno
Orbe silenciosa de rochas silenciosas
Antiga vizinha de pedra

51.
Dama envolta em azul
Mãe abençoada de Jesus,
Visitante sagrada?

52.
Óculos escuros à noite
Ternos pretos, gravatas pretas, nenhum sorriso.
"Fico bonito assim."

53.
Cantam as donzelas dos oceanos
Convidando os marinheiros a se aproximarem
Sonhos da imensidão azul

54.
Atos impossíveis
Uma cura milagrosa
Uma mensagem de Deus?

55.
Uma embarcação vazia
Um navio-fantasma flutuante
Não há pistas do que aconteceu

56.
Inscrições na areia
Criaturas antigas, linhas desenhadas
Sem assinatura de artista algum

57.
Um balão flutuante
A consciência livre
Olhando-me cá embaixo

58.
Construída segundo os desígnios divinos
Quarenta dias e quarenta noites
As águas intermináveis

59.
Mensagens escondidas?
Um emaranhado de significados?
Saberia ele a verdade?

60.
Os números têm outros significados?
Uma verdade numérica oculta?
Podemos contar com isso?

61.
A tabuleta deslizante se pronuncia
Mensagens sombrias do além?
Ou nada além de um jogo?

62.
As palmas abertas invocam
Promessas de quem você é
A verdade em linhas enrugadas?

63.
O acidente aconteceu mesmo?
As mensagens estão de trás para a frente
Paul está em turnê

64.
Movimento incessante
Fonte ilimitada de energia?
Ou um sonho fútil?

65.
Navio gigantesco
Num momento, aqui; noutro, desaparecido?
Escondendo-se a olhos vistos?

66.
Planeta misterioso
Trafegando pela superfície solar
Nada além de uma quimera

67.
A graça emana da água
Poderes da água abençoada
Fluxo sagrado de vida

68.
Imenso e negro espelho de água
A face veloz de um antigo iceberg
Os rostos inertes de mortos recentes

69.
Movendo mentalmente
Objetos sólidos com um simples pensamento
Impossível?

70.
Os incendiários
Podem usar apenas o pensamento
Para dar início à chama

71.
Nascemos de novo?
Nossa alma transcende essa vida,
Subindo a escada?

72.
Árvore da agonia
Farpas de um passado distante?
Ou apenas sobras de madeira?

73.
Vendo a distância
Lugares com o olho da mente
Visão sem olhos

74.
Não pode haver fim
Se Cristo deixou sua tumba.
Jesus derrotou a morte?

75.
Acidente no Novo México
O que será que caiu dos céus?
A verdade será revelada?

76.
Letras gravadas em pedra
Uma ferramenta para revelações?
Ou apenas palavras vãs?

77.
Enalteça a carne
Abrace gloriosos pecados
Primazia do eu

78.
Ilhas de genialidade
Na mente dos autistas
Quem é o savant?

79.
Corpo envolto em panos
Imagem do homem crucificado
Será você o Cristo?

80.
Entoe as palavras mágicas
Peça por intercessão
Ou apenas por inflamações de pele

81.
Envolta em chamas
A pobre e imóvel mulher
Seus restos mortais carbonizados

82.
Ela apresenta ferimentos sangrentos
Mãos e pés como bandeiras sanguinolentas
Acenando para Deus

83.
Pedras silenciosas
Sabedoria astronômica
Um círculo de estrelas

84.
Imagens escondidas
Ocultam mensagens secretas
Ou será uma farsa?

85.
A cura para o câncer
Um carro que anda com água
Pode isso ser verdade?

86.
Uma coincidência?
Que significado o acaso pode ter?
Sincronicidade?

87.
A Roda da Fortuna
Arcanos maiores e menores
O destino está nas cartas?

88.
Átomos brilhando
Você é luz transportada pelo espaço
Por um breve momento, parte de tudo

89.
Ah, bodisatva,
Não quer me levar pela mão?
Ajudar-me a ascender?

90.
O tempo é como um livro
Com páginas no começo e no fim.
Podemos pular trechos?

91.
O pão se transforma em carne
O vinho, no sangue de Jesus
Milagres da fé

92.
O silêncio da manhã
Quebrado pela voz de Deus
Trovões soando acima

93.
Aparições nos céus
Visitantes de outros planetas?
Ou sonhos fantasiosos?

94.
Pontos em comum
Abundantes semelhanças
Uma coincidência?

95.
O chifre espiralado
Silenciosamente atravessa a mata
Criatura de sonho

96.
Criatura da noite
Caixão vazio, tampa aberta
Furiosa sede de sangue

97.
A morte é como um espelho
Alguns conseguem ver através do vidro
O cambaleante homem esfarrapado

98.
Rosto e mãos peludos
Uma besta sobrenatural?
Ou uma fantasia?

99.
Ninguém sabe seu nome
Jesus é seu inimigo
A humanidade deve ficar atenta

100.
Velha decrépita e repulsiva
Terá ela poderes malignos?
Devemos queimá-la?

Impressão e Acabamento
Prol
EDITORA GRÁFICA